Langenscheidt

Praktisches Lehrbuch
Spanisch

von Elisabeth Graf-Riemann
und Palmira López

Langenscheidt

Berlin · München · Wien · Zürich · New York

Bildquellennachweis:
Oficina Española de Turismo: 107, 119, 177, 223
Creativ collection Verlag GmbH: 145, 201
MEV Verlag GmbH, Fotograf: Micha Pawlitzki: 145
Stockbyte: 213

Zeichnungen: Marlene Pohle
Grafik: Ute Weber
Titelgestaltung: Independent Medien-Design

Umwelthinweis: Gedruckt auf chlorfrei gebleichtem Papier

Ergänzende Hinweise, für die wir jederzeit dankbar sind, bitten wir zu richten an:
Langenscheidt Verlag, Postfach 40 11 20, 80711 München

www.langenscheidt.de

© 2005 Langenscheidt KG – Berlin und München
Druck: CS-Druck CornelsenStürtz, Berlin
Printed in Germany

ISBN 978-3-468-26344-6

5. 6. 7. 8. * 11 10 09 08

Wegweiser

Herzlich willkommen! Sie haben sich dazu entschlossen, Spanisch zu lernen – und Sie wollen sich über den Alltagsgebrauch hinaus intensiver mit der Fremdsprache beschäftigen. Dieser Praktische Lehrgang wird Ihnen gründliche Kenntnisse des Spanischen vermitteln. Sie werden die häufigsten 1.600 Wörter und alle wichtigen grammatischen Strukturen kennenlernen, ideale Voraussetzungen also, um auf Spanisch Situationen des Alltags schriftlich oder mündlich zu bewältigen. Außerdem können Sie sich mit diesem Kurs auch auf das Level B1 der Europäischen Sprachenzertifikate (TELC) vorbereiten, das Sie beispielsweise bei einer Volkshochschule ablegen können.

Sie haben sich dazu entschieden, zu Hause und wahrscheinlich ohne Lehrer Spanisch zu lernen. Weil wir Sie dabei nicht alleinlassen wollen, haben wir das Buch durchgängig klar strukturiert und darauf geachtet, besonders ausführliche und einfache Erklärungen, anschauliche Beispiele und nützliche Lerntipps aufzunehmen. In den folgenden beiden Abschnitten erfahren Sie, wie die Lektionen strukturiert sind und wie Sie mit dem Buch arbeiten können. Sollten Sie lieber gleich loslegen wollen, überspringen Sie sie einfach.

Wie sind die Lektionen aufgebaut?

Alle Lektionen sind gleich aufgebaut, sodass Sie sich im Buch leicht zurechtfinden werden. Blättern Sie am besten einmal ein paar Seiten durch, damit Sie sich selbst einen Eindruck verschaffen können.

Auf der ersten Seite finden Sie neben der Lektionsnummer einen Kasten, der Ihnen verrät, was Sie in der Lektion erwartet. Danach geht es richtig los: Jede Lektion beginnt mit einem **Lesetext**, der aus der „echten" Alltagswelt Spaniens kommt und ein Beispiel für eine der vielen Textsorten der geschriebenen Sprache darstellt. Für das leichtere Verständnis haben wir eine Übersetzung hinzugefügt.

In der Rubrik **„Qué hay de nuevo?"** *Was gibt es Neues?* wird Ihnen der Grammatikschwerpunkt der jeweiligen Lektion erklärt. Mithilfe der Erklärungen und der Beispiele aus dem ersten Text wird Ihnen schnell deutlich werden, was es hier zu lernen gilt.

Anschließend kommt schon der Haupttext der Lektion, ein **Dialog**, der Sie vor allem mit dem gesprochenen Spanisch vertraut macht. Diesen Text finden Sie im Anhang auch übersetzt sowie auf den CDs ⊙ vertont, sodass Sie Aussprache, Rhythmus und Melodie der spanischen Sprache erleben können. Alle Texte werden selbstverständlich von spanischen Muttersprachlern gesprochen.

In der **Wortliste** sind alle neuen Wörter aus den beiden Texten der Reihenfolge nach aufgeführt und übersetzt. Um Ihnen bei der Aussprache zu helfen, haben wir in den ersten fünf Lektionen auch jeweils die Lautschrift hinzugefügt. Manchmal finden Sie hinter einem Wort eine kleine Anmerkung, die Ihnen einen Hinweis darauf gibt, dass das Wort in einer besonderen Weise konjugiert, in einem spezifischen Zusammenhang verwendet oder einer bestimmten Wortart zugeordnet wird. Die Wortlisten sind zum Teil recht lang. Sie müssen aber nicht alle Wörter gleichermaßen intensiv lernen. Die normal gedruckten Wörter benötigen Sie zwar für das Verständnis des Textes, Sie müssen sie jedoch an dieser Stelle nicht aktiv beherrschen. Die fett gedruckten Wörter dagegen sollten Sie sehr gut lernen. Sie werden in den nächsten Lektionen vorausgesetzt.

Der anschließende **Grammatikteil** macht Sie Schritt für Schritt mit den neuen Strukturen vertraut. Was Sie als Grammatikschwerpunkt bereits in „Qué hay de nuevo" kennengelernt haben, wird hier ausführlich behandelt und vertieft, auch neue Grammatikthemen werden angesprochen. Sie müssen sich aber nicht erst durch die ganze Grammatik einer Lektion durcharbeiten, bevor Sie die Übungen machen können. Der gelbe Pfeil   hinter den Zwischenüberschriften verrät Ihnen, welche Übungen welchen Grammatikthemen zugeordnet sind. Wenn Sie einen grammatikalischen Begriff nicht verstehen, können Sie ihn in der **Liste der Fachausdrücke** auf Seite 298 nachschlagen.

In „**Uso del Español**" *Gebrauch des Spanischen* zeigen wir Ihnen, wie Sie die Sprache verwenden, um alltägliche Situationen auf Spanisch zu meistern. Lernen Sie die Redewendungen gut, und beeindrucken Sie Ihre Gesprächspartner auf Ihrer nächsten Reise durch „waschechtes" Spanisch!

Unter „**Más expresiones útiles**" finden Sie weitere nützliche Ausdrücke, die zu den Themen der jeweiligen Lektion gehören. Diese Wörter und Wendungen sollten Sie sich gut einprägen.

Sie können übrigens alle spanischen Wörter, die im Buch vorkommen, auch im **Glossar** am Ende des Buchs nachschlagen. Dort finden Sie neben der Übersetzung und der Angabe der Lektion, in welcher das Wort erstmalig vorkommt, auch die Lautschrift für alle Wörter.

Interessante **Informationen** über Land und Leute finden Sie überall dort, wo das Symbol ℹ erscheint.

Am Ende jeder Lektion heißt es Üben, Üben und nochmals Üben. Dazu dienen Ihnen die vielen „**Ejercicios**". Durch zahlreiche Übungstypen erhalten Sie die Gelegenheit, den Wortschatz und die neu erlernten grammatischen Strukturen vielfältig und abwechslungsreich anzuwenden. Die Übungen sollten Sie schriftlich lösen. Sie können das Buch dabei als Arbeitsmaterial benutzen und Ihre Antworten oder Notizen direkt hineinschreiben – in der Regel ist Platz dafür vorgesehen. Die Lösungen aller Übungen sind im Anhang abgedruckt.
Auf den beiden Hör- und Sprechtraining-CDs bieten wir Ihnen ein Hör- und

Sprechtraining mit **mündlichen Aufgaben**. Es ist den Lektionen im Buch direkt zugeordnet.

Nach jeweils fünf Lektionen können Sie Ihre Lernfortschritte anhand eines Tests überprüfen. Erst wenn Sie sich beim Lösen der **Tests** wirklich sicher fühlen, sollten Sie sich den nächsten Lektionen zuwenden. Die Auswertung und die Lösungen zu den Tests finden Sie ebenfalls im Anhang.

Wie sollten Sie mit dem Buch arbeiten?

Grundsätzlich gilt hier wie beim Sprachenlernen überhaupt: Nehmen Sie sich nicht zu viele Seiten auf einmal vor. Üben Sie stattdessen lieber täglich – 30 Minuten reichen schon.

Bevor Sie mit der ersten Lektion beginnen, sollten Sie sich zunächst unseren Einstieg auf der ersten Hör- und Sprechtraining-CD anhören, der Ihnen einen Eindruck von der Aussprache des Spanischen vermittelt. Lesen Sie anschließend die Ausspracheregeln auf den Seiten 12–14 des Buches und sprechen Sie alle Beispiele mehrmals laut nach.

Nun können Sie mit der ersten Lektion beginnen. Lesen Sie den ersten Text und erschrecken Sie nicht vor den vielen unbekannten Wörtern. Bei diesem Text ist es nämlich gar nicht wichtig, dass Sie ihn Wort für Wort verstehen. Es genügt, wenn Sie erkennen, worum es geht. Markieren Sie zunächst einmal alle Wörter, die Sie ohne Hilfe der Übersetzung und ohne Wörterbuch verstehen.

Sie werden erstaunt sein, wie viele das sind! Auf diese Weise trainieren Sie nach und nach Ihre Fähigkeit, mit fremdsprachigen Texten umzugehen, ohne jedes Wort zu verstehen.

Ganz anders sollten Sie mit dem Dialog, dem eigentlichen Haupttext jeder Lektion verfahren. Da dieser Text aus der gesprochenen Alltagssprache kommt, ist es wichtig, ihn zu hören, also hautnah mit Melodie und Rhythmus zu erleben. Hören Sie sich also den Dialog zunächst ein- oder zweimal ohne Buch an und notieren Sie sich alles, was Sie verstanden haben. Das können einzelne Wörter, ganze Satzteile oder auch nur ein paar Assoziationen sein. Damit Ihnen das Zuhören und Verstehen leichter fällt, haben wir die Dialoge auch in einer etwas verlangsamten Geschwindigkeit aufgenommen. Vielleicht hilft es Ihnen, den Text in mehrere kleine Hör-Etappen zu unterteilen. Hören Sie anschließend den ganzen Dialog noch einmal an. Erst jetzt sollten Sie dabei das Buch vor sich liegen haben. Wenn Sie mithilfe der Wörterliste und eventuell auch der Übersetzung das Gefühl haben, den Text gut zu verstehen, sollten Sie ihn laut vorlesen. Setzen Sie dabei ruhig Ihr schauspielerisches Können ein und imitieren Sie unsere Sprecher!

Um die neuen Wörter auch langfristig im Gedächtnis zu behalten, kann es sinnvoll sein, sie aufzuschreiben. Sehr bewährt hat sich dabei eine Lernkartei (Zettelkasten). Ein kleiner Tipp:

Lernen Sie alle Wörter am besten gleich mit dem Artikel.

Die schriftlichen Übungen im Buch dienen dazu, Grammatik, Wortschatz und die Grundlagen der Aussprache zu üben. Mithilfe des Lösungsschlüssels im hinteren Buchteil können Sie jederzeit überprüfen, ob Sie alles richtig gemacht haben. Um das Hören und Sprechen zu erlernen, sollten Sie regelmäßig mit den beiden Hör- und Sprechtraining-CDs arbeiten. Bei manchen dieser Hörübungen werden Sie das Buch brauchen, z.B. um eine Illustration auszuwählen oder um etwas anzukreuzen. Alle anderen sollten Sie aber möglichst ohne Buch lösen, denn schließlich geht es bei diesen Übungen ja darum, Hörverständnis und Sprechfertigkeit zu trainieren! Zur Sicherheit finden Sie jedoch unmittelbar vor der jeweiligen Lösung eine Verschriftlichung des Hörtextes – auf die Sie aber wirklich nur im Notfall zurückgreifen sollten.

Viel Spaß und viel Erfolg!

Abkürzungen

f	feminin, weiblich
m	maskulin, männlich
Pl	Plural, Mehrzahl
Sg	Singular, Einzahl
wörtl.	wörtlich
ugs.	umgangssprachlich
Abk.	Abkürzung
best.	bestimmter
unbest.	unbestimmter
Adj.	Adjektiv
Adv.	Adverb
Pron.	Pronomen
unv.	unveränderlich
Inf.	Infinitiv
jdn	jemanden
jdm	jemandem
etw.	etwas
fam.	familiär
örtl.	örtlich
zeitl.	zeitlich
Bsp.	Beispiel
Lat.	Lateinamerikanisch
Subj.	Subjuntivo

Inhaltsverzeichnis

Lektionsübersicht

Texte	Themen / Sprechabsichten	Grammatik
1 **Lesetext** Zeitungsüberschriften: *Del Periódico* **Dialog** *Hola, buenos días*	jdn. begrüßen sich vorstellen sich verabschieden sich bedanken verneinen nach der Herkunft fragen **Info:** Weltsprache Spanisch	Das Verb *ser* Personalpronomen Substantive + Pluralbildung bestimmter Artikel Zahlen von 0–10 Alphabet Phonetik: *ñ, ch, ll, g/c*
2 **Lesetext** Nachricht: *¿Qué lenguas habla Europa?* **Dialog** *En el Bar Manu*	jdn. vorstellen sich nach dem Befinden erkundigen über Sprachkenntnisse sprechen nachfragen: *¿cómo se dice?, ¿puede repetir?* **Info:** Du und Sie	Regelmäßige Verben auf *-ar* das Verb *llamarse* Adverbien *bien, muy bien, mal...* Nationalitätsadjektive und Länder Zahlen von 11–60 Phonetik: *b/v, h, j*
3 **Lesetext** Gastronomieführer: *Guía gastronómica Madrid* **Dialog** *¿Comemos juntos?*	ein Getränk bestellen sich entschuldigen Wochentage **Info:** Churros	Adjektive, Plural regelmäßige Verben auf *-er* das Verb *tener* unbestimmter Artikel Zahlen von 60–100 Ordnungszahlen (1.–10.) Betonung, Akzent
4 **Lesetext** Formular: *Gimnasio ¡muévete!* **Dialog** *En el gimnasio*	Angaben zur Person machen: Name, Adresse, Alter, Beruf Ausrufe **Info:** Nachnamen	Verb *estar* regelmäßige Verben auf *-ir* Verb *hacer* Berufsbezeichnungen Zahlen von 101–199 Fragewörter Präpositionen *en, de* und *con*
5 **Lesetext** Prospekt: *¡Me lo llevo!* **Dialog** *Marta hace la compra*	Lebensmittel Verpackungsart und Mengen angeben Einkaufen gehen nach dem Preis fragen	Teilungsartikel *de* Verben *querer* und *poder* unbestimmter Artikel *otro, medio* direkte Objektpronomen Demonstrativpronomen Artikelwörter *uno, una*

Texte	Themen / Sprechabsichten	Grammatik	
Lesetext Plakat: *Fiesta de carnaval* **Dialog** *¿Qué me pongo?*	Kleidung Farben über Kleidung sprechen um Erlaubnis bitten	Farbadjektive indirekte Objektpronomen Verben *saber* und *poder* reflexive Verben *probarse, ponerse, vestirse* Stellung der Objekt- und Reflexivpronomen Pronomen *algún, alguno/-a, ningún, ninguno/-a*	6
Lesetext Statistik: *¿Cómo se mueven los españoles?* **Dialog** *Una encuesta en la calle*	Verkehrsmittel Tagesablauf, Alltag, Gewohnheiten Freizeitaktivitäten	Verb *ir* Pronomen *todo* Präpositionen *a* und *por* Verb *tener que* Häufigkeitsangaben Uhrzeit Verben *acostarse, soler, volver, dormir, salir* und *empezar*	7
Lesetext Stadtbeschreibung: *Madrid, ¡muy cerca de ti!* **Dialog** *Perdona...*	nach dem Weg fragen um Auskunft bitten einen Weg beschreiben nach der Uhrzeit fragen Öffnungszeiten **Info:** *Siesta*	Gebrauch von *ser, hay* und *estar* Relativpronomen *que* Verben *seguir, decir, entender* und *cerrar* Präpositionen *por* und *para* Phonetik: Wortbindung	8
Lesetext Anzeigen: *Hoy recomendamos...* **Dialog** *La cita*	sich verabreden Veranstaltungen einen Vorschlag annehmen oder ablehnen, Gründe angeben Gefallen / Nichtgefallen ausdrücken ein Telefongespräch führen	betonte Objektpronomen *mí, ti..., conmigo, contigo...* Gerundium Verben *gustar, encantar* Plural des unbestimmten Artikels *unos, unas*	9

	Texte	Themen / Sprechabsichten	Grammatik
10	**Lesetext** Persönliche Einladung: *La invitación* **Dialog** *El cumpleaños de Manu*	über Ereignisse der Vergangenheit mit Bezug auf die Gegenwart sprechen Monatsnamen Datumsangabe das Äußere einer Person beschreiben nach dem Alter fragen	Perfekt Zeitangaben, die mit dem Perfekt stehen Adverbien *ya, todavía no* Possessivpronomen Präposition *a* vor dem direkten Objekt
11	**Lesetext** Werbetext: *Vuelos en globo* **Dialog** *¿Qué le vamos a regalar?*	schenken einen Vorschlag machen, zustimmen nach der Meinung fragen die eigene Meinung angeben	redundante Personalpronomen nahe Zukunft mit *ir a* + Infinitiv Adverbien Phonetik: *r* und *rr*
12	**Lesetext** Speisekarte: *Bar Manu* **Dialog** *La fiesta de cumpleaños*	Essen bestellen über Pläne, Vorhaben sprechen Wünsche, Pläne für die Zukunft formulieren **Info:** *Tapas*	unpersönliches Verb *hay que* Futur
13	**Lesetext** Anleitung: *Seis reglas para volar en globo* **Dialog** *En la consulta del dentista*	über das körperliche Befinden sprechen eine Empfehlung oder eine Anweisung geben	bejahter Imperativ Verb *doler*
14	**Lesetext** Zeitungsnachricht: *La fiesta de Los Sanfermines terminó ayer* **Dialog** *Los Sanfermines*	über Ereignisse in der Vergangenheit sprechen vergangene Geschehnisse bewerten **Info:** Sanfermines	*Indefinido* Zeitangaben, die mit dem *Indefinido* stehen doppelte Verneinung mit *no... ninguno, nada, nunca, nadie* Vergleich
15	**Lesetext** Biographie: *El hombre que vió tres siglos* **Dialog** *Una entrevista*	einen Lebenslauf schildern beschreiben, was man früher gemacht hat Verwandtschaftsbezeichnungen	*Indefinido:* unregelmäßige Verben Imperfekt Zeitangaben, die mit dem Imperfekt stehen Präpositionen *desde, hace, desde hace*

Aussprache, Betonung und Schreibweise

1 Das Alphabet

Das spanische Alphabet hat 28 Buchstaben. Besonderheiten sind das **ñ** sowie **ch** und **ll**, die in den meisten Wörterbüchern noch einzeln eingeordnet sind, in den neuesten aber bei den Buchstaben **n**, **c** und **l** integriert erscheinen.

a	*a*	[a]	Wie a in *alt*.	Ana, tapas, adiós
b	*be*	[b] [ƀ]	1. Im Anlaut und nach m wie [b]. 2. Zwischen Vokalen ein Reibelaut wie [w].	Barcelona, cambiar abierto, escribir
c	*ce*	[k] [θ] (E)* [s] (Lat.)*	1. Vor a, o, u wie [k], nicht gehaucht. 2. Vor e, i wie englisches „th" in thing. In Lat. und Südspanien wie scharfes s.	Carlos, casa cinco, Barcelona, hacer
ch	*che*	[tʃ]	Wie tsch in *klatschen*.	chico, ocho, Chile
d	*de*	[d] [đ] [⁽ᵈ⁾]	1. Sanfter als das deutsche d. 2. zwischen Vokalen ein Reibelaut. 3. Im Wortauslaut sehr schwach.	dónde, madre además Madrid, ciudad
e	*e*	[ɛ]	Offenes e, wie kurzes ä in *Bäcker*.	Pedro, español
f	*efe*	[f]	Wie f in *Feld*.	café, Félix
g	*ge*	[g] [x]	1. Vor a, o, u und Konsonanten wie g, aber sanfter. 2. Vor e, i wie ch in *doch*. 3. In der Verbindung gue, gui bleibt das u stumm und das g ein gesprochenes [g].	tengo, gracias Gerardo, lógico Miguel, guitarra
h	*hache*		Ist immer stumm.	hotel, hola
i	*i*	[i]	Wie das deutsche kurze i in *bitte*.	hijo, chica
j	*jota*	[x]	Wie ch in *doch* (wie g vor e, i).	ajo, Jerez, jamón
k	*ka*	[k]	Wie k, aber nicht gehaucht.	kilo, kilómetro
l	*ele*	[l]	Wie l in *Leute*.	hola, ¿qué tal?
ll	*elle*	[ʎ]	Wie deutsches j.	Mallorca, calle

*Aussprachevarianten in Spanien (E) und Lateinamerika (Lat.).

m	eme	[m]	Wie m in *morgen*.	María, América
n	ene	[n]	Wie n in *Nacht*.	bueno, Ana
ñ	eñe	[ɲ]	Wie nj, ähnlich wie gn in *Champagner*.	mañana, España
o	o	[o]	Offenes o wie in *hoffen*.	dónde, hola
p	pe	[p]	Wie p, aber nicht gehaucht.	paella, España
q	cu	[k]	Wie k, aber nicht gehaucht. Immer zusammen mit u, das u bleibt stumm.	que, aquí
r	erre	[rr]	1. Bei rr, am Wortanfang und nach l, n, s stark gerolltes Zungenspitzen-r.	perro, Rioja, radio
		[r]	2. Sonst einfach gerolltes Zungenspitzen-r.	pero, Perú, cero
s	ese	[s]	Stimmlos wie in *Messe*.	queso, Sevilla, así
t	te	[t]	Wie t, aber nicht gehaucht.	tengo, tres, Marta
u	u	[u]	Wie u in *Buch*.	uno, Perú
v	uve	[b] [β]	Gleiche Aussprache wie b.	vamos, vino, voy Javier, por favor
w	uve doble	[w]	Nur in Fremdwörtern.	wáter (WC)
x	equis	[ks] [s]	1. Zwischen Vokalen, wie ks. 2. Vor Konsonanten wie s (regional).	taxi, exacto explicar, extranjero
y	i griega	[i] [j]	1. Am Wortende und allein stehend wie i. 2. Sonst wie deutsches j.	hay, voy, soy, y yo, mayo
z	zeta	[θ] (E) [s] (Lat.)	Wie th in thing (siehe c vor e, i). In Lat. und Südspanien wie s.	zapato, Venezuela, azúcar

Bei den Diphthongen (Vokalgruppen) wird im Spanischen jeder Vokal einzeln gesprochen: **ae**ropuerto *Flughafen*, **vei**nte *zwanzig*, **Eu**ropa, **eu**ro *Euro*.

2 Die Betonung und Akzentsetzung

Die meisten spanischen Wörter werden auf der **vorletzten Silbe** betont. Dazu gehören alle Wörter, die auf einen Vokal (a, e, i, o, u), auf -n oder -s enden.	casa, nosotros, bicicleta
Wörter, die auf Konsonant (außer -n oder -s) enden, werden auf der **letzten Silbe** betont.	hotel, Madrid, trabajar, feliz
Wörter, die eine **andere Betonung** haben, brauchen einen Akzent, der zeigt, auf welche Silbe die Betonung fällt.	médico, música, teléfono, café, aquí
Der Akzent wird auch verwendet, um die Bedeutung **einsilbiger Wörter** zu unterscheiden.	el *der* – él *er* sí *ja* – si *wenn, falls*
Alle **Fragewörter** tragen einen Akzent.	¿cuándo? *wann?*, ¿cómo? *wie?*, ¿quién? *wer?* ...

Wird bei der Pluralbildung die Silbe **es** an ein Wort angehängt, das auf Konsonant endet, so kann dieses Wort einen Akzent erhalten oder verlieren, damit dieselbe Wortsilbe auch im Plural betont bleibt: **joven** *jung* ▶ **jóvenes**; **alemán** *deutsch* ▶ **alemanes**; **jamón** *Schinken* ▶ **jamones**.

3 Die Wortbindung

Der Klang der spanischen Sprache ist von der Bindung der Wörter innerhalb des Satzes geprägt. Die Bindung findet vor allem statt, wenn ein Wort mit Vokal endet und das nächste auch mit Vokal beginnt:
Me llamo_Ana. Soy de_Argentina. Vivo_en Córdoba.

4 Groß- und Kleinschreibung

Im Spanischen wird hauptsächlich die Kleinschreibung verwendet. Großgeschrieben werden Eigennamen von Personen und Institutionen (Silvia, Ministerio de Cultura, Instituto Cervantes), Länder, Ortschaften, Provinzen (Bolivia, Buenos Aires, La Mancha) sowie das erste Wort am Satzanfang (¡Hola! Me llamo Luis.).

5 Frage- und Ausrufezeichen

Frage- und Ausrufezeichen werden immer am Anfang und am Ende des Satzes oder Teilsatzes geschrieben:
¿Cómo te llamas? – ¡Qué horror! – ¡Hola!, ¿qué tal?

In dieser Lektion erfahren Sie etwas über:
▌ die **Grußformeln**
▌ das **Substantiv** und den **Artikel**
▌ das Verb **ser**
▌ die **Zahlen** von 0 bis 10
▌ das **Alphabet**
▌ einige Ausspracheregeln
▌ die **Personalpronomen**

Del periódico Aus der Zeitung

El sol y el calor de agosto en las playas de la costa mediterránea

Die Sonne und die Hitze des Augusts an den Stränden der Mittelmeerküste

El aceite de oliva, secreto de belleza de Miss Gibraltar

Olivenöl, das Geheimnis der Schönheit von Miss Gibraltar

El nuevo amor del príncipe no es una princesa

Die neue Liebe des Prinzen ist keine Prinzessin

Calamares gigantes en la costa atlántica española

¡Animales de diez metros y más!

Genial: ¡Gol en el último minuto!
El Real Madrid gana 1:0 contra el Barça

Gigantische Kalmare an der spanischen Atlantikküste

Tiere von 10 Metern Länge und mehr!

Genial:
Tor in der letzten Minute!
Real Madrid gewinnt 1:0 gegen Barça
(FC Barcelona)

El nuevo médico de la serie de televisión "Hospital Sur" es un actor africano de Guinea Ecuatorial

El español es lengua oficial en Guinea Ecuatorial

Der neue Arzt der Fernsehserie „Krankenhaus Süd" ist ein afrikanischer Schauspieler aus Äquatorialguinea

Spanisch ist Amtssprache in Äquatorialguinea

quince   **15**

¿Qué hay de nuevo? E 2, 3

In der ersten Lektion ist natürlich fast alles neu für Sie. Sie müssen auch nicht jedes Wort aus dem ersten Text verstehen. Er dient vielmehr dazu, meist in authentischen Textformen in das Thema der Lektion einzuführen und Wortschatz und Grammatikstrukturen vorzustellen, die in der Lektion ausführlich behandelt und im Übungsteil trainiert werden.

Einige Wörter aus den Zeitungsüberschriften haben Sie bestimmt auf Anhieb verstanden, etwa **amor** *Liebe*, **playa** *Strand* oder **televisión** *Fernsehen*. Markieren Sie diese Wörter – Sie werden staunen, wie viele es sind.

An dieser Stelle präsentieren wir Ihnen die Grammatikschwerpunkte jeder Lektion. Beginnen wir mit den Substantiven, von denen Sie einige in den Zeitungsüberschriften kennengelernt haben. Sie sind im Spanischen entweder männlich oder weiblich. Die Wortendung weist häufig auf das Geschlecht hin.

männlich	weiblich
-o agosto, secreto, médico	-a playa, costa, lengua
-l sol, animal, hospital, gol	-ión promoción, televisión
-r calor, amor, actor	

Es gibt auch Endungen, die männlich oder weiblich sein können:
-e aceite (*männlich*), serie (*weiblich*)

In den Zeitungsüberschriften haben Sie auch schon den bestimmten Artikel (*der, die*) kennengelernt. Im Spanischen gibt es keinen sächlichen Artikel (*das*):

	Singular (Einzahl)	Plural (Mehrzahl)
männlich	**el** secreto	**los** secretos
weiblich	**la** playa	**las** playas

Vielleicht haben Sie bei den Artikeln bereits gemerkt, wie die Pluralbildung bei den Substantiven funktioniert. Es ist ganz einfach:

	Singular	Plural
Vokal + s	el médico, la serie	los médico**s**, las serie**s**
Konsonant + es	el amor, el hospital	los amor**es**, los hospital**es**

Unterstreichen Sie alle männlichen Substantive rot, alle weiblichen grün:

médico	costa	calamares	serie	príncipe	princesa	televisión
hospital	lengua	actor	animal	supermercado	agosto	minuto	gol

Hola, buenos días

En el aeropuerto de Madrid

Nicolás: Hola, buenos días,
¿es usted Celia Milani?
Celia: Sí, y usted es Nicolás...
Nicolás: Sí, soy Nicolás Nge,
de Guinea Ecuatorial.
Celia: ¡Encantada, Nicolás!
Nicolás: ¡Mucho gusto, Celia!
Celia: ¿Qué tal el viaje?
Nicolás: Muy bien, gracias, sin problemas.
Celia: Bueno, ¿vamos?
Nicolás: Sí, vamos.

En el taxi

Taxista: Hola, buenos días.
Celia: A la calle Manzanares, número cinco,
por favor.
Nicolás: Celia, ¿es usted española?
Celia: No, no soy española, soy de Argentina.
Nicolás: ¡Ah! ¡Usted también es extranjera!
Celia: Pues... ¡sí! Más o menos.
Taxista: ¡Pues ya somos tres!
Nicolás: ¿Ah, sí? ¿De dónde es usted?
Taxista: ¡Del Ecuador! ¡Bienvenidos a Madrid!
Calle Manzanares, número cinco, señores.
Celia: ¡Muy bien! ¿Cuánto es?
Taxista: Son 10 euros. Muchas gracias. ¡Adiós!
¡Que les vaya bien!
Nicolás: Gracias. Igualmente.

En casa de Marta

Marta: ¡Hola! ¡Bienvenido! ¡Hola, Celia!
Celia: Marta, éste es Nicolás.
Marta: ¡Encantada, Nicolás! Tú eres el actor
de Guinea...
Nicolás: Ecuatorial, sí.
Marta: Yo soy Marta, de Sevilla.
Nicolás: Ah, española. ¡Mucho gusto!
Marta: ¡Pasad, pasad!

1

Vocabulario

Sie finden hier den Wortschatz aus beiden Texten. Die normal gedruckten Wörter müssen Sie lediglich passiv verstehen. Die fett gedruckten Wörter sollten Sie besonders gut lernen, denn das sind die Wörter, die Sie auch aktiv anwenden werden.

Del periódico
el periódico [pe'riɔdiko] *Zeitung*
el sol [sol] *Sonne*
y [i] *und*
el calor [ka'lor] *Wärme, Hitze*
de [de] *von, aus*
el agosto [a'gɔsto] *August*
en [en] *in, an, auf*
la playa ['plaja] *Strand*
la costa ['kɔsta] *Küste*
mediterráneo/-a *mediterran,*
[meðite'rraneo] *Mittelmeer ...*
el aceite [a'θɛite] *Öl*
la oliva [o'liƀa] *Olive*
el secreto [se'kreto] *Geheimnis*
la belleza [be'ʎeθa] *Schönheit*
el amor [a'mɔr] *Liebe*
nuevo/-a ['nuɛƀo] *neu*
el príncipe ['prinθipe] *Prinz*
no [nɔ] *nein*
es [es] *(er, sie, es) ist*
la princesa [prin'θesa] *Prinzessin*
un, una [un, 'una] *ein, eine*
el calamar [kala'mar] *Tintenfisch*
gigante [xi'gante] *riesig, gigantisch*
atlántico/-a [at'lantiko] *atlantisch*
español/a [espa'ɲɔl] *spanisch*
el animal [ani'mal] *Tier*
diez [dieθ] *zehn*
el metro ['metro] *Meter*
más [mas] *mehr*
el médico ['mɛðikɔ] *Arzt*
la serie ['serie] *Serie*
la televisión [teleƀi'sjɔn] *Fernsehen*
el hospital [ɔspi'tal] *Krankenhaus*
el sur [sur] *Süden*
el actor [ak'tɔr] *Schauspieler*

africano/-a [afri'kano] *afrikanisch*
Guinea Ecuatorial *Äquatorial-*
[gi'nea ekuato'rial] *guinea*
el español [espa'ɲɔl] *Spanisch (Spra-che), Spanier*
la lengua ['leŋgua] *Sprache*
oficial [ofi'θial] *offiziell*
genial [xe'nial] *genial, toll*
el gol [gol] *Tor (Fußball)*
último/-a ['ultimo] *letzte(r, -s)*
el minuto [mi'nuto] *Minute*
ganar [ga'nar] *gewinnen*
contra ['kontra] *gegen*

Hola, buenos dias
hola ['ɔla] *hallo*
el día ['dia] *Tag*
buenos días *guten Tag*
['buenos 'dias]
el aeropuerto *Flughafen*
[aero'puɛrto]
usted *Einz.* [us'te(d)] *Sie*
sí [si] *ja*
soy [soi] *ich bin*
encantado/-a *(sehr) erfreut*
[enkan'taðo]
mucho gusto *angenehm*
['mutʃo 'gusto]
mucho ['mutʃo] *viel*
el gusto ['gusto] *Geschmack*
¿Qué tal...? [ke tal] *Wie war ...?*
el viaje ['biaxe] *Reise*
muy bien [mui bien] *sehr gut*
gracias ['graθias] *danke*
sin [sin] *ohne*
el problema *m* *Problem*
[pro'ƀlema]

bueno/-a ['bueno]	*gut, also*	**del** *(de + el)* [del]	*von der, von dem*
¿vamos? ['bamos]	*gehen wir?*	Ecuador [ekua'ðɔr]	*Ecuador*
el taxi ['tagsi]	*Taxi*	¡Bienvenido(s) a...!	*willkommen*
a [a]	*nach*	[bienβe'nido(s) a]	*in ...!*
la calle ['kaʎe]	*Straße*	señores [se'ɲɔres]	*meine Herr-*
el número ['numero]	*Nummer, Zahl*		*schaften*
cinco ['θinko]	*fünf*	¿cuánto? ['kuanto]	*wie viel*
el favor [fa'bor]	*Gefallen*	**¿Cuánto es?** ['kuanto es]	*Wie viel macht das?*
por favor [por fa'bor]	*bitte*	**son... euros**	*das macht ...*
Argentina [arxen'tina]	*Argentinien*	[son... 'ɛuros]	*Euro*
ah [a]	*ach*	**adiós** [a'ðios]	*auf Wiedersehen*
también [tam'bien]	*auch*	¡Que les vaya bien!	*Alles Gute!*
extranjero/-a	*fremd,*	[ke les 'baja 'bien]	*(Abschied)*
[egstran'xero]	*ausländisch*	**igualmente**	*ebenfalls*
pues ['pues]	*also, nun*	[igual'mente]	
más o menos	*mehr oder*	**la casa** ['kasa]	*Haus*
[mas o 'menos]	*weniger*	**en casa** [en 'kasa]	*zu Hause*
ya [ja]	*schon*	**éste es...** ['este es]	*das ist ...*
somos ['somos]	*wir sind*	**tú eres...** [tu 'eres]	*du bist ...*
tres [tres]	*drei*	**yo soy...** [jo soi]	*ich bin ...*
¿de dónde...?	*woher,*	¡Pasad! [pa'sa[(d)]]	*Kommt herein!*
[de 'ðonde]	*von wo ...?*		
¿dónde? ['donde]	*wo?*		

Gramática

1. Die Personalpronomen   E 4

Einige der Personalpronomen haben Sie im Dialog bereits kennengelernt. Hier nun die vollständige Übersicht:

Singular			Plural	
1. Person	yo	*ich*	nosotros	*wir (männl.)*
			nosotras	*wir (weibl.)*
2. Person	tú	*du*	vosotros	*ihr (männl.)*
			vosotras	*ihr (weibl.)*
3. Person	él	*er*	ellos	*sie (männl.)*
	ella	*sie*	ellas	*sie (weibl.)*
	usted	*Sie*	ustedes	*Sie*

Es ist Ihnen sicher aufgefallen: Bei der höflichen Anrede mit *Sie* gibt es im Spanischen den Singular **usted** (Sie sprechen eine Person an) und die Pluralform **ustedes** (Sie sprechen mehrere Personen an). Beide werden mit den Verbformen der dritten Person – Singular oder Plural – verwendet:
¿Es usted María? *Sind Sie Maria?*
¿Son ustedes los señores Ramos? *Sind Sie Herr und Frau Ramos?*

Und noch etwas ist bemerkenswert: Bei der 1. und 2. Person Plural gibt es eine eigene weibliche Form des Personalpronomens: **nosotras** und **vosotras**. Diese Form verwenden Sie immer dann, wenn Sie ausschließlich Frauen ansprechen bzw. über eine Gruppe von Frauen sprechen.

2. Das Verb *ser* sein   E 4, 8, 9, 10

	Singular			Plural	
(yo)	soy	*ich bin*	(nosotros, -as)	somos	*wir sind*
(tú)	eres	*du bist*	(vosotros, -as)	sois	*ihr seid*
(él, ella, usted)	es	*er, sie ist* *Sie sind*	(ellos, ellas, ustedes)	son	*sie sind* *Sie sind*

Das Verb **ser** wird in den Dialogen immer dann verwendet, wenn
▌jemand sich vorstellt:
  Soy Nicolás. *Ich bin Nicolás.*
▌jemand einen anderen nach dem Namen fragt:
  ¿Y usted es...? *Und Sie sind ...?*
▌man sagen möchte, aus welcher Stadt oder aus welchem Land man kommt:
  Soy de Argentina. *Ich komme aus (bin) aus Argentinien.*
▌man jemanden identifizieren möchte:
  Éste es Nicolás. *Das ist Nicolás.*
▌Sie eine Eigenschaft (mit einem Adjektiv) angeben:
  El aceite de oliva es bueno. *Das Olivenöl ist gut.*
▌Sie einen Betrag angeben:
  Son 9 euros. *Das macht 9 Euro.*

In der Regel genügt es im Spanischen, das Verb ohne Pronomen zu verwenden, denn die Person geht ja eindeutig aus der Verbform hervor. Zur Hervorhebung oder zur Unterscheidung und Gegenüberstellung verschiedener Personen kann das Pronomen verwendet werden:
Yo soy Celia. *Ich bin Celia.*
Él es de Guinea Ecuatorial, ella es de Argentina.
Er ist aus Äquatorialguinea, sie ist aus Argentinien.

3. Das Alphabet

Das spanische Alphabet enthält drei Buchstaben mehr als das Deutsche: das **ch**, **ll** und das charakteristische spanische **ñ**. Kursiv finden Sie jeweils den Namen des Buchstaben ergänzt.

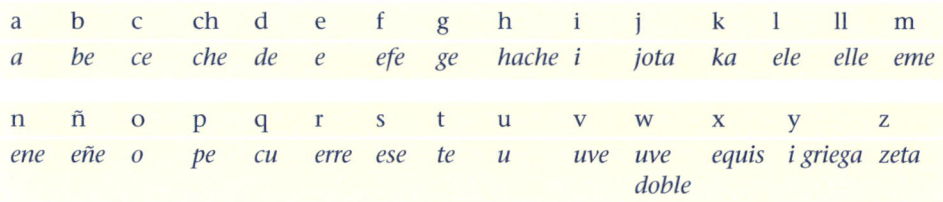

a	b	c	ch	d	e	f	g	h	i	j	k	l	ll	m
a	*be*	*ce*	*che*	*de*	*e*	*efe*	*ge*	*hache*	*i*	*jota*	*ka*	*ele*	*elle*	*eme*

n	ñ	o	p	q	r	s	t	u	v	w	x	y	z
ene	*eñe*	*o*	*pe*	*cu*	*erre*	*ese*	*te*	*u*	*uve*	*uve doble*	*equis*	*i griega*	*zeta*

→ Übersicht auf S. 12–13.

4. Betonung und Akzentsetzung   *E 6*

Im Spanischen bestimmt die Endung eines Wortes, welche Silbe betont wird. Die Regeln sind nicht schwer:

▌ Endet ein Wort auf Vokal, **-n** oder **-s**, so wird die vorletzte Silbe betont:
   hola, encan**ta**do, **ta**xi, **ca**lle, **ca**sa, **va**mos.
▌ Endet ein Wort auf einen Konsonanten (außer **-n** oder **-s**), so wird die letzte Silbe betont:
   espa**ñol**, hospi**tal**, ac**tor**, ofi**cial**.
▌ Wörter, die eine von diesen beiden Regeln abweichende Betonung haben, bekommen einen Akzent. Die Silbe mit dem Akzent ist immer betont:
   médico, **nú**mero.

→ Übersicht auf S. 14.

5. Die Aussprache von *ch*, *ll* und *ñ*

Sie werden die spanische Aussprache über die ersten Lektionen verteilt lernen, Schritt für Schritt. Beginnen wir mit den drei „Spezial"-Buchstaben:

Das **ch** [tʃ] wird gesprochen wie ein deutsches *tsch*: mu**ch**o, o**ch**o.
Das **ll** [j] wird gesprochen wie ein deutsches *j*, regional auch [ʎ], wie *lj*: ca**ll**e, pae**ll**a.
Das **ñ** [ɲ] klingt wie *nj*: Espa**ñ**a.

6. Die Aussprache von c und g E 6

Für die Buchstaben **c** und **g** gibt es im Spanischen jeweils 2 Aussprachevarianten: Vor den dunklen Vokalen **a**, **o**, **u** wird das **c** wie ein deutschen *k* [k], das **g** wie ein deutsches *g* [g] ausgesprochen. Vor den hellen Vokalen **e**, **i** spricht man das **c** wie [θ]*, das entspricht dem „gelispelten" englischen *th* in *thick*, das **g** wie [x], ähnlich dem deutschen *ch* in *doch*:

c		g	
['k]	[θ]	['g]	[x]
calle	Gracias	gusto	Argentina
Nicolás	Celia	gol	Gibraltar
Ecuador	Cinco	tango	genial

* in Lateinamerika, Südspanien und auf den Kanarischen Inseln wie scharfes *s* gesprochen.

Achtung: In der Verbindung **gui** oder **gue** bleibt das **u** stumm, gesprochen wird nur ein *gi* bzw. *ge* [gi']:
Guinea, **gui**tarra *Gitarre*, **gue**rra *Krieg*.
Falls jedoch das **u** in dieser Verbindung so wie im Deutschen ausgesprochen werden soll, erhält es zur Kennzeichnung zwei Pünktchen wie z.B. in: ping**ü**ino *Pinguin*.

Uso del español

An dieser Stelle zeigen wir Ihnen jeweils, wie Sie die gelernten Ausdrücke und Strukturen verwenden können. Wir orientieren uns dabei immer an der gesprochenen Alltagssprache.

Grußformeln E 1, 7
Einige Gruß- und Abschiedsformeln haben Sie bereits kennengelernt. Hier finden Sie für jede Tageszeit den richtigen Gruß:

¡Hola!	*Hallo!*	¡Adiós!	*Auf Wiedersehen.*
Buenos días.	*Guten Tag.*	¡Chao!	*Tschüs!*
Buenas tardes.	*Guten Tag. / Guten Abend.*	¡Hasta luego!	*Bis bald! / Tschüs!*
Buenas noches.	*Guten Abend. / Gute Nacht.*		

Wann benutzen Sie welche Grußform? Man sagt bis etwa 14.00 Uhr, der in Spanien üblichen Zeit für das Mittagessen, **Buenos días**, danach, bis etwa zum Einbruch der Dunkelheit **Buenas tardes**. **Buenas noches** wird erst ab dem späteren Abend verwendet. Mit **¡Hola!** können Sie jederzeit grüßen ohne dass es zu salopp klingt.

Encantado, encantada

Haben Sie es bemerkt? Das beim Vorstellen übliche *angenehm* oder *sehr erfreut* heißt im Spanischen **encantada**, wenn eine Frau spricht, bzw. **encantado**, wenn ein Mann spricht. **Mucho gusto** können beide verwenden.

¡Bienvenido!

Willkommen heißt ¡**Bienvenido!** Heißt man mehrere Personen willkommen, verwendet man den Plural: ¡**Bienvenidos!**

¡! ¿?

Spätestens hier werden Ihnen die auf dem Kopf stehenden Ausrufezeichen aufgefallen sein. Im Spanischen werden immer Beginn und Ende eines Ausrufs oder einer Frage markiert:
¡Hola! *Hallo!*   ¿Qué tal el viaje? *Wie war die Reise?*

Die Verneinung

Sie haben auch schon gelernt, dass **no** sowohl *nein* als auch *nicht* oder *kein, keine* heißen kann:
¿Usted no es española? *Sind Sie nicht (keine) Spanierin?*
No, no soy española. *Nein, ich bin keine Spanierin.*
Merken Sie sich schon jetzt, dass das **no** in der Verneinung – anders als im Deutschen – immer <u>vor</u> dem Verb steht:
No soy de España. *Ich bin **nicht** aus Spanien.*

i Wussten Sie, dass es 400 Millionen Spanisch-Sprecherinnen und Sprecher auf 4 Kontinenten gibt? Davon leben 40 Millionen in Spanien, die große Mehrheit aber in Mittel- und Südamerika. Auch in den USA gibt es heute etwa 30 Millionen spanische Muttersprachler. Außerdem wird noch in Asien, auf den Philippinen, und in Afrika Spanisch gesprochen, nämlich in Äquatorialguinea und in Westsahara. ¡**Bienvenidos!**

Más expresiones útiles   E 5

Hier finden Sie weiteren wichtigen Wortschatz zum Thema der Lektion. Diese Wörter sollten Sie auf jeden Fall lernen.

cero	0		
uno	1	seis	6
dos	2	siete	7
tres	3	ocho	8
cuatro	4	nueve	9
cinco	5	diez	10

1

Ejercicios

1 Bilden Sie 4 Ketten von Wörtern und Ausdrücken, die zusammenpassen.

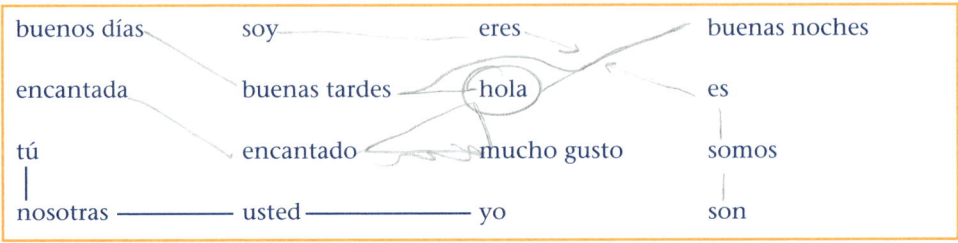

buenos días soy eres buenas noches

encantada buenas tardes hola es

tú encantado mucho gusto somos

nosotras usted yo son

2 Ergänzen Sie den Artikel.

el	la	los	las

1. *la* lengua   4. *el* número   7. *la* playa

2. *el* español   5. *la* extranjera   8. *los* aceites

3. *las* españolas   6. *los* médicos   9. *el la* televisión

3 Wie lautet der Plural?

1. costa   *costas*   5. actor   *actores*

2. secreto   *secretos*   6. animal   *animales*

3. amor   *amores*   7. lengua   *lenguas*

4. serie   *series*   8. calamar   *calamares*

4 Ergänzen Sie die Tabelle mit den fehlenden Personalpronomen und Verbformen.

Singular			Plural		
yo	*tú*	*él, ella, usted*	*nosotros, as*	*vosotros, -as*	*ellos, ellas, ustedes*
soy	*eres*	*es*	*somos*	*sois*	*son*

5 Übersetzen Sie und schreiben Sie dabei die Zahlen aus.

2 Tage	dos días ✓	5 Zahlen	cinco números ✓
6 Taxis	seis taxistas ✗	10 Straßen	diez calles ✓
4 Ärzte	cuatro médicos ✓	8 Schauspieler	ocho actores ✓
7 Tore	siete goles ✗	3 Sprachen	tres idiomas / lenguas ✓
9 Prinzen	nueve príncipes ✗	1 Liebe	una amore → un amor

6 Ordnen Sie die folgenden Wörter nach der Aussprache der fett gedruckten Buchstaben.

lengua ✓   Galicia ✓   gusto ✓   genial ✔   calor ✓   costa ✓
médico ✔   Galicia ✓   supermercado ✓   gigante ✓   princesa ✓
gol ✔   Argentina ✓   príncipe ✓   Celia ✔   Gibraltar ✓

['k] wie k	['θ] wie engl. thick	[g] wie g	[x] wie ch in doch
médico	Galicia	gusto	genial
calor	Celia	lengua	gigante
costa	príncipe	Galicia	Argentina
supermercado	princesa	gol	Gibraltar

7 Welche Begrüßung ist wann die richtige?

🕥 10.30 Uhr   🕥 22.30 Uhr   15.30 15.30 Uhr

1. Buenos días   2. Buenas noches   3. Buenas tardes

So kann ich immer grüßen: ¡Hola !

So verabschiede ich mich: ¡Adiós!, ¡Hasta luego!

1

8 Beantworten Sie die folgenden Fragen einmal mit *ja* und einmal mit *nein*.

1. ¿Es usted Ana Sánchez?

 Sí, soy Ana Sánchez.

 No, no soy Ana Sánchez, soy Olga Ruiz.

 (Olga Ruiz)

2. ¿Y tú eres Pablo?

 Sí, yo soy Pablo

 No, no soy Pablo, yo soy Antonio

 (Antonio)

3. ¿Usted es española?

 Sí, soy ~~una~~ española

 No, no soy ~~una~~ española, soy

 (argentina)

4. Tú eres de Argentina, ¿no?

 Sí, soy de Argentina

 No, no soy de Arg. soy de Esp

 (España)

9 Ergänzen Sie die Lücken mit den Formen von **ser**.

1. ● ¿Tú eres del Ecuador, Nicolás?
- ● No, soy de Guinea Ecuatorial.

2. ● ¿Usted es Celia?
- ● Sí, soy Celia Milani.

3. ● ¿Marta es española?
- ● Sí, es de Madrid.

4. ● ¿De dónde eres tú?
- ● soy de Argentina.

5. ● ¿Nicolás es médico?
- ● Sí, es médico.

6. ● ¿Ustedes son españolas?
- ● Sí, nosotras somos españolas.

10 Bringen Sie diesen kurzen Dialog in die richtige Reihenfolge.

4 Soy de México.

1 Hola, soy Roberto, ¿y tú?

6 Mucho gusto, Roberto.

5 Yo soy de Chile. Encantado, Yolanda.

2 Hola, Roberto, yo soy Yolanda.

3 ¿De dónde eres, Yolanda?

1. ● ....

2. ● ....

3. ● ....

4. ● ....

5. ● ....

6. ● ....

In dieser Lektion lernen Sie:
- wie Sie jemanden **vorstellen** können
- die regelmäßigen **Verben auf -ar**
- das Verb **llamarse**
- einige **Länder** und **Nationalitätsadjektive**
- die **Zahlen** von 11 bis 60
- das unpersönliche **se**
- die **Aussprache** von **b** und **v, h** und **j**

¿Qué lenguas habla Europa?

- En 2004 hay 25 países en la Unión Europea. Los 10 países nuevos de la UE son: Polonia, República Checa, Hungría, Eslovaquia, Lituania, Estonia, Eslovenia, Letonia, Chipre y Malta.

- En la UE hay 20 lenguas oficiales (2004): alemán, checo, danés, eslovaco, esloveno, español, estonio, finés, francés, griego, húngaro, inglés, italiano, letón, lituano, maltés, neerlandés, polaco, portugués y sueco.

- El 45% de los europeos habla una lengua europea además de su lengua materna.

- El 26% habla 2 idiomas extranjeros europeos.

- 3,4 millones de europeos estudian español.

Welche Sprachen spricht Europa?

- Bei der Osterweiterung 2004 traten der Europäischen Union 10 neue Länder bei: Polen, Republik Tschechien, Ungarn, Slowakei, Litauen, Estland, Slowenien, Lettland, Zypern und Malta.

- In der EU gibt es 20 Amtssprachen (2004): Deutsch, Tschechisch, Dänisch, Slowakisch, Slowenisch, Spanisch, Estisch, Finnisch, Französisch, Griechisch, Ungarisch, Englisch, Italienisch, Lettisch, Litauisch, Maltesisch, Niederländisch, Polnisch, Portugiesisch und Schwedisch.

- 45 % der Europäer sprechen eine weitere europäische Sprache neben ihrer Muttersprache.

- 26 % sprechen zwei europäische Fremdsprachen.

- 3,4 Millionen Europäer lernen Spanisch.

2

¿Qué hay de nuevo? E 1, 4, 6

Sie haben in dieser Zeitungsmeldung ein wichtiges Verb kennengelernt, nämlich **hablar** *sprechen*. Dieses Verb gehört zur Gruppe der regelmäßigen Verben auf -ar. Es ist die größte Gruppe der spanischen Verben und wird so konjugiert:

Singular			Plural		
(yo)	hablo	*ich spreche*	(nosotros, -as)	hablamos	*wir sprechen*
(tú)	hablas	*du sprichst*	(vosotros, -as)	habláis	*ihr sprecht*
(él, ella, usted)	habla	*er, sie spricht* *Sie sprechen*	(ellos, ellas, ustedes)	hablan	*sie sprechen* *Sie sprechen*

Die Endung -**ar** des Infinitivs (= Grundform) wird also durch folgende Endungen im Präsens (= Gegenwart) ersetzt:

Verben auf -**ar**	
-o	-amos
-as	-áis
-a	-an

Merken Sie sich diese Endungen gut, denn sie gelten für alle regelmäßigen Verben auf -**ar**, wie z.B. **estudiar** *lernen, studieren* oder **tomar** *nehmen, trinken*.

Mit Betonung und Akzentsetzung werden Sie sich in Lektion 3 genauer beschäftigen. Merken Sie sich hier vorerst nur, dass der Wortakzent in der 1. und 2. Person Plural vom Wortstamm in die Endung wechselt: ha**blo**, **ha**blas, **ha**bla, aber: ha**bla**mos, ha**bláis**. In der 3. Person Plural ist wieder der Stamm betont: **ha**blan.

Und nun eine kleine Aufgabe für Sie. Ergänzen Sie die Sprachen der 15 Länder der Europäischen Union. Natürlich auf Spanisch.

Inglaterra	*inglés*	Dinamarca	danés	Eslovaquia	
Italia	italiano	Finlandia	fines	Lituania	
España	español	Bélgica		Estonia	
Alemania	alemán	Luxemburgo		Eslovenia	
Grecia	griego	Austria		Letonia	
Francia	francés	Irlanda		Chipre	
Portugal	portugés	Polonia		Malta	
Países Bajos	*neerlandés*	República Checa			
Suecia	sueco	Hungría			

En el Bar Manu

Marta:	Mira, Manu, éste es Nicolás, un compañero nuevo de trabajo y de piso.
Manu:	Hola, ¡encantado! Yo me llamo Manuel..., bueno, Manu para los amigos.
Nicolás:	Mucho gusto.
Manu:	¿De dónde eres?
Nicolás:	De Guinea Ecuatorial.
Manu:	Hablas muy bien español.
Nicolás:	Gracias, pero...
Marta:	¡Claro, hombre! En Guinea Ecuatorial se habla español.
Manu:	Ah, claro, ¡es verdad! ¡Qué tonto soy!
Marta:	Nicolás, este bar es el corazón del barrio. Mira, ese chico es Pierre. Es francés.
Pierre:	¡Hola, Marta! ¿Qué tal?
Marta:	Bien, gracias. ¿Y tú?
Pierre:	Un poco... *fatigué*, ¿cómo se dice...?
Nicolás:	Cansado.
Pierre:	Sí, cansado, gracias. ¿Hablas francés?
Nicolás:	Sí, bastante bien.
Marta:	Pierre, éste es Nicolás, de Guinea Ecuatorial.
Pierre:	¡Hola, encantado! Yo me llamo Pierre. ¡Pero hablas muy bien español!
Marta:	En Guinea se habla español, ¡caramba!
Pierre:	¡Ah! ¿De verdad? ¿En África?
Nicolás:	Sí, bueno, los ecuatoguineanos hablan normalmente una lengua autóctona y español. Muchos hablan también francés.
Pierre:	Los ecua..., ¿puedes repetir, por favor?
Nicolás:	Ecuatoguineanos.
Pierre:	Ahá, las personas de Ecuador son ecuatorianas y las de Guinea Ecuatorial son ecua-to-gui-ne-anos. ¿Sí?
Nicolás:	¡Muy bien!
Pierre:	Ecuagoti... ¡No! Eguatogui... ¡No! ¡Un momento! Ecuato-gui-ne-anos.
Marta:	¡Sí! ¡Muy bien! ¡Un brindis por Pierre! ¡Salud!

2 Vocabulario

¿Qué lenguas habla Europa?

¿Qué lenguas? [ke ˈleŋguas]	*Welche Sprachen?*
hay [ai]	*es gibt*
el país [paˈis]	*Land*
Polonia [poˈlɔnĭa]	*Polen*
República Checa [rrɛˈpuβlika ˈtʃɛka]	*Tschechische Republik*
Hungría [ˈungrĭa]	*Ungarn*
Eslovaquia [esloˈβakĭa]	*Slowakische Republik*
Lituania [litŭanĭa]	*Litauen*
Estonia [esˈtonĭa]	*Estland*
Eslovenia [esloˈβenĭa]	*Slowenien*
Letonia [leˈtɔnia]	*Lettland*
Chipre [tʃipre]	*Zypern*
Malta [ˈmalta]	*Malta*
hablar [aˈβlar]	*sprechen*
Europa [ɛuˈrɔpa]	*Europa*
la Unión Europea (UE) [uˈniɔn ɛuroˈpea]	*Europäische Union (EU)*
alemán [aleˈman]	*Deutsch*
checo [ˈtʃɛko]	*Tschechisch*
danés [daˈnes]	*Dänisch*
eslovaco [esloˈβako]	*Slowakisch*
esloveno [esloˈβeno]	*Slowenisch*
estonio [esˈtonĭo]	*Estisch*
finés [fiˈnes]	*Finnisch*
francés [franˈθes]	*Französisch*
griego [ˈgriego]	*Griechisch*
húngaro [ˈungaro]	*Ungarisch*
inglés [inˈgles]	*Englisch*
italiano [itaˈliano]	*Italienisch*
letón [leˈtɔn]	*Lettisch*
lituano [liˈtŭano]	*Litauisch*
maltés [malˈtes]	*Maltesisch*
neerlandés [neerlanˈdes]	*Niederländisch*
polaco [poˈlaco]	*Polnisch*
portugués [portuˈges]	*Portugiesisch*
sueco [ˈsueko]	*Schwedisch*
el % (por ciento) [por ˈθiento]	*Prozent*
el europeo [ɛuroˈpeo]	*Europäer*
además de... [ađeˈmas đe]	*zusätzlich zu ...*
su [su]	*sein(e), ihr(e)*
la lengua materna [ˈleŋgua maˈtɛrna]	*Muttersprache*
el idioma [iˈđioma]	*Sprache*
millones de... [miˈʎɔnes de]	*Millionen von ...*
estudiar [estuˈđiar]	*lernen, studieren*
Inglaterra [inglaˈterra]	*England*
Alemania [aleˈmania]	*Deutschland*
Italia [iˈtalia]	*Italien*
España [esˈpaɲa]	*Spanien*
Grecia [ˈgreθia]	*Griechenland*
Francia [ˈfranθia]	*Frankreich*
Portugal [portuˈgal]	*Portugal*
los Países Bajos [paˈises ˈβaxos]	*Niederlande*
Suecia [ˈsueθia]	*Schweden*
Dinamarca [dinaˈmarka]	*Dänemark*
Finlandia [finˈlandia]	*Finnland*
Bélgica [ˈbelxika]	*Belgien*
Luxemburgo [lugsemˈburgo]	*Luxemburg*
Austria [ˈaustria]	*Österreich*
Irlanda [irˈlanda]	*Irland*

En el bar *Manu*

mira [ˈmira]	*schau!*
el compañero de trabajo [kompaˈɲero đe traˈβaxo]	*Arbeitskollege*
el compañero de piso [kompaˈɲero đe ˈpiso]	*Mitbewohner*
me llamo [me ˈʎamo]	*ich heiße*
para [ˈpara]	*für*
el amigo [aˈmigo]	*Freund*

pero ['pero]	aber	¡caramba! [ka'ramba]	verflixt!
¡Claro, hombre!	Klar, Mensch!	¿de verdad?	wirklich?
['klaro 'ombre]		[de ber'ða⁽ᵈ⁾]	
se habla [se 'aβla]	man spricht	África ['afrika]	Afrika
¡es verdad!	das stimmt!	el ecuatoguineano	Äquatorial-
[es ber'ða⁽ᵈ⁾]		[ekuatogine'ano]	guineaner
tonto ['tonto]	dumm, doof	normalmente	normalerweise
¡Qué tonto soy!	Ich bin (viel-	[normal'mente]	
[ke 'tonto soi]	leicht) doof!	autóctono/-a	autochthon,
este ['este]	dieser	[au'tɔktono]	ursprünglich
el corazón [kora'θɔn]	Herz	muchos ['mutʃos]	viele
el barrio ['barrio]	(Stadt-)Viertel	¿puedes repetir?	kannst du (das)
ese ['ese]	der da, jener	['pueðes rrepe'tir]	wiederholen?
el chico ['tʃiko]	junger Mann,	ahá [a'xa]	aha!
	Junge	la persona [per'sona]	Person
¿Qué tal? [ke'tal]	Wie geht's?	ecuatoriano/-a	ecuadorianisch
un poco [um 'poko]	ein wenig	[ekuato'riano]	
¿cómo se dice?	wie sagt man?	¡un momento!	einen Moment!
['komo se 'diθe]		[un mo'mento]	
cansado/-a [kan'saðo]	müde	¡Un brindis por...!	(Trinkspruch)
bastante bien	ziemlich gut	[um 'brindis por]	
[bas'tante 'bien]		¡Salud! [sa'luð]	Prost!

Gramática

1. Das Verb *llamarse*   E 5, 7

Das Verb **llamarse** *heißen* gehört auch zur Gruppe der regelmäßigen Verben auf -ar (llam<u>ar</u>se). Das Besondere an diesem Verb ist, dass es – anders als das deutsche *heißen* – ein reflexives (= rückbezügliches) Verb ist. Es könnte eine kleine Hilfe für Sie sein, wenn Sie für sich **llamarse** mit *sich nennen* übersetzen. So lauten die Formen:

Singular			Plural		
(yo)	me llamo	*ich heiße (ich nenne mich)*	(nosotros, -as)	nos llamamos	*wir heißen*
(tú)	te llamas	*du heißt (du nennst dich)*	(vosotros, -as)	os llamáis	*ihr heißt*
(él, ella, usted)	se llama	*er, sie heißt Sie heißen*	(ellos, ellas, ustedes)	se llaman	*sie heißen Sie heißen*

Sie sehen, die Endungen sind regelmäßig **-o, -as, -a, -amos, -áis, -an**. Das Reflexivpronomen steht immer <u>vor</u> dem Verb. Hier eine Übersicht:

me	*mich*	nos	*uns*
te	*dich*	os	*euch*
se	*sich*	se	*sich*

Hola, yo me llamo Juan. ¿Y tú?
Hallo, ich heiße Juan. Und du?
¿Cómo te llamas? *Wie heißt du?*

2. Das unpersönliche *se* (man)   *E 5, 6, 7*

Die unpersönliche Form *man* wird in einem Satz mit unbestimmtem Subjekt
im Spanischen mit dem Pronomen **se** + 3. Person Singular des Verbs ausgedrückt:
En España se habla español. *In Spanien spricht man Spanisch.*
¿Cómo se dice? *Wie sagt man?*

3. Die Nationalitätsadjektive   *E 1, 2, 3, 10*

Sie haben es wahrscheinlich schon gemerkt: Die Bezeichnung für die Sprache
ist zugleich die männliche Form des Adjektivs, das die Nationalität angibt: **español**
bedeutet also zugleich *Spanisch* (die Sprache), *Spanier* und *spanisch* (als Adjektiv).
Die Adjektive werden im Spanischen immer an das Substantiv, zu dem sie gehören,
in Geschlecht und Zahl angeglichen. Bei einem männlichen Substantiv steht ein
Adjektiv mit männlicher Endung, bei einem weiblichen Substantiv entsprechend
ein Adjektiv mit weiblicher Endung. Für die Bildung der weiblichen Form der
Adjektive, hier der Nationalitätsadjektive, gelten dieselben Regeln wie für die Bildung der weiblichen Form der Substantive → Lektion 1.
Endet das Adjektiv auf **-o**, wird das **o** durch ein **a** ersetzt:
italian**o** ▶ italian**a**
suec**o** ▶ suec**a**
grieg**o** ▶ grieg**a**
europe**o** ▶ europe**a**

el médico italiano *der italienische Arzt*
la costa italiana *die italienische Küste*

Endet das Adjektiv auf einen Konsonanten (**-l, -s, -n**), so wird ein **a** angehängt.
Der grafische Akzent der männlichen Form fällt dabei weg:
español ▶ español**a**
alemán ▶ aleman**a**
inglés ▶ ingles**a**
danés ▶ danes**a**

un actor español *ein spanischer Schauspieler*
la lengua española *die spanische Sprache*

→ Mehr zu den Adjektiven, zu Betonung und Akzentsetzung erfahren Sie in Lektion 3.

4. Die Aussprache von *b* und *v*, *h* und *j*   *E 9*

Die Buchstaben **b** und **v** werden im Spanischen gleich ausgesprochen, und zwar im Anlaut (am Wortanfang) und nach **n** und **m** wie ein deutsches **b**:
bien, **bastante**, **¡caramba!**, **vino**, **verdad**.
In allen anderen Fällen klingen **b** und **v** etwa wie ein deutsches **w**:
trabajo, **habla**, **nueve**, **nuevo**.
Das **h** ist immer stumm: **¡Hola!**, **hablas**, **hombre**.
Das **j** wird ausgesprochen wie das spanische **g** vor **e** und **i**, also [x], ähnlich dem deutschen *ch* in *doch*: **trabajo**.

Uso del español

Jemanden vorstellen
Wenn Sie jemanden vorstellen möchten, können Sie das mit der Formel **Éste es...** tun, wenn es sich um eine männliche Person handelt. Bei weiblichen Personen verwenden Sie **Ésta es...**
Mira, éste es Pierre. *Schau, das ist Pierre.*
Hola, Pierre, ésta es Marta. *Hallo, Pierre, das ist Marta.*

Fragen, wie es jemandem geht
Die Frage nach dem Befinden gehört im Spanischen eigentlich schon fest zum Gruß dazu. Die einfachste Frage lautet **¿Qué tal?** *Wie geht's?*
Darauf antworten Sie am besten ganz kurz mit **bien** *gut*, **muy bien** *sehr gut* oder **muy bien, gracias** *danke, sehr gut* und fragen zurück: **¿Y tú?** *Und dir?* oder **¿Y usted?** *Und Ihnen?*

Schwierigkeiten in der Kommunikation ansprechen
¿Cómo se dice? *Wie sagt man?*
¿Puedes repetir, por favor? *Kannst du (das) bitte wiederholen?*
¿Puede usted repetir, por favor? *Können Sie das bitte wiederholen?*

i Wann sagt man in Spanien **tú**, wann eher **usted**? In Spanien duzt man sehr viel häufiger als in Deutschland. Man verwendet **tú** unter jüngeren Leuten, unter Gleichaltrigen, unter Arbeitskollegen und sogar in der Bank oder in der Apotheke. Verwenden Sie **usted**, wenn Sie erstmalig mit unbekannten Personen sprechen, vor allem, wenn diese älter sind als Sie.

2

Más expresiones útiles

¿Qué tal?		¿Hablas español?	
(muy) bien	*(sehr) gut*	Hablo ...	*Ich spreche ...*
más o menos	*solala (wörtl.*	... (muy) bien	*... (sehr) gut*
	mehr oder weniger)	... bastante bien	*... ziemlich gut*
regular	*es geht so*	... un poco	*... ein wenig*
(muy) mal	*(sehr) schlecht*	... un poquito	*... ein bisschen*

Die Zahlen von 11 – 60

11	once	21	veintiuno	31	treinta y uno
12	doce	22	veintidós	32	treinta y dos
13	trece	23	veintitrés	33	treinta y tres
14	catorce	24	veinticuatro	**40**	**cuarenta**
15	quince	25	veinticinco	41	cuarenta y uno
16	dieciséis	26	veintiséis	42	cuarenta y dos
17	diecisiete	27	veintisiete	49	cuarenta y nueve
18	dieciocho	28	veintiocho	**50**	**cincuenta**
19	diecinueve	29	veintinueve	55	cincuenta y cinco
20	**veinte**	**30**	**treinta**	**60**	**sesenta**

Ejercicios

1 Welche Sprachen sprechen diese berühmten Persönlichkeiten?

1. Mika Häkkinen *habla* ....   4. Jacques Chirac ....

2. Elizabeth II. ....   5. Paloma Picasso ....

3. Boris Becker ....   6. Sofía Loren ....

2 a. Finden Sie weitere sechs Sprachen in dieser Buchstabensuppe.
Tipp: Suchen Sie auch „um die Ecke"!

E	N	E	E	R	L	A	N	D	I	A	N
A	S	U	E	C	O	S	D	A	N	É	S
A	L	E	M	A	R	T	É	N	G	T	A
C	A	T	U	G	U	É	S	O	L	C	H
I	G	R	I	E	G	O	O	N	É	A	R
Ñ	Y	O	X	U	M	I	L	O	S	M	U
F	R	P	O	L	A	C	O	L	A	N	D

b. Und wie heißen die Länder, in denen diese Sprachen gesprochen werden?

..Portugal,..

3 Sie haben in den beiden ersten Lektionen einige Personen kennengelernt.
Welche Nationalität haben sie, erinnern Sie sich?

Marta es .... Pierre .... Nicolás ....

el taxista .... Celia ....

4 Tragen Sie diese Verbformen in die jeweils richtige Spalte ein und ergänzen Sie die
fehlenden Formen.

| habla | hablan | tomo | estudiáis | tomas |
| estudio | tomamos | estudia | tomáis | estudian |

	hablar	**tomar**	**estudiar**
(yo)	....	....	....
(tú)	....	....	....
(el, ella, usted)	....	....	....
(nosotros, -as)	....	....	....
(vosotros, -as)	....	....	....
(ellos, ellas, ustedes)	....	....	....

5 In diesen Sätzen sind die Reflexivpronomen vermischt worden. Streichen Sie die
falschen und schreiben Sie die richtigen daneben in die Lücke.

1. Hola, yo *se* .... llamo Lola. ¿Y tú? ¿Cómo *me* .... llamas?

2. Ella *te* .... llama Luisa. Es de Sevilla.

3. Éste es mi compañero de piso. *Nos* .... llama Matías.

4. Nosotros *os* .... llamamos Nacho y Paco.

5. ¿Cómo *se* .... llamáis vosotras?

6. Susi y Carlos *nos* .... llaman López, Susi y Carlos López.

2

6 Ergänzen Sie die Lücken.

● Nicolás, tú ..._hablas_..... muy bien español.

● Gracias, pero en Guinea Ecuatorial se .... español.

● Ah, ¡claro! Y, ¿hablas alemán?

● No, no .... alemán, pero yo y mis compañeros ....

  francés.

● ¡Ah! ¿De verdad?

● Sí, los ecuatoguineanos .... normalmente español y muchos

  también francés.

● ¡Muy bien! Vosotros .... dos lenguas y yo .... una.

7 Verbinden Sie jeweils Frage und Antwort.

1. Yo me llamo Isabel, ¿y tú?
2. ¿De dónde es usted?
3. Hola, Cristina, ¿qué tal?
4. ¿Hablas inglés?
5. ¿En Argentina se habla portugués?
6. ¿Puedes repetir, por favor?
7. ¿Cómo se dice *bitte*?
8. ¿Rosita habla bien alemán?

a. Sí, bastante bien.
b. Me llamo Ramón.
c. Se dice «por favor».
d. De Argentina, ¿y usted?
e. Muy bien, gracias.
f. Sí, habla muy bien alemán.
g. No, en Argentina se habla español.
h. Sí, claro: e-cua-to-ria-no.

8 Tragen Sie die Zahlen auf diesem Maßband in Worten ein.

9 Ordnen Sie die Wörter nach der Aussprache der fett gedruckten Buchstaben.

> Jorge   Guinea ✔   Alejandro   lengua   Gibraltar   Guatemala   José ✔
> Miguel   Galicia   Rioja   trabajo   gigante   Gomera

[g]   *Guinea,* ....

[x]   *José,* ....

10 Wie heißt die jeweils fehlende männliche oder weibliche Form?

inglés   ....

....   alemana

europeo   ....

....   húngara

italiano   ....

checo   ....

....   española

11 Ergänzen Sie jede Reihe mit mindestens 3 weiteren Elementen.

1. Dinamarca, Italia, España, ..., ..., ...
2. ¿Qué tal? Muy bien, ..., ..., ...
3. treinta, cincuenta, diez, ..., ..., ...
4. se llama, nos llamamos, ..., ..., ...

12 Vervollständigen Sie den Lückentext.

● Hola Pablo, ¿qué ....?

● Bien, bien. Mira, ... es Ana María, una compañera de trabajo.

● Ah, ¡hola Ana María!

● Ana María, ... es mi amigo Roberto.

▲ Mucho ...., Roberto.

● ¡.................... !

Lección

3

Guía gastronómica Madrid

Restaurante Gardel
Cocina y música argentina.
Parrilla al aire libre. Abierto los lunes.
C/ Artego, 35.

El exorcista
¿Qué comen y beben los espíritus?
Menú misterioso, espectáculo de terror,
terremotos, fantasmas,cócteles terroríficos.
Sólo para valientes. Martes 13: fiesta
especial.
Cerrado los domingos.
C/ Urbieta, 12.

Cervecería El Sol de Alemania
Cervezas alemanas, holandesas
y españolas. Buen ambiente.
Abierto de martes a domingo.
Pza. Mayor, 15.

Tapas El Loco.
Donde se come bien; se bebe bien,
y se paga poco. Gran variedad de tapas y
vinos. Especialidad: jamón y quesos de
todas las regiones españolas.
Cerrado domingos y festivos.
Avda. Serrano, 56.

Gastronomieführer Madrid

Restaurant Gardel
Argentinische Küche und Musik.
Grill im Freien. Montags geöffnet.
Calle Artego 35.

Der Exorzist
Was essen und trinken die Geister?
Mysteriöses Menü, Schreckensspektakel,
Erdbeben, Gespenster, Horrorcocktails.
Nur für Mutige! Dienstag, 13.: Superfete.
Sonntags geschlossen.
Calle Urbieta 12.

Bierlokal Die Sonne Deutschlands
Deutsche, holländische und
spanische Biere. Gemütliches Ambiente.
Geöffnet von Dienstag bis Sonntag.
Plaza Mayor 15.

Tapas El Loco (Der Verrückte).
Wo man gut isst, gut trinkt und
wenig bezahlt. Große Vielfalt an Tapas
und Weinen. Spezialität: Schinken und
Käse aus allen spanischen Regionen.
Sonn- und Feiertage geschlossen.
Avenida Serrano 56.

¿Qué hay de nuevo? E 1, 2, 3

Bei den Restaurantempfehlungen haben Sie die Nationalitätsadjektive, die Sie
bereits in Lektion 2 kennengelernt haben, nun auch in den Pluralformen gesehen.
Die Pluralbildung des Adjektivs funktioniert genauso wie die Pluralbildung des
Substantivs, die Sie in Lektion 2 gesehen haben:
Vokal + **s**, Konsonant + **es**

| Singular | | Plural | |
m	f	m	f
italiano	italiana	italiano**s**	italiana**s**
argentino	argentina	argentino**s**	argentina**s**
español	española	español**es**	española**s**
alemán	alemana	aleman**es**	alemana**s**
inglés	inglesa	ingle**s**es	inglesa**s**

→ Warum der Akzent in der weiblichen Form und in den Pluralformen wegfällt,
erklären wir Ihnen bei „Betonung und Akzentsetzung" im Abschnitt „Gramática".

Angleichung (Kongruenz) des Adjektivs an das Substantiv:
▌ Das Adjektiv muss im Spanischen mit seiner Endung in Geschlecht (m/w) und
Zahl (Singular/Plural) immer zum Substantiv passen, zu dem es gehört:
cocin**a** argentin**a** *argentinische Küche*, cervez**as** aleman**as** *deutsche Biere*.
▌ Das gilt auch, wenn das Adjektiv nicht unmittelbar beim Substantiv steht, zu dem
es gehört:
La cocin**a** es argentin**a**. *Die Küche ist argentinisch.*
Las especialidad**es** son cuban**as**. *Die Spezialitäten sind kubanisch.*

Stellung des Adjektivs:
Dass im Spanischen das Adjektiv normalerweise <u>hinter</u> dem Substantiv steht, ist
Ihnen bestimmt schon aufgefallen. Das ist die normale Position.
Manche Adjektive können auch <u>vor</u> dem Substantiv stehen, wenn sie
▌ zusammen mit dem Substantiv eine feste inhaltliche Einheit bilden:
la **sagrada** biblia *die heilige Bibel*
▌ eine dem Substantiv innewohnende Eigenschaft bezeichnen:
la **buena** persona *der gute Mensch*
▌ Respekt oder Bewunderung ausdrücken:
el **famoso** actor *der berühmte Schauspieler.*

Bei der Voranstellung des Adjektivs gilt es zwei Besonderheiten zu beachten:
▌Die Adjektive **bueno** *gut* und **malo** *schlecht* verlieren die Endung -o vor männlichen Substantiven im Singular.
▌Das Adjektiv **grande** *groß* verliert die Endung -de vor männlichen und weiblichen Substantiven im Singular:

Singular	Plural	Singular	Plural
el **buen** ambiente	los **buenos** espíritus	el **gran** jamón	los **grandes** vinos
la **buena** cocina	las **buenas** tapas	la **gran** variedad	las **grandes** avenidas

Schließlich gibt es auch Adjektive, die <u>immer vor</u> dem Substantiv stehen.
▌**otro** *ein anderer*: otro día *ein anderer Tag*
▌**poco** *wenig*: poco sol *wenig Sonne*
▌**mucho** *viel*: mucha música *viel Musik*

Überprüfen Sie nun Ihr Verständnis. Ergänzen Sie die fehlenden Adjektivendungen bzw. Adjektive.

queso (*de Francia*) ....
vino (*de Italia*) ....
música (*de Alemania*) ....
cocina (*de Inglaterra*) ....

buen .... vinos
gran .... plazas
las regiones argentin ....
cervezas holandes ....

¿Comemos juntos?

1. En la cocina, el viernes:
Marta: ¿Por qué no comemos juntos con Nicolás el domingo?
Celia: ¡Buena idea! ¿Dónde?
Marta: Pues... mira, tengo una guía gastronómica de Madrid. A ver... ¡Mmm! Especialidades cubanas.
Celia: Es muy caro y no tengo mucho dinero. ¡Ah, mira!: Cocina argentina...
Marta: No, yo no como carne. Vosotros, los argentinos coméis mucha carne, ¿no? Mira, ¿y la cervecería? Tiene cervezas alemanas y holandesas...
Celia: Yo no bebo alcohol. ¡Pero, mira! El exorcista. Menú misterioso... interesante, ¿no?
Marta: Cerrado los domingos.
Celia: ¡Oh, no! ¡Qué difícil!
Marta: Tengo una idea. ¿Por qué no desayunamos juntos en el Café Mayor? Tiene churros muy buenos y no es caro.
Celia: Sí, genial, muy bien.

2. El domingo, en el Café Mayor:

Camarero: ¿Qué toman los señores?

Celia: Un café con leche y un cruasán, por favor.

Marta: Yo un cortado y... seis churros, por favor.

Nicolás: ¿Qué son churros?

Marta: Pues... son una especialidad española. ¡En este café son muy ricos!

Nicolás: Ah, bueno. Un zumo de naranja y un churro, por favor.

Camarero: Perdone, un churro sólo no es posible. El mínimo son seis.

Nicolás: Ah, perdón. Pues seis churros, por favor.

Camarero: Bueno. Un momento, por favor.

Celia: Nicolás, creo que eres el primero que toma churros con zumo.

Nicolás: ¿Por qué?

Celia: Porque los españoles normalmente toman los churros con café o chocolate.

Marta: Bueno, es un desayuno muy original. Y especial.

Vocabulario

Guía gastronómica Madrid

la guía ['gia]	*Führer*
gastronómico/-a [gastro'nɔmiko]	*gastronomisch*
el restaurante [rrestaŭ'rante]	*Restaurant*
la cocina [ko'θina]	*Küche*
la música ['musika]	*Musik*
argentino/-a [arxen'tino]	*argentinisch, Argentinier(in)*
la parrilla [pa'rriʎa]	*Grill*
al aire libre [al 'aire 'libre]	*im Freien*
abierto/-a [a'bierto]	*geöffnet, offen*
los lunes [los 'lunes]	*montags*

C/(Calle) ['kaʎe]	*Straße*
el exorcista [egsor'θista]	*Exorzist*
¿qué? [ke]	*was?*
comer [ko'mɛr]	*essen*
beber [be'bɛr]	*trinken*
el espíritu [es'piritu]	*Geist*
el menú [me'nu]	*Menü*
misterioso/-a [miste'riɔso]	*mysteriös, geheimnisvoll*
el espectáculo de terror [espek'takulo ðe te'rrɔr]	*Schreckens-spektakel*
el terremoto [terre'mɔto]	*Erdbeben*
el fantasma [fan'tazma]	*Gespenst*
el cóctel terrorífico ['kɔktel terrɔ'rifiko]	*Horrorcocktail*

3

sólo ['sɔlo]	nur	con [kon]	mit
el valiente [ba'liente]	Mutiger	el domingo [do'miŋgo]	Sonntag
el martes ['martes]	Dienstag	¡Buena idea!	Gute Idee!
la fiesta ['fiesta]	Fest, Feier, Fete	['buena i' đea]	
especial [espe'θial]	speziell,	¿dónde? ['donde]	wo?
	besonders	tengo (tener)	ich habe
cerrado/-a [θe'rrađo]	geschlossen	['teŋgo (te'nɛr)]	
los domingos	sonntags	A ver [a ƀɛr]	Mal sehen
[los do'miŋgos]		caro/-a ['karo]	teuer
la cervecería	Bierlokal	el dinero [di'nero]	Geld
[θɛrƀeθe'ria]		la carne ['karne]	Fleisch
la cerveza [θɛr'ƀeθa]	Bier	el alcohol [al'kɔl]	Alkohol
holandés [olan'des]	holländisch	interesante [intere'sante]	interessant
el ambiente [am'biente]	Ambiente,	¿no? [nɔ]	nicht wahr?
	Atmosphäre	¡Qué difícil! [ke di'fiθil]	Ganz schön
de... a... [de... a]	von ... bis ...		schwierig!
Pza. (Plaza) ['plaθa]	Platz	desayunar [desaju'nar]	frühstücken
la tapa ['tapa]	(Appetit-)Häpp-	el café [ka'fɛ]	Café, Kaffee
	chen, Tapa	mayor [ma'jɔr]	Haupt ...
el loco ['loko]	Verrückter	el churro ['tʃurrɔ]	Schmalzkringel
donde ['donde]	wo	el camarero [kama'rero]	Kellner
se come [se 'kome]	man isst	la leche ['letʃe]	Milch
se bebe [se 'ƀeƀe]	man trinkt	el cruasán [krua'san]	Croissant
se paga [se 'paga]	man zahlt	el cortado [kor'ta⁽đ⁾o]	Espresso mit
poco ['poko]	wenig		(wenig) Milch
gran, grande	groß	rico/-a ['rrikɔ]	lecker (Speisen),
[gran, 'grande]			reich
la variedad [barie'đa⁽đ⁾]	Vielfalt	el zumo de naranja	Orangensaft
el vino ['bino]	Wein	['θumo đe na'raŋxa]	
la especialidad	Spezialität	perdone [per'đone]	entschuldigen Sie
[espeθiali'đa⁽đ⁾]		posible [po'siƀle]	möglich
el jamón [xa'mɔn]	Schinken	el mínimo ['minimo]	Minimum
el queso ['keso]	Käse	perdón [per'đon]	Entschuldigung
todas las regiones	alle Regionen	creo que... ['kreo ke]	ich glaube,
['todas las rre'xiɔnes]			dass ...
el festivo [fes'tiƀo]	Feiertag	el primero que...	der Erste, der
Avda. (Avenida)	große (Pracht-)	[el pri'mero ke]	
[aƀe'niđa]	Straße	porque ['porke]	weil
		o [ɔ]	oder
Comemos juntos		el chocolate [tʃokɔ'late]	(heiße) Schoko-
juntos ['xuntos]	zusammen		lade
el viernes ['biernes]	Freitag	el desayuno [desa'juno]	Frühstück
¿por qué? [por 'ke]	warum?	original [orixi'nal]	originell

Gramática

1. Die Adjektive   E 1, 2, 3, 5

| Singular | | Plural | |
m	f	m	f
misterioso	misteriosa	misteriosos	misteriosas
interesante	interesante	interesantes	interesantes
genial	genial	geniales	geniales
original	original	originales	originales

Sie sehen, dass Adjektive, deren männliche Form auf -o enden, die weibliche Form auf -a bilden, wogegen Adjektive mit der Endung auf -e, -l und andere Konsonanten keine eigene weibliche Form kennen.

Adjektive, die auf -**án**, -**dor** oder -**ón** enden, hängen in der weiblichen Form ein -a an, dabei entfällt der Akzent:
alemán ▶ **alemana** *deutsch*, **trabajador** ▶ **trabajadora** *fleißig*, **burlón** ▶ **burlona** *spöttisch*.

Auch **mucho** und **poco** werden wie alle Adjektive an das Substantiv angeglichen:
mucho dinero *viel Geld*   mucha carne *viel Fleisch*
poca leche *wenig Milch*   pocos momentos *wenige Momente*

Verwechseln Sie nicht **mucho** *viel* mit **muy** *sehr*.
❚ **muy** steht vor Adjektiven oder vor Adverbien:
  muy grande *sehr groß*, muy bien *sehr gut*.
❚ **mucho** dagegen vor Substantiven: mucha carne *viel Fleisch*.

2. Die regelmäßigen Verben auf -*er*   E 4, 5, 7

Sie haben in den Texten zwei neue Verben kennengelernt, die zur Gruppe der regelmäßigen Verben auf -**er** gehören: **comer** *essen* und **beber** *trinken*. Es ist die zweitgrößte Gruppe der spanischen Verben und wird so konjugiert:

Singular			Plural		
(yo)	como	*ich esse*	(nosotros, -as)	comemos	*wir essen*
(tú)	comes	*du isst*	(vosotros, -as)	coméis	*ihr esst*
(él, ella, usted)	come	*er, sie isst Sie essen*	(ellos, ellas, ustedes)	comen	*sie essen Sie essen*

Die Endung **-er** des Infinitivs wird also im Präsens (= Gegenwart) durch folgende Endungen ersetzt:

Verben auf **-er**	
-o	-emos
-es	-éis
-e	-en

Diese Endungen bekommen auch alle anderen regelmäßigen Verben auf **-er**, wie z.B. **aprender** *lernen* oder **vender** *verkaufen*.

3. Das unregelmäßige Verb *tener* haben   E 4, 6, 7

Das Verb **tener** endet auf -er, weist jedoch Unregelmäßigkeiten in den Singularformen und in der 3. Person Plural auf. Sie sind in der Übersicht jeweils fett markiert. Vergleichen Sie:

Singular		Plural	
(yo)	tengo	(nosotros, -as)	tenemos
(tú)	tienes	(vosotros, -as)	tenéis
(él, ella, usted)	tiene	(ellos, ellas, ustedes)	tienen

4. Der unbestimmte Artikel *un* ein, *una* eine   E 2, 10

Singular	
m	f
un café	**una** cerveza

Un café, por favor. *Einen Kaffee, bitte.*
Es una cerveza alemana. *Das ist ein deutsches Bier.*

Die Pluralformen **unos**, **unas** bedeuten *einige, ein paar*. Sie werden sie später kennenlernen. → Lektion 9.

3

5. Die Ordnungszahlen 1. bis 10.   E 8

1º / 1ª	primero / primera	6º / 6ª	sexto / sexta
2º / 2ª	segundo / segunda	7º / 7ª	sé(p)timo / sé(p)tima
3º / 3ª	tercero / tercera	8º / 8ª	octavo / octava
4º / 4ª	cuarto / cuarta	9º / 9ª	noveno / novena
5º / 5ª	quinto / quinta	10º / 10ª	décimo / décima

▌ Es genügt vollkommen, wenn Sie die Ordnungszahlen bis 10. kennen. Ab 11. werden meist die Grundzahlen verwendet. Für 7º gibt es zwei Schreibweisen.

▌ Die Ordnungszahlen stehen meist <u>vor</u> dem Substantiv:
el **segundo** día *der zweite Tag*
la **cuarta** calle *die vierte Straße.*

▌ Eine Besonderheit gibt es dabei: **Primero** und **tercero** verlieren – ähnlich wie **bueno** und **malo** – ihr Endungs-o, wenn sie vor dem männlichen Substantiv stehen:
el **primer** día *der erste Tag*
el **tercer** restaurante *das dritte Restaurant*

6. Die Wochentage

Hier sehen Sie alle Wochentage im Überblick:

el lunes	*Montag*	el sábado	*Samstag*
el martes	*Dienstag*	el domingo	*Sonntag*
el miércoles	*Mittwoch*		
el jueves	*Donnerstag*	el festivo	*Feiertag*
el viernes	*Freitag*	el fin de semana	*Wochenende*

▌ Beachten Sie: **El lunes** heißt sowohl *der Montag* als auch *am Montag.* **Los lunes** dagegen heißt *montags, jeden Montag.* Die Pluralform dient hier also dazu, eine Gewohnheit auszudrücken.

▌ Die Wochentage, die auf **-es** enden, sind im Singular und Plural identisch:
el martes ▶ los martes, el viernes ▶ los viernes.
El sabado, el domingo und **el festivo** bilden den Plural regulär. Die Pluralform von **el fin de semana** lautet **los fines de semana.**

In Verbindung mit dem Verb **ser** wird der Artikel des Wochentages – wie im Deutschen – weggelassen:
Es domingo. *Es ist Sonntag.*

3

7. Betonung und Akzentsetzung   *E 9*

Hier noch einmal die grundlegenden Regeln zusammengefasst:
▮ Endet ein Wort auf Vokal, **-n** oder **-s**, so wird die vorletzte Silbe betont:
  España, Inglaterra, domingo, lunes, cervezas.
▮ Endet ein Wort auf einen Konsonanten (außer **-n** oder **-s**), wird die letzte Silbe betont:
  Madrid, comer, original, español.
▮ Wörter, die eine von diesen beiden Regeln abweichende Betonung haben, bekommen einen Akzent. Die Silbe mit dem Akzent ist immer betont:
  sábado, perdón, café, difícil.

Wenn Sie diese Regeln kennen, verstehen Sie auch, warum der Akzent z.B. bei **alemán** oder **inglés** in der weiblichen Form und in den Pluralformen wegfällt. In beiden Fällen kommt jeweils eine Silbe (die Endungen **-a**, **-es** oder **-as**) zum Wort hinzu. Die betonte Silbe rückt dadurch an die vorletzte Stelle und macht den Akzent überflüssig:
alemán, alemana, alemanes, alemanas
inglés, inglesa, ingleses, inglesas.

In diesen Fällen wird ein (grafischer) Akzent gesetzt:
▮ Bei einsilbigen Wörtern, die gleich lauten, aber verschiedene Bedeutung haben:

él	*er*	el	*der*
sí	*ja*	si	*wenn, ob*
¿por qué?	*warum*	porque	*weil*

▮ bei Fragepronomen und Ausrufen:
  ¿qué? *was?*, ¿cuánto? *wie viel?*, ¿dónde? *wo?*, ¡qué difícil! *ganz schön schwierig!*
▮ Bei Doppelvokalen (Diphthongen) erhalten ein betontes **i** oder **u** einen Akzent:
  el maíz [ma'iθ] *Mais*, la policía [poli'θia] *Polizei*, Raúl [ra'ul] *Männername*.

Uso del español

Öffnungszeiten
Wenn Sie eine Angabe zu den Öffnungszeiten, z.B. eines Geschäfts, verstehen wollen, müssen Sie nur die Wörter **abierto** *geöffnet* und **cerrado** *geschlossen* kennen, dazu die Wochentage:
Abierto de lunes a sábado. *Geöffnet von Montag bis Samstag.*
Cerrado los domingos. *Sonntags geschlossen.*

Sich entschuldigen

perdón   *Entschuldigung*
perdone   *Entschuldigen Sie*
perdona   *Entschuldige*

Menú hat im Spanischen zwei Bedeutungen. Es heißt *Menü*, aber auch *Speisekarte*.

i **Churros** sind eine typisch spanische Leckerei. Der Teig für dieses Gebäck wird in Spiralform in Schmalz oder heißes Fett gespritzt und darin ausgebacken. Man isst **churros** an Straßenständen, auf Jahrmärkten oder eben zum Frühstück, besonders in den frühen Morgenstunden auf dem Heimweg von einer langen Nacht. Dabei werden die **churros** am liebsten in eine heiße dickflüssige **chocolate** eingetunkt. Das Rezept für **churros** und viele andere spanische Köstlichkeiten finden Sie übrigens unter **www.recetas.net**.

Más expresiones útiles

¿Qué toma usted?	*Was nehmen Sie? (eine Person)*
¿Qué toman?	*Was nehmen Sie? (mehrere Personen)*
Para mí un cruasán.	*Für mich ein Croissant.*
Para mí también.	*Für mich auch.*
Yo (tomo) un té.	*Ich nehme einen Tee.*
Un café solo, por favor.	*Einen Espresso, bitte.*
Un zumo de naranja, por favor.	*Einen Orangensaft, bitte.*
Yo un café con leche.	*Ich (nehme) einen Milchkaffee.*

Ejercicios

1 Ergänzen Sie die linke Spalte mit der jeweils passenden Form von **mucho** oder **poco**.

mucho	..muchos........	restaurantes
mucha	....	cervecerías
muchos	....	queso
muchas	....	carne
poco	....	dinero
poca	....	zumos
pocos	....	cervezas
pocas	....	leche

3

2 Erfinden Sie Restaurantnamen. Finden Sie möglichst viele Alternativen und vergessen Sie dabei nicht, die Adjektive anzugleichen.

	ambiente	caro	
El	tapa	grande	bueno
La	vino	rico	aleman
Un	cocina	especial	famoso
Una	carne	genial	misterioso

....

....

....

....

3 Ergänzen Sie.

RESTAURANTE LOS .... ESPÍRITUS (bueno)

.... parrilla al aire libre (bueno).

.... música y cocina de fantasmas (bueno).

¡........................... fiesta especial el martes 13 (grande)!

.... cócteles cubanos (bueno).

.... espectáculo con música (grande).

.... vinos españoles (grande).

4 a. -**ar** oder -**er**? Welche Endung passt zu welchem Verb? Ergänzen Sie

habl ..*ar*..   com ....   estudi ....   beb ....

desayun ....   ten ....   gan ....   tom ....

b. Unterstreichen Sie alle Verben auf -**ar** blau, alle auf -**er** grün und unregelmäßige rot.

5 Was ist hier richtig: **muy** oder **mucho**?

1. .... caro   3. .... interesante   5. .... música

2. .... café   4. .... bien   6. .... personas

6 Ergänzen Sie die Endungen der regelmäßigen Verben auf **-ar** und **-er** und die Formen von **tener**.

-ar		-er		tener	
....	*-amos*	....	....	....	*tenemos*
-as	....	....	....	....	*tenéis*
....	....	*-e*	*-en*	....	....

7 Vervollständigen Sie die Sätze mit den Verben **comer**, **beber** oder **tener**.

Ana: Celia, ¿ *comemos* ...... juntos el domingo?

José: ¡Buena idea! .... una guía gastronómica. A ver...

¿...................... carne?

Ana: No, no .... carne y no .... alcohol.

José: ¡Qué difícil!

Ana: ¡Mira! El Vegetariano. ¿Qué .... y .... los vegetarianos?

Menú vegetariano... interesante, ¿no?

José: ¿...................... también cócteles vegetarianos? ¡Oh, no!

8 Zählen Sie durch von 1 bis 10 und verwenden Sie dafür die Ordnungszahlen.

1. el .... amor (!)   6. el .... churro

2. la .... noche   7. la .... cerveza

3. el .... día (!)   8. el .... cóctel

4. el .... fin de semana   9. la .... tapa

5. la .... amiga   10. el .... tango, ¡uf!

3

9 Wo müssen Sie die folgenden Wörter nach ihrer Betonung eintragen?

martes	beber ✔	calle	jamón	África	tapas
plaza ✔	sábado	perdón	menú	festivo	miércoles ✔
música	sétimo	chocolate	café	periódico	original

☐ ☐ ☐   ☐ ☐ ■   ■ ☐ ☐
vorletzte Silbe betont   letzte Silbe   vorvorletzte Silbe

plaza   _beber_   _miércoles_
....

....

....

....

....

....

10 Sie gehen mit ihrem Freund frühstücken. Was bestellen Sie?

Camarero: ¿Qué toman los señores?

Usted: ....
(Bestellen Sie ein Getränk Ihrer Wahl.)

Camarero: ¿Y usted?

Su amigo: ....
(Bestellen Sie ein Getränk. Fragen Sie
nach Churros.)

Camarero: Sí.

Su amigo: ....
(Bestellen Sie welche.)

Usted: ....
(Sie möchten lieber ein Croissant.)

Camarero: ¡Muy bien! Un momento, por favor.

Cafetería
ROSITA
– té
– café solo
– café con leche
– cortado
– chocolate
– zumo de naranja
  natural
– churros
– cruasán

In dieser Lektion erfahren Sie etwas über:

▎**Angaben zur Person** und **Berufsbezeichnungen**
▎das Verb **estar** und **hacer**
▎die regelmäßigen **Verben auf -ir**
▎**Verwendung** von **ser** und **estar**
▎die **Fragewörter**
▎die **Präpositionen en, con** und **de**
▎die **Zahlen** von 61 bis 199

Lección 4

GIMNASIO ¡MUÉVETE!
C/ Bulerías n° 105, 90007 Madrid

Inscripción horario de noche (Todas las actividades de 20 a 21,30 h.)

	L	M	Mi	J	V	S	D		L	M	Mi	J	V	S	D
Judo								Yoga							
Aeróbic	x		x		x			Máquinas							

Nombre:	Sancho	Apellidos:	Serrano
Calle, n°:	C/ Bulerías, n° 105, 3°	Teléfono:	918 485832
Ciudad:	Madrid	Código Postal:	90007
Sexo:	hombre ☐ mujer ☐	Edad:	39 años
Estado civil:	soltero ☐ casado ☐	divorciado ☐ separado ☐	
Profesión:	profesor de física	Lugar de trabajo:	Instituto Juan Arce
Altura:	1,70 m.	Peso:	90 Kg

FITNESSSTUDIO BEWEG DICH!
Bulerías Str. 105, 90007 Madrid

Einschreibung Abendkurse (Alle Kurse von 20 Uhr bis 21.30 Uhr)

	Mo	Di	Mi	Do	Fr	Sa	So		Mo	Di	Mi	Do	Fr	Sa	So
Judo								Yoga							
Aerobic	x		x		x			Geräte							

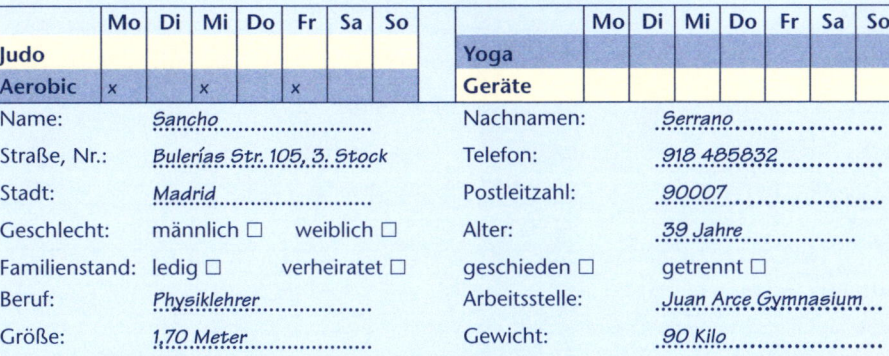

Name:	Sancho	Nachnamen:	Serrano
Straße, Nr.:	Bulerías Str. 105, 3. Stock	Telefon:	918 485832
Stadt:	Madrid	Postleitzahl:	90007
Geschlecht:	männlich ☐ weiblich ☐	Alter:	39 Jahre
Familienstand:	ledig ☐ verheiratet ☐	geschieden ☐ getrennt ☐	
Beruf:	Physiklehrer	Arbeitsstelle:	Juan Arce Gymnasium
Größe:	1,70 Meter	Gewicht:	90 Kilo

4

¿Qué hay de nuevo? E 7, 10

Sie haben hier gesehen, wie Sie persönliche Angaben machen und in ein Formular eintragen können. Wenn Sie Ihren Familienstand angeben möchten, brauchen Sie dazu das Verb **estar** *sein*:

estar soltero   *unverheiratet sein*
estar casado   *verheiratet sein*
estar divorciado   *geschieden sein*

Estar ist ein unregelmäßiges Verb. So lauten die Formen:

Singular		Plural	
(yo)	est**oy**	(nosotros, -as)	est**amos**
(tú)	est**ás**	(vosotros, -as)	est**áis**
(él, ella, usted)	est**á**	(ellos, ellas, ustedes)	est**án**

Beachten Sie, dass Sie als Mann **estoy casad<u>o</u>** *ich bin verheiratet* sagen, als Frau jedoch die weibliche Form des Partizips verwenden müssen: **estoy casad<u>a</u>**. Ebenso **solter<u>o</u>/solter<u>a</u>** und **divorciad<u>o</u>/divorciad<u>a</u>**.

Zur Angabe des Alters verwendet man im Spanischen anders als im Deutschen das Verb **tener** *haben*:
Tengo 30 años. *Ich bin 30 Jahre alt.*
Pedro tiene 55 años. *Pedro ist 55 Jahre alt.*

Füllen Sie nun das folgende Formular mit Ihren persönlichen Angaben auf Spanisch aus. Nehmen Sie für die Angabe des Berufes ein Wörterbuch zu Hilfe. Beim Gewicht dürfen Sie gerne schummeln.

Formulario

Nombre: ....   Estado civil: ....

Apellidos: ....   Sexo: ....

Calle: ....   Profesión: ....

Ciudad: ....   Lugar de trabajo: ....

Código Postal: ....   Altura: ....

Teléfono: ....   Peso: ....

Edad: ....

---

52   cincuenta y dos

En el gimnasio

Marta:	Perdone, la inscripción no está completa, falta el estado civil. ¿Está usted casado o soltero?
Sancho:	Pues...
Marta:	¿O divorciado?
Sancho:	Sí, estoy divorciado, bueno, separado.
Marta:	Muy bien. Ah, y falta también el segundo apellido.
Sancho:	Ah sí, perdón. Es Prosciutto.
Marta:	¿Cómo se escribe?
Sancho:	Con ese, ce, i, u y dos tes. Es un apellido italiano y en español significa "jamón".
Marta:	¿De verdad? ¿Entonces se llama usted Sancho Serrano Jamón, como el jamón serrano?
Sancho:	Pues sí...
Marta:	¡Qué gracioso! Bueno, creo que el resto está bien... A ver... ¡Ah! ¡Vive en la calle Bulerías!
Sancho:	Sí, ¿por qué?
Marta:	Yo también.
Sancho:	¿De verdad? ¿En qué número vive?
Marta:	En el ciento uno, donde está el bar Manu.
Sancho:	¡Qué casualidad! Yo vivo en el ciento cinco. Y trabaja usted aquí...
Marta:	Sólo los viernes y los sábados. Y usted es profesor, ¿no?
Sancho:	De tú, por favor, soy "profe", pero no soy tan viejo... Soy profesor de física. ¿Y tú? ¿Qué haces?
Marta:	Soy estudiante. Estudio Teatro.
Sancho:	Ah, eres actriz... Claro, eres muy guapa... ¿Tienes plazas libres para aeróbic?
Marta:	Sí, pero hay sólo mujeres...
Sancho:	¿Ah, sí? ¡Y yo con esta panza! ¡Qué vergüenza! Pero necesito movimiento, estoy muy gordo. ¡Mira! ¡Noventa kilos!
Marta:	Mmm...Vale, vale. Pero ¿por qué no haces también una dieta?
Sancho:	¿Dieta? ¿Gordo, divorciado y a dieta? ¿Desayunos sin churros? No, no, no...
Marta:	Ah, bueno. Pues aeróbic. Hoy es el primer día. ¡Ánimo!

4

Vocabulario

Gimnasio ¡Muévete!

el gimnasio [xim'nasio] — *Fitnessstudio*

¡muévete! ['muɛβete] — *beweg dich!*

n° (número) ['numero] — *Nummer*

la inscripción [inskrip'θiɔn] — *Einschreibung*

el horario de noche [ɔ'rario ðe 'nɔtʃe] — *(wörtl.) Abend-stundenplan*

el lunes ['lunes] — *Montag*

el miércoles ['miɛrkoles] — *Mittwoch*

el aeróbic [aɛ'rɔbik] — *Aerobic*

el judo ['xuðo] — *Judo*

la máquina ['makina] — *Maschine, hier: Gerät*

el apellido [ape'ʎiðo] — *Nachname*

la ciudad [θiu'ða⁽ᵈ⁾] — *Stadt*

el código postal ['kɔðigo pos'tal] — *Postleitzàhl*

el teléfono [te'lefono] — *Telefon*

el sexo ['segso] — *Geschlecht*

el hombre ['ɔmbre] — *Mann*

la mujer [mu'xɛr] — *Frau*

la edad [e'ða⁽ᵈ⁾] — *Alter*

el año ['aɲo] — *Jahr*

el estado civil [es'ta⁽ᵈ⁾o θi'βil] — *Familienstand*

soltero/-a [sol'tero] — *ledig*

casado/-a [ka'saðo] — *verheiratet*

divorciado/-a [diβor'θia⁽ᵈ⁾o] — *geschieden*

la profesión [profe'siɔn] — *Beruf*

el profesor de física [profe'sor ðe 'fisika] — *Physiklehrer*

el lugar de trabajo [lu'gar ðe tra'βaxo] — *Arbeitsstelle*

el instituto [insti'tuto] — *Gymnasium, Institut*

la altura [al'tura] — *Größe, Höhe*

m. (metro) ['metro] — *Meter*

el peso ['peso] — *Gewicht*

kg (kilogramo) [kilo'gramo] — *Kilogramm*

En el gimnasio

completo/-a [kom'pleto] — *komplett, vollständig*

faltar [fal'tar] — *fehlen*

estar [es'tar] — *sein*

separado/-a [sepa'ra⁽ᵈ⁾o] — *getrennt (lebend)*

el segundo [se'gundo] — *der zweite*

¿Cómo se escribe? ['komo se es'kriβe] — *Wie schreibt man das?*

escribir [eskri'βir] — *schreiben*

significar [signifi'kar] — *bedeuten*

entonces [en'tonθes] — *dann*

el jamón serrano [xa'mɔn se'rrano] — *roher Schinken*

¡qué gracioso! [ke gra'θioso] — *das ist aber lustig!*

el resto ['rresto] — *Rest*

vivir [bi'βir] — *wohnen, leben*

ciento uno ['θiento 'uno] — *einhunderteins*

¡Qué casualidad! [ke kasuali'ða⁽ᵈ⁾] — *Das ist aber ein Zufall!*

aquí [a'ki] — *hier*

de tú [de tu] — *per Du*

el profe (profesor) ['profe (profe'sɔr)] — *Lehrer*

tan viejo [tam 'biexo] — *so alt*

tan ['tan] — *so*

hacer [a'θɛr] — *machen*

¿qué haces? [ke 'aθes] — *was machst du (beruflich)?*

el, la estudiante [estu'ðiante] — *Student(in)*

la actriz [ak'triθ] — *Schauspielerin*

guapo/-a ['guapo] — *hübsch*

libre ['liβre] — *frei; gratis*

la panza ['panθa]	Bauch, Wanst
¡Qué vergüenza!	So eine
[ke ƀer'guenθa]	Schande!
necesitar [neθesi'tar]	brauchen
el movimiento	Bewegung
[moƀi'miento]	
gordo/-a ['gordo]	dick
el kilo ['kilo]	Kilo

vale ['bale]	stimmt, okay
la dieta ['dieta]	Diät
a dieta [a 'dieta]	auf Diät
sin [sin]	ohne
hoy [oi]	heute
el primero [pri'mero]	der erste
¡ánimo! ['animo]	nur Mut!

Gramática

1. Die regelmäßigen Verben auf -ir   E 2, 7

Sie haben im Text zwei neue Verben kennengelernt, die zur Gruppe der regelmäßigen Verben auf -ir gehören: **vivir** *wohnen, leben* und **escribir** *schreiben*. Das ist die dritte Gruppe der spanischen Verben und so lauten die Formen:

Singular			Plural		
(yo)	vivo	*ich wohne*	(nosotros, -as)	vivimos	*wir wohnen*
(tú)	vives	*du wohnst*	(vosotros, -as)	vivís	*ihr wohnt*
(él, ella, usted)	vive	*er, sie wohnt Sie wohnen*	(ellos, ellas, ustedes)	viven	*sie wohnen Sie wohnen*

Die Endung -ir des Infinitivs wird also im Präsens (= Gegenwart) durch folgende Endungen ersetzt:

Verben auf -er		Verben auf -ir	
-o	-emos	-o	-imos
-es	-éis	-es	-ís
-e	-en	-e	-en

Wenn Sie die Endungen der Verben auf -ir mit denen der Verben auf -er vergleichen, dann stellen Sie fest, dass es nur in der 1. und 2. Person Plural Unterschiede gibt, denn in diesen Personen behalten die Verben auf -ir den Vokal i, während bei den Verben auf -er ein e steht.

2. Das unregelmäßige Verb *hacer* machen E 1, 2

Das Verb **hacer** endet auf **-er**, weist jedoch eine Unregelmäßigkeit in der 1. Person
Singular auf, die Sie bereits beim Verb **tener** *haben* kennengelernt haben: Die
1. Person endet auf **-go**, während alle anderen Formen regelmäßig sind:

Singular		Plural	
(yo)	hago	(nosotros, -as)	hacemos
(tú)	haces	(vosotros, -as)	hacéis
(él, ella, usted)	hace	(ellos, ellas, ustedes)	hacen

3. Einige Kriterien zur Verwendung von *ser* und *estar* E 2, 7, 10

Im Spanischen gibt es, wie Sie gesehen haben, zwei Verben für das deutsche *sein*:
ser und **estar**. In diesen Verwendungen haben Sie diese beiden Verben bisher
kennengelernt:

ser	estar
Angabe von Name, Nationalität, Herkunft: Soy Juana López. *Ich bin Juana López.* Soy española. *Ich bin Spanierin.* Soy de Burgos. *Ich bin aus Burgos.*	Angabe von örtlicher Lage: ¿Dónde está Sevilla? *Wo ist (liegt) Sevilla?* Estamos en Cádiz. *Wir sind (befinden uns) in Cádiz.*
Angabe des Berufes: Soy estudiante. *Ich bin Student / Studentin.* Juan es médico. *Juan ist Arzt*	Angabe des Familienstandes: Estamos casados. *Wir sind verheiratet.* María está soltera. *María ist unverheiratet / ledig.*
Angabe einer charakteristischen Eigenschaft: Eres muy guapa. *Du bist sehr hübsch.* No soy tan viejo. *Ich bin nicht so alt.*	Angabe eines (vorübergehenden) Zustands: ¡Estás muy guapa hoy! *Heute bist du aber sehr hübsch (= zurecht gemacht)!* Estoy un poco gordo. *Ich bin (zurzeit) ein bisschen dick.*

4. Berufsbezeichnungen E 4

In dieser und in den vorangehenden Lektionen haben Sie bereits einige Berufsbezeichnungen kennengelernt. Sehen Sie, wie jeweils die männliche und die
entsprechende weibliche Bezeichnung lautet:

m	f	m	f
médico	médica	estudia**nte**	estudia**nte**
camarero	camarera	tax**ista**	tax**ista**
profes**or**	profes**ora**		

Es gibt also nur für die Berufsbezeichnungen auf **-o** und **-or** eine eigene weibliche
Form. Die Endungen **-nte** und **-ista** gelten für beide Geschlechter. Diese Endungen
können Sie auch auf weitere Berufsbezeichnungen anwenden, wie z.B.:

ingeniero	*Ingenieur*	**escritor**	*Schriftsteller*
mecánico	*Mechaniker*	**periodista**	*Journalist / Journalistin*
vendedor	*Verkäufer*	**dentista**	*Zahnarzt / Zahnärztin etc.*

Wie immer, gibt es auch hier einige Ausnahmen, bei denen die männliche und die
weibliche Bezeichnung eines Berufes ganz unterschiedlich ist, z.B.
el actor, la actriz *Schauspieler(in)*
el rey, la reina *König(in)*

5. Die Fragewörter *cómo, qué, de dónde, dónde, por qué, cuánto* E 5, 6, 8

Höchste Zeit, die Fragewörter, die Sie in den Lektionen 1 bis 4 kennengelernt
haben, an dieser Stelle zusammenzufassen:

¿cómo?	*wie*	¿Cómo te llamas?	*Wie heißt du?*
¿qué?	*was*	¿Qué haces?	*Was machst du?*
¿en qué?	*in welche/-r*	¿En qué calle?	*In welcher Straße?*
¿de dónde?	*woher*	¿De dónde es usted?	*Woher kommen Sie?*
¿dónde?	*wo*	¿Dónde comemos?	*Wo essen wir?*
¿por qué?	*warum*	¿Por qué no haces dieta?	*Warum machst du keine Diät?*
¿cuánto?	*wie viel?*	¿Cuánto es?	*Wie viel macht das?*

Es ist Ihnen sicher aufgefallen: Alle Fragewörter haben im Spanischen einen Akzent.

6. Die Präpositionen *en, con* und *de*   E 9

En bedeutet *in, an, auf*:
en España   *in Spanien*
en el café   *im Café*
en la playa   *am Strand*
en la calle   *auf der Straße*

Con heißt *mit* (Begleitung, Art und Weise):
Estoy casada con Luis.   *Ich bin mit Luis verheiratet.*
Para mí un café con leche, por favor. *Für mich bitte einen Milchkaffee.*
Hablo mucho con Celia.   *Ich spreche viel mit Celia.*

De bedeutet *von, aus*:
de Barcelona   *aus Barcelona*
del bar   *aus der Kneipe*
de la escuela   *von der Schule*
El café es de Marta. *Der Kaffee gehört (ist von) Marta.*
de lunes a viernes   *von Montag bis Freitag*

Haben Sie es bemerkt? **Del** ist eine Verschmelzung von **de** mit dem Artikel **el**:
de + el trabajo = del trabajo *von der Arbeit*.

Uso del español

Gebrauch von Abkürzungen bei der Angabe der Adresse   E 3
In dieser und in der vorherigen Lektion haben Sie einige der gebräuchlichsten
Abkürzen bei der Adressangabe kennengelernt:

C/	calle	*Straße*
n°	número	*Hausnummer*
2°	segundo	*zweiter (Stock)*
3°	tercero	*dritter (Stock)*
Pza.	Plaza	*Platz*
Avda.	Avenida	*(breite) Straße*
tel.	teléfono	*Telefon*

Die Angabe des Stockwerkes ist erforderlich, weil in Spanien in der Regel keine
Namen an den Klingelknöpfen stehen. Oft wird zusätzlich zum Stockwerk noch die
Seite (rechts / links) angegeben, auf der die Wohnung in einem größeren Gebäude
liegt, und eventuell auch noch die Wohnung mit A, B etc. bezeichnet.

Der Ausruf ¡Qué...!

Sie haben gesehen, dass **qué** nicht nur als Fragewort, sondern auch als Ausruf verwendet werden kann, und zwar mit einem Adjektiv, einem Adverb oder einem Substantiv. Es hat auch als Ausruf immer einen Akzent:

¡Qué difícil!	*Wie schwierig!*
¡Qué bien!	*Wie gut! / Sehr gut!*
¡Qué casualidad!	*Was für ein Zufall!*
¡Qué gracioso!	*Wie lustig!*
¡Qué vergüenza!	*Was für eine Schande!*

El profesor, la profesora

Lassen Sie sich nicht in die Irre führen: In Spanien und Lateinamerika werden alle Lehrer auf weiterführenden Schulen **profesores** genannt, nur die Grundschullehrer heißen **maestros**. Und die Professoren an den Universitäten sind **catedráticos**.

Spanier und Lateinamerikaner haben immer zwei Nachnamen: Der erste ist der Name des Vaters, der zweite der Name der Mutter. Wenn also ein **Señor Pérez Galdós** eine **Señora Pardo Bazán** heiratet, bekommen ihre Kinder die Namen **Pérez Pardo**.

Más expresiones útiles

el fax	*Telefax*
el móvil (*Lat.* el celular)	*Handy*
la dirección electrónica	*E-Mail-Adresse*
¿Cuál es su / tu profesión?	*Welchen Beruf haben Sie / hast du?*
Estudio Medicina.	*Ich studiere Medizin.*
Derecho / Economía	*Jura / Wirtschaft*
profesor de matemáticas	*Mathematiklehrer*
biología / geografía	*Biologie / Geografie*
ciencias naturales	*Naturwissenschaften*
el, la ejecutivo, -a	*Manager(in)*
empresariales	*Betriebswirtschaft*
germanística	*Germanistik*
el, la informático, -a	*Informatiker(in)*
el, la peluquero, -a	*Friseur(in)*
el, la programador, -a	*Programmierer(in)*
química	*Chemie*

Die Zahlen von 61 bis 199

61	sesenta y uno	101	ciento uno
70	**setenta**	109	ciento nueve
80	**ochenta**	110	ciento diez
90	**noventa**	120	ciento veinte
99	noventa y nueve	190	ciento noventa
100	**cien**	195	ciento noventa y cinco

Die Zahl 100 heißt **cien**. Sobald aber eine weitere Zahl hinzukommt, heißt 100 **ciento**.

Vielleicht haben Sie sich gefragt, wo bei den Zahlen denn nun jeweils ein **y** *und* stehen muss. Ganz einfach: nur zwischen Zehnern und Einern: **noventa y uno** *91*, aber **ciento dos** *102* und **ciento treinta** *130*.

Ejercicios

1 Sancho möchte sich mit Marta verabreden. Sie ist allerdings viel beschäftigt. Sehen Sie sich Ihren Terminkalender an und antworten Sie an ihrer Stelle.

Sancho: Marta, ¿qué haces el lunes?

Marta: El lunes ....

Sancho: ¿Y el martes?

Marta: ....

Sancho: ¿Tienes tiempo el miércoles?

Marta: ....

Sancho: ¿Estás libre el jueves?

Marta: No, ...

Sancho: ¡Mujer!, ¿qué haces el viernes y el sábado?

Marta: ....

Sancho: ¿Y EL DOMINGO?

Marta: ....

Sancho: ¡BINGO!

OCTUBRE

Lunes 6 (hacer) Yoga

Martes 7 (trabajar en el) gimnasio

Miércoles 8 bar Manu

Jueves 9 aeróbic

Viernes 10 gimnasio

Sábado 11 teatro

Domingo 12 (estar) libre

2 **a.** Wie heißt der Infinitiv (die Grundform) dieser Verben? Ordnen Sie zu.

| trabajamos | vivís | como | está | escribo | tengo | haces |
| hablo | vendes | estudiamos | aprendo | eres |

regelmäßige Verben Grundform (Infinitiv) auf:			unregelmäßige Endung 1. Person Singular auf:	
-ar	**-er**	**-ir**	**-go**	**-oy**
trabajar	....	....	....	....
....	....	....	....	....
....	....			

b. Übersetzen Sie nun diejenigen Verbformen, die oben im Kasten stehen.

....

....

....

c. Wenn Sie noch mehr üben wollen: Bilden Sie jeweils alle sechs Formen dieser Verben. Vergleichen Sie dann Ihr Ergebnis mit dem Grammatikteil der Lektionen 1 – 4.

3 Schreiben Sie die Abkürzungen aus und die Zahlen in Worten.

C / Verdi   ....

n° 125   ....

3°   ....

Pza. Cuba   ....

tel. 111 32 65   ....

4

4 Ergänzen Sie die fehlende weibliche oder männliche Form.

médico	....
....	camarera
profesor	....
estudiante	....
....	taxista
ingeniero	....
....	vendedora
....	secretaria
....	periodista
actor	....
....	reina

5 Verbinden Sie jeweils Frage und Antwort.

1. ¿De dónde es usted?   **a.** En la calle.
2. ¿Cómo se llama?   **b.** Doce churros y un zumo, son 5 euros.
3. ¿Dónde vive?   **c.** De Palma de Mallorca.
4. ¿Qué hace usted?   **d.** Porque estoy un poco gordo.
5. ¿Dónde trabaja?   **e.** Enrique Palomar.
6. ¿Por qué no come chocolate? **f.** En Valencia.
7. ¿Cuánto es?   **g.** Soy taxista.

6 Schreiben Sie die Fragen 1 – 6 der Übung 5 in der du-Form.

1. ....

2. ....

3. ....

4. ....

5. ....

6. ....

7 **a.** Vervollständigen Sie Dr. Sanz' Angaben mithilfe der richtigen Formen von
ser, estar, trabajar, vivir, tener und **llamarse**.

Hola, ... Francisco Sanz Domínguez. .... de Málaga, pero

.... en Bilbao. .... médico. .... en el Hospital Aguirre.

.... 45 años, no .... muy guapo y .... soltero.

Mi secretaria Rosita dice: "Usted .... casado con el hospital."

b. Schreiben Sie nun einen kurzen Text über sich selbst.

....

....

....

....

8 Bilden Sie sieben Fragesätze.

¿-	cómo	haces	este señor?
¿de	qué	se llama	en el bar Coco?
¿por	dónde	eres tú,	Ricardo?
¿en	qué	no trabajas	-?
¿-	dónde	calle	el domingo?
¿-	qué	es	vive Juana?
¿-	cuánto	cenamos	el café con leche?

9 Setzen Sie ein: **en, con** oder **de**?

Amelia es profesora .*de*. inglés. Vive .... su amiga Susi .... Alicante, ...

la calle Colón, pero es .... Tarragona. Trabaja .... lunes a viernes ....

una Escuela .... Idiomas. Toma café .... leche .... el bar «Manolo».

El sábado come .... el restaurante «Viejo Puerto», ... la playa. Tienen una

gran variedad .... tapas y vinos .... todas las regiones .... España.

4

10 **Ser** oder **estar**? Streichen Sie das nicht passende Verb in Frage und Antwort.

- ¿Dónde es / está La Habana?
- Está / Es en Cuba.

- Clara es / está ecuadoriana.
- Es / Está de Quito.

- Jorge está / es muy guapo.
- Sí, es / está actor de teatro.

- ¿De dónde están /son Eva y Juan?
- Son / Están de Chile.

- ¿Juan no es / está argentino?
- No, es / está chileno.

- Soy / Estoy estudiante.
- ¡Qué casualidad! Yo también.

- Estoy / Soy Diego Ruiz.
- ¡Encantada! Estoy / Soy Ana Belén.

- ¿Es / Está usted profesor?
- No, estoy / soy periodista.

11 Ordnen Sie den Wortschatz dieser Lektion in Gruppen. Schreiben Sie dazu die Wörter an die entsprechende Stelle.

| horario ciudad teléfono inscripción calle ✔ sexo Física profe fax edad Matemáticas estudiante aeróbic judo plaza código postal móvil altura dirección electrónica peso separado casado Economía soltero actriz movimiento avenida Derecho periodista escritora divorciado |

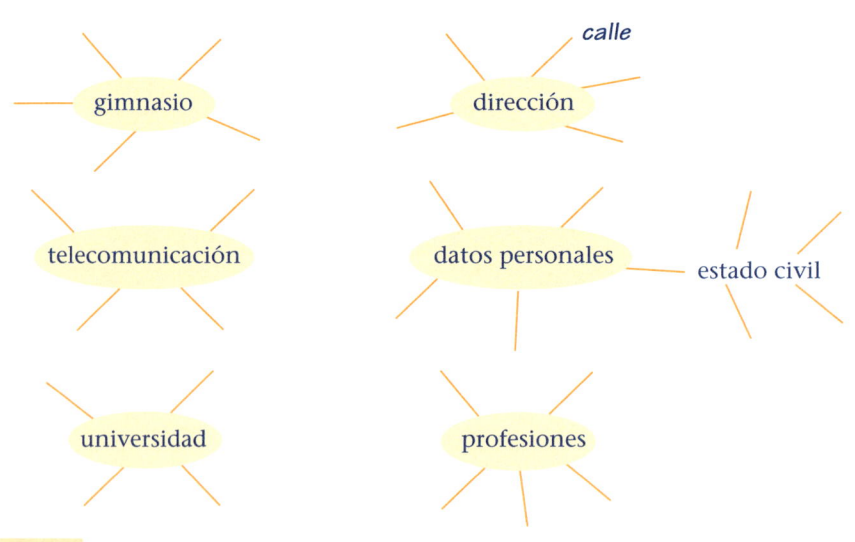

gimnasio

dirección — *calle*

telecomunicación

datos personales — estado civil

universidad

profesiones

Was Sie in dieser Lektion lernen:
❚ in ein Geschäft **einkaufen gehen**
❚ die unpersönliche Form **hay**
❚ die **direkten Objektpronomen**
❚ die Verben **querer** und **poder**
❚ die **Demonstrativa este** und **ese**
❚ die Adjektive **otro** und **medio**
❚ die Artikelwörter **uno, una**

Lección

5

ALIMENTACIÓN JUANA LA LOCA

ESTA SEMANA...

Leche desnatada
– La vaca –

0,60 €

JAMÓN SERRANO
– Sancho Panza –

12 € / kg

¡Me la llevo!

¡Me lo llevo!

¡ME LO COMPRO!

Lista de la compra:

1 kg de naranjas
1/2 kg de ajos
1 barra de pan
1 barra sin sal
2 botellas de leche desnatada
1 botella de leche entera
1 paquete de 100 sobres
5 sellos
2 sellos (paquete)
1 champú Suavel
2 paquetes de mantequilla
3 tabletas de chocolate
1 kilo de azúcar
100 grs. de jamón serrano

LEBENSMITTEL JOHANNA DIE WAHNSINNIGE

DIESE WOCHE

Fettarme Milch
– Die Kuh –

0,60 €

ROHER SCHINKEN
– Sancho Panza –

12 € / kg

Einkaufsliste:

1 kg Orangen
1/2 kg Knoblauch
1 Stange Weißbrot
1 Stange ohne Salz
2 Flaschen fettarme Milch
1 Flasche Vollmilch
1 Packung mit 100 Umschlägen
5 Briefmarken
2 Briefmarken (Päckchen)
1 Shampoo Suavel
2 Päckchen Butter
3 Tafeln Schokolade
1 Kilo Zucker
100 gr roher Schinken

Die nehme ich!

Den nehme ich!

DAS KAUFE ICH MIR!

¿Qué hay de nuevo?   E 1, 2, 3

Vielleicht ist Ihnen beim Einkaufszettel aufgefallen, dass zwischen der Mengen-angabe bzw. der Verpackungsart und dem Lebensmittel jeweils ein **de** steht. Die Präposition **de**, die Sie bereits in der letzten Lektion kennengelernt haben, wird hier als Teilungsartikel („von") verwendet: 1 kg de naranjas *1 Kilo (von) Orangen,* 1 botella de leche *1 Flasche Milch.*

In dem Werbeprospekt haben Sie auch die direkten Objektpronomen **lo** *es / ihn* und **la** *es / sie* kennengelernt. Nach den direkten Objektpronomen fragt man mit *wen oder was?,* es sind Akkusativ-Objekte (= 4. Fall). Hier die Pronomen im Überblick:

Singular		Plural	
me	*mich*	nos	*uns*
te	*dich*	os	*euch*
lo	*ihn, es*	los	*sie (m)*
la	*sie, es*	las	*sie (f)*
lo / la	*Sie (m/w)*	los / las	*Sie (m/w)*

Diese Pronomen stehen <u>vor</u> dem Verb. Nehmen wir als Beispiel die Verben **comprar** *kaufen* oder **vender** *verkaufen*: **lo compro** heißt *ich kaufe es* und bezieht sich auf ein männliches Objekt, z.B. **el pan** *das Brot* oder **el champú** *das Shampoo*:
Compro el pan. ▶ Lo compro. *Ich kaufe das Brot. Ich kaufe es.*

Entsprechend wird ein weibliches Objekt, z.B. **la leche** *die Milch* oder **la mantequilla** *die Butter,* durch das Pronomen **la** ersetzt:
Compro la leche. ▶ La compro. *Ich kaufe die Milch. Ich kaufe sie.*

Im Plural verwenden Sie die Formen **los** und **las**, die identisch sind mit dem bestimmten Artikel im Plural:
Roberto vende las naranjas. ▶ Roberto las vende.
Roberto verkauft die Orangen. Roberto verkauft sie.
Compramos los sellos. ▶ Los compramos. *Wir kaufen die Briefmarken. Wir kaufen sie.*

Bei dem regelmäßigen Verb **llevar** *mitnehmen* gibt es 2 Objektpronomen in einem Satz: **Me lo llevo** heißt wörtlich *Ich nehme es (mit mir).* In diesem Fall ist **lo** das direkte Objektpronomen, es steht vor dem Verb. Davor kommt das zweite Prono-men, dieses Mal ein indirektes Objektpronomen (**me** *mir*). Lassen Sie sich davon nicht verwirren. Die indirekten Objektpronomen lernen Sie in Lektion 6. Merken Sie sich jetzt einfach folgende Formulierung, wenn Sie sagen möchten, dass Sie bestimmte Produkte kaufen möchten: **Me lo / la / los / las llevo.** *Ich nehme es / sie.*

Marta hace la compra

Nicolás:	¡Hola, Celia y Marta! ¿Hay café?
Celia:	Sí, pero no tenemos leche.
Marta:	Ah, bueno, entonces escribo en la lista de compras leche, 3 botellas.
Celia:	Yo quiero desnatada, por favor.
Marta:	Ah, bueno, dos desnatadas y una entera.
Nicolás:	Y pan, necesitamos pan.
Celia:	¿Puedes comprar una barra de pan sin sal, por favor?
Marta:	Bueno, pero ¿qué pasa? Leche desnatada, pan sin sal... ¿Estás a dieta?
Celia:	Sí, un poco, es que estoy un poco gorda.
Nicolás:	¿Gorda? ¿Quién? ¿Tú? ¿Dónde? ¡Ah, Marta! Necesitamos chocolate, tres tabletas, por favor. Y dos paquetes de mantequilla y un kilo de azúcar. Quiero hacer un postre.
Celia:	¡Oh, no!
Nicolás:	Y para Celia un yogur, por favor, desnatado y sin azúcar...

En la tienda de alimentación

Dependienta:	¡Hola! ¿Qué quería?
Marta:	¡Hola! Quería una barra de pan con sal y otra sin sal.
Dependienta:	Muy bien. ¿Qué más?
Marta:	Dos botellas de leche desnatada y una de leche entera.
Dependienta:	¿Algo más?
Marta:	Sí. Cien gramos de jamón serrano.
Dependienta:	¿De éste?
Marta:	Mmm... No, no, de ése...
Marta:	Y tres tabletas de chocolate negro, un kilo de azúcar y dos paquetes de mantequilla.
Dependienta:	¡Uf! ¡Qué montón de calorías!
Marta:	Sí, bueno, compartimos piso con un chico...
Dependienta:	Ah, claro ¿Algo más?
Marta:	¿Tiene champú Suavel?
Dependienta:	Sí, pero sólo el grande.
Marta:	¿Cuánto cuesta?
Dependienta:	3 euros con veinte.
Marta:	Ah, vale, me lo llevo.
Dependienta:	¿Quería algo más?
Marta:	No, nada más, gracias. ¿Cuánto es?
Dependienta:	Son 26 euros con cincuenta y ocho céntimos.
Marta paga.	
Marta:	Adiós y gracias.
Dependienta:	Gracias a usted. ¡Hasta luego!

5

Vocabulario

Alimentación Juana la Loca

la alimentación [alimentaˈθiɔn]	*hier: Lebens-mittelladen*
la semana [seˈmana]	*Woche*
desnatado/-a *Lat.*	*fettarm*
descremado/-a [desnaˈtaðo, deskreˈmaðo]	
la vaca [ˈbaka]	*Kuh*
me la/lo llevo [me la/lo ˈʎeƀo]	*die/den nehme ich*
llevar [ʎeˈƀar]	*tragen, mitnehmen*
comprar [kɔmˈprar]	*kaufen*
me lo compro [me lo ˈkompro]	*das kaufe ich mir!*
la lista de la compra [ˈlista ðe la ˈkompra]	*Einkaufsliste*
la naranja [naˈraŋxa]	*Orange*
el ajo [ˈaxo]	*Knoblauch*
la barra de pan [ˈbarra ðe pan]	*Stangen(weiß)-brot*
la sal [sal]	*Salz*
la botella [boˈteʎa]	*Flasche*
la leche entera [ˈleʧe enˈtera]	*Vollmilch*
el paquete [paˈkete]	*Packung, Päckchen*
el sobre [ˈsoƀre]	*Briefumschlag*
el sello *Lat.* **timbre** [ˈseʎo, ˈtimbre]	*Briefmarke*
el champú [ʧamˈpu]	*Shampoo*
la mantequilla *Lat.* **manteca** [manteˈkiʎa, manˈteka]	*Butter*
la tableta [taˈƀleta] **chocolate** [ʧokoˈlate]	*Tafel Schokolade*
el azúcar [aˈθukar]	*Zucker*
gramos (grs.) [ˈgramos]	*Gramm*

Marta hace la compra

la compra [ˈkompra]	*Einkauf*
hay [ai]	*es gibt*
querer [keˈrɛr]	*wollen, mögen*
el pan [pan]	*Brot*
¿qué pasa? [ke ˈpasa]	*was ist los?*
es que... [es ke]	*es ist so, dass ...*
¿quién? [ˈkien]	*wer?*
el postre [ˈpostre]	*Nachspeise*
el yogur [joˈgur]	*Joghurt*
la tienda [ˈtienda]	*Laden, Geschäft*
la dependienta [depenˈdienta]	*Angestellte, Verkäuferin*
¿qué quería? [ke keˈria]	*was hätten Sie gern?*
¿qué más? [ke mas]	*was noch?*
¿algo más? [ˈalgo mas]	*noch etwas?*
cien [θien]	*hundert*
¿de éste? [de ˈeste]	*von diesem?*
de ése [de ˈese]	*von dem da*
negro [ˈnegro]	*schwarz*
el chocolate negro [ʧokoˈlate ˈnegro]	*Zartbitter-Schokolade*
el montón [monˈtɔn]	*Haufen*
la caloría [kaloˈria]	*Kalorie*
compartir [komparˈtir]	*teilen*
el piso [ˈpiso]	*Wohnung, Stock*
claro [ˈklaro]	*klar*
¿cuánto cuesta? [ˈkuanto ˈkuesta]	*wie viel kostet es?*
3 euros con veinte [tres ˈɛuros kom ˈbeinte]	*3 Euro 20 Cent*
nada más [ˈnaða mas]	*nichts mehr*
el céntimo [ˈθentimo]	*Cent*
pagar [paˈgar]	*(be-)zahlen*
gracias a usted [ˈgraθias a usˈte(d)]	*ich danke Ihnen*
¡Hasta luego! [ˈasta ˈluɛgo]	*Tschüs!, Bis bald!*

Gramática

1. Das unregelmäßige Verb *querer* wollen, mögen (*e ▸ ie*)   E 4, 6

Querer ist ein Verb auf **-er** mit regelmäßigen Endungen, aber Veränderungen im Stamm, die Sie in ähnlicher Weise schon beim Verb **tener** *haben* gesehen haben. Der Stammvokal **e** wird in allen Singular-Formen und in der 3. Person Plural zu **ie**. Und so lauten die Formen:

Singular			Plural		
(yo)	quiero	*ich möchte*	(nosotros, -as)	queremos	*wir möchten*
(tú)	quieres	*du möchtest*	(vosotros, -as)	queréis	*ihr möchtet*
(él, ella, usted)	quiere	*er, sie möchte* *Sie möchten*	(ellos, ellas, ustedes)	quieren	*sie möchten* *Sie möchten*

Weitere Verben mit dieser Unregelmäßigkeit lernen Sie in den folgenden Lektionen kennen.

Vielleicht wundern Sie sich, dass Sie hier die Form **quería** aus dem Dialog nicht finden. **Quería** *ich hätte gern* ist grammatikalisch eine Imperfektform. Sie drückt auf besonders höfliche Weise einen Wunsch aus. Die Imperfektformen werden Sie in Lektion 15 kennenlernen. Für heute genügt es, wenn Sie sich die Form **¿Qué quería?** *Was hätten Sie (denn) gern?* merken.

2. Das unregelmäßige Verb *poder* können (*o ▸ ue*)   E 6

Das Verb **poder** weist eine ähnliche Unregelmäßigkeit wie **querer** auf. Hier ist es der Stammvokal **o**, der im Singular und in der 3. Person Plural zu **ue** wird:

Singular		Plural	
(yo)	puedo	(nosotros, -as)	podemos
(tú)	puedes	(vosotros, -as)	podéis
(él, ella, usted)	puede	(ellos, ellas, ustedes)	pueden

Weitere Verben dieser Gruppe lernen Sie später kennen.

5

Querer und poder sind Hilfsverben, d.h., sie können zusammen mit einem zweiten Verb auftreten, das dann im Infinitiv (in der Grundform) steht:
Quiero comprar sellos. *Ich möchte Briefmarken kaufen.*
¿Puedes comprar leche? *Kannst du Milch kaufen?*

Beachten Sie: Die Doppellaute (Diphthonge) **ie** und **ue** werden wie eine Silbe gesprochen, nicht wie zwei getrennte Vokale. Der Hauptakzent liegt auf dem 2. Vokal (**e**): quiero ['ki̯ɾo], puedo ['pŭ̯eðo].

3. Die unpersönliche Form *hay* es gibt

Mit **hay** *es gibt* kann man das Vorhandensein einer Sache ausdrücken oder danach fragen. Nach **hay** steht
▌ ein Substantiv ohne Artikel:
   ¿Hay café? *Gibt es Kaffee?*
▌ ein Substantiv mit unbestimmtem Artikel:
   Hay un restaurante nuevo en la calle Cádiz.
   Es gibt ein neues Restaurant in der Cádiz-Straße.

4. Die Demonstrativa *este* und *ese*   E 5, 9

Das Demonstrativadjektiv **este** *dieser* wird für Dinge verwendet, die sich in der Nähe des Sprechers befinden, auf die der Sprecher also mit dem Finger zeigen könnte. Diese Nähe kann auch zeitlich gemeint sein: esta noche *heute Abend / Nacht*

	Singular	Plural
männlich	**este** jamón *dieser Schinken*	**estos** jamones *diese Schinken (hier)*
weiblich	**esta** botella *diese Flasche*	**estas** botellas *diese Flaschen (hier)*

Ese *dieser, der / das da* für Sachen, die etwas weiter entfernt sind:

	Singular	Plural
männlich	**ese** jamón *der Schinken*	**esos** jamones *die Schinken (da)*
weiblich	**esa** botella *die Flasche*	**esas** botellas *die Flaschen (da)*

Auch **ese** kann zeitlich verwendet werden:
ese día *an jenem Tag;* esa noche *in jener Nacht*

Wenn diese Demonstrativa das Sustantiv ersetzen und allein stehen, werden sie mit
Akzent geschrieben:
- Quería cien gramos de jamón. *Ich hätte gern 100 Gramm Schinken.*
- ¿De **éste**? *Von diesem?*
- No, de **ése**. *Nein, von dem da.*

5. Die Adjektive *otro* und *medio*   E 6

Diese beiden Adjektive stehen immer <u>vor</u> dem Substantiv. Eine Besonderheit:
Vor **otro** *ein anderer, noch ein* und **medio** *ein halber, ein halbes* fällt der unbestimmte
Artikel weg:
Medio kilo de naranjas. *Ein halbes Kilo Orangen.*
Otra cerveza, por favor. *Noch ein Bier bitte.*

6. Die Artikel *uno, una*

Die Artikel **un, una** können auch anstelle eines Substantivs allein stehen. Dabei
wird **un** zu **uno**:
No tengo champú. ¿Puedes comprar uno? *Ich habe kein Shampoo. Kannst du eines kaufen?*
¿Quería dos botellas de leche o una? *Möchten Sie zwei Flaschen Milch oder eine?*

Uso del español

Redemittel zum Einkaufen   E 8, 10

Folgende Redemittel sollten Sie sich merken, wenn Sie Einkaufen gehen wollen:

¿Qué desea?	*Was wünschen Sie?*
¿Qué quería?	*Was möchten Sie?*
Quisiera...	*Ich hätte gern*
Quería...	*Ich hätte gern ...*
¿Tiene...?	*Haben Sie ...?*
¿Qué más?	*Was noch?*
¿Algo más?	*Noch etwas?*
No, gracias, nada más.	*Nein, danke, nichts mehr (das ist alles).*
¿Y además?	*Und außerdem?*
¿Así?	*So?*
Un poco más / menos, por favor.	*Etwas mehr / weniger, bitte.*

Frage nach dem Preis   *E 8, 10*

¿Cuánto cuesta?	*Wie viel kostet das?* (Beim Einkaufen; Preis eines Artikels)
¿Cuánto es?	*Wie viel macht das?* (Beim Einkaufen, im Café; Gesamtpreis)
La cuenta, por favor.	*Die Rechnung bitte.* (Im Restaurant)

Und so wird in Spanien der Preis angegeben:

Son doce euros.	*Das macht 12 Euro.*
Son quince euros <u>con</u> cincuenta.	*Das macht 15 Euro und 50 Cent.*

Más expresiones útiles

un litro de...	*ein Liter ...*
una lata de...	*eine Dose ...*
un trozo de...	*ein Stück ...*
una docena de...	*ein Dutzend ...*
media docena de...	*ein halbes Dutzend ...*
¿Tiene / Tienen...?	*Haben Sie ...?*
el jamón York	*gekochter Schinken*
el queso Manchego	*Manchego-Käse*

la fruta	*Obst*	la patata	*Kartoffel*
la manzana	*Apfel*	la cebolla	*Zwiebel*
el plátano	*Banane*	la zanahoria	*Karotte*
la pera	*Birne*	el pepino	*Gurke*
la fresa	*Erdbeere*	el pimiento	*Paprika*
el albaricoque	*Aprikose*	los huevos	*Eier*
el melón	*Melone*	el arroz	*Reis*
el tomate	*Tomate*	el pollo	*Hühnchen*

Ejercicios

1   Ergänzen Sie die Einkaufsliste mit den passenden Mengenangaben.

dos botellas de	cuatro	100 gramos de	un litro de	2 kilos de
medio kilo de		dos barras de	una tableta de	un paquete de

.... *leche desnatada*	.... *tomates*
.... *chocolate*	.... *pan*
.... *jamón serrano*	.... *vino*
.... *sobres*	.... *yogures*

2 Ersetzen Sie das Substantiv jeweils durch ein Objektpronomen (**lo, la, los, las**).

1. Tomamos el café en casa.   *Lo tomamos en casa.*

2. Luisa compra el pan.   ....

3. ¿Compras tú la leche?   ....

4. Don Roberto vende naranjas.   ....

5. Compran los yogures en el supermercado.   ....

6. ¿Tienen mantequilla "La vaca"?   ....

7. No tenemos sellos.   ....

8. Celia necesita el champú "Suavel".   ....

3 Wie sagen Sie, wenn Sie diese Dinge kaufen möchten?

1. (el jamón)   *Me lo llevo.*   3.   (la leche entera)   ....

2. (los sobres) ....   4.   (las botellas de vino) ....

4 Setzen Sie die richtigen Formen von **querer, poder** und **tener** ein.

1. ● Lisa, no .... café. ¿ .... comprar uno?

   ● ¿Qué marca .... ?

   ● Pues, ... un café italiano.

2. ● Señor Ruiz, ¿ .... usted un vino?

   ● No, gracias, no .... tomar vino.

   .... problemas con el alcohol.

   ● Ah, bueno, ¿ .... tomar un café?

   ● Sí, gracias, pero sin leche y sin azúcar, por favor.

3. ● Marta, ¿ .... hacer tú la compra?

   ● No, no .... Yo .... hacer el postre.

5 Setzen Sie ein.

este	éste	ése	ésos	ese	éstos

1. ● ¿Cuánto cuesta .... champú?

    ● ¿ .... ?

    ● No, ... , el grande.

    ● Ah, sí, cuesta 3 euros con 20.

2. ● Quería un trozo de queso.

    ● ¿De .... ?

    ● No, de ...., el Manchego.

3. ● ¿Cuánto cuesta .... jamón?

    ● ¿............ jamón serrano?

    ● Sí.

    ● 24 euros con noventa el kilo.

4. ● Medio kilo de esos ajos, por favor.

    ● ¿De .... ?

    ● ¿Si, si, de .... ?

6 Ordnen Sie die Elemente zu einem Satz.

1. kilo / azúcar / medio / de / quería ....

2. dos / de / leche / quería / o / litros / uno ¿ .... ?

3. otro / café / leche / tomamos / con ¿ .... ?

4. cerveza / Luis / favor / para / otra / por ....

5. dos / de / una / vino / botellas / toman / o ¿ .... ?

6. sólo / de / pan / barra / media / quería ....

7 Welche Dinge können Sie in welcher Verpackung oder Menge kaufen?
Ergänzen Sie alle Produkte, die Ihnen einfallen:

Una botella de _vino,_...

Un kilo de ....

Un paquete de ....

Cien gramos de ....

Una lata de ....

Cuatro ....

8 Bringen Sie die Sätze des Einkaufsdialogs in die richtige Reihenfolge.

> ¡Hola! ¿Qué quería?   Muy bien. ¿Qué más?
> ¡Hola!   Quería dos botellas de leche desnatada.

1. *Nicolás:* ....

    Dependiente: ....

    Nicolás: ....

    Dependiente: ....

> Mmm ... no, de ésas, por favor.   Dos yogures sin azúcar y medio kilo de naranjas.
> ¿De éstas?   Muy bien, ¿algo más?

2. *Nicolás:* ....

    Dependiente: ....

    Nicolás: ....

    Dependiente: ....

> ¿Sin sal? ¿Está usted a dieta?   No, yo no, pero comparto piso con una chica ...
> Sí. Una barra de pan sin sal.

3. *Nicolás:* ....

    Dependiente: ....

    Nicolás: ....

> Ah, claro. ¿Algo más?   Son 6 euros con 25.   Adiós.
> No, nada más, gracias. ¿Cuánto es?   Adiós, señor.

4. *Dependiente:* ....

    Nicolás: ....

    Dependiente: ....

    Nicolás: ....

    Dependiente: ....

9 Verbinden Sie.

Quería	este esta estos estas otro otra medio cien	vino, litro de vino, gramos de queso, champú, sobres, botella de leche, cerveza, naranjas,	por favor.

10 Sie kaufen jetzt selbst für Ihr Frühstück ein. Hier ist Ihre Liste.

Dependienta: Buenos días, ¿qué quería?

usted: ....
(Sie möchten ein Päckchen Kaffee.)

Dependienta: ¿Un paquete de medio kilo?

usted: ....
(Ja, und Zucker und 1 Liter Vollmilch)

Dependienta: ¿Algo más?

usted: ....
(2 Stangen Weißbrot und 1 Päckchen Butter)

Dependienta: Muy bien. ¿Qué más?

usted: ....
(Nichts mehr, danke. Sie fragen nach dem Preis.)

Dependienta: Son diez euros con veinte.

usted: ....
(Sie bezahlen und verabschieden sich.)

café
azúcar
leche entera
pan
mantequilla

11 Haben Sie den Wortschatz zum Thema Lebensmittel gut gelernt? Gehen Sie in Ihre Küche und/oder Speisekammer und benennen Sie alle Lebensmittel, die Sie vorfinden. Natürlich auf Spanisch!

1 Lesen Sie diese Ausschnitte aus einem Restaurantführer und beantworten Sie die Fragen.

Bar-Restaurante Jorge Negrete
Cocina mexicana y música de mariachis.
Especialidad: Tequila y cócteles
Abierto de lunes a domingo.
C/ Urrutia, 37.

Cervecería Amsterdam
Cervezas holandesas e internacionales.
Buen ambiente.
Abierto de martes a domingo.
Pza. Santa Ana, 15.

Churrería Santa Inés
Los mejores churros de la ciudad.
Cerrado los lunes.
Paseo de la Gloria, 242

Bar El Euro Loco
Donde se paga poco. Gran variedad de tapas de todas las regiones españolas.
Cerrado domingos y festivos.
Avda. Sol, 55

1. ¿Dónde se puede tomar algo el lunes? ....

2. ¿Adónde va usted si quiere tomar chocolate con churros? ....

3. ¿Adónde no puede ir el domingo? ....

4. ¿Dónde puede tomar tequila? ....

Punkte
......./4

2 Stellen Sie Mari Carmen vor. Verwenden Sie dazu folgende Angaben.

1. Mari Carmen Herrero **a.** ....

2. 32 años **b.** ....

3. ecuatoriana **c.** ....

4. taxista **d.** ....

5. calle de San Juan, 126 **e.** ....

6. inglés y español **f.** ....

Punkte
......./6

3 Ergänzen Sie die Sätze mit **un** / **una** / **el** / **la** / **los** / **las**.

1. Éste es Toni, ... nuevo compañero de trabajo.

2. Me llamo Trinidad, bueno, Trini para .... amigos.

3. El Bar «Coco» es .... corazón del barrio.

4. .... habitantes de Ecuador son ecuatorianos.

5. En .... Unión Europea hay 20 lenguas oficiales.

6. El 45% de .... europeos habla .... lengua europea.

Punkte
......./6

Test 1

4 Setzen Sie Adjektive ein, die die passende Nationalität wiedergeben.

1. Heineken es una marca de cerveza ....

2. Brigitte Bardot es una actriz ....

3. Luciano Pavarotti es un tenor ....

4. Guinea Ecuatorial es un país ....

5. Málaga es una ciudad ....

6. Gerhard Schröder es un político ....

Punkte

...... /6

5 Finden Sie die passenden Fragen.

1. Juan es médico.
   a. ☐ ¿Quién es?   b. ☐ ¿Qué hace Juan?

2. Antonella es de Roma.
   a. ☐ ¿De dónde es?   b. ☐ ¿Dónde está?

3. Se llama Ricardo Vidal.
   a. ☐ ¿Cómo está?   b. ☐ ¿Cómo se llama?

4. 13 euros con 50.
   a. ☐ ¿Cuánto es?   b. ☐ ¿Cuándo es?

5. Vivo en la calle de la Princesa, número 8.
   a. ☐ ¿Dónde vivo?   b. ☐ ¿Dónde vives?

Punkte

...... /6

6. Voy al gimnasio porque estoy gordito.
   a. ☐ ¿Vamos?   b. ☐ ¿Por qué vas al gimnasio?

6 Ein Wort passt nicht in die Reihe. Kreuzen Sie es an.

1. ☐ nombre   ☐ edad   ☐ bar   ☐ altura
2. ☐ casado   ☐ soltero   ☐ divorciado   ☐ gordo
3. ☐ ingeniero   ☐ ecuatoriano ☐ escritor   ☐ periodista
4. ☐ cien   ☐ kilo   ☐ gramo   ☐ medio kilo
5. ☐ azúcar   ☐ pan   ☐ sobre   ☐ sal
6. ☐ vino   ☐ leche   ☐ vaca   ☐ agua

Punkte

...... /6

Gesamt

...... /34

78   setenta y ocho

Im Mittelpunkt dieser Lektion stehen:
- die Farbadjektive
- die indirekten Objektpronomen
- der Unterschied zwischen **saber** und **poder**
- die reflexiven Verben **ponerse**, **probarse**, **vestirse**
- die Stellung der Pronomen
- die Indefinitpronomen **alguno/-a** und **ninguno/-a**

Lección

6

ESCUELA SUPERIOR de TEATRO

FIESTA de CARNAVAL

TEMA : Rojo, rojo, rojo.

Día: 4 de marzo, Martes de Carnaval

Lugar: Escuela de Teatro
       c/ Azul, 27

Hora: 20 h

Entradas: 12 €

Buffet libre : Bebidas y comidas
              rojas.

Disfraces: Relacionadas con el
          color rojo.

Theater-Hochschule Faschingsball

Thema: Rot, rot, rot

Tag: 4. März, Faschingsdienstag

Ort: Theater-Hochschule
     Calle Azul, Nr. 27

Uhrzeit: 20 Uhr

Eintritt: 12 €

Gratis-Buffet: Rote Getränke
              und Gerichte.

Kostüme: Alles, was mit der
Farbe Rot   zu tun hat.

¿Qué hay de nuevo? E 1, 5

In dieser Lektion lernen Sie Farbadjektive kennen. Einige sind Ihnen schon auf dem Plakat der Theater-Hochschule begegnet: **rojo** *rot* und **azul** *blau*.
Farbadjektive werden wie normale Adjektive hinsichtlich Geschlecht und Zahl an das Substantiv angeglichen, stehen hinter dem Substantiv und erhalten eine weibliche Endung auf -a, wenn sie auf -o enden, sowie die Pluralendungen -s bzw. -es. Die Endung bleibt im Singular allerdings unverändert, wenn die Farbadjektive auf -e oder Konsonant enden:

rojo	roja	rojos	rojas	*rot(e)*
negro	negra	negros	negras	*schwarz(e)*
blanco	blanca	blancos	blancas	*weiß(e)*
amarillo	amarilla	amarillos	amarillas	*gelb(e)*
verde	verde	verdes	verdes	*grün(e)*
azul	azul	azules	azules	*blau(e)*
marrón	marrón	marrones	marrones	*braun(e)*
gris	gris	grises	grises	*grau(e)*

Beim Thema Kleidung, Verkleidung lernen Sie auch typische Wendungen kennen, etwa *Wie steht / passt mir das?* oder *Das steht dir gut.* Zur Bildung dieser Sätze verwenden Sie die Pronomen des indirekten Objekts (Dativ, *wem?*). Sie lauten:

Singular		Plural	
me	*mir*	nos	*uns*
te	*dir*	os	*euch*
le	*ihm* *ihr* *Ihnen (m/f)*	les	*ihnen (m)* *ihnen (f)* *Ihnen (m/f)*

¿Cómo **le** queda el jersey negro? *Wie passt Ihnen der schwarze Pullover?*
Me queda muy bien. *Er passt mir sehr gut.*

Beachten Sie, dass es für die 3. Person Singular und Plural jeweils nur ein Pronomen gibt: **le, les.** Wenn aus dem Zusammenhang nicht klar wird, wer mit dem Pronomen gemeint ist, kann die Person oder das Personalpronomen dazu genannt werden. Dabei wird die Präposition **a** vorangestellt. Es ergibt sich also eine Verdoppelung des Objekts (Pronomen + Person):
¿Cómo **le** queda el jersey **a usted**? *Wie passt Ihnen der Pullover?*
¿Cómo **le** queda la blusa **a Begoña**? *Wie steht Begoña die Bluse?*

¿Qué me pongo?

Marta: Celia, no sé qué ponerme para la fiesta de carnaval de la escuela...
Celia: ¿Hay algún tema?
Marta: Sí, el rojo. Todo lo relacionado con el color rojo.
Celia: Pues, por ejemplo, un tomate.
Marta: ¿No tienes una idea mejor?
Celia: Pues, no sé... Tomate, cereza, sangre, ¡Drácula!
Marta: ¡Puaj! No, gracias.
Celia: ¡Ya sé!: Caperucita Roja.
Marta: ¡Sí! ¡Qué buena idea! ¡Gracias! Pero... ¿qué lleva Caperucita Roja?
Celia: Una blusa o un jersey, una capa roja con capucha.... Podemos hacer una con.... con... ¡con tus cortinas! ¡Son rojas!
Marta: Sí, pero también son caras. ¿No tenemos otra cosa?
Celia: Pues... El albornoz de Nicolás es rojo, ¿no?
Marta: Eh... Pues sí, pero un albornoz... ¿Por qué no le preguntas? A lo mejor tiene algo...
Ante la puerta de la habitación de Nicolás...
Marta: ¡Nicolás! ¿Puedo entrar?
Nicolás: ¡No! ¡No! ¡Un momento!
Marta: ¡Vale, vale!
Nicolás: ¡Ahora! ¡Ya puedes entrar!
Marta: ¡Qué horror! ¿Drácula?

Nicolás: ¡Noooo!

Marta: ¿El diablo?

Nicolás: ¡Síííí!

Marta: ¡Qué miedo! Pero...esa capa roja no te queda bien con el traje negro, y con esos cuernos no te puedes poner la capucha... ¿Por qué no te pones otra cosa? Yo tengo una capa negra de mi abuelo...

Nicolás: Ah, ¿sí? ¡Qué bien!

Marta: Mira, ¿no es genial?

Nicolás: Mmm...Sí... A ver... ¿Me queda bien con los cuernos rojos?

Marta: Te queda maravillosa, un diablo malo, malo. Oye, entonces ya no necesitas tu capa roja...

Nicolás: Pues no...

Marta: ¿Me la puedo probar? ¡Gracias! Es que quiero vestirme de... ¡Es sorpresa! ¡Cinco minutos!

Cinco minutos más tarde...

Marta: ¡Listo!

Nicolás: Oh, ¿y quién eres tú? Mmm... ¡Caperucita Roja!

Marta: ¡Sí! ¿Estoy bien?

Nicolás: Pues, con las gafas pareces Harry Potter...

Vocabulario

Fiesta de Carnaval

la escuela superior	*Hochschule*
la escuela	*Schule*
el teatro	*Theater*
el carnaval	*Karneval, Fasching*
el tema *m*	*Thema, Motto*
rojo/-a	*rot*
el marzo	*März*
el Martes de Carnaval	*Faschings- dienstag*
el lugar	*Ort, Platz, Stelle*
azul	*blau*
la hora	*Stunde, Uhrzeit*
la entrada	*Eintritt, Eingang*
el buffet	*Buffet*
libre	*frei*
la bebida	*Getränk*

la comida	*Essen, Gericht*
el disfraz *Pl* disfraces	*Kostüm, Verkleidung*
relacionado/-a con...	*was zu tun hat mit ...*
el color	*Farbe*

¿Qué me pongo?

¿Qué me pongo?	*Was soll ich anziehen?*
ponerse	*etw. anziehen*
no sé qué ponerme	*ich weiß nicht, was ich anziehen soll*
algún, alguno/-a	*irgendein(e, -er)*
todo (lo)	*alles (was)*
por ejemplo (p.ej.)	*zum Beispiel*
el tomate	*Tomate*
mejor	*besser*

la cereza	Kirsche	ahora	jetzt
la sangre	Blut	¡Qué horror!	Wie grässlich!
Drácula	Dracula	el diablo	Teufel
¡puaj!	etwa: ui!, ih!	¡Qué miedo!	So ein Schreck!
¡ya sé!	jetzt weiß ich was!	quedar bien / mal	gut / schlecht stehen
Caperucita Roja	Rotkäppchen	el traje	Anzug
llevar	tragen (auch Kleidung), mitnehmen	los cuernos	Hörner
		mi	mein
la blusa	Bluse	el abuelo	Großvater, Opa
el jersey	Pullover	maravilloso/-a	wunderbar
la capa	Umhang	malo/-a	böse, schlecht
la capucha	Kapuze	¿Me la puedo probar?	Kann ich sie anprobieren?
la cortina	Vorhang		
otra cosa	etwas anderes	probarse	(an)probieren
la cosa	Sache, Ding	vestirse de...	sich verkleiden als ...
el albornoz	Bademantel, Morgenmantel	¡Es sorpresa!	Das ist eine Überraschung!
eh	äh	más tarde	später
preguntar	fragen	listo/-a	fertig
a lo mejor	vielleicht	¿Estoy bien?	Sehe ich (nicht) gut aus?
ante	vor (örtlich)		
la puerta	Tür	las gafas Pl!	Brille
la habitación	Zimmer	parecer	ähneln, aussehen wie ...
¿Puedo entrar?	Kann (Darf) ich reinkommen?		

Gramática

1. Das unregelmäßige Verb *saber* wissen, können   E 3, 6

Das Verb **saber** ist im Präsens nur in der 1. Person Singular unregelmäßig:

Singular			Plural		
(yo)	sé	ich weiß, kann	(nosotros, -as)	sabemos	wir wissen, können
(tú)	sabes	du weißt, kannst	(vosotros, -as)	sabéis	ihr wisst, könnt
(él, ella, usted)	sabe	er, sie weiß, kann Sie wissen, können	(ellos, ellas, ustedes)	saben	sie wissen, können Sie wissen, können

6

2. Der Unterschied zwischen *saber* können und *poder* können E 4

Saber bezeichnet eine Fähigkeit, die man erlernt hat:
¿Sabes francés? *Kannst du Französisch?*
Juanito ya sabe leer. *Juanito kann schon lesen.*

Poder dagegen drückt die Möglichkeit aus, etwas (aus einem bestimmten Grund) zu tun oder nicht zu tun:
¿Puedes abrir la puerta, por favor? *Kannst du bitte die Tür öffnen?*
Sin gafas no lo puedo leer. *Ohne Brille kann ich es nicht lesen.*

3. Die reflexiven Verben *probarse* (o ▶ ue) anprobieren, *ponerse* (-g-) sich etwas anziehen, *vestirse* (e ▶ i) sich anziehen, sich (ver)kleiden E 2, 5, 7

Die Konjugation der reflexiven Verben kennen Sie bereits aus Lektion 2 (**llamarse** *heißen*). Manche reflexive Verben werden unregelmäßig konjugiert:

Gruppe o ▶ ue wie **probarse**

Singular			Plural		
(yo)	me pr**ue**bo	*ich probiere an*	(nosotros, nosotras)	nos probamos	*wir probieren an*
(tú)	te pr**ue**bas	*du probierst an*	(vosotros, vosotras)	os probáis	*ihr probiert an*
(él, ella, usted)	se pr**ue**ba	*er, sie probiert an, Sie probieren an*	(ellos, ellas, ustedes)	se pr**ue**ban	*sie probieren an, Sie probieren an*

Gruppe -**go** (1. Person Singular) wie **ponerse**

Singular			Plural		
(yo)	me pongo	*ich ziehe an*	(nosotros, nosotras)	nos ponemos	*wir ziehen an*
(tú)	te pones	*du ziehst an*	(vosotros, vosotras)	os ponéis	*ihr zieht an*
(él, ella, usted)	se pone	*er, sie zieht an, Sie ziehen an*	(ellos, ellas, ustedes)	se ponen	*sie ziehen an, Sie ziehen an*

Gruppe **e ▶ i** wie **vestirse**

Singular			Plural		
(yo)	me visto	*ich ziehe mich an*	(nosotros, nosotras)	nos vestimos	*wir ziehen uns an*
(tú)	te vistes	*du ziehst dich an*	(vosotros, vosotras)	os vestís	*ihr zieht euch an*
(él, ella, usted)	se viste	*er, sie zieht sich an, Sie ziehen sich an*	(ellos, ellas, ustedes)	se visten	*sie ziehen sich an, Sie ziehen sich an*

4. Die Stellung der Objekt- und Reflexivpronomen   *E 8, 9*

▌ Die Pronomen stehen immer vor dem konjugierten Verb:
Me pongo la capa negra. *Ich ziehe (mir) den schwarzen Umhang an.*
Se viste de Drácula. *Er verkleidet sich als Dracula.*

▌ In Sätzen mit einem konjugierten Hilfsverb und einem Verb im Infinitiv gibt es
zwei Möglichkeiten: Das Pronomen steht entweder vor dem Hilfsverb oder wird an
den Infinitiv angehängt:
¿Qué **te** quieres poner? / ¿Qué quieres poner**te**? *Was willst du (dir) anziehen?*
No **me** quiero vestir de diablo. / No quiero vestir**me** de diablo.
Ich will mich nicht als Teufel verkleiden.

▌ Treffen ein indirektes (*wem?*) und ein direktes Objektpronomen (*wen oder was?*)
aufeinander, so steht – anders als im Deutschen – das indirekte zuerst:
Me pongo los pantalones negros. ▶ Me los pongo.
Ich ziehe (mir) die schwarze Hose an. Ich ziehe sie (mir) an.
Marta se prueba la blusa blanca. ▶ Marta se la prueba.
Marta probiert die weiße Bluse an. Marta probiert sie (sich) an.

▌ In der 3. Person wird **le** bzw. **les** durch **se** ersetzt:
Le compro la blusa. ▶ Se (statt: le) la compro.
Ich kaufe ihr die Bluse. Ich kaufe sie ihr.
Les compra el chocolate ▶ Se (statt: les) lo compra.
Sie kauft ihnen die Schokolade. Sie kauft sie ihnen.

6

5. Die Indefinitpronomen (unbestimmte Fürwörter)
alguno/-a, ninguno/-a E 10

Die Pronomen **alguno** *irgendein* und **ninguno** *kein* werden meist wie Adjektive verwendet. Sie stehen vor dem dazugehörigen Substantiv. Vor einem männlichen Substantiv im Singular wird **alguno** verkürzt zu **algún**, **ninguno** zu **ningún**:
¿Tienes alguna idea? *Hast du irgendeine Idee?*
No, no tengo ninguna. *Nein, ich habe keine.*
¿Hay algún tema para la fiesta? *Gibt es irgendein Motto für den Ball?*
¿No tienes ningún libro sobre España? *Hast du (überhaupt) kein Buch über Spanien?*

Beachten Sie, dass **ninguno/-a** im Spanischen eine doppelte Verneinung verlangt, immer wenn **ninguno/-a** hinter dem Verb steht:
No me pongo **ninguna** capa. *Ich ziehe (gar) keinen Umhang an.*

Uso del español

Sprechen über Kleidung, die man anprobiert E 5

¿La capa te queda bien? *Passt dir der Umhang?*
¿Cómo me quedan las gafas? *Wie steht mir die Brille?*
Le quedan bien, genial. *Sie steht Ihnen gut, ganz toll.*

Beachten Sie, dass **gafas** *Brille* im Spanischen ein Pluralwort ist (2 Gläser), ebenso wie **los pantalones** *Hose* (2 Hosenbeine).
¿Me puedo probar los pantalones? *Kann ich die Hose anprobieren?*

Um Erlaubnis fragen

Eine höfliche Art, um Erlaubnis zu bitten, ist die Frage **¿Puedo...?** *Kann ich bitte ...?*:
¿Puedo entrar? *Kann / Darf ich reinkommen?*
¿Puedo probarme tu albornoz? *Kann ich deinen Bademantel anprobieren?*

Más expresiones útiles

la blusa	*Bluse*	los calcetines	*Socken*
la camisa	*Hemd*	los zapatos	*Schuhe*
la camiseta	*T-Shirt*	la falda	*Rock*
la chaqueta	*Jacke*	el vestido	*Kleid*
el abrigo	*Mantel*	el traje	*Anzug*
los tejanos	*Jeans*	la corbata	*Krawatte*

Ejercicios

1 Welche Farbe haben diese Dinge? Ergänzen Sie die Adjektive mit der passenden Endung.

1. Marta se viste de Caperucita ....
2. El traje del diablo es ....
3. El vino es .... o tinto.
4. La mantequilla es .... o ....
5. El café es ....
6. Las olivas son ....

7. La leche es ....
8. El ajo y el yogur son ....
9. El queso puede ser .... o ....
10. El mar* es ....
11. Los tejanos son ....
12. Mi color favorito es el ....

* *das Meer*

2 Pedro will auf eine Party gehen und unterhält sich darüber mit María. Ergänzen Sie die Lücken.

● María, ¿qué .... pongo para la fiesta de Juan?

● ¿Hay algún tema?

● Sí, el blanco. Todo lo relacionado .... el color blanco.

● Pues, ... ejemplo, un ajo.

● ¿Un ajo? ¿No tienes una idea .... ?

● Pues, no ...., blanco, blanco. ¡Un fantasma!

● ¿Pero qué .... un fantasma?

● ¿Por qué no .... pones una capa blanca con capucha?

● ¡Ya, buena idea, genial!

3 Ordnen Sie diese unregelmäßigen Verben den entsprechenden Gruppen zu.

tener	hacer	querer	poder	saber	probarse	ponerse	vestirse

e ▸ ie	o ▸ ue	e ▸ i	-go (1.P.)	1. P. unregelm.	-go + e ▸ ie
....	....	....	....	....	....
....	....	....	....	....	....

6

4 Hier geht es ums Können: **saber** oder **poder**? Übersetzen Sie.

1. Marisa, kannst du Englisch?   ¿..?

2. Er kann schon lesen
   und schreiben.   ....

3. Kannst du ohne Brille lesen?   ¿..?

4. Ich kann die Tür nicht
   aufmachen.   ....

5. Du kannst den roten
   Umhang anziehen.   ....

6. Mein Großvater kann kein
   (= nicht) Spanisch.   ....

7. Ich kann dieses Buch nicht lesen.   ....

8. Marta, du kannst schon
   den Wein öffnen.   ....

5 Ergänzen Sie die Pronomen.

1. ● ¿Cómo ...*me*....... queda la camisa, señor Gómez?

   ● .... queda muy bien.

2. ● ¿Cómo .... queda el disfraz, Nicolás?

   ● Bien, ... queda genial.

3. ● ¿Cómo .... quedan los disfraces a Juan y Roberto?

   ● No .... quedan muy bien.

4. ● ¿................ queda bien este jersey, Julia?

   ● Sí, sí, pero es muy caro.

5. ● ¿Cómo .... quedan los pantalones, hijos?

   ● .... quedan perfectos, mamá.

6. ● Estas gafas .... quedan maravillosas, señora Benedetti.

   ● ¿De verdad? ¿No son muy grandes?

6 Ergänzen Sie die Übersicht.

saber	....	*sabes*	....	....	*sabéis*	....
poder	....	....	....	....	....	*pueden*
querer	....	....	....	*queremos*	....	....
hacer	....	....	*hace*	....	....	....
probarse	....	....	....	*nos probamos*	....	....
ponerse	....	*te pones*	....	....	....	....
vestirse	*me visto*	....	....	....	....	....

7 Wählen Sie das passende Reflexivpronomen.

1. .... pongo la capa negra.   **a.** Te   **b.** Le   **c.** Me

2. Juan .... viste de Drácula.   **a.** me   **b.** se   **c.** le

3. ¿Qué .... pones esta noche?   **a.** se   **b.** te   **c.** me

4. Para la fiesta .... vestimos de tomates.   **a.** nos   **b.** os   **c.** se

5. Luisa y Carmen .... prueban las blusas.   **a.** les   **b.** se   **c.** os

6. ¿Por qué no .... ponéis los pantalones azules?   **a.** os   **b.** se   **c.** les

7. Señora Ramos, ¿de qué .... viste usted este carnaval?   **a.** le   **b.** se   **c.** te

8. A ver. .... pruebo este traje marrón.   **a.** Me   **b.** Te   **c.** Le

Sra. Ramos...

6

8 Wandeln Sie die Sätze um wie im Beispiel.

¿Puedo probar**me** tus gafas?   ¿**Me** puedo probar tus gafas?

1. ¿Me puedo poner esa camisa verde?   ¿ .... ?
2. ¿Qué te quieres poner?   ¿ .... ?
3. No, no me quiero vestir de diablo.   ....
4. Te puedes probar los pantalones.   ....
5. Toni quiere probarse el traje elegante. ....
6. Ahora no se pueden poner las capas. ....
7. ¿No quieres vestirte de Caperucita Roja? ¿ .... ?
8. ¿Se puede poner esta capa blanca?   ¿ .... ?

9 Ersetzen Sie das direkte Objekt durch ein Pronomen.

1. Me pongo los tejanos negros.   Me .... pongo.
2. Marta se prueba el vestido blanco.   Marta se .... prueba.
3. ¿Quién se pone la capa roja?   ¿Quién se .... pone?
4. ¿Por qué no te pruebas la blusa?   ¿Por qué no te .... pruebas?
5. Ellos se ponen las gafas para leer. Ellos se .... ponen para leer.
6. Te puedes probar los pantalones.   Te .... puedes probar.
7. ¿Me puedo probar esta blusa, Isabel? ¿Me .... puedo probar?
8. Para la fiesta se pone los tejanos negros. Para la fiesta se .... pone.

10 Setzen Sie ein: **algún, alguno, alguna, ningún, ninguno** oder **ninguna**?

1. ● ¿Tienes .... camisa blanca?   3. ● ¿No tienes .... vino en casa?
   ● No, no tengo ....   ● Tengo ...., pero no es bueno.
2. ● ¿Hay .... tema para el desfile? 4. ● ¿No te pones .... disfraz?
   ● No, no hay ....   ● No, no tengo ....

In dieser Lektion geht es um:
- Verkehrsmittel und Freizeitaktivitäten
- das Verb **ir**
- das Indefinitpronomen **todo**
- die Präpositionen **a** und **por**
- Häufigkeitsangaben und Uhrzeit
- einige unregelmäßige Verben
- die Verbalumschreibung **tener que**

Lección

7

¿Cómo se mueven los Españoles?

▌ ¿Con qué frecuencia utiliza usted cada uno de los siguientes transportes públicos?

%	Todos o casi todos los días	Tres o cuatro días a la semana	Uno o dos días a la semana	Varias veces al mes	De vez en cuando	Muy poco, casi nunca	Nunca	No existe en su localidad
Autobús urbano	10	4	6	6	10	12	22	30
Metro	4	1	2	2	4	4	8	75
Autobús interurbano	3	2	4	7	15	23	43	3
Tren de cercanías	2	1	2	3	9	14	31	38
Taxi	1	1	1	5	13	36	36	7

▌ ¿Por qué no utiliza o utiliza tan poco el transporte público?

Va a pie porque recorre distancias cortas	19	No sale o sale muy poco de casa	11
Va casi siempre en coche propio	66	Otra razón	4

(Encuesta del CIS, Centro de Investigaciones Sociológicas)

Wie bewegen sich die Spanier fort?

▌ Wie häufig benutzen Sie jedes der folgenden öffentlichen Verkehrsmittel?

%	Jeden oder fast jeden Tag	3 oder 4 Tage pro Woche	1 oder 2 Tage pro Woche	Mehrere Male pro Monat	Manchmal	Sehr selten, fast nie	Nie	Gibt es an Ihrem Wohnort nicht
Stadtbus								
U-Bahn								
Regionalbus								
Nahverkehrszug								
Taxi								

▌ Warum benutzen Sie die öffentlichen Verkehrsmittel nicht oder so selten?

Gehe zu Fuß, weil ich kurze Wege zurücklege		Gehe nicht oder sehr selten aus dem Haus	
Fahre fast immer mit dem eigenen Auto		Andere Gründe	

(Umfrage des CIS, Zentrum für soziologische Forschungen)

7

¿Qué hay de nuevo? E 1, 4

In dieser Lektion lernen Sie das wichtige Verb **ir** *gehen, fahren,* allgemein *sich fort-bewegen* kennen. Es ist wie die meisten kurzen, einsilbigen Verben unregelmäßig:

Singular			Plural		
(yo)	voy	*ich gehe, fahre*	(nosotros, -as)	vamos	*wir gehen, fahren*
(tú)	vas	*du gehst, fährst*	(vosotros, -as)	vais	*ihr geht, fahrt*
(él, ella, usted)	va	*er, sie geht, fährt Sie gehen, fahren*	(ellos, ellas, ustedes)	van	*sie gehen, fahren Sie gehen, fahren*

In der Umfrage haben Sie bereits einige Verkehrsmittel kennengelernt. Um anzugeben, mit welchem Verkehrsmittel man sich fortbewegt, schließt man das Verkehrsmittel mit der Präposition **en** an das Verb an:
Va en coche. *Er / Sie fährt mit dem Auto.*

Das gilt für alle Verkehrsmittel auf Rädern. Nur *zu Fuß gehen* wird mit der Präposition **a** gebildet:
Va a pie. *Er / Sie geht zu Fuß.*

Die Frage nach dem Fortbewegungsmittel, das man benutzt, wird mit **cómo** gebildet:
¿Cómo vas a la universidad? *Wie fährst du zur Universität?*
Normalmente voy en autobús. *Normalerweise fahre ich mit dem Bus.*

Bei den Häufigkeitsangaben haben Sie die Wendung **todos los días** *alle Tage, jeden Tag* kennengelernt. Die Besonderheit liegt hierbei in der Verwendung des bestimmten Artikels im Singular: **todos / todas + los / las** + Substantiv *alle, jede*
Voy todos los días en metro. *Ich fahre jeden Tag mit der U-Bahn.*
Sale todas las noches. *Er geht jeden Abend aus.*

Beachten Sie den Unterschied:
todo / toda + el / la + Substantiv *der / die / das Ganze.*
Todo el día estoy en el coche. *Den ganzen Tag bin ich im Auto.*

Una encuesta en la calle

Encuestador:	¡Perdona!, ¿tienes un momentito para responder a unas preguntas sobre el día a día de los españoles?
Marta:	Pues... Vale. ¿Qué quieres saber?
Encuestador:	¿Trabajas?
Marta:	Estudio y trabajo.
Encuestador:	¿Cómo vas a la universidad o al trabajo?
Marta:	Pues normalmente voy al trabajo a pie, porque está muy cerca de mi casa. A la Universidad voy en autobús, pero casi siempre vuelvo a casa a pie o en coche, con una compañera.
Encuestador:	¿Cuántas veces a la semana utilizas el autobús?
Marta:	Normalmente cuatro, porque los viernes no tengo clase.
Encuestador:	¿A qué hora sueles levantarte?
Marta:	A las ocho, más o menos, las clases empiezan a las nueve y media. Bueno, los miércoles me levanto a las siete, porque voy a judo.
Encuestador:	¿Practicas judo? Yo también.
Marta:	Ah.
Encuestador:	Tengo cinturón negro.
Marta:	Yo marrón.

Encuestador:	¡Uau! ¿A qué hora te acuestas normalmente?
Marta:	Pues suelo acostarme temprano, a eso de las doce. No suelo salir mucho durante la semana, porque tengo que estudiar y además trabajo por la tarde...
Encuestador:	¿Y qué haces los fines de semana?
Marta:	Dormir, hacer footing, limpiar, salir, leer, estudiar, comer bien, ir al cine...
Encuestador:	Y una última pregunta ¿Qué haces este sábado por la noche?
Marta:	¿Es una pregunta de la encuesta?
Encuestador:	Mmm... no. Es personal. Podemos practicar un poco de judo...
Marta:	No, gracias. Pero si quieres, podemos ir a tomar algo. Mira, éste es mi teléfono. Ahora tengo prisa. ¡Adiós!
Encuestador:	¡Gracias! ¡Te llamo!

7

Vocabulario

¿Cómo se mueven los españoles?

¿cómo?	wie
moverse	sich fortbewegen
¿Con qué frecuencia?	Mit welcher Häufigkeit?; Wie oft?
la frecuencia	Häufigkeit
utilizar	benutzen
cada uno	jede(r, -s) (Einzelne)
el siguiente	der, die, das Folgende
el transporte público	öffentliche Verkehrsmittel
el autobús urbano	Stadtbus
el metro	U-Bahn
el autobús interurbano	Regionalbus
el tren de cercanías	Nahverkehrszug
el tren	Zug
todos los días	alle Tage, jeden Tag
casi	fast
a la semana	pro Woche
varias veces	mehrmals
la vez	Mal
al mes	pro Monat
el mes	Monat
de vez en cuando	manchmal
poco	wenig, selten
nada	nichts; hier: gar nicht
nunca	nie
existir	existieren, vorhanden sein
su	Ihr, Ihre
la localidad	Wohnort, Ortschaft
tan poco	so wenig, so selten
a pie	zu Fuß
recorrer	zurücklegen

la distancia	Entfernung
corto/-a	kurz
siempre	immer
en coche	mit dem Auto
el coche Lat. el carro, el auto	Auto
propio/-a	eigen
salir	ausgehen, hinausgehen
de casa	von zu Hause
la razón	Grund, Ursache
Centro de Investigaciones Sociológicas	Zentrum für Soziologische Forschungen

Una encuesta en la calle

la encuesta	Umfrage
el encuestador	Interviewer
el momentito	kleiner Moment
responder a	antworten auf
la pregunta	Frage
unos, unas	einige
sobre	über
el día a día	Alltag
trabajar	arbeiten
¿Cómo vas?	Wie (womit) fährst du?
tu	dein(e)
la universidad	Universität
el trabajo	Arbeit
a pie	zu Fuß
cerca	nahe
en autobús	mit dem Bus
volver a casa	nach Hause (zurück-)fahren
la compañera	Kollegin
¿Cuántas veces?	Wie oft?; Wie viele Male?
la clase	Klasse, Unterricht

¿A qué hora?	*Um wie viel Uhr?*	tengo que	*ich muss*
soler (o ▶ ue)	*etwas für gewöhnlich tun*	además	*außerdem*
		por la tarde	*nachmittags*
levantarse	*aufstehen*	dormir (o ▶ ue)	*schlafen*
a las ocho	*um acht (Uhr)*	hacer footing	*joggen*
empezar (e ▶ ie)	*anfangen*	limpiar	*sauber machen*
a las nueve y media	*um halb zehn*	leer	*lesen*
practicar	*(Sport) betreiben, ausüben*	el cine	*Kino*
		por la noche	*abends, nachts*
el cinturón	*Gürtel*	personal	*persönlich*
continuar	*fortfahren*	si	*wenn, falls*
acostarse (o ▶ ue)	*schlafen gehen, zu Bett gehen*	ir a tomar algo	*etwas trinken gehen*
temprano	*früh*	tener prisa	*es eilig haben*
a eso de las doce	*gegen 12 Uhr*	te llamo	*ich rufe dich an*
durante	*während*	llamar	*anrufen*

Gramática

1. Die Präposition *a*   E 2, 9

Die Präposition **a** verschmilzt mit dem männlichen Artikel **el** zu **al**:
Marta va al cine. *Marta geht ins Kino.*
Van al centro. *Sie fahren ins Zentrum.*

Die Präposition **a** wird im Spanischen folgendermaßen verwendet:
▌ um die Richtung oder das Ziel einer Bewegung anzugeben:
   Voy al judo. *Ich gehe zum Judo(-training).*
   Vamos a la playa. *Wir gehen zum / an den Strand.*
▌ zur Angabe einer Häufigkeit:
   Hier hat die Präposition **a** die Bedeutung von *pro*:
   tres días a la semana *3 Tage pro Woche*
   varias veces al mes *mehrere Male pro Monat*
   una vez al año *ein Mal pro Jahr*
▌ zur Angabe der Uhrzeit:
   Schon in der Frage nach der Uhrzeit wird die Präposition **a** verwendet:
   ¿A qué hora te levantas? *Um wie viel Uhr stehst du auf?*

Bei der Antwort wird das **a** wiederholt:
A las tres. *Um drei (Uhr).*
A las tres y media. *Um halb vier.*

Die Uhrzeit wird nach Stunden (**horas**) angegeben, deshalb steht bei allen Zahlen mit Ausnahme der 1 der Pluralartikel **las** (**las horas**) bei der Angabe der Uhrzeit. Nur *ein Uhr* steht im Singular:
A la una. *Um eins (ein Uhr).*
A las dos. *Um zwei (zwei Uhr).*

An die volle Stunde wird die Viertelstunde und die halbe Stunde angehängt:
A la una y cuarto. *Um Viertel nach eins.*
A la una y media. *Um halb zwei.*

Eine fehlende Viertelstunde wird von der folgenden Stunde abgezogen:
A las dos menos cuarto. *Um Viertel vor zwei.*
(In Lateinamerika: un cuarto para las dos.)

Zur ungefähren Angabe einer Uhrzeit gibt es zwei Möglichkeiten:
A eso de las dos. *Gegen zwei.*
A las dos más o menos. *Gegen zwei.*

2. Die Präposition *por* zur Angabe der Tageszeit   E 6

Zur ungefähren Angabe der Tageszeit wird die Präposition **por** verwendet:
por la mañana *morgens*
por la tarde *nachmittags / abends*
por la noche *abends / nachts*
el sábado por la noche *am Samstagabend*

In Lateinamerika wird überwiegend die Präposition **en** verwendet:
en la mañana *morgens* etc.

3. Die Angabe der Häufigkeit einer Handlung mit *vez, veces*   E 3, 10

una vez *ein Mal*
dos veces *zwei Mal*
a veces *manchmal*
de vez en cuando *manchmal*
¿Cuántas veces? *Wie oft?* (wörtl. *Wie viele Male?*)

4. Die unregelmäßigen Verben *acostarse* schlafen gehen, zu Bett gehen, *soler* etwas für gewöhnlich tun, *volver* zurückkehren, heimkommen und *dormir* schlafen (o ▸ ue) E 6, 8, 10

Bei diesen vier Verben wird der Stammvokal **o** im Singular und in der 3. Person Plural zu **ue**:

acostarse *schlafen gehen, zu Bett gehen*			
Singular		**Plural**	
(yo)	me ac**ue**sto	(nosotros, -as)	nos acostamos
(tú)	te ac**ue**stas	(vosotros, -as)	os acostáis
(él, ella, usted)	se ac**ue**sta	(ellos, ellas, ustedes)	se ac**ue**stan

¿A qué hora te acuestas? *Wann gehst du zu Bett?*
Normalmente me acuesto a las once. *Normalerweise gehe ich um 11 Uhr schlafen.*

Acostarse, im Spanischen ein reflexives Verb (*sich hinlegen*), wird im Deutschen nicht immer reflexiv verwendet (*schlafen gehen*), ebenso **levantarse** *aufstehen* (*sich erheben*).

soler *etwas für gewöhnlich tun*			
Singular		**Plural**	
(yo)	s**ue**lo	(nosotros, -as)	solemos
(tú)	s**ue**les	(vosotros, -as)	soléis
(él, ella, usted)	s**ue**le	(ellos, ellas, ustedes)	s**ue**len

Soler wird als Hilfsverb zusammen mit einem 2. Verb (im Infinitiv) gebraucht:
Los viernes suelo ir al cine. *Freitags gehe ich für gewöhnlich ins Kino.*
Los domingos suele levantarse tarde. *Sonntags steht er für gewöhnlich spät auf.*

volver *zurückkommen*			
Singular		**Plural**	
(yo)	v**ue**lvo	(nosotros, -as)	volvemos
(tú)	v**ue**lves	(vosotros, -as)	volvéis
(él, ella, usted)	v**ue**lve	(ellos, ellas, ustedes)	v**ue**lven

Volver steht zusammen mit der Präposition **a**, die Ziel oder Richtung angibt:
¿A qué hora vuelve usted? *Wann kommen Sie zurück?*
Normalmente vuelvo a casa a las siete. *Normalerweise komme ich um sieben nach Hause.*

dormir *schlafen*			
Singular		**Plural**	
(yo)	d**ue**rmo	(nosotros, -as)	dormimos
(tú)	d**ue**rmes	(vosotros, -as)	dormís
(él, ella, usted)	d**ue**rme	(ellos, ellas, ustedes)	d**ue**rmen

Normalmente duermo bien, como una marmota.
Normalerweise schlafe ich gut, wie ein Murmeltier.

5. Die unregelmäßigen Verben *salir* (-go) ausgehen, hinausgehen und *empezar* (e ▸ ie) anfangen, beginnen   *E 9, 10*

salir *ausgehen, hinausgehen*			
Singular		**Plural**	
(yo)	sal**go**	(nosotros, -as)	salimos
(tú)	sales	(vosotros, -as)	salís
(él, ella, usted)	sale ·	(ellos, ellas, ustedes)	salen

Salir, im Sinne von *hinausgehen aus*, steht mit der Präposition **de**:
¿A qué hora sales de casa por la mañana? *Wann gehst du morgens aus dem Haus?*
Salgo a las ocho. *Ich gehe um acht.*

empezar *anfangen, beginnen*			
Singular		**Plural**	
(yo)	emp**ie**zo	(nosotros, -as)	empezamos
(tú)	emp**ie**zas	(vosotros, -as)	empezáis
(él, ella, usted)	emp**ie**za	(ellos, ellas, ustedes)	emp**ie**zan

¿A qué hora empiezan tus clases? *Um wie viel Uhr beginnt dein Unterricht?*
Normalmente empiezan a las diez. *Normalerweise beginnt er um zehn.*

6. Die Verbalumschreibung *tener que* müssen   E 7

Das Verb **tener** (-go; e ▶ ie) kennen Sie bereits. In der Verbindung **tener que**, wörtl.
haben zu, heißt es *müssen*:
Durante la semana tengo que estudiar mucho. *Die Woche über muss ich viel lernen.*
Tienes que dormir más. *Du musst mehr schlafen.*

Uso del español

Häufigkeitsangaben   E 3

todos los días	alle Tage, jeden Tag	varias veces	öfters
todas las tardes	alle Abende, jeden Abend	a menudo	häufig
siempre	immer	de vez en cuando	manchmal
casi siempre	fast immer	pocas veces	selten
... días a la semana	... Tage pro Woche	poco	selten
... veces al mes	... Male pro Monat	casi nunca	fast nie
muchas veces	oft	nunca	nie

Freizeitaktivitäten   E 5

ir al cine	ins Kino gehen	hacer footing	joggen
ir al concierto	ins Konzert gehen	limpiar	sauber machen
ir al teatro	ins Theater gehen	salir	ausgehen
ir a tomar algo	etwas trinken gehen	leer	lesen
practicar judo	Judo machen	tocar la guitarra	Gitarre spielen

Más expresiones útiles

¿Cuántas veces?	Wie oft?	escuchar música	Musik hören
el billete	Ticket	ver la tele	fernsehen
el tráfico	Verkehr	tocar la guitarra	Gitarre spielen
el avión	Flugzeug	correr	laufen
el barco	Schiff	nadar	schwimmen
el tranvía	Straßenbahn	esquiar	Ski fahren
la bicicleta	Fahrrad	el tenis	Tennis
la moto	Motorrad	la pelota	Ball
la hora	Uhrzeit	la raqueta	Schläger
tarde	spät	el bádminton	Federball, Badminton

7

Ejercicios

1 Bilden Sie Sätze aus diesen Elementen.

1. vas / cómo / trabajo / al   ¿.. ?

2. en / voy / autobús / normalmente   ....

3. coche / en / o / vas / metro / en   ¿.. ?

4. siempre / bicicleta / en / voy / yo   ....

5. vosotros / y / , / en / vais / tren   ¿.. ?

6. vamos / pie / nosotros / a / siempre   ....

7. va / al / cómo / usted / centro   ¿.. ?

8. siempre / voy / pie / casi / a   ....

2 Ergänzen Sie die richtige Präposition: **a, al, a la, de** oder **en**.

● ¿Cómo vais vosotros ...*al*......... centro?

● Si vamos .... centro a tomar un café, normalmente vamos ....
  bicicleta. Bueno, por la noche vamos también .... coche.

● ¿Y para hacer la compra?

● Siempre .... coche.

● ¿Y cómo vais .... trabajo?

● Bueno, yo voy .... tren y
  Ana va .... metro.

● ¿No vais .... coche?

● No, hay mucho tráfico.

● ¿Los fines .... semana
  vais .... playa?

● Sí, vamos casi todos los
  fines .... semana.

● ¿Y cómo vais?

● .... coche.

3 Ordnen Sie die folgenden Häufigkeitsangaben von *immer* absteigend zu *nie*.

| casi nunca | siempre ✔ | todos los días | nunca ✔ | casi siempre | muy poco |
| de vez en cuando | | tres días a la semana | | varias veces al mes | |

..siempre....................   ....

....

....nunca........................

4 Ergänzen Sie die Häufigkeitsangaben und übersetzen Sie sie.

todo el	toda la	todos los	todas las

....	días	....
....	tarde	....
....	semanas	....
....	mes	....
....	años	....
....	año	....
....	domingos	....
....	fines de semana	....

5 Und wie häufig machen Sie folgende Dinge? Antworten Sie in ganzen Sätzen.

1. trabajar ....
2. utilizar el tren ....
3. ir al cine ....
4. salir por la noche ....
5. tomar chocolate ....
6. hacer footing ....
7. limpiar la casa ....
8. estudiar español ....

6 Ergänzen Sie das Interview mit dem Gitarristen Paco de Lucía.

● Paco, ¿ .... suele levantarse?

● Bueno, durante la semana .... diez, más o menos. Los fines .... suelo acostarme muy tarde, a .... de las tres o cuatro y duermo hasta las once o doce.

● ¡Uf! Entonces usted trabaja .... la noche.

● Sí, hombre. Los conciertos son .... la noche.

● ¿Y cómo va a los conciertos?

● Suelo ir .... taxi, de vez en cuando .... en coche propio o .... avión.

● Última pregunta: ¿Qué .... hacer las tardes libres?

● Pues .... hacer footing, ... café con los amigos, y, claro, tocar la guitarra.

● ¡Claro! Gracias por la entrevista*.

*entrevista: *Interview*

7 Was muss Marta in dieser Woche alles erledigen? Bilden Sie Sätze.

	Lunes 3	Martes 4	Miércoles 5	Jueves 6	Viernes 7	Sábado 8	Domingo 9
8		8:30		8:45		9:00	dormir
9		gimnasio		tren a		estudiar	mucho
10				Toledo			
11					11:00		
12			12:00		la compra		
13			limpiar				
14							
15	15:30						
16	judo						
17							
18					18:00		
19					trabajo		19:30
20							Diego:
21							54387230

..El lunes a las tres y cuarto tiene que practicar Judo. El martes..

....

....

8 Setzen Sie die fehlenden Verben ein.

empezar	soler	volver	dormir
acostarse	salir	tener	ir
levantarse	hacer	estudiar	tomar

Hola, soy Margarete. Trabajo en un hospital. Los lunes por la tarde ....
ir a un curso de español. Las clases .... a las siete y media. Durante
la semana no .... mucho, porque no tengo tiempo. Pero el viernes
.... que estudiar un poco. El sábado normalmente .... hasta
las diez, me levanto y muchas veces .... al mercado a hacer la compra.
.... a las once y limpio la casa. Por la tarde .... con mi amiga
Susi a .... un café y por la noche vamos a una discoteca. ....
tarde, a eso de la una. El domingo .... a las nueve y .... yoga.
Éste es mi día a día.

9 Geben Sie die Uhrzeit an.

1. Las clases empiezan .... (8:30).

2. Vamos al cine .... (10:00).

3. Carmen suele levantarse .... (7:15).

4. Normalmente me levanto .... (6:45).

5. El sábado .... hacemos footing, Marta y yo (11:15).

6. .... salimos de casa (ca. 2:00).

7. El viernes suele volver a casa .... (1:00).

8. Durante la semana van al gimnasio .... (7:30).

10 a. Bilden Sie Fragen nach dem Beispiel.

1. hora / levantarse / normalmente   *¿A qué hora te levantas normalmente?*

2. hora / soler ir / trabajo   ....

3. hora / empezar / trabajo   ....

4. cómo / ir / trabajo   ....

5. hora / soler volver / casa   ....

6. hora / acostarse / durante / semana   ....

7. fin de semana / dormir / mucho   ....

8. fin de semana / salir / amigos   ....

9. veces / mes / ir / cine   ....

10. veces / semana / footing   ....

b. Beantworten Sie persönlich die Fragen von Übung 10 a.

1. ....   6. ....

2. ....   7. ....

3. ....   8. ....

4. ....   9. ....

5. ....   10. ....

Was Sie in dieser Lektion lernen:
- nach der Uhrzeit fragen, die Uhrzeit angeben
- nach dem Weg fragen, einen Weg beschreiben
- die Unterscheidung zwischen **ser**, **hay** und **estar**
- das Relativpronomen **que**
- die unregelmäßigen Verben **seguir**, **decir**, **entender** und **cerrar**
- die Präpositionen **por** und **para**

Madrid ¡Muy cerca de ti!

Madrid es una ciudad cosmopolita. Es famosa por sus monumentos, museos, galerías de arte, parques de atracciones, cines y teatros. Para ir de compras hay innumerables tiendas y comercios y, como alternativa, los mercadillos como "El Rastro", que está abierto todos los domingos y días festivos de 9 a 2 de la tarde.
En la capital de España es difícil aburrirse. Hay una vida nocturna muy activa. En el centro de la ciudad, cerca de la Puerta del Sol y de la Plaza Mayor, está la zona de tapeo más atractiva de la ciudad, donde también hay cientos de buenos restaurantes, bares de copas y pubs, que permanecen abiertos hasta altas horas de la mañana.

Madrid: Ganz nah bei dir!

Madrid ist eine kosmopolitische Stadt. Sie ist berühmt für ihre Sehenswürdigkeiten, Museen, Kunstgalerien, Freizeitparks, Kinos und Theater.
Zum Einkaufen gibt es unzählige Läden und Geschäfte sowie, als Alternative, die Flohmärkte wie den Rastro, der jeden Sonn- und Feiertag von 9 bis 2 Uhr nachmittags geöffnet ist.
In der Hauptstadt Spaniens ist es schwierig, sich zu langweilen. Es gibt ein sehr aktives Nachtleben. Im Stadtzentrum, unweit der Puerta del Sol und der Plaza Mayor, ist das attraktivste Kneipenviertel der Stadt, wo es auch Hunderte von guten Restaurants gibt, Lokale und Pubs, die bis weit in die Morgenstunden hinein geöffnet haben.

¿Qué hay de nuevo? E 1, 3, 10

In dieser Lektion lernen Sie, wie man die Verben **ser**, **estar** und die unpersönliche Form **hay** unterscheidet. Die Verben selbst kennen Sie bereits.

Ser wird verwendet:
- Um charakteristische Eigenschaften von Personen, Dingen oder Orten anzugeben oder zu beschreiben:
  Madrid es una ciudad cosmopolita.
  Madrid ist eine kosmopolitische Stadt.
  Es famosa por sus monumentos.
  Sie ist berühmt für ihre Sehenswürdigkeiten.
- Zur Frage nach der Uhrzeit und zur Angabe der Uhrzeit:
  ¿Qué hora es? *Wie spät ist es?*
  Es la una. *Es ist ein Uhr.*
  Son las dos y media. *Es ist halb drei.*
- Zur Angabe des Preises:
  ¿Cuánto es? *Wie viel macht das?*
  Son tres euros con cincuenta.
  Das macht 3 Euro 50.
  Son quince euros con veinte.
  Das macht 15 Euro 20.

Estar wird verwendet:
- Zur Angabe der geografischen Lage und bei Ortsangaben.
  Sein ist hier gleichzusetzen mit liegen, sich befinden:
  La Puerta del Sol está en el centro de Madrid.
  Die Puerta del Sol liegt im Zentrum Madrids.
- Bei Substantiven mit bestimmtem Artikel:
  Muy cerca está la zona de los bares. *Ganz in der Nähe ist das Kneipenviertel.*
- Zur Angabe der Öffnungszeiten:
  El Rastro está abierto todos los domingos. *Der Rastro ist jeden Sonntag geöffnet.*
  El museo está cerrado a mediodía. *Das Museum ist mittags geschlossen.*

Hay bedeutet *es gibt, da ist, da sind.* Diese Form wird gebraucht:
- Bei Substantiven mit unbestimmtem Artikel:
  Hay una vida nocturna muy activa. *Es gibt (es herrscht) ein sehr aktives Nachtleben.*
- Bei Substantiven ohne Artikel:
  En Madrid hay restaurantes muy buenos. *In Madrid gibt es sehr gute Restaurants.*
- Vor unbestimmten Adjektiven oder Pronomen:
  Hay innumerables tiendas. *Es gibt unzählige Läden.*
- Vor Zahlen:
  En esta calle hay cinco bares. *In dieser Straße sind (gibt es) fünf Kneipen.*

Perdona...

Nicolás: Perdona, ¿sabes dónde está el Museo de Cera?

Señor: Mmm..., ah sí, ya sé. Es muy fácil: Sigues por esta calle todo recto, tomas la segunda a la derecha y sigues todo recto hasta el final de la calle. Entonces giras a la izquierda, estás en el Paseo de Recoletos, es una calle muy grande. Y después de unos cien metros está el Museo de Cera.

Nicolás: Espera, a ver si entiendo: Sigo por esta calle todo recto, tomo la segunda a la derecha y sigo todo recto hasta el final de la calle. Entonces giro a la izquierda y después de unos cien metros ya estoy en el Museo de Cera.

Señor: Eso es.

Nicolás: Vale, gracias.

Señor: De nada, adiós.

Nicolás llega al Museo de Cera, pero...

Nicolás: ¡Está cerrado! A ver qué pone aquí... Lunes a viernes de 10 a 14:30 y de 16:30 a 20:30. ¡Ah, cierran a mediodía! ¡Vaya! Perdona, ¿tienes hora?

Chica: Sí, son las cinco menos cuarto.

Nicolás: ¿Las cinco menos cuarto? ¿Estás segura?

Chica: Sí, sí. ¿Por qué?

Nicolás: Porque el museo abre a las cuatro y media y aún está cerrado.

Chica: Sí, pero mira, ahí hay un cartel que dice "Cerrado por reformas".

Nicolás: Oh, no. ¡Caramba!

Chica: Pero mira, ahí enfrente está el Centro Cultural de Madrid. Yo voy allí para ver una película. ¿Quieres venir?

Nicolás: Pues, mmm..., con mucho gusto.

Chica: Pues vamos, que empieza a las cinco.

Nicolás: Vale, vamos. ¡Qué buena suerte!

Vocabulario

Madrid: ¡muy cerca de ti!

cosmopolito, -a	*kosmopolitisch*
famoso, -a por	*berühmt für*
el monumento	*Sehenswürdig-keit*
el museo	*Museum*
la galería de arte	*Gemäldegalerie*
el parque de atracciones	*Freizeitpark*
ir de compras	*Einkaufen gehen*
innumerable	*unzählbar*
el comercio	*Geschäft*
la alternativa	*Alternative*
el mercadillo	*Flohmarkt*
como	*wie*
El Rastro	*Madrider Flohmarkt*
el día festivo	*Feiertag*
la capital	*Hauptstadt*
difícil	*schwierig*
aburrirse	*sich langweilen*
la vida	*Leben*
nocturno, -a	*Nacht ..., nächtlich*
activo, -a	*aktiv*
el centro	*Zentrum*
la Puerta del Sol	*Platz in Madrid*
la Plaza Mayor	*Platz in Madrid*
la zona	*Viertel, Gebiet*
el tapeo	*Kneipenbummel*
atractivo, -a	*attraktiv*
cientos de...	*Hunderte von ...*
la copa	*Glas*
el bar de copas	*Kneipe*
el pub	*Pub, Kneipe*
que *Pron.*	*der, die, das*
permanecer	*bleiben*
hasta	*bis*
alto, -a	*hoch, groß*
la mañana	*Morgen*
Perdona...	
buscar	*suchen*

la cera	*Wachs*
fácil	*einfach*
seguir (e ▶ i)	*fortfahren, weitergehen*
por	*durch; wegen*
todo recto	*immer geradeaus*
tomar	*nehmen*
a la derecha	*nach rechts, rechts*
el final	*Ende*
girar	*abbiegen*
a la izquierda	*nach links, links*
después de...	*nach*
después	*nachher*
esperar	*warten, hoffen*
entender (e ▶ ie)	*verstehen*
eso es	*genau, so ist es*
de nada	*gern geschehen*
llegar a...	*ankommen in*
qué pone aquí	*was steht hier*
cerrar (e ▶ ie)	*schließen*
el mediodía	*Mittag*
¡vaya!	*verflixt!*
seguro, -a	*sicher*
abrir	*öffnen*
aún	*noch*
ahí	*da*
el cartel	*Plakat, Schild*
decir (e ▶ i)	*sagen*
las reformas	*Renovierungs-arbeiten*
reformar	*renovieren*
enfrente	*gegenüber*
cultural	*Kultur ..., kulturell*
allí	*dort, dorthin*
para	*für, um zu*
ver	*sehen*
la película	*Film*
venir	*kommen*
con mucho gusto	*sehr gern*
la buena suerte	*Glück*

Gramática

1. Das Relativpronomen *que*   E 2

Das Relativpronomen **que** *der, die, das, welche, -r, -s* bezieht sich auf Personen und
Sachen. Es ist unveränderlich und steht als Subjekt oder Objekt eines Relativsatzes:
Hay muchos restaurantes que permanecen abiertos hasta la mañana.
Es gibt viele Restaurants, die bis zum Morgen geöffnet bleiben.
María es una mujer que trabaja mucho. *María ist eine Frau, die viel arbeitet.*
¿Ves el bar que está ahí en la plaza? *Siehst du die Kneipe, die da auf dem Platz ist?*

2. Die unregelmäßigen Verben *seguir* (e ▶ i), weitergehen, fortfahren, *decir* (g; e ▶ i) sagen, *entender* (e ▶ ie) verstehen, und *cerrar* (e ▶ ie) schließen   E 4, 6

Die Gruppe der unregelmäßigen Verben, bei denen der Stammvokal **e** zu **ie** wird,
kennen Sie bereits. Ihr gehören auch die Verben **entender** (entiendo, entiendes,
entiende...) und **cerrar** (cierro, cierras, cierra...) an.
Bei einer weiteren Gruppe unregelmäßiger Verben wird der Stammvokal **e** in den
Singularformen und in der 3. Person Plural zu **i**, z.B. bei dem Verb **seguir**:

seguir *weitergehen* **Singular**		**Plural**	
(yo)	sigo	(nosotros, -as)	seguimos
(tú)	sigues	(vosotros, -as)	seguís
(él, ella, usted)	sigue	(ellos, ellas, ustedes)	siguen

Beachten Sie bei diesem Verb eine orthografische Besonderheit: Folgt auf **g** ein **e**
oder **i**, fügt man aus lautlichen Gründen ein **u** ein, damit das **g** wie [g], nicht wie [x]
gesprochen wird: **gue, gui**.

Auch **decir** *sagen*, gehört zur Gruppe **e ▶ i**, zusätzlich verändert sich in der 1. Person
Singular das -c in ein -g.

decir *sagen* **Singular**		**Plural**	
(yo)	**digo**	(nosotros, -as)	decimos
(tú)	dices	(vosotros, -as)	decís
(él, ella, usted)	dice	(ellos, ellas, ustedes)	dicen

Weitere Verben der Gruppe **e ▶ i:**
pedir *bestellen, bitten:* pido, pides, pide, pedimos, pedís, piden
repetir *wiederholen:* repito, repites, repite, repetimos, repetís, repiten.

3. Nach der Uhrzeit fragen, die Uhrzeit angeben   E 8

Nach der Uhrzeit fragen:
¿Qué hora es? *Wie spät ist es?* (wörtl.: *Welche Stunde ist es?*)
¿Tienes hora? *Weißt du, wie spät es ist?* (wörtl.: *Hast du die Uhrzeit/Stunde?*)

Die Uhrzeit wird immer mit dem Plural (**son**) angegeben:
Son las dos y cuarto. *Es ist Viertel nach zwei.*
Son la once y media. *Es ist halb zwölf.* Oder:
Son las veintitrés y treinta. *Es ist 23 Uhr 30.*

Nur bei *ein Uhr* brauchen Sie den Singular des Verbs **ser** (**es**):
Es la una. *Es ist ein Uhr.*

4. Öffnungszeiten angeben   E 7

Está abierto **de** 9:30 **a** 2. *(Es ist) Geöffnet von 9.30 bis 14.00.*
Abren a las nueve y media. *Sie machen um halb zehn auf.*

Está cerrado **de** 2 **a** 4. *(Es ist) Von 2 bis 4 geschlossen.*
Cierran a mediodía. *Sie schließen mittags.*

5. Die Präpositionen *por* und *para*   E 6, 10

Por *wegen*:
Cerrado por reformas.
Wegen Renovierung geschlossen.
Cerrado por vacaciones.
Wegen Urlaub geschlossen.

Para *um zu*:
Voy allí para ver una película.
Ich gehe dorthin, um einen Film zu sehen.
Me levanto temprano para hacer yoga.
Ich stehe früh auf, um Yoga zu machen.

6. Aussprache: Die Bindung der Wörter im Satz

Treffen am Ende eines Wortes und am Beginn des nächsten 2 Vokale aufeinander, so werden sie beim Sprechen gebunden. Versuchen Sie beim Sprechen hier keine Pause zu machen.
¿Dónde_está_el Museo de_Arte Moderno? *Wo ist das Museum für Moderne Kunst?*
Abre_a la_una. *Es öffnet um eins.*
Ahí_hay_un cartel.* *Dort ist ein Schild.*
Ahí_enfrente_está_el Instituto_Americano. *Da gegenüber ist das Amerika-Institut.*

* Beachten Sie: Da das **h** stumm ist, gilt dieser Buchstabe auch für die Aussprache und die Wortbindung nicht als Konsonant.

Treffen zwei gleiche Vokale aufeinander, verschmelzen Sie praktisch zu einem:
¿Dónde_está? ['dondes'ta]

Uso del español

Nach dem Weg fragen, einen Weg beschreiben   E 4

Nach dem Weg fragen:
Perdona, ¿sabes dónde está...? *Entschuldige, weißt du, wo ... ist?*
Perdone, ¿sabe dónde está...? *Entschuldigen Sie, wissen Sie, wo ... ist?*
¿Dónde está..., por favor? *Wo ist ... bitte?*

Einen Weg beschreiben:
Usted sigue por esta calle todo recto. *Sie gehen diese Straße immer geradeaus.*
Toma la primera (calle) a la izquierda. *Sie nehmen die erste (Straße) links.*
Sigue hasta el final de la calle. *Sie gehen bis zum Ende der Straße.*
Gire a la derecha. *Biegen Sie nach rechts ab.*
Después de unos cien metros está... *Nach etwa hundert Metern ist da ...*

Ortsangaben   E 4

todo recto	*immer geradeaus*	enfrente (de)	*gegenüber (von)*
a la derecha	*rechts, nach rechts*	aquí	*hier*
a la izquierda	*links, nach links*	ahí	*da*
hasta el final	*bis zum Ende*	allí	*dort*
al final de esta calle	*am Ende dieser Straße*	a 100 metros	*in ca. 100 Metern (Entfernung)*

8

i   Eine Besonderheit bei den Öffnungszeiten kleinerer Geschäfte in Spanien ist
die lange Mittagspause. Die **siesta** dauert etwa von 14.00 – 16.00 Uhr, je
weiter man nach Süden kommt, desto länger bleiben die Läden am heißen Nachmittag geschlossen. **Centros comerciales**, große Supermärkte, und **grandes
almacenes**, Kaufhäuser, haben durchgehend geöffnet.

Más expresiones útiles

delante de	*vor*
detrás de	*hinter*
al lado de	*neben*
al final de	*am Ende von*
entre	*zwischen*
después de... metros	*nach ... Metern*
después de... minutos	*nach ... Minuten*
cruzar	*kreuzen*

Ejercicios

1 **Es** oder **está**? Setzen Sie ein.

1. Madrid .... una ciudad
   cosmopolita.

2. .... en el centro de España.

3. .... la capital de España.

4. Madrid .... famosa por sus
   museos.

5. Cerca de la Plaza Cibeles ....
   el Museo del Prado.

6. El Prado .... abierto
   todos los días.

7. Cerca de la Puerta del Sol ....
   la Plaza Mayor.

8. "El Rastro" .... un
   mercadillo famoso.

9. En el centro .... la zona
   de tapeo.

10. El "Cocodrilo" .... un nuevo
    restaurante en la Plaza de España

2 Bilden Sie Relativsätze aus folgenden Elementen.

1. el Prado / un museo / está abierto / es / que / todos los días
2. el cartel / abierta / que / dice / está / la galería
3. museos / muchos / que / hay / están / los lunes / cerrados
4. una ciudad / Madrid / que / es / duerme / nunca
5. que / a mediodía / es / no cierra / una tienda / "La Corbata"

6. una lengua / el catalán / que / es / en Barcelona / se habla
7. que / muchos alemanes / hay / español / estudian
8. Berlín / muy activa / que / una vida nocturna / una ciudad / es / tiene

1. ....
2. ....
3. ....
4. ....
5. ....
6. ....
7. ....
8. ....

3 Füllen Sie die Lücken. Was passt jeweils zu **hay** oder **está**?

muchas	un	el	muchos	la	un	uno	la

1. ¿Dónde está .... Museo de Cerámica?

2. Está en .... Plaza de Brasil.

3. En la zona de bares hay .... restaurantes y pubs.

4. Hay también .... tiendas allí.

5. Allí hay .... cartel que dice "cerrado".

6. El bar "Piripiri" está en .... calle de Cervantes.

7. ¿Hay .... cine en esta calle?

8. Sí, hay .... que se llama "Rex".

4 Was passt zusammen bei einer Wegbeschreibung? Verbinden Sie.

girar   todo recto
tomar   a la izquierda
seguir   la primera calle a la derecha
ir hasta   la calle al lado del cine
girar   el final de la calle
tomar   esta calle por unos 100 metros
seguir   la segunda a la izquierda
cruzar   alli
tomar   la calle después de 100 metros
ir hasta   a la derecha

5 Ergänzen Sie die jeweils fehlenden Formen dieser Verben.

Infinitiv	tú	usted
girar	....	....
....	tomas	....
....	....	sigue
....	cruzas	....
ir	....	....
....	....	cierra
....	entiendes	....
decir	....	....
....	pides	....
....	....	abre
repetir	....	....

6 Ergänzen Sie die richtige Präposition: **a**, **enfrente**, **para** oder **por**.

● ¡Ay, el pub está cerrado! .... ver qué ponen aquí... ¡Ah, cerrado .... vacaciones! ¡Vaya! ¿Qué hacemos ahora?

● Pues, ... tomar una copa de vino, podemos ir al bar "Pino", está muy cerca.

● Pues, vale. Vamos. ¿Y qué hacemos después?

● Podemos ir al cine .... ver la última película de Almodóvar.

● ¿Hay un cine ahí cerca?

● Pues, claro, el "Rex" está .... ¿Tienes hora?

● Sí, son las ocho y cuarto. ¿ .... qué hora empieza la película?

● Creo que .... las nueve, pero no estoy seguro.

● Bueno, entonces vamos, nos espera el Pino.

● ... ¡Y el vino!

7 Das ist ein Prospekt des Madrider Wachsfiguren-Kabinetts. Ergänzen Sie die Lücken.

MUSEO de CERA
- Madrid
- Paseo de Recoletos, 41
- Horario: . . . . . a viernes . . . . . . 10:00 . . . . . . 14:30.
- y . . . . . 16:30 . . . . . 20:30.
- Sábados, ... y . . . . . de 10:00 . . . . . . 20:30.
- No cerramos . . . . mediodía.
- Entrada: 6 € / 8 €
- Metro: Pza. Colón

8 ¿Qué hora es? Geben Sie die Uhrzeit in Worten an.

1. 5:30   Son las cinco y media.
2. 6:00
3. 7:45
4. 1:00
5. 20:10
6. 23:55
7. 1:20
8. 19:15
9. 8:25
10. 14:50

9 **Es, está(n)** oder **hay**? Setzen Sie ein. Erraten Sie, um welche Stadt es hier geht?

.... una ciudad alemana. .... famosa por sus cervezas, sus monumentos y galerías de arte. En el centro .... una zona para peatones* con muchas tiendas y comercios. También en el centro .... el famoso mercado que se llama Viktualienmarkt. Allí .... una gran variedad de frutas, quesos y jamones. .... abierto de lunes a sábado. Schwabing .... la zona de los bares y restaurantes. .... muchos y .... abiertos hasta la una o las dos de la mañana.

Esta ciudad .... famosa en todo el mundo por la fiesta de la cerveza. En octubre* .... muchos turistas* en la ciudad. ¿Qué ciudad es? ....

* peatones: *Fußgänger*, frutas: *Obst*, octubre: *Oktober*, turistas: *Touristen*

10 Schreiben Sie nun selbst einen kleinen Text über die Stadt oder den Ort, in dem Sie leben.

> es una ciudad / un lugar ....   es famosa / famoso por .....   allí hay .....

....
....
....
....
....

In dieser Lektion lernen Sie:
- ein Telefongespräch führen
- Gründe angeben **es que**
- die betonten Objektpronomen **mí, ti…, conmigo, contigo…**
- das Gerundium
- Gefallen / Nichtgefallen ausdrücken **gustar, encantar**
- den Plural des unbestimmten Artikels **unos, unas**

HOY RECOMENDAMOS...

WIR EMPFEHLEN HEUTE ...

CINE
Contigo al fin del mundo
Cartas de amor
(España, 2003)
Dirección: Pandora López
Cines: Ábaco, Solera, Max
22:30

Hablando de ti
(España, 1997)
Dirección: Pedro Almería
Cines: Filmoteca Universitaria
19:30 y 22:30

TEATRO
Festival de Marionetas
Para niños y adultos
Centro Cultural de Madrid
Sábado y domingo a las 18:00
(consultar programa)

COPAS
Bar Impar
Música y copas para impares y
otra gente
Orquesta "Baila para mí", 23:00
C/ Carretas 23 (Metro: Sol)

KINO
Mit dir ans Ende der Welt
Liebesbriefe
(Spanien, 2003)
Regie: Pandora López
Kinos: Ábaco, Solera, Max
22.30

Von dir sprechend
(Spanien, 1997)
Regie: Pedro Almería
Kinos: Filmothek der Universität
19.30 und 22.30

THEATER
Puppentheater-Festival
Für Kinder und Erwachsene
Kulturzentrum von Madrid
Samstag und Sonntag 18.00
(siehe Programm)

KNEIPEN
Single-Bar
Musik und Drinks für Singles und
andere Leute
Orchester „Tanz für mich", 23.00
C/ Carretas 23 (U-Bahn: Sol)

¿Qué hay de nuevo? E 1, 2

In dieser Lektion lernen Sie die betonten Objektpronomen kennen, die immer nach Präpositionen (**a, de, en, para...**) stehen. So lauten die Formen, von denen nur die 1. und 2. Person Singular wirklich neu für Sie sind:

a, de, en, para... Singular	Plural
mí	nosotros, -as
ti	vosotros, -as
él, ella, usted	ellos, ellas, ustedes

Diese Formen gelten für das indirekte Objekt (*wem?*) wie für das direkte Objekt (*wen oder was?*). **Mí** kann also *mir* oder *mich* heißen: **de mí** *von mir*, **para mí** *für mich*, **ti** *dir* oder *dich* usw.:
De mí, no sabe nada. *Von mir weiß er / sie nichts.*
La carta es para ti. *Der Brief ist für dich.*
La carta es de él. *Der Brief ist von ihm.*

Mit der Präposition **con** *mit*, ergeben sich zwei Sonderformen in der 1. und 2. Person Singular:

Singular	Plural
conmigo	con nosotros, -as
contigo	con vosotros, -as
con él, con ella, con usted	con ellos, con ellas, con ustedes

¿Qué quieres hacer conmigo? *Was willst du mit mir machen?*
Quiero practicar judo contigo. *Ich möchte Judo mit dir üben.*

La cita

Nicolás: ¿Diga?

Diego: ¿Está Marta?

Nicolás: Sí. ¿De parte de quién?

Diego: De Diego.

Nicolás: ¡Marta! ¡Al teléfono!... Ahora se pone, un minuto.

Marta: ¡Ya estoy aquí, Nicolás, gracias! ¿Diga?

Diego: Hola, soy Diego, el chico de la encuesta, ¿te acuerdas?, el que también practica judo...

Marta: Ah, sí. Hola, ¿qué tal?

Diego: Bien, aquí estoy, mirando la cartelera y... oye, Marta, ¿te apetece venir esta tarde al cine? Ponen la nueva película de Harry Potter.

Marta: Pues... perdona, pero es que esas películas no me gustan... Y además, hoy no puedo salir, tengo que estudiar, estoy preparándome para un examen ¿sabes? Pero si quieres podemos hacer algo juntos mañana. Creo que hay un festival de marionetas y a mí me encantan..., mañana hay "Pinocho".

Diego: ¿Marionetas? ¿Pinocho? ¡Pero eso es para niños!

Marta: Harry Potter también, ¿no?

Diego: Mmm..., bueno, sí. ¿Y a qué hora es?

Marta: A las seis.

Diego: Claro, horario para niños. Pero así después tenemos tiempo para hacer cosas de adultos.

Marta: ¿Por ejemplo?

Diego: Por ejemplo ir a tomar unas tapas a un local nuevo que hay en la calle Paraíso... Y después ir a tomar una copa al "Impar".

Marta: Ah, ¿el bar para solteros y separados que está en la calle de Carretas?

Diego: Ése, sí. Mañana hay música cubana en directo.

Marta: Pues me parece muy bien. ¿Cómo quedamos? Ya sé: quedamos en el bar Manu, que está al lado de mi casa, y te invito a un café antes de salir.

Diego: Vale, genial. ¿A qué hora?

Marta: ¿A las cinco? ¿Te va bien?

Diego: Muy bien. Pues allí a las cinco.

Vocabulario

Hoy recomendamos

recomendar	*empfehlen*
contigo	*mit dir*
el fin	*Ende*
el mundo	*Welt*
la carta	*Brief*
la dirección	*hier: Regie*
hablando (hablar)	*sprechend*
la Filmoteca Universitaria	*Universitäts-Filmothek*
el festival	*Festival*
la marioneta	*Marionette*
el niño	*Kind, Junge*
la niña	*Mädchen*
el adulto	*Erwachsener*
consultar	*befragen, nachschlagen*
el programa	*Programm*
impar	*ungerade; Single*
la gente *Sg!*	*Leute, Menschen*
la orquesta	*Orchester*
bailar	*tanzen*

La cita

la cita	*Verabredung*
sonar	*klingeln*
coger	*nehmen, hier: rangehen*
¿Diga?	*Ja bitte? (am Telefon)*
¿De parte de quién?	*Wer ist dran?*
el móvil;	*Handy*
Lat. **el celular**	
ahora se pone	*er/sie kommt gleich*

acordarse	*sich erinnern*
mirar	*ansehen, (an)schauen*
la cartelera	*Veranstaltungskalender*
oye (oír)	*hör mal!*
apetecer	*Lust haben*
venir	*kommen*
poner	*setzen, stellen, hier: zeigen*
nuevo, -a	*neu*
gustar	*gefallen, schmecken*
preparar(se)	*(sich) vorbereiten*
el examen	*Prüfung*
algo	*etwas*
encantar	*sehr gut gefallen*
Pinocho	*Pinocchio*
el horario	*Uhrzeit, Fahrplan*
así	*so*
el tiempo	*Zeit, Wetter*
el local	*Lokal*
cubano, -a	*kubanisch*
en directo	*live (Musik)*
parecer (me parece)	*scheinen (mir scheint)*
quedar	*sich verabreden, sich treffen*
al lado de...	*neben*
invitar	*einladen*
antes de...	*bevor*
ir bien	*passen, recht sein*

Gramática

1. Das Gerundium   *E 3, 4, 5*

Das Gerundium, die Verlaufsform, drückt aus, dass jemand etwas gerade tut bzw. etwas gerade vor sich geht.

Regelmäßige Bildung des Gerundiums

Die Verben auf **-ar** bilden das Gerundium auf **-ando**, die Verben auf **-er** und **-ir** bilden es auf **-iendo**: hablar ▶ hablando, hacer ▶ haciendo ▶ escribir ▶ escribiendo

Konjugiert wird das Verb **estar**. Das Gerundium selbst ist unveränderlich:
Estoy haciendo una pausa. *Ich mache gerade eine Pause.*
Ana está escribiendo una carta. *Ana schreibt gerade einen Brief.*

Bildung des Gerundiums der unregelmäßigen Verben

	Infinitiv		Gerundium
(e ▶ i)	venir	*kommen*	viniendo
	decir	*sagen*	diciendo
	seguir	*folgen*	siguiendo
	pedir	*bitten*	pidiendo
(o ▶ u)	dormir	*schlafen*	durmiendo
(y)	leer	*lesen*	leyendo
	ir	*gehen, fahren*	yendo
	creer	*glauben*	creyendo

Los niños están durmiendo la siesta. *Die Kinder machen gerade Mittagsschlaf.*
¿Qué estás leyendo? *Was liest du gerade?*

Gerundium mit Reflexiv- oder Objektpronomen

Steht das Gerundium im Falle eines rückbezüglichen Verbs (z.B. **levantarse** *aufstehen*) zusammen mit einem Objektpronomen oder einem Reflexivpronomen, so wird das Pronomen entweder vor das Verb **estar** gestellt oder an das Gerundium angehängt:
Se está levantando. / Está levantándo**se**. *Er steht gerade auf.*

Damit die Betonung des Gerundiums auch nach Anhängen eines Pronomens erhalten bleibt, muss ein Akzent gesetzt werden: levant**á**ndose.
Me está diciendo que no viene. / Está dici**é**ndo**me** que no viene.
Er sagt mir gerade, dass er nicht kommt.
Me estoy preparando para un examen. / Estoy prepar**á**ndo**me** para un examen.
Ich bereite mich gerade auf eine Prüfung vor.

2. Gefallen und Missfallen ausdrücken   E 6, 7

Gefallen können Sie mit dem Verb **gustar** ausdrücken. Es steht immer in der
3. Person: in Einzahl, wenn es um eine Sache geht, die einem gefällt, in Mehrzahl,
wenn es um mehrere Sachen geht:
Me gusta España. *Spanien gefällt mir.*
Me gustan las playas de la Costa Brava. *Mir gefallen die Strände der Costa Brava.*

Gustar kann auch *(gut) schmecken* oder *gern mögen* heißen:
Me gusta la paella. *Paella mag ich gern / schmeckt mir.*
¿Te gustan los vinos de Rioja? *Magst du / Schmecken dir Rioja-Weine?*

Bei Nichtgefallen setzen Sie einfach ein **no** davor:
No me gusta esta casa. *Dieses Haus gefällt mir nicht.*
No nos gustan las marionetas. *Wir mögen keine Marionetten(theater).*

So lauten die Formen für alle Personen:

me gusta(n)	*mir gefällt / gefallen*
te gusta(n)	*dir gefällt / gefallen*
le gusta(n)	*ihm, ihr, Ihnen gefällt / gefallen*
nos gusta(n)	*uns gefällt / gefallen*
os gusta(n)	*euch gefällt / gefallen*
les gusta(n)	*ihnen, Ihnen gefällt / gefallen*

me gusta	*es gefällt mir*
me gusta mucho*	*es gefällt mir sehr*
no me gusta	*es gefällt mir nicht*
no me gusta nada	*es gefällt mir gar nicht*

*Ein Synonym zu **me gusta mucho** ist **me encanta**. **Me encanta** wird ohne **mucho**
verwendet: Este vino me encanta. *Dieser Wein schmeckt mir sehr.*

3. Der Plural des unbestimmten Artikels   E 8

Der Plural des unbestimmten Artikels, **unos**, **unas**, wird im Deutschen mit
einige, ein paar wiedergegeben. Bei Zahlen heißt **unos**, **unas** *ungefähr*:
¿Quieres tomar unas tapas? *Möchtest du ein paar Tapas essen?*
Hay unos locales nuevos en esta calle. *In dieser Straße gibt es einige neue Lokale.*
Ponen unas treinta películas en el festival. *Beim Festival zeigen sie ungefähr dreißig
Filme.*

Uso del español

Ein Telefongespräch führen *E 6, 10, 11*

In Spanien meldet man sich am privaten Telefon nicht mit dem Namen, sondern mit **¿Diga?** oder **¿Dígame?** *Ja, bitte?* (wörtlich: *Sprechen Sie!*)

Der Anrufer nennt entweder seinen Namen: **Hola, soy...** (*Name*) und / oder fragt nach der Person, mit der er sprechen möchte: **¿Está...** (*Name*)? *Ist ... da?*

Hat der Anrufer seinen Namen bisher nicht genannt, fragt der Angerufene nach: **¿De parte de quién?** *Wer ist dran?* Die Antwort lautet: **De ...** (*Name*).

Wenn man jemanden ans Telefon ruft, sagt man: ... (*Name*), **¡al teléfono!**
Dass der gewünschte Gesprächspartner gleich ans Telefon kommt drückt man in Spanien so aus: **Ahora se pone.***
Und wenn schließlich geklärt ist, wer mit wem spricht, dann kann das Gespräch losgehen!

* In Lateinamerika würde man eher sagen: **Un momentito, ya viene.** *Einen Moment, er / sie kommt gleich.*

Beachten Sie: **hablar por teléfono** heißt *telefonieren*, **hablar por el móvil** *am Handy telefonieren.* In Lateinamerika heißt das Handy **el celular.**

Sich verabreden *E 11, 12*

Sich verabreden, sich treffen heißt **quedar**:
- ¿Cómo quedamos? *Wo und wann treffen wir uns?*
- Quedamos en el bar Manu. *Treffen wir uns im Café Manu.*
- ¿A qué hora quedamos? *Wann treffen wir uns?*
- ¿Te va bien a las nueve? *Passt es dir um neun?*
- Vale. *Okay.*

Es que... *E 10*

Es que... leitet eine Begründung ein, oft in Zusammenhang mit einer Absage. Im Deutschen kann diese Wendung manchmal mit *nämlich* wiedergegeben werden:
¡Un momento! Es que estoy hablando por teléfono.
Einen Moment! Ich telefoniere nämlich gerade.
Perdona, pero es que la música no me gusta.
Entschuldige, aber die Musik gefällt mir nicht.

Más expresiones útiles

la obra de teatro	*Theaterstück*	el ballet	*Ballett*
el concierto	*Konzert*	el guardarropa	*Garderobe*
la exposición	*Ausstellung*	aplaudir	*klatschen*
la taquilla	*Kasse*	¡otra!	*Zugabe!*
el espectáculo	*Veranstaltung, Aufführung*	la orquesta	*Orchester*

Ejercicios

1 Welche Pronomen fehlen hier? Setzen Sie ein.

me	tú	mí	ti	conmigo	tú	me	mí

● Mira, Lara, hay una carta de Alfredo, de Caracas.

● ¿De verdad? ¿La carta es para ....?

● Claro que es para .... Aquí pone «Señora Lara Fernández» ¿No eres

   .... Lara Fernández?

● Sí, sí, claro, muchas gracias. A ver qué escribe:

Hola, Lara,

Venezuela .... gusta mucho. Para .... es un país maravilloso.

Estoy muy bien. Y ...., ¿cómo estás? ¿No quieres venir a Caracas? Puedes

venir .... a la isla Margarita. La isla .... encanta. ¿No tienes

tiempo para venir?

Un abrazo*, Alfredo.

*un abrazo: *viele Grüße*, wörtl: *eine Umarmung*

2 Ergänzen Sie diese Aufstellung von Pronomen im Singular.

	yo	tú	él, ella, usted
para	....	....	..para él, para ella, para usted..
con	....	....	....

3 Wie drücken Sie aus, dass diese Personen etwas gerade in diesem Moment tun?

1. Rosa y Lara ...*están hablando*.. de Venezuela. (hablar)

2. Pero, ¿qué .... ? (hacer, tú)

3. Lara .... una carta a Alfredo. (escribir)

4. ¿De quién .... ? (hablar, vosotros)

5. .... de Julio, un compañero de trabajo. (hablar, nosotros)

6. ¿Qué .... tu amiga Trini? (decir)

7. Ricardo .... (dormir)

8. .... el periódico. (leer, yo)

9. Ana .... , no puede venir. (trabajar)

10. Merche .... por teléfono. (hablar)

4 **¿Qué están haciendo?** Was machen sie gerade?

1. ....
2. ....
3. ....
4. ....
5. ....

5 Formulieren Sie die Sätze um, indem Sie das Pronomen versetzen. Vergessen Sie den Akzent nicht.

1. Se está acostando.   ...*Está acostándose.*............................

2. La estamos llamando.   ...*Estamos*..

3. Me estoy poniendo los pantalones.   ....

4. ¿Te estás probando la camisa roja? ....

5. Se están preparando para el examen. ....

6. ¿La carta? La estoy escribiendo. ....

6 Setzen Sie ein: **gusta** oder **gustan?**

● Oye, Lisa, te .... ir al cine?

● Sí, me .... mucho. Los fines de semana voy a menudo.

● ¿Qué películas te .... ?

● Pues, me .... las de humor y de horror. Las de política no me
  .... nada.

● ¿De verdad? Podemos ir a ver la película «Leche roja para Drácula». Seguro que
  te ....

● Bueno, si es de horror...

● Es de horror y de humor.

● Pues, genial, ¡me encanta!

7 **¿Le gusta?** Was gefällt Ihnen oder gefällt Ihnen nicht? Ergänzen Sie diese Liste um
5 Dinge oder Aktivitäten und ordnen Sie sie Ihren Vorlieben entsprechend zu.

las tapa	el vino	las películas de horror	el teatro	las marionetas
música clásica	el flamenco	bailar tango	España	ir de compras
el jamón serrano	limpiar	los mercadillos	....	
....	....	....	....	

Me encanta(n)	....
Me gusta(n)	....
No me gusta(n)	....
No me gusta(n) nada	....

8 Was passt? Setzen Sie ein, und denken Sie daran **unos** bzw. **unas** dazuzusetzen, wenn es nötig ist.

copas y tapas	restaurantes muy buenos	20 personas	películas geniales
hoteles fantásticos		10 cervezas	cócteles muy ricos ✔

1. En el bar «La Habana» hay ..*unos cócteles muy ricos*..........
2. Hay .... cerca de la Puerta del Sol.
3. En el festival de cine de San Sebastián ponen ....
4. En la playa de Cancún hay .... El mejor es el «Gran Hotel Maya».
5. En este bar sirven .... de todo el mundo: Heineken, Paulaner...
6. ¿Vamos a tomar .... en el bar Manu?
7. ¿Hay mucha gente en tu fiesta? De momento hay ....

9 Bringen Sie diese drei Telefongespräche mithilfe von Ziffern in die richtige Reihenfolge.

1. ☐ ¿Está Fernando?
   1 ¿Diga?
   ☐ Un momento, ahora se pone.
   ☐ De Elisa.
   ☐ ¿De parte de quién?

2. ☐ Pues, es que está durmiendo la siesta.
   ☐ ¿Dígame?
   ☐ Ah, entonces llamo más tarde.
   ☐ Hola, ¿está Quique?
   ☐ Vale. Adiós.

3. ☐ Buenos días. ¿Está la señora Sánchez?
   ☐ Gimnasio «Muévete», ¿dígame?
   ☐ Ah, entonces llamo mañana, gracias.
   ☐ No, hoy no está.
   ☐ Adiós.

9

10 **¿Cómo quedamos?** Verbinden Sie Frage und Antwort.

¿Cómo quedamos?   Sí, me encantan.
¿Os apetece venir al cine esta noche?   Ah no, es que no me gusta bailar.
¿A qué hora quedamos?   Vale, con mucho gusto. ¿Qué día es?
¿Te gustan las marionetas?   Quedamos en el bar Manu.
¿Te apetece venir a mi fiesta?   Sí, buena idea. ¿Dónde lo ponen?
¿Quieres ver la nueva película de Saura?   Es que el sábado no podemos.
¿Vamos a bailar esta noche?   A las ocho y media. ¿Te va bien?
¿Quieren venir conmigo al teatro el sábado?   Sí, nos gusta mucho.

11 Sagen Sie höflich *nein*. Erfinden Sie selbst Gründe oder Ausreden.

1. Oye, ¿te apetece tomar un vino?   ...*No gracias, es que*...........................

2. Te invito a un café en el «Impar».   ....

3. ¿Quiere venir a mi fiesta el viernes?   ....

4. ¿Vamos al festival de flamenco?   ....

5. ¿Te apetece ir a la discoteca?   ....

6. ¿Quieres más cerveza?   ....

7. ¿Ta va bien el domingo?   ....

8. Esta noche hay una fiesta en casa de Toni.   ....

10

Und das lernen Sie in dieser Lektion:
▮ Monatsnamen und Datumsangabe
▮ das Äußere einer Person beschreiben
▮ das Perfekt
▮ Zeitangaben, die mit dem Perfekt stehen
▮ die Adverbien **ya, todavía no**
▮ die Possessivpronomen
▮ die Präposition **a** vor dem direkten Objekt

La invitación

He vivido en la Selva del Amazonas, en Nepal y en Nueva York.
He sido mecánico, fotógrafo, músico y cocinero.
He tenido malaria, tifus y depresión.
He conocido al Rey, he cantado con John Lennon y he besado a Madonna.
Pero nada es comparable con la próxima aventura:
¡He decidido cumplir **50** años!
Con una gran fiesta para mi familia, amigos y clientes:
Día y hora: **20 de mayo, 21h.**
Lugar: **Bar Manu.**

¡Os espero!

Die Einladung

Ich habe im Urwald des Amazonas gelebt, in Nepal und in New York.
Ich war Mechaniker, Fotograf, Musiker und Koch.
Ich hatte Malaria, Typhus und Depressionen.
Ich habe den König kennengelernt, mit John Lennon gesungen und Madonna geküsst.
Aber nichts ist vergleichbar mit dem nächsten Abenteuer:
Ich habe beschlossen, **50** Jahre alt zu werden!
Mit einer großen Feier für meine Familie, Freunde und Kunden:
Tag und Uhrzeit: **20. Mai, 21 Uhr.**
Ort: **Bar Manu.**

Ich erwarte euch!

10

¿Qué hay de nuevo? E 1

In dieser Lektion lernen Sie vergangene Ereignisse mit dem Perfekt auszudrücken.
Das Perfekt wird gebildet mit den Formen des Hilfsverbs **haber** und dem Partizip
Perfekt des Hauptverbs. Das Partizip der regelmäßigen Verben bildet man durch
Anhängen der Endung **-ado** bei den Verben auf **-ar** und **-ido** bei den Verben auf
-er und **-ir**: cantar ▶ cantado, tener ▶ tenido, vivir ▶ vivido.

Und so lauten die Formen:

Das Perfekt		
(yo)	he	conocido
(tú)	has	conocido
(él, ella, usted)	ha	conocido
(nosotros, -as)	hemos	conocido
(vosotros, -as)	habéis	conocido
(ellos, ellas, ustedes)	han	conocido

Im Spanischen wird das Perfekt also immer mit dem Hilfsverb **haber** *haben* gebildet,
im Deutschen dagegen mit *haben* oder *sein*. Das Partizip selbst ist unveränderlich:
Hemos vivido en Madrid. *Wir haben in Madrid gelebt.*
¡Has tenido suerte! *Du hast Glück gehabt!*
Manu ha cantado con Madonna. *Manu hat mit Madonna gesungen.*

Natürlich gibt es auch einige unregelmäßige Partizipien:

abrir	**abierto**
decir	**dicho**
escribir	**escrito**
hacer	**hecho**
poner	**puesto**
ver	**visto**
volver	**vuelto**

¿Qué has dicho? *Was hast du gesagt?*
No he visto nada. *Ich habe nichts gesehen.*

El cumpleaños de Manu

Celia: ¿Ya habéis visto la invitación de Manu?

Marta: No, todavía no. ¿Cuántos años cumple?

Celia: ¡Cumple cincuenta años! ¡Increíble!

Nicolás: Sí, parece que tiene treinta y pico o cuarenta...

Marta: Es verdad, quizá porque es delgado y no tiene canas.

Nicolás: Es que se tiñe el pelo.

Marta: ¿Y cómo sabes tú eso?

Nicolás: Me lo ha dicho él. Y también usa una crema hidratante.

Celia: ¡Mira de qué cosas hablan los hombres!

Nicolás: ¿Qué pasa? Yo también la uso... Además, yo también tengo canas
y todavía no he cumplido 35.

Celia: Bueno, bueno. Pero también parece más joven porque siempre
está alegre, haciendo bromas y diciendo cosas graciosas...

Marta: ... y piropos a las chicas.

Celia: Y porque no lleva barba, se viste
como un estudiante, siempre con
vaqueros y zapatillas de deporte.

Marta: ¿Ha llegado hoy la invitación?

Celia: Sí, la ha traído el cartero hace
un momento.

Marta: ¡Cómo es! He estado en el bar
esta mañana y no me ha dicho
nada de su cumpleaños.

Nicolás: Así es Manu, le gustan las
sorpresas...

Celia: Y las aventuras, de todo tipo.

Marta: ¿Qué quieres decir?

Celia: A mí me ha contado que ha
estado casado tres veces, cada
mujer de un continente diferente: América, Australia y Europa.

Marta: ¿Y entonces quién es Nati? ¿Es su cuarta mujer?

Nicolás: No, es la tercera, la europea, es española.

Marta: ¡Bueno! ¿Y qué día es la fiesta?

Celia: El próximo sábado, 20 de mayo.

Marta: Bueno, he quedado con alguien, pero es igual, puede venir también.

Nicolás: ¿Con Kung-Fu?

Marta: Se llama Diego, es un amigo.

Celia: Claro, claro. Ya sabemos que practicáis...Thai-Chi o Chin-Fu o...

Nicolás: Mua-mua.

Marta: ¡Judo, practicamos judo!

Nicolás: ¡Ah, claro, eso, eso!

Vocabulario

Invitación	
la invitación	Einladung
la selva	Urwald
Nueva York	New York
el mecánico	Mechaniker
el fotógrafo	Fotograf
el músico	Musiker
el cocinero	Koch
la malaria	Malaria
el tifus	Typhus
la depresión	Depression
conocer	kennenlernen, kennen
el Rey	König
cantar	singen
besar	küssen
comparable	vergleichbar
próximo, -a	der, die nächste
la aventura	Abenteuer
decidir	entscheiden
cumplir... años	... Jahre alt werden
la familia	Familie
el, la cliente	Kunde, Kundin
el mayo	Mai
El cumpleaños	
el cumpleaños Sg!	Geburtstag
todavía no	noch nicht
tampoco	auch nicht
increíble	unglaublich
tener ... años	... Jahre alt sein
treinta y pico	knapp über dreißig
quizá(s)	vielleicht
delgado, -a	schlank
la cana	graues Haar
teñirse	sich färben

el pelo	Haar, Haare
usar	benutzen
la crema hidratante	Feuchtigkeits-creme
la cosa	Sache, Ding
joven	jung
más joven	jünger
alegre	fröhlich
la broma	Scherz
gracioso	witzig, lustig
la barba	Bart
el piropo	Kompliment
la chica	Mädchen, junge Frau
los vaqueros Pl!	Jeans
las zapatillas de deporte	Turnschuhe
el deporte	Sport
traer	(her-)bringen
el cartero	Briefträger
hace	vor (zeitl.)
la sorpresa	Überraschung
el tipo	Typ, Art, Sorte
de todo tipo	jeder Art
contar (o ▶ ue)	erzählen
cada	jede(r, -s)
el continente	Kontinent
diferente	verschieden, anders
América	Amerika
Australia	Australien
cuarto, -a	vierte(r)
tercero, -a	dritte(r)
alguien	jemand
igual	gleich, egal
mua-mua	(Geräusch von Küssen)

Gramática

1. Das Perfekt   *E 2, 3, 4, 6*

Das Perfekt der reflexiven Verben
Bei den reflexiven Verben steht das Reflexivpronomen (**me, te, se...**) immer vor dem konjugierten Hilfsverb **haber**:
Me he levantado a las ocho. *Ich bin um 8 Uhr aufgestanden.*
Manuel ya se ha acostado. *Manuel hat sich schon hingelegt.*

Das **no** der Verneinung steht noch vor dem Pronomen:
Marta no se ha acordado. *Marta hat sich nicht erinnert.*
¿Todavía no te has levantado? *Bist du noch nicht aufgestanden?*

Das Perfekt mit direktem und indirektem Objektpronomen
Die Objektpronomen stehen ebenso wie die Reflexivpronomen vor dem Hilfsverb:
¿La has visto? *Hast du sie gesehen?*
No, no la he visto. *Nein, ich habe sie nicht gesehen.*
¿Por qué no le has preguntado? *Warum hast du ihn nicht gefragt?*
Me ha recomendado este vino. *Er hat mir diesen Wein empfohlen.*

Der Gebrauch des Perfekts
Das Perfekt wird vor allem zusammen mit Zeitangaben verwendet, die auf die Gegenwart hinweisen oder auf einen Zeitraum, der noch andauert bzw. der noch nicht abgeschlossen ist, wie z.B.

hoy	*heute*	este mes	*diesen Monat*
esta mañana	*heute Morgen*	este año	*dieses Jahr*
esta semana	*diese Woche*	hace un momento	*gerade eben*

Auch die Adverbien **ya** *schon* und **todavía no** *noch nicht* werden meist zusammen mit dem Perfekt verwendet:
¿Ya has hecho la paella? *Hast du die Paella schon gemacht?*
No, todavía no la he hecho. *Nein, ich habe sie noch nicht gemacht.*

In vielen Ländern Lateinamerikas wird das Perfekt viel seltener gebraucht als in Spanien. Es wird meist ersetzt durch eine andere Vergangenheitszeit, das **pretérito indefinido**, das Sie in Lektion 14 kennenlernen werden.

2. Die (unbetonten) Possessivpronomen   E 7

Bei den unbetonten Possessivpronomen (*mein, dein ...*) gibt es im Spanischen nur für die 1. und 2. Person Plural eine männliche und eine weibliche Form. Ansonsten werden nur Singular und Plural unterschieden:

Singular		Plural		
m	f	m	f	
mi	mi	mis	mis	*mein, meine*
tu	tu	tus	tus	*dein, deine*
su	su	sus	sus	*sein(e), ihr(e), Ihr(e)*
nuestro	nuestra	nuestros	nuestras	*unser, unsere*
vuestro	vuestra	vuestros	vuestras	*euer, eure*
su	su	sus	sus	*ihr(e), Ihr(e)*

¿Tu amigo no viene a la fiesta? *Kommt dein Freund nicht zum Fest?*
Mis amigas no pueden venir. *Meine Freundinnen können nicht kommen.*
Nuestra casa es grande. *Unser Haus ist groß.*

Beachten Sie: Das Possessivpronomen für die 3. Person ist im Singular und Plural gleich. **Su coche** kann also Unterschiedliches heißen: *sein Auto, ihr Auto (von ihr, von ihnen)* oder *Ihr Auto.* Meist wird aus dem Zusammenhang klar, was gemeint ist:
Señor Pérez, ¿dónde está su coche? *Herr Pérez, wo ist Ihr Auto?*
¿Dónde tienen su coche? *Wo haben sie ihr Auto?*

In Lateinamerika ist das Possessivpronomen **vuestro/-a** ungebräuchlich.
Man verwendet stattdessen die 3. Person Plural, **su.**

3. Die Präposition *a* vor dem direkten Objekt   E 8

Wenn es sich bei einem direkten Objekt (*wen?*) um einen Menschen handelt, dann steht vor dem Objekt die Präposition **a:**
He besado a Madonna. *Ich habe Madonna geküsst.*
He visto a la mujer de Julio Iglesias. *Ich habe Julio Iglesias' Frau gesehen.*

Bei einer Sache als Objekt steht dagegen kein **a:**
¿Has comprado el coche? *Hast du das Auto gekauft?*

Ein Haustier, das zur Familie gehört, kann „personifiziert" werden:
¿Has visto a mi perro? *Hast du meinen Hund gesehen?*

Uso del español

Das Alter einer Person angeben, nach dem Alter fragen E 5

Man gibt das Alter einer Person mit der Wendung **tener ... años** an:
¿Cuántos años tienes? *Wie alt bist du?*
Tengo 35 años, y Sara tiene 20. *Ich bin 35 Jahre alt, und Sara ist 20.*

Wenn jemand Geburtstag hat, also x Jahre alt wird, verwendet man **cumplir ... años**,
wörtl. *Jahre voll machen*:
¿Cuántos años cumple Manu? *Wie alt wird Manu?*
Cumple 50, ¡es increíble! *Er wird 50, es ist unglaublich!*

Der Geburtstag heißt entsprechend **el cumpleaños**. Und was wünschen Sie einem
cumpleañero, *einem Geburtstagskind*?
¡Feliz cumpleaños! *Alles Gute zum Geburtstag!* (wörtl.: *Einen glücklichen Geburtstag*)

Die Monatsnamen E 9

enero	*Januar*	julio	*Juli*
febrero	*Februar*	agosto	*August*
marzo	*März*	septiembre	*September*
abril	*April*	octubre	*Oktober*
mayo	*Mai*	noviembre	*November*
junio	*Juni*	diciembre	*Dezember*

Alle Monatsnamen sind männlich (**el enero, el febrero...**), werden aber ohne
Artikel verwendet. Wenn Sie angeben möchten, dass etwas *im Januar, Februar ...*
stattfindet, sagen Sie **en enero, en febrero...**:
¿Cuándo cumples años? *Wann hast du Geburtstag?*
En julio. *Im Juli.*
¿Váis en agosto a Mallorca? *Fahrt ihr im August nach Mallorca?*
No, este año vamos en septiembre. *Nein, dieses Jahr fahren wir im September.*

Datumsangabe E 9

Die Frage nach dem Datum oder einem bestimmten Tag kann so gestellt werden:
¿Qué día es la fiesta? *An welchem Tag findet das Fest statt?*
El próximo sábado, 20 (veinte) de mayo. *Am nächsten Samstag, dem 20. Mai.*
¿Qué día es hoy? *Welchen Tag haben wir heute?*
Hoy es martes, 3 (tres) de junio. *Heute ist Dienstag, der 3. Juni.*
¿Qué día es tu cumpleaños? *An welchem Tag ist dein Geburtstag?*
El 28 de julio. *Am 28. Juli.*

Bei der Datumsangabe verwendet man im Spanischen in der Regel nicht Ordnungszahlen (*zwanzigster, dritter*), sondern Grundzahlen (*zwanzig, drei*).

Ausnahme: der 1. jeden Monats. Hier kann man entweder die Grund- oder die Ordnungszahl benutzen, wobei in Spanien eher die Grundzahl, in Lateinamerika dagegen ausschließlich die Ordnungszahl gebräuchlich ist:
La fiesta es el primero de marzo. *Das Fest ist am 1. März.*
Mañana es el uno de diciembre. *Morgen ist der 1. Dezember.*

Das Äußere einer Person beschreiben   E 10

▌ mithilfe des Verbs **ser** + Adjektiv:
  Manu es alto y delgado. *Manu ist groß und schlank.*
▌ mithilfe des Verbs **parecer** *(er-)scheinen*:
  Parece muy joven. *Er erscheint (wirkt) sehr jung.*
▌ mithilfe von **tener** + Substantiv:
  Tiene el pelo negro, teñido. *Er hat schwarze, gefärbte Haare.*
▌ mithilfe von **llevar** + Substantiv:
  Lleva gafas. No lleva barba. *Er trägt eine Brille. Er hat keinen Bart.*
▌ Einige Adjektive werden mit **estar** verwendet:
  Siempre está alegre. *Er ist immer fröhlich.*

Más expresiones útiles

amable	*nett, freundlich*	tacaño, a	*geizig*
tímido, -a	*schüchtern*	generoso, -a	*großzügig*
gracioso, -a	*witzig*	atractivo, -a	*attraktiv*
alegre	*fröhlich*	pelirrojo, -a	*rothaarig*
aburrido, -a	*langweilig*	deportivo, -a	*sportlich*

Ejercicios

1 **a.** Was sind die „Lebens-Abenteuer"
       von Manu? Verbinden Sie.

vivir   una invitación
ser   a Madonna
cantar   en la selva
conocer   con John Lennon
escribir   cocinero
tener   al Rey
teñirse   depresiones
besar   el pelo

b. Schreiben Sie nun seine Abenteuer auf.

.. *Manu ha vivido en la selva. Ha sido* ....

....

....

2 Welches Partizip passt jeweils? Setzen Sie ein.

tomado	hecho	vuelto	estado	llegado	ido	gustado	visto

- Hola, Pili. ¿Qué has .... este fin de semana?

  ¿Dónde has .... ?

- Hemos .... a Barcelona, Raúl y yo, en coche.

- Y, ¿os ha .... ?

- Claro. Hemos .... muchos monumentos, el museo de Picasso,

  de Miró, ¡uf! Además hemos .... muchas copas y tapas y...

- ¡Qué bien, chica! ¿Y habéis .... hoy?

- Sí, hemos .... a Madrid hace dos horas. Ahora estoy muy cansada.

3 Bilden Sie Sätze aus den durcheinandergeratenen Wörtern.

- ¿ / visto / película / la / de / has / última / Almodóvar / ?
- la / no / visto / no, / he / .

- ....

- ....

- ¿ / lo / dicho / quién / ha / ?
- dicho / ha / Roberto / lo / que / creo / .

- ....

- ....

- no / Ana / abierto / la / ha / puerta / .
- Toni / Nati / la / y / abierto / han / .

- ....

- ....

10

4 Welche von diesen Aktivitäten haben Sie heute, diese Woche, dieses Jahr oder noch nie gemacht? Tragen Sie sie im entsprechenden Kästchen ein.

> limpiar la casa ✔   hacer footing   tomar una cerveza / un vino
> practicar judo   invitar a amigos   estar en España   ir a México
> hablar español por teléfono   beber sangría   llevar vaqueros

hoy	*He limpiado la casa*	....	....
esta semana	....	....	....
este año	....	....	....
nunca	....	....	....

5 Ergänzen Sie den passenden „Geburtstags"-Wortschatz.

● Hola, Tere, ¿cómo estás?

● Bien, bien.

● Oye, hoy es tu .... ¿no?

● Asi es.

● Ah, entonces: ¡ ....
cumpleaños!
Pero, ¿cuántos años .... ?

● .... 30, ya soy vieja.

● No, no, no. Tú pareces .... ,
.... guapa, delgada,
una mujer interesante...

● Ay, Manolo, siempre diciendo
.... a las chicas.

● Nada, es la verdad.

● Sí, sí... Oye, ¿quieres venir a mi .... esta noche?

● Claro, con mucho ....

6 Was hat Alejandra heute bereits gemacht, was hat sie noch nicht gemacht? Vergleichen Sie mit Ihrer Liste.

Alejandra ya ha llamado a Paco. Todavía no ha ...

....

....

....

....

....

....

llamar a Paco ✔
estudiar inglés
comprar sellos ✔
buscar mis gafas
ir de compras ✔
hacer aeróbic en el gimnasio ✔
preparar el examen del jueves
quedar con F.M. ❤ ✔
¡empezar con la dieta!

7 Ersetzen Sie die Personen durch ein Possessivpronomen.

el amigo de Luis	..su amigo..........................
las amigas de Nati	....
el coche de Trini y Juan	....
la casa de vosotros	....
las gafas de mí	....
la mujer de Pedro	....
el número de teléfono de ti	....
la lengua materna de nosotras	....
la habitación de los niños	....

8 Verbinden Sie Elemente aus den drei Spalten zu sinnvollen Sätzen.

¿Ves	-	Ana muchas veces?
¿Ya has limpiado	a	casa?
¿Has llamado	la	Elena?
¿Tomamos	a	una cerveza?
¿Han abierto	a los	ventana?
¿Conoces	la	amigo de Lola?
Tenemos que buscar	-	niños.
¿Has visto	al	ese coche?

9 Ergänzen Sie die Datumsangaben. Schreiben Sie alles aus.

....	Año Nuevo
....	San Valentín
....	Día del Trabajador (Tag der Arbeit)
....	50 cumpleaños de Manu
....	Navidad (Weihnachten)
....	su cumpleaños
....	el cumpleaños de su mejor amigo o amiga

10 a. Ordnen Sie diese Adjektive und Beschreibungen zu Gegensatzpaaren.

alto	gordo	delgado	no muy alto	guapo	joven
con barba	tiene el pelo negro	sin barba	tiene canas	viejo	no muy guapo

.alto............ ↔ .no muy alto... .... ↔ ....

.... ↔ .... ↔ ....

.... ↔ .... ↔ ....

b. Beschreiben Sie die Person auf der Zeichnung.

.(No) Es ...., (no) tiene ...., (no) lleva ....

....

....

....

....

....

....

c. Versuchen Sie nun, sich selbst zu beschreiben. Gehen Sie freundlich mit sich um!

....

....

....

1 Lesen Sie den Text und beantworten Sie die Fragen.

¡Quien no ha visto Sevilla no ha visto maravilla*!

La capital de Andalucía, con más de 700.000 habitantes, es una ciudad tradicional y moderna, muy dinámica en el sur de España, con un clima agradable y un carácter abierto y cosmopolita. Sevilla es, sin duda, una atracción turística. Visita Monumental: Nuestra primera ruta es la más popular y típica de Sevilla. En ella visitaremos los tres monumentos más famosos de la ciudad: la Catedral de Santa María de la Sede, la más grande de España, donde se guardan los restos de Cristobal Colón, la torre de la Giralda, el palacio de los Reales Alcázares y el romántico y pintoresco barrio de Santa Cruz. Este barrio es un laberinto de calles llenas de flores, sobre todo jazmines y buganvillas, y de música: flamenco y sevillanas. Duración aproximada de 3 horas. Posibilidad de visitar un tablao de flamenco por la noche.

* *Wunder*

	sí	no
1. Sevilla es la ciudad más grande de España.	☐	☐
2. La catedral de Sevilla es la más grande de España.	☐	☐
3. El palacio más famoso de Sevilla se llama Santa Cruz.	☐	☐
4. La sevillana es una música típica de Sevilla.	☐	☐

Punkte
....../4

2 Welche Wörter werden hier umschrieben? Ergänzen Sie.

1. La ciudad más importante de un país es la ....

2. Para ir a comer vamos a un ....

3. Para hacer la compra vamos a una ....

4. Si queremos salir, tomar unas tapas vamos a un ....

5. «El Rastro» es un ...., abierto todos los domingos.

6. «El Prado» es el .... más famoso de toda España.

Punkte
....../6

3 Welche Präposition fehlt? Setzen Sie ein.

1. Perdone, ¿sabe dónde está la Catedral .... Santa María?

2. Claro, está cerca. Usted sigue .... esta calle todo recto.

3. Después toma la tercera .... la derecha y sigue

   .... el final .... la calle.

4. Entonces gira .... la izquierda.

5. Está .... la plaza Contratación.

6. Después .... unos cien metros está la Catedral.

Punkte
....../6

4 Stellen Sie die passenden Fragen.

1. ¿El cine Rex? Sí, está muy cerca. ....

2. No, en esta calle no hay un bar. ....

3. Son las once y media. ....

4. No, el banco está cerrado. ....

5. Voy al trabajo en metro. ....

6. La película empieza a las 9:15. ....

Punkte
....../6

5 Was passt: **por** oder **para**?

1. ¿Vamos al Bar Venecia .... tomar un café?

2. El museo está cerrado .... reformas.

3. Van al cine .... ver la última película de Almodóvar.

4. Elena va a Inglaterra .... estudiar en Oxford.

5. .... la mañana nunca voy en autobús.

6. El periódico es .... Andrés.

Punkte
....../6

6 Welches Verkehrsmittel haben die Personen benutzt? Bilden Sie Sätze.

1. Toni ....

2. Tita ....

3. Susy y Juan ....

4. María y Ana ....

5. Sr. García ....

6. Sra. Lagos ....

Punkte
....../6

Gesamt
....../34

Vuelos en globo

¿No sabes qué regalarles a tus abuelos por sus bodas de plata?
¿Le quieres dar una sorpresa a tu madre?
¿O declararle tu amor a esa chica fascinante en un lugar solitario?

Global Aventura
C/ Córdoba, 35
Tel. 91 83882345
www.globalaventura.es
Vuelos en globo sobre la Sierra de Madrid
Salidas todos los días a las 4:30 de la mañana
1–6 personas

¡Un viaje inolvidable, una experiencia emocionante!

Ballonflüge

Du weißt nicht, was du deinen Großeltern zur Silberhochzeit schenken sollst?
Du willst deiner Mutter eine Überraschung bieten?
Oder dieser faszinierenden Frau an einem einsamen Ort deine Liebe erklären?

Global Abenteuer
C/ Córdoba, 35
Tel. 91 83882345
www.globalaventura.es
Ballonflüge über die Sierra von Madrid
Abfahrten täglich um 4 Uhr 30 morgens
1–6 Personen

Eine unvergessliche Reise, eine bewegende Erfahrung!

Was Sie in dieser Lektion lernen:
■ Vorschläge machen, zustimmen
■ nach der Meinung fragen, die eigene
  Meinung angeben
■ das redundante Personalpronomen
■ die nahe Zukunft: **ir a** + Infinitiv
■ die Adverbien

¿Qué hay de nuevo?   E 3, 11

In dieser Lektion lernen Sie eine Besonderheit des Spanischen kennen: die
Redundanz des Personalpronomens. Beim indirekten Objekt (Dativ), das mit **a**
eingeleitet wird, wird das Objekt sozusagen verdoppelt durch die zusätzliche
Verwendung des Pronomens:

No sabes qué regalar<u>les</u> **a tus abuelos**? *Du weißt nicht, was du deinen Großeltern
schenken sollst?*
¿<u>Le</u> quieres dar una sorpresa **a tu madre**? *Du willst deine Mutter überraschen?*
¿O declarar<u>le</u> tu amor **a tu novia**? *Oder deiner Freundin deine Liebe gestehen?*
A mi novio <u>le</u> regalo un vuelo en globo. *Meinem Freund schenke ich einen Ballonflug.*

Oft dient die Verdoppelung auch der Hervorhebung oder Betonung:
¿**A ti** <u>te</u> gustan los mariscos? *Du magst Meeresfrüchte?*
A nosotros no <u>nos</u> han invitado. *Uns haben sie nicht eingeladen.*

Die Verdoppelung kommt auch im Akkusativ vor. Vor allem wenn das direkte
Objekt vorangestellt ist, wird es vor dem Verb noch einmal durch ein Pronomen
wiederholt:
Este periódico no <u>lo</u> leo. *Diese Zeitung lese ich nicht.*
A Ana no <u>la</u> veo casi nunca. *Ana sehe ich fast nie.*

¿Qué le vamos a regalar?

Nicolás: ¿Ya sabéis qué le váis a regalar a Manu? ¿Habéis pensado en algo?
Marta: Pues no. ¿Por qué no le regalamos algo juntos, entre los tres?
Celia: Buena idea. Tiene que ser un regalo especial. A él le gustan las aventuras,
          ¿no? Pues yo tengo una idea de algo que no va a olvidar fácilmente. Un
          momento... Aquí está: Vuelos en globo. Seis personas. ¿Qué os parece?
Nicolás: ¡A mí me parece genial! Pero,
          ¡salida a las cuatro y media de
          la mañana! ¡Caramba!
Marta: Es un poco caro, ¿no?
Celia: Sí, pero entre los tres...
          ¿Se lo regalamos?
Marta: ¡Vale! Le va a gustar, ¡seguro!
Celia: ¡Segurísimo! ¿Y quién va a ir
          con Manu en la cesta del globo?
Marta: ¡Yo!
Nicolás: ¡Yo también!
Celia: Y yo también. O sea, nosotros
          tres y Manu, somos cuatro y
          faltan dos personas más...

Nicolás:	Su mujer...
Marta:	Y sus dos hijos... Ya tenemos siete candidatos. Uno de nosotros tiene que quedarse en tierra, desgraciadamente. ¿Lo jugamos a cara o cruz?
Nicolás:	Pero somos tres, cara o cruz no sirve.
Celia:	Es verdad. Tengo una idea: jugamos una partida de parchís y el perdedor se queda en tierra.
Marta:	Va a ser la partida de parchís más emocionante de nuestras vidas.
Nicolás:	¡Ay, qué nervios!
Celia:	Un momento, voy a hacer un café.
Marta:	Y yo voy a desconectar el móvil y el teléfono.
Nicolás:	Pues yo voy a dormir un poco para estar fresco y en forma.
Marta:	Ah, eso es lo que hacéis en Guinea antes de algo importante. Bueno, Celia, entonces nosotras podemos preparar la gran partida tranquilamente.
Nicolás:	¡Pero nada de trucos!
Celia:	No, no. Sólo intuición femenina. Adiós, a dormir, a las cinco y media en la cocina, ¿eh?

Vocabulario

Vuelos en globo

el vuelo	*Flug*
el globo	*Heißluftballon*
regalar	*schenken*
los abuelos	*Großeltern*
la boda	*Hochzeit*
la plata	*Silber*
dar	*geben;*
	hier: bereiten
la madre	*Mutter*
declarar	*erklären*
fascinante	*faszinierend*
solitario	*einsam*
inolvidable	*unvergesslich*

la experiencia	*Erfahrung*
emocionante	*bewegend*
la sierra	*Gebirge*
la salida	*Ausgang;*
	hier: Abflug

¿Qué le vamos a regalar?

pensar en	*denken an*
entre los tres	*unter uns dreien*
entre	*unter, zwischen*
el regalo	*Geschenk*
fácilmente *Adv.*	*leicht*
olvidar	*vergessen*

¿Qué os parece?	*Was haltet ihr davon?*
me parece...	*ich finde es ...*
segurísimo	*ganz sicher*
la cesta	*Korb*
o sea	*das heißt*
el hijo, la hija	*Sohn, Tochter*
el candidato	*Kandidat*
quedarse	*bleiben*
la tierra	*Erde*
desgraciadamente	*leider*
jugar	*spielen*
cara o cruz	*Kopf oder Zahl*
servir	*dienen, nutzen*
no sirve	*nützt nichts*
la partida	*Partie (Spiel)*
el parchís	*Mensch-ärgere-Dich-nicht(-Spiel)*

el perdedor	*Verlierer*
el nervio	*Nerv*
¡Qué nervios!	*Wie aufregend!*
desconectar	*ausschalten, abschalten*
fresco, -a	*frisch*
en forma	*in Form*
importante	*wichtig*
algo importante	*etwas Wichtiges*
tranquilo, -a	*ruhig*
el truco	*Trick*
¡nada de trucos!	*keine Tricks!*
la intuición	*Intuition, Einfühlung*
femenino, -a	*weiblich*
a dormir	*ab ins Bett, ab zum Schlafen*

Gramática

1. Die nahe Zukunft: *ir a* +Infinitiv   E 4, 5

Die Formen
Mit dem Verb **ir** (*gehen, fahren*) + **a** + Infinitiv wird das nahe Futur, **el futuro próximo**, gebildet. Und so lauten die Formen:

Die nahe Zukunft			
(yo)	voy	a	trabajar
(tú)	vas	a	trabajar
(él, ella, usted)	va	a	trabajar
(nosotros, -as)	vamos	a	trabajar
(vosotros, -as)	vais	a	trabajar
(ellos, ellas, ustedes)	van	a	trabajar

¿Qué vas a hacer? *Was wirst du tun?*
Voy a estudiar más. *Ich werde mehr lernen.*
¿Qué le vamos a regalar a Manu? *Was werden wir Manu schenken?*
Le vamos a regalar un vuelo en globo. *Wir werden ihm einen Ballonflug schenken.*

Der Gebrauch

Das nahe Futur wird für Ereignisse verwendet, die in nächster Zukunft und mit hoher Wahrscheinlichkeit stattfinden werden oder eine feste Absicht ausdrücken:
El próximo mes Luis va a estudiar en Salamanca. *Nächsten Monat wird Luis in Salamanca studieren.*
Este año van a ir a Alicante. *Dieses Jahr werden sie nach Alicante fahren.*
Seguro que van a comprar la casa. *Sicher werden sie das Haus kaufen.*
Olga te va a llamar. *Olga wird dich anrufen.*

Beachten Sie die Wortstellung im Satz: Wie bei den Hilfsverben kann auch hier das Objektpronomen entweder <u>vor</u> dem konjugierten Verb (**ir**) oder angehängt an den Infinitiv stehen:
Van a escribirnos. ▶ Nos van a escribir. *Sie werden uns schreiben.*
Va a llamarte. ▶ Te va a llamar. *Sie wird dich anrufen.*
→ Lektion 6

2. Die Bildung der Adverbien auf -*mente* E 6, 7, 8

Zur Angabe, wie etwas geschieht oder gemacht wird, brauchen Sie ein Adverb. Einige Adverbien werden aus Adjektiven abgeleitet, indem an die weibliche Form des Adjektivs die Endung -**mente** angehängt wird:

Adjektiv m	f	Adverb	
fácil	fácil	fácilmente	*leicht*
tranquilo	tranquila	tranquilamente	*ruhig*
normal	normal	normalmente	*normalerweise*
desgraciado	desgraciada	desgraciadamente	*leider, unglücklicherweise*

Desgraciadamente uno tiene que quedarse en tierra.
Leider muss einer auf der Erde bleiben.
No lo va a olvidar fácilmente. *Er wird es nicht (so) leicht vergessen.*

Hat das Adjektiv einen Akzent, so bleibt er auch beim abgeleiteten Adverb erhalten, auch wenn die Betonung auf -**mente** liegt:

difícil	difícilmente	*schwierig, schwer*
último	últimamente	*kürzlich, vor Kurzem*

Wenn zwei Adverbien hintereinander stehen, bekommt nur das zweite die Endung -**mente**:
Juan estudia fácil y tranquilamente. *Juan lernt leicht und ruhig.*

Neben diesen abgeleiteten Adverbien gibt es eine Reihe von unabgeleiteten oder ursprünglichen Adverbien, von denen Sie bereits einige kennengelernt haben:

ahora	*jetzt*	más	*mehr*
aquí	*hier*	mejor	*besser*
bien	*gut*	mucho	*viel*
después	*danach*	nada	*nichts*
entonces	*dann*	peor	*schlechter*
hoy	*heute*	poco	*wenig*
mal	*schlecht*	ya	*schon*

3. Die Aussprache von *r* und *rr*　 E 2

Das spanische **r** ist immer ein gerolltes Zungen-r, es gibt jedoch 2 Varianten:
▌ Steht das **r** in der Mitte oder am Ende eines Wortes wird es einfach gerollt [r]: normalmente, profesor, dormir.
▌ Doppelt gerollt wird das **r**, wenn es am Wortanfang oder nach **n**, **l**, oder **s** steht, oder wenn **rr** geschrieben wird [ʀ]: regalar, Roberto, tierra, churros.

Beachten Sie: jedes **r** wird im Spanischen deutlich ausgesprochen, und nicht verschluckt, wie etwa im Deutschen in den Wörtern Professor, Carmen, Arbeit.

Uso del español

Einen Vorschlag machen　 E 10
¿Por qué no le regalamos algo juntos? *Warum schenken wir ihm nicht zusammen etwas?*
¿Y si le regalamos una botella de cava? *Und wenn wir ihm eine Flasche Sekt schenken?*
Yo tengo una idea... *Ich habe eine Idee ...*

Einem Vorschlag zustimmen
Buena propuesta. *Ein guter Vorschlag!*
¡Buena idea! *Gute Idee!*
Sí, muy bien. *Ja, sehr gut!*
¡A mí me parece genial! *Das finde ich toll!*
¡Vale! *Einverstanden!*

Jemanden nach seiner Meinung fragen
¿Qué opinas? *Was meinst du?*
¿Qué piensas tú? *Was denkst du (darüber)?*
¿Cuál es tú opinión? *Was ist deine Meinung? / Wie findest du das?*
En mí opinion,... *Meiner Meinung nach ...*
¿Qué te / le parece? *Was meinst du / meinen Sie dazu? / Wie findest du / finden Sie das?*

Die eigene Meinung angeben

¡A mí me parece fatal! *Ich finde es schrecklich!*
¡A nosotros nos parece muy bien! *Wir finden das sehr gut!*
Desde mí punto de vista… *Von meinem Standpunkt aus …*
Bueno, yo diría que… *Also, ich würde sagen, dass …*
A mí no me convence. *Das überzeugt mich nicht.*

Más expresiones útiles

el perro	*Hund*	el cordero	*Lamm*
el gato	*Katze*	el pájaro	*Vogel*
el caballo	*Pferd*	la planta	*Pflanze*
la cabra	*Ziege*	el arbol	*Baum*
el ratón	*Maus*	la flor	*Blume*
la rata	*Ratte*	el campo	*Feld, Land*
el cerdo	*Schwein*	el animal	*Tier*

Ejercicios

1 Erinnern Sie sich an den Werbeprospekt von **Globalaventuras**? Ergänzen Sie im Text die fehlenden Präpositionen.

a	en	de	por	sobre

Vuelos .... globo.

¿No sabes qué regalarles .... tus abuelos .... sus bodas

.... plata? ¿Le quieres dar una sorpresa .... tu madre?

¿O declararle tu amor .... tu novia .... un lugar solitario?

Vuelos .... globo .... la Sierra .... Madrid.

Salidas todos los días .... las 4:30 .... la mañana.

11

2 Sortieren Sie die folgenden Wörter nach der Aussprache des **r** oder **rr**.

| girar | cerrar | primero | hora | rojo | rico | martes | Inglaterra | amor | restaurante |

[r] ....

[ʀ] ....

3 Setzen Sie die redundanten Pronomen ein: **me**, **te**, **la**, **le**, **lo**, **nos**, **os**, **les**.

1. ¿No sabes qué regalar .... a tu mujer?

2. ¿ .... quieres dar una sorpresa a tus abuelos?

3. ¿Qué .... vamos a regalar a Inés por su cumpleaños?

4. A mi amigo .... regalo un libro.

5. ¿A ti .... gustan los vuelos en globo?

6. A nosotros no .... han escrito nunca.

7. Este libro no .... voy a leer.

8. A Ana no .... llaman casi nunca.

9. ¿Qué .... parece a vosotros?

10. Esta idea a mí .... parece fantástica.

11

4 ¿Qué van a hacer? Was werden diese Personen demnächst tun? Bilden Sie Sätze.

Rosario	trabajar	dieta.
Trini y Patricia	hacer	a Italia.
Nosotros	estudiar	en Berlín.
Ellos	cumplir	danés.
Yo	comprar	a mi amiga.
Manu	llamar	50 años.
Vosotras	ir	un CD de los Beatles.

1. *Rosario va a hacer* ....

2. ....

3. ....

4. ....

5. ....

6. ....

7. ....

5 Welche dieser Tätigkeiten haben Sie in nächster Zeit vor? Ergänzen Sie jeweils die Zeitangaben zu vollständigen Sätzen.

> levantarse a las cinco y media ✔   ir a España   tomar poco chocolate
> darle una sorpresa a su madre / padre*   declararle su amor a...
> hacer todos los ejercicios   jugar con los niños   comprar un regalo

*padre: *Vater*

Hoy ....

Esta noche ....

Mañana *me voy a levantar a las cinco y media.* ....

Esta semana ....

La semana que viene ....

Este mes ....

El próximo mes ....

El año que viene ....

11

6 Wie lauten die Endungen dieser Adjektive?

-o	-il	-e	-nte	-án	-al	-ble	-l

important ....   origin ....   car ....

solitari ....   increí ....   azu ....

buen ....   emociona ....   libr ....

alem ....   fác ....   igu ....

7 Bilden Sie aus diesen Adjektiven Adverbien.

tranquilo ....   natural ....

claro ....   alegre ....

fácil ....   seguro ....

normal ....   posible ....

8 Was fehlt hier: Adjektiv oder Adverb? Setzen Sie die Wörter in Klammern in der richtigen Form ein.

1. (*tranquilo*) El «Gato Negro» es un bar .... Aquí podemos tomar nuestro café ....

2. (*bueno*) Es una .... idea. A mí me parece muy ....

3. (*especial*) Un vuelo en globo es un regalo .... Lo hacemos .... para Manu.

4. (*normal*) .... trabajo hasta las siete, pero hoy no es un día ....

5. (*seguro*) Los vuelos en globo son .... , pero .... todos están nerviosos*.

6. (*fácil*) Mira, esto es muy .... Lo vas a comprender ....

*estar nevioso: *nervös sein*

9 Welches Verb passt zu welcher Ergänzung? Verbinden Sie.

quedarse   en forma
hacer ———   el móvil
jugar   ——— un café
estar   en tierra
preparar   la partida de parchís
desconectar   una idea
tener   a cara o cruz
dar   en algo
declarar   una sopresa
pensar   el amor

10 Wie machen Sie Vorschläge, fragen jemanden nach seiner Meinung, stimmen zu oder sagen Ihre Meinung? Setzen Sie die Sätze richtig zusammen.

1. ● ¿ / regalamos / le / juntos / algo ?
   ● ¡ idea / sí / buena !

   ● ....

   ● ....

2. ● ¿ no / por qué / regalamos / le / vino / un ?
   ● ¡ mí / a / me / muy / parece / bien !

   ● ....

   ● ....

3. ● ¿ parece / os / qué ?
   ● ¡ nosotros / nos / a / genial / parece !

   ● ....

   ● ....

4. ● ¿ le / y / botella / si / regalas / una / cava / de ?
   ● ¡ propuesta / es / buena / esto / una !

   ● ....

   ● ....

11 Was schenken Sie wem? Wählen Sie jeweils ein Geschenk für jede Person aus oder denken Sie sich selbst Geschenke aus.

un curso de yoga	una botella de vino	un vuelo en globo
queso manchego	una entrada al cine	un desayuno en un café

1. A mi hijo / hija _le regalo_ ....

2. A mis vecinos ....

3. A mi amigo (Name) ....

4. A mi mujer / marido* ....

5. A mis abuelos ....

6. A mi jefe* ....

* marido: *Ehemann*, jefe: *Chef*

12 Vergangenheit oder Zukunft? Bilden Sie das Perfekt oder die nahe Zukunft.

1. Esta mañana yo no .... leído el periódico.

2. Esta noche .... a salir, Marta y yo.

3. Mañana Juan .... a comprar un regalo para Celia.

4. Hoy los chicos no .... ido a la discoteca.

5. ¿El próximo año (vostros) .... a estudiar francés?

6. Irene, esta semana no .... llamado a tu madre, ¿verdad?

In dieser Lektion lernen Sie:
- im Lokal bestellen
- **hay que**
- das Futur

BAR MANU

«España es un mosaico de climas, paisajes y culturas que se refleja en la variedad de sus tapas. Para conocer España no basta con verla, hay que comerla.**»**   (Manu)

BAR MANU

«Spanien ist ein Mosaik aus Klima, Landschaften und Kulturen, das sich in der Vielfalt seiner Tapas widerspiegelt. Um Spanien kennenzulernen, genügt es nicht, das Land zu sehen, man muss es essen.**»**   (Manu)

Selección de tapas de toda España.

Esta semana:

Galicia
Pulpo a la gallega

Castilla-León
Queso manchego

Cataluña
Pan con tomate y anchoas

Baleares
Conejo en salsa de almendras

País vasco
Bacalao al pil-pil

Cantabria
Mejillones en escabeche

Canarias
Papas arrugadas con mojo

Andalucía
Riñones al jerez

Auswahl von Tapas aus ganz Spanien.

Diese Woche:

Galicien
Oktopus galicische Art

Kastilien-León
Manchego-Käse

Katalonien
Tomatenbrot mit Anchovis

Balearen
Kaninchen in Mandelsoße

Baskenland
Stockfisch mit Knoblauch

Kantabrien
Miesmuscheln mariniert

Kanarische Inseln
Runzelkartoffeln in Soße

Andalusien
Nieren in Sherry

12

¿Qué hay de nuevo? E 1

Aus früheren Lektionen kennen Sie bereits die Form **hay** *es gibt*. Hier im Text haben Sie nun die Form **hay que** + Infinitiv gesehen. Sie wird unpersönlich gebraucht und bedeutet *man muss*:

No basta con conocerla, hay que comerla. *Es genügt nicht, es kennenzulernen, man muss es essen.*
Para estar en forma hay que hacer gimnasia. *Um in Form zu sein, muss man Gymnastik machen.*

Wenn Sie das Verb *müssen* persönlich ausdrücken wollen, also *ich muss, du musst* etc., dann tun Sie das mit dem Verb **tener que** + Infinitiv (vgl. Lektion 7):
Tengo que hacer más gimnasia. *Ich muss mehr Gymnastik machen.*
Tienes que comerla. *Du musst es essen.*

La fiesta de cumpleaños

Es la fiesta de cumpleaños de Manu.
Marta, Nicolás y Celia entran y saludan a todos los invitados: hay muchos clientes habituales, vecinos, la familia de Manu... El bar está lleno. Los tres amigos se acercan a la barra y saludan a la mujer de Manu.

Nati: ¡Hola!
Marta: ¡Hola! ¿Dónde está el cumpleañero? Queremos darle su regalo.
Nati: Está en el patio, ayudando a los músicos.
Celia: ¡Ah, hay orquesta!
Nati: Sí, sí, claro. Hoy vamos a tener baile y hay barra libre para todos.
           ¿Qué váis a tomar?
Nicolás: Para mí una caña.
Celia: Para mí también.
Nati: Vale. ¿Y tú, Marta? ¿Qué te pongo?
Marta: Un zumo de naranja, por favor.
Nati: ¿Y qué queréis de tapa?
Celia: ¿Qué hay?
Nati: Pues esta semana... os recomiendo el pulpo, ¡está buenísimo!
Nicolás: Uy, yo no sé si me gustará, nunca lo he comido...
Nati: ¿No has comido nunca pulpo? Entonces lo tienes que probar.
           Ya verás, te va a gustar. ¿Os traigo una ración?
Marta: Sí, muy bien.
Mientras prueban el exquisito pulpo gallego viene Manu.
Manu: ¡Hola, los Tres Mosqueteros! ¿Os gusta el pulpo?
Marta: ¡Felicidades! Manu, tenemos un regalo muy especial para ti. Toma.
Manu: Gracias, chicos. ¿Puedo abrirlo? A ver... Ehm... ¿Un vuelo en globo?
           Pero... es que...

Celia:	¿Qué pasa? ¿No te gusta? Tú que eres tan aventurero...
Manu:	No sé si podré hacerlo... Es que me da miedo.
Marta:	¿Que te da miedo? Ja, ja, ja... ¡No lo puedo creer!
Manu:	Es que tengo miedo a la altura...
Celia:	Pero Manu, hay que superar el miedo. Ya verás, volar en globo es la mejor terapia contra el miedo a la altura. Así que ¡ánimo! Y nosotros te sujetaremos, ¿vale?
Manu:	¡Ay! Ya me siento fatal...

Vocabulario

Bar Manu

el mosaico	Mosaik
el clima	Klima
el paisaje	Landschaft
la cultura	Kultur
reflejarse	sich widerspiegeln
la variedad	Vielfalt
basta	es genügt, es reicht

la selección	Auswahl
Galicia	Galicien
el pulpo	Oktopus
a la gallega	auf galicische Art
Castilla-León	Kastilien-León
manchego	aus der Mancha (Region)
Cataluña	Katalonien
pan con tomate	Tomatenbrot

las anchoas	*Anchovis, Sardellen*
las Baleares	*Balearen*
el conejo	*Kaninchen*
la salsa	*Soße*
la almendra	*Mandel*
el País Vasco	*Baskenland*
el bacalao	*Stockfisch, Kabeljau (trocken)*
al pil-pil	*in Knoblauch*
Cantabria	*Kantabrien*
los mejillones	*Miesmuscheln*
en escabeche	*mariniert*
las Canarias	*Kanaren, Kanarische Inseln*
papas arrugadas	*Runzelkartoffeln*
el mojo *kanarisch*	*Soße*
Andalucía	*Andalusien*
los riñones	*Nieren*
el jerez	*Sherry*

La fiesta de cumpleaños

el invitado	*Gast*
entrar	*hineingehen, eintreten*
saludar	*(be-)grüßen*
habitual	*Stamm-...*
el vecino	*Nachbar*
lleno, -a	*voll*
acercarse	*sich nähern*
la barra	*Theke, Tresen*
el cumpleañero	*Geburtstagskind*
el regalo	*Geschenk*
el patio	*Innenhof*
ayudar a alguien	*jdm. helfen*
el baile	*Tanz*
la barra libre	*freie Getränke und Speisen*
la caña	*kleines Bier vom Fass*

¿Qué vais a tomar?	*Was trinkt ihr? (wörtlich: Was werdet ihr nehmen?)*
¿Qué te pongo?	*Was darf ich dir bringen?*
¿Qué hay?	*Was gibt es?*
recomendar	*empfehlen*
buenísimo	*sehr gut, ausgezeichnet*
no sé si...	*ich weiß nicht, ob ...*
ya verás	*du wirst schon sehen*
¿Os traigo una ración?	*Soll ich euch eine Portion bringen?*
la ración	*Portion*
exquisito	*exquisit, ausgezeichnet*
gallego, -a	*galicisch*
el mosquetero	*Musketier*
¡Felicidades!	*Alles Gute!, Herzlichen Glückwunsch!*
el aventurero	*Abenteurer*
tu que eres tan...	*wo du doch so ... bist*
el miedo	*Angst*
dar miedo	*Angst machen*
creer	*glauben*
tener miedo a	*Angst haben vor*
el miedo a la altura	*Höhenangst*
la altura	*Höhe*
superar	*überwinden*
lo único	*das Einzige*
la terapia	*Therapie*
así que	*also dann*
sujetar	*festhalten*
sentirse	*sich fühlen*
fatal	*schrecklich, ganz schlecht*

Gramática

Das Futur (Zukunft)   E 3, 4

Sie haben in Lektion 11 das nahe Futur (**ir a** + Infinitiv) kennengelernt, das vor allem in der mündlichen Kommunikation sehr häufig verwendet wird. Daneben gibt es aber in Spanischen auch ein „echtes" Futur. Die Bildung der Formen ist nicht schwer.

Die Formen
Das Futur der regelmäßigen Verben wird gebildet aus dem Infinitiv, an den die Futur-Endungen angehängt werden. Sie sind für alle drei Verbgruppen identisch:

Das Futur			
	trabajar	comer	abrir
(yo)	trabajar**é**	comer**é**	abrir**é**
(tú)	trabajar**ás**	comer**ás**	abrir**ás**
(él, ella, usted)	trabajar**á**	comer**á**	abrir**á**
(nosotros, -as)	trabajar**emos**	comer**emos**	abrir**emos**
(vosotros, -as)	trabajar**éis**	comer**éis**	abrir**éis**
(ellos, ellas, ustedes)	trabajar**án**	comer**án**	abrir**án**

Ya te sujetaremos. *Wir werden dich schon festhalten.*
En dos años estudiaré Medicina. *In zwei Jahren werde ich Medizin studieren.*

Einige unregelmäßige Verben verändern im Futur den Stamm, nicht die Endungen. Hier die wichtigsten:

Infinitiv		Futur
decir	*sagen*	**dir**é, dirás, dirá...
hacer	*machen*	**har**é, harás, hará...
poder	*können*	**podr**é, podrás, podrá...
poner	*stellen*	**pondr**é, pondrás, pondrá...
querer	*wollen*	**querr**é, querrás, querrá...
saber	*wissen*	**sabr**é, sabrás, sabrá...
salir	*ausgehen*	**saldr**é, saldrás, saldrá...
tener	*haben*	**tendr**é, tendrás, tendrá...
venir	*kommen*	**vendr**é, vendrás, vendrá...

No sé si podré hacerlo. *Ich weiß nicht, ob ich es machen kann (können werde).*
En agosto tendrás mucho tiempo. *Im August wirst du viel Zeit haben.*

Der Gebrauch

Das Futur wird natürlich für Ereignisse verwendet, die in der Zukunft stattfinden
werden. Es ist vor allem in der formelleren, schriftlichen Kommunikation zu finden:
El curso empezará el 20 de marzo. *Der Kurs wird am 20. März beginnen.*
El examen será en noviembre. *Die Prüfung wird im November sein.*

Das Futur wird außerdem verwendet, wenn eine Vermutung, eine bloße Wahrscheinlichkeit oder ein Zweifel ausgedrückt werden soll, der sich sowohl auf
die Gegenwart als auch auf die Zukunft beziehen kann. In diesen Fällen kommt
das Futur auch in der mündlichen Kommunikation vor:
No sé si el pulpo me gustará. *Ich weiß nicht, ob mir die Krake schmecken wird.*
Ahora no estará en casa. *Jetzt wird er (wohl) nicht zu Hause sein.*

Uso del español

Im Lokal bestellen   E 8

Was der Kellner / die Kellnerin sagt:
¿Qué váis a tomar? *Was werdet ihr trinken? / Was trinkt ihr?*
¿Qué van a tomar (ustedes)? *Was möchten Sie trinken?*
¿Qué te pongo? *Was darf ich dir bringen?*
¿Qué le(s) pongo? *Was darf ich Ihnen (Sing./Pl.) bringen?*
¿Qué desean? *Was wünschen Sie?*
¿Y qué queréis de tapa? *Und was möchtet ihr als Tapa (Häppchen)?*
¿Qué quieren / desean de tapa? *Welche Tapas möchten Sie?*
Os / Les recomiendo... *Ich empfehle euch / Ihnen ...*
¿Os /Les traigo una ración? *Darf ich euch / Ihnen eine Portion bringen?*

Was Sie als Gast sagen:
Para mí una caña. *Für mich ein Bier vom Fass.*
Para mí también. *Für mich auch.*
¿Qué nos recomienda? *Was empfehlen Sie uns?*
Sí, muy bien. *Ja, bitte.* (als Antwort z.B. auf ¿Les traigo una ración?)

i **Tapas** sind die berühmten kleinen Häppchen, die in Spanien gerne als
Zwischenmahlzeit oder **aperitivo** gegessen werden. Man sagt, der
Name **tapas** (von **tapar**, abdecken) käme davon, dass man früher beim Essen
im Freien gern die Gläser mit Brotscheiben abgedeckt hat, zum Schutz vor Insekten.
In manchen Gegenden heißen die **tapas** auch **pinchos**. In größeren Portionen
serviert heißen sie **raciones** und ersetzen durchaus auch eine Hauptmahlzeit.

Más expresiones útiles

No hay que olvidar que...	*Man darf nicht vergessen, dass ...*
Ya veremos.	*Wir werden schon sehen.*
¿Qué será?	*Was wird sein?*
¿Qué será de ti?	*Was wird aus dir werden?*
Otro día será.	*Ein anderes Mal vielleicht.*

Ejercicios

1 Setzen Sie ein: **voy a, tengo que, hay que**

● El próximo año .... estudiar en la universidad de Londres.

● Ah, ¿sí? ¡Qué interesante! ¿Qué .... estudiar?

● .... estudiar Medicina. Y ahora .... estudiar inglés.

● Pues claro, para estudiar en Inglaterra .... saber bien inglés, chica.

● Eso. La semana que viene .... empezar con un curso de noche.

Allí sólo hablamos inglés todo el tiempo.

● Claro, ... hablar mucho, eso es muy importante.

¿ .... a tener clases particulares*?

● Si, en casa. Bueno, ahora .... ir a la escuela y hacer la inscripción.

● Bueno, chica, adiós, ¡que te vaya bien!

*clases particulares: *Privatstunden*

2 Ergänzen Sie die Tabelle mit den Verbformen im Infinitiv und den Formen in der dritten Person Singular (**él, ella, usted**).

Infinitiv	Präsens	Perfekt	Futur
hablar	....	....	....
....	tiene	....	....
....	....	ha cumplido	....
....	....	....	comerá
hacer	....	....	....

3 Schreiben Sie die Futur-Formen der Verben in den angegebenen Personen in die Wortschlange, beginnend mit 1. Der letzte Buchstabe eines Wortes ist jeweils der erste des nächsten Wortes. Achtung: Bei den Großbuchstaben entfallen die (grafischen) Akzente.

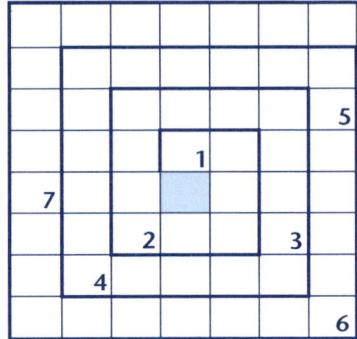

1. ABRIR (yo)
2. ESTUDIAR (tú)
3. SABER (ellos)
4. NECESITAR (vosotras)
5. SALIR (yo)
6. ENTENDER (tú)
7. SIGNIFICAR (esto)

4 Ricardo weiß heute nicht so recht, was er will. Auf alle Fragen antwortet er mit *ich weiß nicht*. Ergänzen Sie.

1. ● Ricardo, ¿vienes a la fiesta de Manu? ● *Pues, no sé si iré.* ....

2. ● ¿Vas a trabajar el viernes? ● *Pues,* ....

3. ● ¿Tienes tiempo para comprar leche? ● ....

4. ● ¿Vas a tomar vino o cerveza? ● ....

5. ● ¿Salís juntos este fin de semana? ● ....

6. ● ¿Puedes tú llamarla? ● ....

7. ● Marta hace hoy la compra, ¿no? ● ....

8. ● ¡Uy! ¿Qué va a decir Celia de esto? ● ....

5 Setzen Sie die Elemente aus den drei Spalten zu sinnvollen Sätzen zusammen.

Para conocer a España		ir al País Vasco.
Para comer un buen bacalao		ir a Andalucía.
Para estar en forma	hay que	comerla.
Para superar el miedo a la altura		bailar mucho.
Para probar el jerez original		ir a Madrid.
Para tomar churros con chocolate		volar en globo.

6 In dieser Lektion haben Sie viel neuen Wortschatz gelernt. Ergänzen Sie dieses
Mindmap, das Ihnen hilft, die Wörter besser zu behalten.

.pulpo.......   .Galicia....

....   **tapas**   **regiones españolas**   ....

            en el bar   ....

....   **bebidas**   **cumpleaños**   ....

.una caña.   .el regalo..

....

....

7 Ergänzen Sie bei den folgenden Gerichten die fehlenden Präpositionen.

a la	con (2x)	–	al (2x)	en	de

1. Mejillones .... escabeche

2. Pulpo .... gallega

3. Pan .... tomate

4. Bacalao .... pil-pil

5. Papas arrugadas .... mojo

6. Queso .... manchego

7. Conejo .... salsa .... almendras

8. Riñones .... jerez

8 Ordnen Sie zu. Was sagt der Kellner, was sagen die Gäste im Lokal?

¿Qué nos recomienda?   Hola, ¿qué van a tomar?   ¿Qué quieren de tapas?
Les recomiendo el bacalao, es muy rico.   ¿Les traigo una ración?
Medio litro de vino blanco, por favor, y una coca-cola.
Ah, bueno, entonces el bacalao.   Sí, muy bien.

Camarero	Cliente
....	....
....	....
....	....
....	....

9 Setzen Sie die fehlenden Präpositionen ein.

Tres amigos entran .... el bar «Carmencita» de la calle Sepúlveda, se

acercan .... la barra y saludan .... los clientes habituales.

Buscan .... dueño* del bar. Está .... el patio preparando una

paella .... una fiesta .... la universidad. Los tres amigos

organizan una fiesta-sorpresa .... el cumpleaños .... un

amigo, ..., tapas, baile y barra libre .... 60 personas. La fiesta

será el sábado .... la noche, ... las ocho .... la

tarde y terminará .... día siguiente con chocolate .... churros.

*dueño: *Besitzer*

10 Sortieren Sie diese Wörter nach ihrer Aussprache.

escabeche gallego conejo anchoas mejillones mojo jerez churros tortilla

[x]	[j]	[tʃ]
....	....	....
....	....	....
....	....	....

Die Themen der Lektion:
▮ über das körperliche Befinden sprechen
▮ Anweisungen und Empfehlungen geben:
  der Imperativ
▮ das Verb **doler**

Seis reglas para volar en globo

Volar en globo es una forma segura de moverse, pero hay que respetar unas reglas muy simples para sentirse bien a bordo:

▮ Lleva ropa abrigada y buenos zapatos, puede hacer frío.
▮ Guarda gafas de sol, gorra y crema de protección solar en tu mochila.
▮ Evita tener citas la mañana del viaje, nunca se sabe dónde será posible aterrizar.
▮ Si sientes miedo en algún momento habla con el piloto y con los compañeros de viaje sobre ello.
▮ Informa al piloto si estás tomando medicamentos o tienes algún problema de salud.
▮ La partida será una hora antes de la salida del sol. Duerme suficientemente la noche anterior.

Sechs Regeln zum Ballonfliegen

Im Heißluftballon zu fliegen ist eine sichere Form sich fortzubewegen, aber man muss einige ganz einfache Regeln beachten, um sich an Bord wohlzu-fühlen:

▮ Zieh warme Kleidung an und gute Schuhe, es kann kalt sein.
▮ Halte Sonnenbrille, Mütze und Sonnencreme in deinem Rucksack bereit.
▮ Vermeide Verabredungen am Reisevormittag, man weiß nie, wo es möglich sein wird zu landen.
▮ Wenn du irgendwann Angst verspürst, sprich mit dem Piloten und mit den Reisegefährten darüber.
▮ Informiere den Piloten, wenn du Medikamente nimmst oder irgendein gesundheitliches Problem hast.
▮ Der Abflug wird eine Stunde vor Sonnenaufgang sein. Schlafe ausreichend in der Nacht vorher.

13

¿Qué hay de nuevo? E 1

Im Text haben Sie eine neue Verbform kennengelernt: den **imperativo**. Der Imperativ (Befehlsform) wird hier verwendet, um Empfehlungen oder Ratschläge zu geben. So bilden Sie die regelmäßigen Formen in der 2. und 3. Person Singular und Plural:

	tomar *(ein-)nehmen*	comer *essen*	abrir *öffnen*
(tú)	tom**a**	com**e**	abr**e**
(vosotros, -as)	tom**ad**	com**ed**	abr**id**
(usted)	tom**e**	com**a**	abr**a**
(ustedes)	tom**en**	com**an**	abr**an**

▌Haben Sie es bemerkt? Der Imperativ der du-Form (**toma, come, abre**) ist identisch mit der 3. Person Singular des Präsens.
▌Die Formen der 2. Person Plural (**vosotros, -as**) können Sie vom Infinitiv ableiten. Sie ersetzen einfach das **r** durch ein **d**: **tomar** ▶ **tomad, comer** ▶ **comed**.
▌In der 3. Person Singular (**usted**) erhalten die Verben auf **-ar** die Endung **e**, die Verben auf **-er** und **-ir** die Endung **a**.
▌In der 3. Person Plural (**ustedes**) wird an die Singular-Endung einfach ein **n** angehängt.

Toma, esto es para ti. *Nimm, das ist für dich.*
Tome otro vino. *Trinken Sie noch einen Wein.*
Comed más tortilla, chicos. *Esst (noch) mehr Tortilla, Jungs.*
Abran la puerta, por favor. *Machen Sie bitte die Tür auf.*
Haz tú la compra, por favor. *Mach du bitte den Einkauf.*
Vaya al dentista si tiene dolores. *Gehen Sie zum Zahnarzt wenn Sie Schmerzen haben.*

Einige unregelmäßige Verben:

	hacer *machen*	poner *setzen, stellen*	ir *gehen, fahren*
(tú)	haz	pon	ve
(vosotros, -as)	haced	poned	id
(usted)	haga	ponga	vaya
(ustedes)	hagan	pongan	vayan

In Lateinamerika wird die Imperativform der 2. Person Plural (**vosotros, -as**) durch die 3. Person Plural (**ustedes**) ersetzt. Anstelle von **Id a casa**. *Geht nach Hause.* würde man also sagen: **Vayan a casa.**

En la consulta del dentista ⊙

Manu:	Hola, buenas tardes. Tengo una cita a las cinco y cuarto.
Señorita:	¿Su nombre, por favor?
Manu:	Manuel Jiménez.
Señorita:	¿Con jota?
Manu:	Sí, exacto.
Señorita:	Es la primera vez que viene, ¿verdad?
Manu:	Sí.
Señorita:	Muy bien. Mire, siéntese en la sala de espera y rellene este formulario con sus datos. El doctor Merano va a tardar unos veinte minutos en atenderlo.
Manu:	Vale, gracias.
Señorita:	¡Señor Jiménez, por favor!
Manu:	¡Sí!
Señorita:	Pase a la sala 2, por favor. ¿Ha terminado de rellenar el formulario?
Manu:	Sí, sí. Tome, aqui está.

...

El doctor:	Hola, buenas tardes. Siéntese.
Manu:	Gracias.
El doctor:	Dígame, ¿qué le pasa?
Manu:	Pues me duele mucho una muela, ya varios días, ésta...
El doctor:	Vamos a ver... Abra un poquito más la boca, por favor. Relájese, hombre. Está muy nervioso, ¿eh? Sólo voy a examinarla. Mmm... No tiene nada.
Manu:	No puede ser, me duele mucho. Bueno, también me duele la cabeza y también aquí...
El doctor:	¿No será que tiene usted un poquito de estrés, alguna preocupación o algún problema?
Manu:	No, no... bueno... sólo que mañana voy a volar en globo... y...
El doctor:	¿En globo? ¡Qué horror! Yo tengo un miedo horrible a la altura.
Manu:	¡Yo también! Pero es mi regalo de cumpleaños, no puedo..., ¿comprende?
El doctor:	Mire, tómese estas pastillas, una cada seis horas. Son tranquilizantes, pero no muy fuertes. ¡Ánimo! Mire siempre hacia adelante y no hacia abajo, sujétese bien a la cesta del globo y hable mucho. Y vuelva la semana que viene si todavía tiene dolores...
Manu:	Y si todavía estoy vivo, que no lo creo... ¡Gracias! ¡Adiós!
El doctor:	Adiós, ¡que se mejore! ¡Y ya me contará!

13

Vocabulario

Seis reglas para volar ...

la regla	*Regel*
volar	*fliegen*
la forma	*Form*
respetar	*respektieren, beachten*
simple	*einfach, simpel*
a bordo	*an Bord*
la ropa	*Kleidung*
abrigado	*Schutz ..., hier: warm (Kleidung)*
el zapato	*Schuh*
frío, -a	*kalt*
hacer frío	*kalt sein*
guardar	*bereithalten, aufbewahren*
las gafas de sol *Pl!*	*Sonnenbrille*
la gorra	*Mütze*
la crema	*Creme*
la protección solar	*Sonnenschutz*
la protección	*Schutz*
la mochila	*Rucksack*
evitar	*vermeiden*
aterrizar	*landen*
el momento	*Moment*
informar	*informieren*
el piloto	*Pilot*
el medicamento	*Medikament*
la salud	*Gesundheit*
la partida	*Abfahrt, Abflug*
la salida del sol	*Sonnenaufgang*
suficiente	*ausreichend, genügend*
anterior	*davor, vorherig*

En la consulta del dentista

la consulta	*Praxis*
el, la dentista	*Zahnarzt, Zahnärztin*
exacto	*genau, exakt*

la vez	*Mal*
sentarse	*sich (hin-)setzen*
la sala de espera	*Wartezimmer*
rellenar	*ausfüllen*
el formulario	*Formular*
los datos	*Daten*
el doctor	*Doktor, Arzt*
tardar en...	*(Zeit) brauchen, dauern*
atender	*behandeln, sich kümmern (durch-)gehen*
pasar	*beenden, aufhören*
terminar	
¿Qué le pasa?	*Was ist los? Was führt Sie zu mir?*
doler	*schmerzen*
la muela	*(Backen-)Zahn*
varios, -a	*mehrere*
un poquito	*ein bisschen*
la boca	*Mund*
relajarse	*sich entspannen*
nervioso, -a	*nervös*
examinar	*untersuchen*
la cabeza	*Kopf*
el estrés	*Stress*
la preocupación	*Sorge, Kummer*
comprender	*verstehen*
la pastilla	*Tablette*
tranquilizante	*beruhigend*
fuerte	*stark*
hacia	*nach, in Richtung auf*
adelante	*vorne, vorwärts*
abajo	*unten*
todavía	*noch (immer)*
el dolor	*Schmerz*
vivo, -a	*lebendig*
estar vivo, -a	*lebendig sein*
¡Que se mejore!	*Gute Besserung!*

Gramática

1. Imperativ: regelmäßige Verben, Besonderheiten   E 2, 3

	cerrar *schließen*	**contar** *erzählen*	**querer** *wollen*	**pedir** *bitten*
(tú)	cierra	cuenta	quiere	pide
(vosotros, -as)	cerrad	contad	quered	pedid
(usted)	cierre	cuente	quiera	pida
(ustedes)	cierren	cuenten	quieran	pidan

Verben, bei denen sich im Präsens in den Singular-Formen und in der 3. Person Plural der Stammvokal verändert (**cerrar** ▸ c**ie**rro; **contar** ▸ c**ue**nto; **querer** ▸ qu**ie**ro; **pedir** ▸ p**i**do), haben dieselbe Veränderung auch in der 2. Person Singular und in der 3. Person Singular und Plural des Imperativs.

2. Weitere unregelmäßige Verben   E 4

	decir *sagen*	**ser** *sein*	**tener** *haben*	**venir** *herkommen*	**salir** *ausgehen*
(tú)	di	sé	ten	ven	sal
(vosotros, -as)	decid	sed	tened	venid	salid
(usted)	diga	sea	tenga	venga	salga
(ustedes)	digan	sean	tengan	vengan	salgan

Ein Anhaltspunkt für Sie: Wenn ein Verb eine Unregelmäßigkeit in der 1. Person Singular des Präsens besitzt (z.B. **decir** ▸ **digo**, **ser** ▸ **soy**, **tener** ▸ **tengo**), ist das ein sicherer Hinweis für eine Unregelmäßigkeit im **imperativo** der **usted**- und **ustedes**-Form.

3. Reflexive Verben   E 7

	sentarse *sich setzen*	**moverse** *sich bewegen*	**vestirse** *sich anziehen*
(tú)	siéntate	muévete	vístete
(vosotros, -as)	sentaos	moveos	vestíos
(usted)	siéntese	muévase	vístase
(ustedes)	siéntense	muévanse	vístanse

13

Sie sehen, dass im bejahten Imperativ das Reflexivpronomen (**te, os, se**) an die Imperativform angehängt wird. Dabei gibt es zwei Besonderheiten:

▌ In der 2. Person Plural entfällt das **d** der Endung: **sentad ▶ sentaos**.
▌ Durch das Anhängen des Pronomens kommt eine Wortsilbe hinzu. Um die ursprüngliche Betonung des Imperativs zu erhalten, muss man deshalb einen Akzent setzen: **sienta ▶ siéntate, mueve ▶ muévete**.

4. Imperativ mit direktem Objektpronomen   E 6, 8, 9

Wie das Reflexivpronomen kann auch ein Objektpronomen an den bejahten Imperativ angehängt werden:

▌ In Imperativ + direktes Objektpronomen (**lo, la, los, las**):
Tome esta pastilla. ▶ Tóme**la**. *Nehmen Sie diese Tablette! Nehmen Sie sie!*
Compra estos libros. ▶ Cómpra**los**. *Kauf diese Bücher! Kauf sie!*

Beachten Sie, dass auch hier wieder ein Akzent gesetzt werden muss, um die ursprüngliche Betonung zu erhalten.

Ein Hinweis: Sie haben hier den bejahten Imperativ kennengelernt. Der verneinte Imperativ (*Sehen Sie nicht nach unten!*) wird mit den Formen des **presente de subjuntivo** gebildet, den Sie in Lektion 18 lernen werden.

5. Das Verb *doler* wehtun, schmerzen   E 5

Doler wird (wie **gustar**, vgl. L. 9) nur in der 3. Person Singular und Plural verwendet:
Me duele la cabeza. *Mir tut der Kopf weh.*
Me duelen los pies. *Mir tun die Füße weh.*

Uso del español   E 5

Beim Arzt über das körperliche Befinden sprechen
Mit der Frage **¿Qué le pasa?** wörtl. *Was ist mit Ihnen los? Was führt Sie zu mir?* fragt ein Arzt oder Zahnarzt nach Ihren Beschwerden.
Zur Angabe von Schmerzen können Sie entweder das Verb **doler** oder den Ausdruck **tener doler de** verwenden: **Me duele la cabeza.** *Mir tut der Kopf weh.*
Oder: **Tengo dolor de cabeza.** *Ich habe Kopfschmerzen.*

Den Wunsch **¡Que se mejore!** richten Sie an eine Person, die Sie mit **usted** ansprechen. Wenn Sie jemanden duzen, heißt es: **¡Que te mejores!**

Más expresiones útiles   E 10

el jarabe	(Husten-)Saft
la pomada	Salbe
Me duele la garganta.	Ich habe Halsschmerzen.
la barriga; *Lat.* el vientre	Bauch
el estómago	Magen
Tengo fiebre.	Ich habe Fieber.
la tos	Husten
el catarro	Schnupfen
la gripe	Grippe
estar resfriado, -a	erkältet sein
estar enfermo, -a	krank sein
las gotas	Tropfen
la espalda	Rücken
la alergia	Allergie
los oídos	Ohren

Ejercicios

1 **a.** Formulieren Sie gute Ratschläge. Verbinden Sie.

1. lleva
2. mire
3. guarda
4. evita
5. tómese
6. vuelva
7. duerme
8. sujétese

a. gafas de sol en tu mochila
b. zapatos buenos
c. citas por la mañana
d. hacia adelante
e. estas pastillas
f. a la cesta del globo
g. la semana que viene
h. suficientemente

b. Unterstreichen Sie alle **usted**-Formen (3. Person Singular) des Imperativs in Übung a.

2 Ergänzen Sie die fehlenden Formen des **imperativo**.

	pasar	beber	abrir	dormir	sentarse	tener
(tú)			abre			
(vosotros, -as)		bebed			sentaos	
(usted)	pase					tenga
(ustedes)				duerman		

3 Welches Verb passt? Bilden Sie sinnvolle Ratschläge in der **usted**-Form.
Ein Verb können Sie zweimal verwenden.

hacer	beber	llevar	ir	tomar	quedarse	hablar

1. .... al médico.

2. .... una dieta.

3. .... estas pastillas.

4. .... ropa abrigada.

5. .... gimnasia.

6. .... mucha agua.

7. .... en casa.

8. .... con su médico.

4 Bilden Sie aus den folgenden Silben je drei Imperativ-Formen für die angegebenen
unregelmäßigen Verben.

pi	ga	ed ✔	di	pon	pon	di	de	de	pe
cuen ✔	ga	pon ✔	cid	ta	pi	da	did	con	cuen	tad	te ✔

	poner	**contar**	**decir**	**pedir**
(tú)	....	....	....	....
(vosotros, -as)	..*poned*........	....	....	....
(usted)	....	..*cuente*........	....	....

5 Wie heißen diese Körperteile?

1. ....

2. ....

3. ....

4. ....

5. ....

6. ....

6 Was fehlt diesen Personen? Ergänzen Sie.

1. Me .... la garganta.

2. .... un dolor de muelas horrible.

3. Creo que .... resfriada.

4. Ay, hoy me .... los pies.

5. Tengo un .... horrible a la altura.

6. ¿Qué te pasa? – ....

   .... muchísimo la cabeza.

7. ¿Estás bien? – No, me parece que .... fiebre.

7 Mutters Ratschläge für ein gesundes Leben hängen beim Sohn an der Kühlschranktür. Ergänzen Sie den Text mit den Verben im Imperativ.

Si sigues estas pocas reglas, hijo, estarás siempre sano* y fuerte:

1. .... temprano por la mañana, a las seis o a las siete.(levantarse)

2. Pero .... al mínimo ocho horas cada noche, no menos. (dormir)

   Esto es muy importante.

3. .... bien, toma café, pan y mantequilla. (desayunar)

4. .... bien, lleva tu traje gris, la camisa blanca y una corbata

   bonita. (vestirse)

5. .... una pausa al mediodía y .... (hacer, relajarse)

6. .... tiempo para comer. (tomarse)

7. Después del trabajo, ..., haz gimnasia para estar

   en forma. (moverse)

8. Por la noche .... temprano, antes de la medianoche*.

   (acostarse)

9. Y .... de vez en cuando en tu madre. (pensar)

Besos

Mamá

* sano: *gesund*; medianoche: *Mitternacht*

13

8 Ersetzen Sie in den folgenden Anweisungen in der **usted**-Form das Objekt durch ein Pronomen, wie im Beispiel. Vergessen Sie nicht, einen Akzent zu setzen!

1. Coma naranjas.   ..*Cómalas.*............... .

2. Informe al piloto.   ....

3. Rellene este formulario.   ....

4. Compre leche desnatada.   ....

5. Haga la comida con aceite de oliva. ....

6. Coma raciones pequeñas.   ....

7. Evite citas por la mañana.   ....

8. Lleve gafas de sol.   ....

9 Wandeln Sie nun Ihre Antworten aus Übung 8 in die *tú*-Form um, wie im Beispiel.

1. ..*Cómelas.*............... .   5. ....

2. ....   6. ....

3. ....   7. ....

4. ....   8. ....

10 Welche Medikamente und Maßnahmen würden Sie bei diesen Leiden empfehlen? Ordnen Sie zu.

dolor de cabeza   tomar mucho té
mucho peso   un jarabe
estar resfriado   una pastilla
tos   gotas para el estómago
gripe   ir al dentista
dolor de estómago   ir a la cama*
miedo a la altura   un tranquilizante
dolor de muelas   hacer gimnasia

*la cama: *Bett*

Schwerpunkte in dieser Lektion sind:
- über Ereignisse in der Vergangenheit sprechen
- das **Indefinido**: Formen, Gebrauch
- **Zeitangaben**, die mit dem **Indefinido** stehen
- die doppelte Verneinung (**no...ninguno, nada, nunca, nadie**)
- der **Vergleich** (Komparativ)

La fiesta de Los Sanfermines terminó ayer

Con gran tristeza cantaron ayer miles de personas el tradicional «Pobre de mí» delante del Ayuntamiento de Pamplona, y se despidieron así, como todos los años, de siete largos días de alegría, música, toros y diversión. Los encierros de la semana pasada transcurrieron normalmente, con menos accidentes que en otros años y sin muertes. En el año 2000 perdieron la vida 2 personas, en el 2001 tres jóvenes sufrieron accidentes muy graves. El alcalde de la ciudad agradeció a los ciudadanos y a los muchos visitantes su colaboración con los organizadores y la alegría y buen humor que mostraron durante la semana de fiestas.

Die Sanfermines-Feier endete gestern

Mit großer Trauer sangen gestern Tausende von Menschen das traditionelle „Ich Ärmster" vor dem Rathaus von Pamplona und verabschiedeten sich so, wie jedes Jahr, von sieben langen Tagen der Freude, der Musik, des Stierkampfs und der Unterhaltung. Das Stiertreiben der letzten Woche verlief normal, mit weniger Unfällen als in den vergangenen Jahren und ohne Todesfälle. Im Jahr 2000 verloren 2 Menschen das Leben, 2001 erlitten drei junge Männer sehr schwere Unfälle. Der Bürgermeister der Stadt dankte den Bürgern und den vielen Besuchern für ihre Unterstützung der Organisatoren und die Freude und gute Laune, die sie während der Festwoche zeigten.

¿Qué hay de nuevo?   E 2

Im Text haben Sie eine neue Verbform kennengelernt: das **Indefinido**. Es ist die im Spanischen am häufigsten verwendete Zeitform, um über vergangene Ereignisse zu sprechen. So lauten die Endungen der regelmäßigen Verben:

	cantar	**perder**	**sufrir**
(yo)	canté	perdí	sufrí
(tú)	cantaste	perdiste	sufriste
(él, ella, usted)	cantó	perdió	sufrió
(nosotros, -as)	cantamos	perdimos	sufrimos
(vosotros, -as)	cantasteis	perdisteis	sufristeis
(ellos, -as, ustedes)	cantaron	perdieron	sufrieron

Ayer cantamos mucho. *Gestern haben wir viel gesungen.*
El domingo perdí el tren a Burgos. *Am Sonntag habe ich den Zug nach Burgos verpasst.*

In der deutschen Umgangssprache wird nicht so genau zwischen der Verwendung des Perfekt und Imperfekt unterschieden, danach können Sie sich bei der Verwendung der Vergangenheitszeiten im Spanischen also nicht richten. Merken Sie sich zunächst, dass das **Indefinido** die richtige Zeitform ist, um über Handlungen zu sprechen, die in einer abgeschlossenen Zeiteinheit in der Vergangenheit (*gestern, letzte Woche*) stattfanden.

In der 1. Person Plural (**nosotros**) der Verben auf **-ar** und **-ir** ist das **Indefinido** identisch mit dem Präsens:
Vivimos en Barcelona. *Wir wohnen in Barcelona.*
En 1995 vivimos en Berlín. *1995 wohnten wir in Berlin.*

Die Betonung liegt beim **Indefinido** in der 1. und 3. Person Singular auf der letzten Silbe. Das ist auch ein wichtiges akustisches Signal für diese Zeitform:

trabajé	*ich arbeitete*
trabajó	*er, sie arbeitete*
comí	*ich aß*
comió	*er, sie aß*
abrí	*ich öffnete*
abrió	*er, sie öffnete*

Los Sanfermines

A mediodía. Nicolás está en la terraza del Bar Manu, leyendo el periódico.
Manu le trae una cerveza y unas aceitunas.

Manu: ¿Qué dice el periódico? ¿Hay buenas noticias?

Nicolás: Dice que las Fiestas de Los Sanfermines terminaron ayer, sin muertos.

Manu: Menos mal... El año pasado hubo muchos accidentes...
          ¿Has estado allí alguna vez?

Nicolás: No, no he estado nunca en Pamplona. Pero conozco la canción:
          «Uno de enero, dos de febrero, tres de marzo, cuatro de abril...*
          ¿Y tú? ¿Has estado allí?

Manu: Yo sí, pero ya hace diez años. Estuve allí toda la semana de fiestas.
          Fue genial. Cerré el bar, me puse un pantalón y una camisa blancos y
          un pañuelo rojo, me subí al primer tren hacia Pamplona y...

Nicolás: ¿Y estuviste en los encierros? ¿Corriste también delante de los toros?

Manu: ¡Claro! Fue muy emocionante, y yo no tuve ningún problema, tuve suerte,
          pero no voy a hacer eso nunca más. Aquel año murieron 3 personas.
          Es un juego demasiado peligroso.

Nicolás: Yo no entiendo muy bien eso. En Guinea nadie juega con animales
          peligrosos.

Manu: Ya, claro, no es nada lógico. Yo creo que es para demostrar valor, ya sabes,
          los hombres tenemos que demostrar que somos muy valientes...

Nicolás: Ah, las chicas no corren con los toros...

Manu: Pues creo que no, yo no conozco a ninguna... Pero ¿sabes qué?

Nicolás: ¿Qué?

Manu: A mí me dan más miedo las chicas que los toros.

Nicolás: ¡Ajá! Pero es mejor correr detrás de las chicas que delante de los toros,
          ¿no crees?

Manu: ¡Eso sí! Y además, son más guapas las chicas.

* Wie dieses Lied weitergeht erfahren Sie im Landeskundetipp in dieser Lektion.

14

Vocabulario

La fiesta de Los Sanfermines

Los Sanfermines	Festlichkeiten zu San Fermín, Anfang Juli in Pamplona
ayer	gestern
la tristeza	Trauer, Traurigkeit
mil	tausend
miles de	Tausende von
tradicional	traditionell
pobre	arm
pobre de mí	ich Ärmster
delante de	vor (örtlich)
el ayuntamiento	Rathaus
despedirse	sich verabschieden
largo, -a	lang
la alegría	Freude, Heiterkeit
el toro	Stier
los toros	Stierkampf
la diversión	Unterhaltung
el encierro	traditionelles Stiertreiben
pasado, -a	vergangen
transcurrir	verlaufen, ablaufen
menos	weniger
el accidente	Unfall
la muerte	Tod, Todesfall
perder	verlieren
los jóvenes *Pl!*	Jugendliche
sufrir	leiden, erleiden
grave	schlimm, schwer
el alcalde	Bürgermeister
agradecer	danken
el ciudadano	(Mit-)Bürger
el, la visitante	Besucher(in)

la colaboración	Mitarbeit, Unterstützung
el organizador	Organisator
el humor	Laune, Humor
mostrar	zeigen

Los Sanfermines

la terraza	Terrasse, Straßencafé
el periódico	Zeitung
la aceituna	Olive
la noticia	Nachricht
el muerto	Toter
menos mal	hier: Gott sei Dank!
la canción	Lied
el pantalón	Hose
la camisa	Hemd
el pañuelo	Halstuch
subir	einsteigen
ninguno, -a	kein(e)
el problema	Problem
la suerte	Glück
aquel, -la	jene(r)
morir	sterben
el juego	Spiel
demasiado	zu (sehr)
peligroso, -a	gefährlich
eso	das
nadie	niemand
lógico, -a	logisch
nada lógico	überhaupt nicht logisch
demostrar	beweisen, zeigen
el valor	Mut, Wert
valiente	mutig
más... que	mehr ... als
¡Eso sí!	Das stimmt!
guapo, -a	hübsch

Gramática

1. Indefinido   E 2, 7

Unregelmäßige Verben

Einige unregelmäßige Verben verändern im **Indefinido** den Stamm und haben eigene Endungen. In der 1. und 3. Person Singular werden diese Verben auf dem Stamm betont: es**tu**ve, es**tu**vo. Hier ein paar der wichtigsten Verben:

	estar *sein, sich befinden*	tener *haben*	ponerse *sich anziehen*	hacer *machen*	hay *es gibt*	ser / ir *sein / gehen*
(yo)	estuve	tuve	me puse	hice		fui
(tú)	estuviste	tuviste	te pusiste	hiciste		fuiste
(él, ella, usted)	estuvo	tuvo	se puso	hizo	hubo	fue
(nosotros, -as)	estuvimos	tuvimos	nos pusimos	hicimos		fuimos
(vosotros, -as)	estuvisteis	tuvisteis	os pusisteis	hicisteis		fuisteis
(ellos, -as, ustedes)	estuvieron	tuvieron	se pusieron	hicieron		fueron

Die Verben **ser** *sein* und **ir** *gehen, fahren* haben im **Indefinido** identische Formen.
Aus dem Kontext wird aber meist die Bedeutung ersichtlich:
Ayer fuimos al cine. *Gestern gingen wir ins Kino.*
La película fue muy interesante. *Der Film war sehr interessant.*

Einige Verben ändern den Stammvokal in der 3. Person Singular und Plural:

	e ▶ i despedirse *sich verabschieden*	sentirse *sich fühlen*	o ▶ u morir *sterben*	dormir *schlafen*
(yo)	me despedí	me sentí	morí	dormí
(tú)	te despediste	te sentiste	moriste	dormiste
(él, ella, usted)	se despidió	se sintió	murió	durmió
(nosotros, -as)	nos despedimos	nos sentimos	morimos	dormimos
(vosotros, -as)	os despedisteis	os sentisteis	moristeis	dormisteis
(ellos, -as, ustedes)	se despidieron	se sintieron	murieron	durmieron

	e ▶ i **servir** *dienen, nutzen*	**seguir** *folgen*	**vestirse** *sich verkleiden*
(yo)	serví	seguí	me vestí
(tú)	serviste	seguiste	te vestiste
(él, ella, usted)	sirvió	siguió	se vistió
(nosotros, -as)	servimos	seguimos	nos vestimos
(vosotros, -as)	servisteis	seguisteis	os vestisteis
(ellos, -as, ustedes)	sirvieron	siguieron	se vistieron

Der Gebrauch des *Indefinido*   E 7, 8

Das **Indefinido** verwenden Sie immer dann, wenn Sie über vergangene Ereignisse und Handlungen sprechen, die in einer abgeschlossenen Zeiteinheit geschehen sind. Es antwortet auf die Frage *Was geschah?*
El año pasado hubo muchos accidentes. *Letztes Jahr gab es viele Unfälle.*
Miles de personas cantaron el «Pobre de mí».
Tausende Menschen sangen das „Ich Ärmster".
Me puse una camisa blanca. *Ich zog ein weißes Hemd an.*

Auch zur Bewertung von vergangenen Geschehnissen (*Wie war es?*) wird das **Indefinido** verwendet:
La fiesta de Los Sanfermines fue muy emocionante.
Die Sanfermines-Festlichkeiten waren sehr bewegend.
¿Cómo fue la película de ayer? *Wie war der Film von gestern?*
Fue bastante interesante. *Er war ziemlich interessant.*

2. Unterscheidung *Indefinido* / Perfekt   E 3, 4, 8

Beide Vergangenheitszeiten, **Indefinido** wie Perfekt, beziehen sich auf Handlungen in der Vergangenheit. Wird der Zeitraum der Handlung als abgeschlossen verstanden, so verwendet man das **Indefinido**. Wirkt der Zeitraum in der Gegenwart noch nach, so verwendet man das Perfekt. Am deutlichsten wird die Unterscheidung, wenn eine eindeutige Zeitangabe verwendet wird:
El año pasado estuve en Madrid. *Letztes Jahr war ich in Madrid.*
Este año he estado en Madrid. *Dieses Jahr bin ich in Madrid gewesen.*
¿Pasasteis por la casa de Luisa ayer? *Seid ihr gestern bei Luisa vorbeigegangen?*
¿Habéis pasado hoy por la casa de Luisa? *Seid ihr heute bei Luisa vorbeigegangen?*

3. Zeitangaben, die mit dem *Indefinido* stehen   E 4

el año pasado	*letztes Jahr*
en el (año) 2000	*(im Jahr) 2000*
hace tres años	*vor drei Jahren*
en julio	*im Juli*
la semana pasada	*letzte Woche*
ayer	*gestern*

El año pasado tuvo un accidente de coche. *Letztes Jahr hatte er einen Autounfall.*
En junio fueron a Mallorca. *Im Juni fuhren (flogen) sie nach Mallorca.*

4. Die doppelte Verneinung
(*no... ninguno, no... nunca (más), no... nada, no... nadie*)   E 5

Dass **ninguno** *keiner, niemand* im Spanischen eine doppelte Verneinung erfordert,
wenn es nach dem Verb steht, haben Sie bereits in Lektion 6 gelernt. Dasselbe
gilt für **nada** *nichts* und **nadie** *niemand*. Und so ist die richtige Satzstellung bei der
doppelten Verneinung: no + Verb + verneinendes Wort.
No hemos estado nunca en Cuba. *Wir waren noch nie auf Kuba.*
No he visto nada. *Ich habe nichts gesehen.*
No oigo a nadie. *Ich höre niemanden.*
No lo va a decir nunca más. *Sie wird es nie wieder sagen.*

5. Der Vergleich   E 6

Zum Vergleich (Komparativ) verschiedener Dinge brauchen Sie die folgenden
Strukturen:

más (+ Adjektiv) ... que	*mehr ... als*
menos (+ Adjektiv) ... que	*weniger ... als*
tanto (+ Substantiv) ... como	*so (viel) ... wie*
tan (+ Adjektiv) ... como	*so (viel) ... wie*

La camisa blanca me gusta más que la roja.
Das weiße Hemd gefällt mir mehr (besser) als das rote.
Tengo menos dinero que tú. *Ich habe weniger Geld als du.*
Juana trabaja tantas horas como Pedro. *Juana arbeitet so viele Stunden wie Pedro.*
El pantalón azul es tan caro como el negro.
Die blaue Hose ist so teuer wie die schwarze.

Uso del español

Über Ereignisse in der Vergangenheit sprechen:
Was geschah? Wie war es?

● ¿Has estado alguna vez en Cuba?   *Bist du schon einmal in Kuba gewesen?*
● Sí, estuve allí el año pasado.   *Ja, ich war im letzten Jahr dort.*
  Fuimos Silvia y yo con unos amigos.   *Silvia und ich sind mit einigen Freunden*
  Estuvimos en La Habana.   *gefahren. Wir waren in Havanna.*
● ¿Y cómo fue? ¿Os gustó?   *Und wie war es? Hat es euch gefallen?*
● Pues claro, hombre, fue un viaje genial. *Ja klar, Mann, es war eine tolle Reise.*

i **Los Sanfermines** (oder **San Fermines**) sind eines der bekanntesten spanischen
Feste, dessen berühmtester Anhänger Ernest Hemingway war. Am Vorabend
des 7. Juli, dem Tag des Heiligen **San Fermín**, beginnt das Volksfest im historischen
Stadtkern von Pamplona, das eine Woche dauert. Bei den **encierros** werden täglich
Kampfstiere durch die abgesperrten Straßen bis zur **plaza de toros**, der Stierkampf-
arena, getrieben, wo sie am Abend zum Stierkampf antreten. Viele junge Männer,
traditionell in weiß und mit roten Halstüchern gekleidet, versuchen sich während
der **encierros** als **toreros** und wagen sich zu den Stieren auf die Straße. Dabei kann
es Verletzte und sogar Tote geben.
Und so geht der Text des in ganz Spanien bekannten Liedes:
„**Uno de enero, dos de febrero, tres de marzo, cuatro de abril,**
cinco de mayo, seis de junio, siete de julio San Fermín.
A Pamplona hemos de ir*,
con una bota*, con una bota,
a Pamplona hemos de ir,
con una media* y un calcetín*.“

* hemos de ir = tenemos que ir: *müssen wir gehen*, la bota: *Stiefel, auch: Weinbehältnis*
  aus Leder, la media: *Strumpf*, el calcetín: *Socke*

Más expresiones útiles

anoche	*gestern Abend*	el, la herido, -a	*Verletzte(r)*
anteayer	*vorgestern*	divertirse	*sich unterhalten,*
el otro día	*neulich*		*sich amüsieren*
pasado mañana	*übermorgen*	divertido, -a	*unterhaltsam,*
hace poco	*kürzlich, vor Kurzem*		*amüsant*
al año siguiente	*im nächsten Jahr*	la corrida	*Stierkampf*
tres días más tarde	*drei Tage später*	la plaza de toros	*Stierkampfarena*
un mes después	*einen Monat danach*	el torero	*der Stierkämpfer*

Ejercicios

1 Was passt zusammen? Verbinden Sie.

perder — un accidente
cantar — la vida
sufrir   una canción
mostrar   una camisa blanca
ponerse   miedo
subir   buen humor
dar   suerte
tener   al tren

2 Ergänzen Sie die Tabelle mit den Verbformen in der jeweiligen Person.

infinitivo	presente	indefinido
comprar	....	*compraste* ....
abrir	*abre*	....
entender	*entienden*	....
girar	....	*giramos* ....
jugar	....	*jugasteis* ....
levantarse	*me levanto*	....
parecer	*parece*	....
necesitar	....	*necesitó* ....

3 In welcher Zeitform wird das Verb verwendet? Kreuzen Sie an.

	presente	indefinido	perfecto
1. En agosto comemos muchos tomates.	☐	☐	☐
2. Volvió de Berlín la semana pasada.	☐	☐	☐
3. ¿Qué has hecho tú?	☐	☐	☐
4. El sábado hicieron su trabajo.	☐	☐	☐
5. Ayer comimos churros.	☐	☐	☐
6. ¿Tuviste tiempo para estudiar?	☐	☐	☐
7. Hubo mucha gente en el bar.	☐	☐	☐
8. No hay más pan.	☐	☐	☐

14

4 Waren Sie bereits an diesen Orten? Ergänzen Sie eine Zeitangabe (vgl. Grammatikteil) und formulieren Sie ganze Sätze.

Mallorca	Costa Brava	Cuba	Lanzarote	Madrid	en el trabajo

1. *En agosto estuve en...* ....

2. ....

3. ....

4. ....

5. ....

6. ....

5 Leider nein! Antworten Sie mit einer Verneinung.

1. ¿Has visto algo?   *No, no he visto nada.* ....

2. ¿Conocéis alguna tienda interesante?   *No,* ....

3. ¿Estuvo alguien en la casa?   ....

4. ¿Habéis estado alguna vez en León?   ....

5. ¿Tienes ya algún amigo?   ....

6. ¿Vais mucho al cine?   ....

6 Bilden Sie Vergleiche. Setzen Sie ein.

más... que (+)	menos... que (–)	tanto... como (=)	tan... como (=)

1. Las chicas me dan .... miedo .... los toros. (+)

2. El pantalón blanco me gusta .... el azul. (+)

3. Luisa estudia .... Ana. (=)

4. Rosa es .... simpática .... Ángela. (=)

5. Madrid me gusta .... Barcelona. (–)

6. A Benito la cerveza le gusta .... el vino. (+)

7 Wandeln Sie diese Perfekt-Sätze in **Indefinido** um.

1. Esta semana Andrea ha ido en tren a Salamanca.

La semana pasada Andrea ....

2. Este año los chicos han trabajado mucho.

El año pasado ....

3. Hoy he estudiado muy poco. No he tenido tiempo.

Ayer ....

4. Este mes los chicos no nos han llamado.

El mes pasado ....

8 Wie werden diese Satzanfänge fortgesetzt? Kreuzen Sie die richtige Ergänzung an.

1. Hace un año ☐ hemos vivido en Francia.
☐ vivimos en Francfort.
☐ viven en Madrid.

2. Esta mañana ☐ estamos al bar a desayunar.
☐ desayuno en el bar.
☐ hemos desayunado en el bar.

3. Ayer no ☐ cenamos mucho.
☐ hemos cenado.
☐ hay cena.

4. Esta semana ☐ bebemos mucho vino.
☐ hemos bebido mucha cerveza.
☐ no bebieron vino.

5. Anteayer ☐ estuvimos en Málaga.
☐ estamos en Málaga.
☐ hemos estado en Málaga.

6. Esta tarde ☐ comen juntos.
☐ han comido juntos.
☐ come juntos.

Lección

15

In dieser Lektion lernen Sie:
- einen Lebenslauf schildern
- **weitere** Verben im **Indefinido**
- **das Imperfekt**
- Zeitangaben mit dem Imperfekt
- den unterschiedlichen Gebrauch von **Indefinido** und **Imperfekt**
- **desde, hace, desde hace**
- **no... ni, ni... ni**

El hombre que vio tres siglos

Atanasio Feliú tiene 112 años, 28 nietos y 6 biznietos. El hombre de tres siglos nació en Mahón, Menorca, en 1891. Empezó a trabajar a los 12 años como pastor hasta que, después de un accidente, no pudo caminar más detrás de sus ovejas y dijo adiós a su profesión. Esto fue hace 14 años. Atanasio vive solo desde hace 30 años, cuando murió su mujer. Vive en la casa que construyó su padre en el año 1875 y que no tuvo electricidad ni agua corriente hasta hace 20 años. Poco a poco sus hijos reformaron la casa y trajeron agua caliente, gas para cocinar y teléfono a la casa. Por último, con los nietos, vino también la televisión. Pero su abuelo tiene otras cosas que hacer. Atanasio puede caminar poco, pero todavía cultiva algunas verduras y tiene gallinas en el patio.

Der Mann, der drei Jahrhunderte gesehen hat

Atanasio Feliù ist 112 Jahre alt, hat 28 Enkelkinder und 6 Urenkel. Der Mann der drei Jahrhunderte wurde 1891 in Mahón auf Menorca geboren. Er fing mit 12 Jahren an, als Hirte zu arbeiten, bis er nach einem Unfall nicht mehr hinter seinen Schafen hergehen konnte und seinem Beruf Adieu sagte. Das war vor 14 Jahren. Atanasio lebt allein seit 30 Jahren, als seine Frau starb. Er lebt in dem Haus, das sein Vater 1875 erbaute und das bis vor 20 Jahren weder Elektrizität noch fließendes Wasser hatte. Nach und nach renovierten seine Kinder das Haus und brachten warmes Wasser, Gas zum Kochen und ein Telefon ins Haus. Zuletzt kam mit den Enkeln auch das Fernsehen. Aber ihr Großvater hat andere Dinge zu tun. Atanasio kann nur noch wenig gehen, aber er baut immer noch einige Gemüsesorten an und hält Hühner im Hof.

¿Qué hay de nuevo?   E 2, 5

Einige unregelmäßige Verben ändern im **Indefinido** in der 3. Person Singular und Plural den Vokal **i** in **y**:

	i ▶ y **construir** *bauen*	**leer** *lesen*	**oír** *hören*	**creer** *glauben*
(yo)	construí	leí	oí	creí
(tú)	construíste	leíste	oíste	creíste
(él, ella, usted)	construyó	leyó	oyó	creyó
(nosotros, -as)	construímos	leímos	oímos	creímos
(vosotros, -as)	construísteis	leísteis	oísteis	creísteis
(ellos, -as, ustedes)	construyeron	leyeron	oyeron	creyeron

Construyeron su casa en 1985. *Sie haben ihr Haus 1985 gebaut.*
¿No leíste el periódico? *Hast du die Zeitung nicht gelesen?*
No me lo creyó. *Er glaubte es mir nicht.*

Andere unregelmäßige Verben verändern im **Indefinido** den Stamm, wie Sie bereits in Lektion 14 gesehen haben. Hier weitere wichtige unregelmäßige Verben:

	poder *können*	**saber** *wissen,* *können*	**decir** *sagen*	**querer** *wollen,* *mögen*	**venir** *kommen*	**dar** *geben*
(yo)	pude	supe	dije	quise	vine	di
(tú)	pudiste	supiste	dijiste	quisiste	viniste	diste
(él, ella, usted)	pudo	supo	dijo	quiso	vino	dio
(nosotros, -as)	pudimos	supimos	dijimos	quisimos	vinimos	dimos
(vosotros, -as)	pudisteis	supisteis	dijisteis	quisisteis	vinisteis	disteis
(ellos, -as, ustedes)	pudieron	supieron	dijeron	quisieron	vinieron	dieron

No lo pude creer. *Ich konnte es nicht glauben.*
¿Y qué te dijo? *Und was hat er dir gesagt?*
Ayer vinisteis a la una, ¿no? *Gestern seid ihr um eins gekommen, nicht?*

15

	traer *(her)bringen*	traducir *übersetzen*
(yo)	traje	traduje
(tú)	trajiste	tradujiste
(él, ella, usted)	trajo	tradujo
(nosotros, -as)	trajimos	tradujimos
(vosotros, -as)	trajisteis	tradujisteis
(ellos, -as, ustedes)	trajeron	tradujeron

No nos trajo el libro. *Er hat uns das Buch nicht gebracht.*
Lo traduje del español al alemán. *Ich übersetzte es vom Spanischen ins Deutsche.*

Una entrevista

Celia trabaja actualmente para un periódico y tiene que entrevistar a Don Atanasio,
el hombre que vió tres siglos, y a su hija Doña Teresa, que tiene 86 años.

Celia: Don Atanasio, usted ha vivido ya en tres siglos.
¿Cuál de los tres le gusta más?

Don Atanasio: Pues... en el XIX sólo era un niño y ahora en el XXI soy un viejo,
así que el que más conozco es el siglo XX. Pero me gustan los tres.

Celia: ¿Usted ha visto cómo muchas cosas de la vida diaria han
desaparecido o se han transformado. Por eso quería preguntarle:
Ha cambiado mucho la vida desde su infancia hasta ahora?

Don Atanasio: ¿Qué?

Celia: Pregunto si ha cambiado mucho la vida desde su infancia,
Don Atanasio.

Don Atanasio: Uy, sí, mucho. No había ni teléfono. Yo ahora tengo, pero no me
gusta mucho porque oigo mal, ¿sabe? Y aquí en la isla no había
coches, ni aviones, ni nada, sólo barcos. Imagínase, en mi pueblo
no había ni una escuela. Yo mismo aprendí a escribir a los treinta
años. Pero había muchos peces. Todos los días comíamos pescado.

Celia: ¿Cuál es o ha sido para usted la mejor época de su vida?

Don Atanasio: Pues cuando mis hijos eran pequeños. Y también la época de
novios. Mi mujer y yo fuimos novios 15 años antes de casarnos,
¿sabe? Ésta es mi hija Teresa, la mayor. Era igual que mi mujer.
De niña quería ser artista, era una niña muy guapa y cantaba y
bailaba muy bien, tenía una voz muy bonita, ¿verdad, Teresa?

Doña Teresa:	Pues no sé, padre, no me acuerdo muy bien. Mi padre tiene mejor memoria que yo. Antes él mismo cocinaba y limpiaba, ahora le ayudo yo en la casa, pero él tiene muy buena salud. A mí siempre me duele aquí y allá...
Celia:	Por último, don Atanasio, ¿cuál es el secreto de su longevidad?
Don Atanasio:	Pues no lo sé, hija. Yo siempre he comido de todo y he bebido de todo, incluso cuando era un hombre joven fumaba, bebía vino, pero todo con moderación. Y con alegría.
Doña Teresa:	Y un poco de suerte, también, ¿eh, padre?
Don Atanasio:	Sí, sí, y mucho más que un poco, hija.

Vocabulario

El hombre que vió tres siglos		gas	*Gas(-herd)*
viejo, -a	*alt*	cocinar	*kochen*
el nieto	*Enkel*	por último	*zuletzt,*
el biznieto	*Urenkel*		*als Letztes*
nacer	*geboren werden*	cultivar	*anbauen*
el pastor	*Hirte, Schäfer*	las verduras	*Gemüse(sorten)*
a los... años	*mit ... Jahren*	la gallina	*Huhn*
caminar	*gehen*		
detrás de	*hinter*	**La entrevista**	
la oveja	*Schaf*	la entrevista	*Interview*
desde hace	*seit (Zeitraum)*	el, la periodista	*Journalist(in)*
solo, -a	*allein, einsam*	entrevistar	*interviewen*
construir	*erbauen,*	doña	*Anrede für eine*
	konstruieren		*(ältere) Frau*
la electricidad	*Strom,*	don	*Anrede für einen*
	Elektrizität		*(älteren) Mann*
el agua *f!*	*Wasser*	la tele(visión)	*Fernsehen*
corriente	*fließend*	el siglo	*Jahrhundert*
caliente	*warm, heiß*	cual	*welche(r, -s)*

diario, -a	*täglich*	pequeño, -a	*klein*
desaparacer	*verschwinden*	los novios	*festes Paar,*
transformar	*verändern*		*Verlobte*
cambiar	*(ver)ändern*	casarse	*heiraten,*
desde	*seit (Zeitpunkt)*		*sich verheiraten*
la infancia	*Kindheit*	mayor	*der, die älteste*
alto, -a	*hoch, hier: laut*	de niño, -a	*als Kind*
no... ni	*weder ... noch*	igual que	*genauso wie*
el avión	*Flugzeug*	el, la artista	*Künstler(in)*
el barco	*Schiff*	la voz	*Stimme*
imaginarse	*sich vorstellen*	bonito, -a	*schön, hübsch*
el pueblo	*Dorf, Volk*	la memoria	*Erinnerung,*
a los ... años	*mit ... Jahren*		*Gedächtnis*
el pez, Pl: peces	*Fisch (im*	allá	*dort*
	Wasser)	la longevidad	*Langlebigkeit*
el pescado	*Fisch (zubereitet)*	incluso	*sogar*
la época	*Epoche*	fumar	*rauchen*
bonito, -a	*schön, hübsch*	la moderación	*Mäßigung*

Gramática

1. Imperfekt   *E 2, 3*

Regelmäßige Verben

Im zweiten Text haben Sie eine neue Vergangenheitszeit kennengelernt:
das **Imperfekt**. So lauten die Endungen der regelmäßigen Verben:

	bailar	**tener**	**vivir**
(yo)	bail**aba**	ten**ía**	viv**ía**
(tú)	bail**abas**	ten**ías**	viv**ías**
(él, ella, usted)	bail**aba**	ten**ía**	viv**ía**
(nosotros, -as)	bail**ábamos**	ten**íamos**	viv**íamos**
(vosotros, -as)	bail**abais**	ten**íais**	viv**íais**
(ellos, -as, ustedes)	bail**aban**	ten**ían**	viv**ían**

Die Endungen der Verben auf **-er** und **-ir** sind im Imperfekt identisch. Die Betonung
fällt immer auf die Endung:
Mi hija bailaba muy bien. *Meine Tochter tanzte sehr gut.*
En aquella época vivíamos en Jaén. *Damals lebten wir in Jaén.*

Unregelmäßige Verben

Im Imperfekt gibt es nur drei unregelmäßige Verben:

	ser *sein*	**ver** *sehen*	**ir** *gehen*
(yo)	era	veía	iba
(tú)	eras	veías	ibas
(él, ella, usted)	era	veía	iba
(nosotros, -as)	éramos	veíamos	íbamos
(vosotros, -as)	erais	veíais	ibais
(ellos, -as, ustedes)	eran	veían	iban

Cuando mis hijos eran pequeños, no teníamos teléfono. *Als meine Kinder klein waren, hatten wir kein Telefon.*
Los domingos íbamos siempre a la playa. *Sonntags gingen wir immer an den Strand.*

2. Der Gebrauch des Imperfekts   E 5

▌ **Wiedergabe von häufig wiederholten, gewohnheitsmäßigen Vorgängen und Handlungen:**
Los sábados iban al cine.
Samstags gingen sie (immer) ins Kino.
Estudiaba poco en la escuela.
In der Schule lernte ich wenig (ich war faul).
▌ **Beschreibung von Personen, Dingen oder Zuständen:**
Cuando era niño no había coches.
Als ich ein Kind war, gab es keine Autos.
Era una niña muy alegre.
Sie war ein sehr fröhliches Mädchen.
Tenía una novia muy guapa.
Er hatte eine sehr hübsche Freundin (Verlobte).
▌ **Beschreibung des Hintergrundes, der Begleitumstände einer Handlung:**
Era un día bonito y la gente estaba alegre.
Es war ein schöner Tag und die Leute waren fröhlich.
Estaba en una fiesta y había mucha gente.
Ich war auf einem Fest und es waren viele Leute da.

3. Zeitangaben, die mit dem Imperfekt stehen   E 4

antes	früher
todos los días	jeden Tag
siempre	immer
los domingos	sonntags
los fines de semana	jedes Wochenende

Siempre bebía demasiado. *Er hat immer (schon) zu viel getrunken.*
Los fines de semana desayunábamos en el café. *An den Wochenenden frühstückten wir im Café.*
Antes José era muy pobre. *Früher war José sehr arm.*

4. Unterscheidung Imperfekt / Indefinido   E 1, 6

Imperfekt	Indefinido
wiederholte Handlung: Cuando era niño íbamos mucho a la playa. *Als ich ein Kind war, gingen wir viel an den Strand.*	**einmalige Handlung:** En 1985 pasó una cosa horrible. *1985 passierte eine schreckliche Sache.*
Hintergrund, Beschreibung: La ciudad era pequeña y tranquila. *Die Stadt war klein und ruhig.*	**konkrete Handlung:** Pero en 1995 hubo una fiesta muy famosa allí. *Aber 1995 gab es dort ein sehr berühmtes Fest.*

5. *desde, hace, desde hace*   E 8

Für das deutsche *seit* und *vor* (zeitlich) gibt es im Spanischen folgende Entsprechungen:
▌ *vor* (zeitlich):
   Hace tres años estuvimos en Argentina. *Vor drei Jahren waren wir in Argentinien.*
▌ *seit* (Zeitpunkt):
   Desde 1995 trabajo en esta escuela. *Seit 1995 arbeite ich an dieser Schule.*
   Te espero desde las tres. *Seit drei Uhr warte ich auf dich.*
▌ *seit* (Zeitspanne):
   Desde hace cinco meses no escribe. *Seit fünf Monaten schreibt er nicht.*
   Vivimos en Barcelona desde hace dos años. *Wir leben seit zwei Jahren in Barcelona.*

6. no... ni, (no...) ni... ni   E 7

▮ **no... ni** *nicht einmal*
La casa de mis padres no tenía electricidad ni agua corriente.
Das Haus meiner Eltern hatte keinen Strom und nicht einmal fließendes Wasser.
No tengo ni un céntimo. *Ich habe nicht einmal einen Cent.*

▮ **(no...) ni... ni** *weder ... noch*
En la isla no había ni coches, ni aviones.
Auf der Insel gab es weder Autos noch Flugzeuge.

Wie bereits in Lektion 14 gesehen,
brauchen Sie auch hier im Spanischen
eine doppelte Verneinung mit dem
vorangestellten **no** vor dem Verb.

Uso del español

Die Anrede mit *don / doña*

Die höfliche Anrede mit **don** / **doña**
+ Vorname der Person wird vorwiegend für
ältere Menschen verwendet, denen man
respektvoll begegnet. Sie wird zusammen
mit der Verbform von **usted** und ohne
Artikel verwendet:
¿Cómo está usted, don Atanasio?
Wie geht es Ihnen, don Atanasio?
Allí vive doña Teresa. *Dort wohnt doña Teresa.*

Más expresiones útiles

en aquella época	*damals*	los hermanos	*Geschwister*
Érase / Era una vez...	*Es war einmal ...*	el nieto, la nieta	*Enkelsohn,*
la madre	*Mutter*		*Enkeltochter*
el padre	*Vater*	el tío, la tía	*Onkel, Tante*
los padres	*Eltern*	el primo, la prima	*Cousin, Cousine*
la mujer	*Frau, Ehefrau*	el cuñado, la cuñada	*Schwager,*
el marido	*Ehemann*		*Schwägerin*
la hermana	*Schwester*	el suegro, la suegra	*Schwiegervater,*
el hermano	*Bruder*		*Schwiegermutter*

Ejercicios

1 Wählen Sie die richtige Vergangenheitszeit aus. Ergänzen Sie jeweils a, b oder c.

1. Ana .... (a. iba b. fue c. va) a Galicia en 2001 y .... (a. trabaja b. trabajó
c. ha trabajado) desde 2002 en un hospital en Santiago de Compostela.

2. Cuando .... (a. fue b. era c. estaba) niña le .... (a. gustaba b. gustó
c. gusta) mucho bailar y cantar.

3. Se .... (a. conocimos b. conocen c. conocieron) en 2002. Él ....
(a. fue b. era c. es) médico y .... (a. tuvo b. tenía c. ha tenido) 35 años.

4. Juntos .... (a. compran b. compraron c. compraban) una casa en Valladolid
y .... (a. empiezan b. empezaban c. empezaron) a trabajar en un museo.

2 Welche Verbform passt jeweils nicht in die Reihe? Streichen Sie sie durch.
Wie lautet die richtige Form?

1. trabajé, pude, abrí, comí, dijo   ....

2. compraron, escribieron, daban, construyeron   ....

3. tomaba, escribía, buscaba, será, iba   ....

4. bebido, comprando, comido, tomado, dado   ....

5. éramos, tomamos, dábamos, vivíamos, decíamos   ....

6. pudiste, trajiste, tradujisteis, tuviste, pudiste   ....

3 Setzen Sie die Biografie von Roberto Salinas sinnvoll zusammen.

> estudiar en París de 1985 a 1990   nacer en 1965 en Tarragona
> (los dos) tener un hijo   (hijo) nacer en 1995   terminar escuela en 1983
> empezar a trabajar en SEAT después de la universidad   conocer a Matilde en París
> vivir en Barcelona desde 1994   (hijo) llamarse Félix

Roberto Salinas nació en 1965... ....

....

....

....

4 **Antes y ahora.** Wie lebte Atanasio Feliú früher, wie lebt er heute?
Ordnen Sie die Informationen und schreiben Sie einen kurzen Text.
Verwenden Sie dazu Imperfekt und Präsens.

trabajar como pastor	caminar detrás de sus ovejas	no trabajar
vivir con su mujer	vivir en casa sin electricidad	vivir solo
no tener agua corriente	no poder caminar	vivir en una casa moderna
cultivar verduras	tener agua fría y caliente	comprar verduras en el mercado

Antes Atanasio Feliú trabajaba...

....

....

....

....

....

5 Was haben diese berühmten und nicht berühmten Männer „vollbracht"?
Ordnen Sie zu und schreiben Sie die richtige Verbform in die Lücke.

Miguel de Cervantes .... (cumplir) 50 años y .... (volar) en globo

Manu .... (cantar) en Nueva York

Diego Velázquez .... (ir) a América

Plácido Domingo .... (escribir) «Don Quijote»

Cristóbal Colón .... (ganar) el Premio Nobel de Literatura

Gabriel García Márquez .... (pintar) «Las Meninas»

6 Welche Verbform müssen Sie hier ergänzen? Wenn nicht anders angegeben, können Sie dieselben Verben verwenden wie im Text.

1. Ricardo siempre cantaba bien, pero ayer __*cantó*__ realmente mal.

2. En agosto siempre íbamos al mar, pero el año pasado .... a la Sierra Nevada.

3. Siempre hacían cámping, pero el año pasado .... (ir) a un hotel.

4. Todos los días preparaba ella la comida, pero ayer la .... él.

5. Cada año le regalábamos un vino, pero el año pasado le .... algo especial.

6. Siempre tomaba el café con azúcar, pero el otro día lo .... sin azúcar.

7 Bringen Sie diese Satzteile in die richtige Ordnung.

1. antes / tenía / coche / dinero / no / ni / ni
2. gusta / no / me / ni / ni / el vino / la cerveza
3. hay / no / ni / botella / de / una / vino / en / casa
4. Raúl / me / no / ni / llama / al / móvil / al / ni / teléfono

1. ....
2. ....
3. ....
4. ....

8 Setzen Sie ein: **hace, desde** oder **desde hace**?

1. ● ¿ .... cuándo estudias español?
   ● .... dos años.

2. Vivimos aquí .... 1997.

3. No he visto a Paco .... dos meses.

4. .... cinco años estuvimos juntos en Granada.

5. ● ¿ .... cuándo vivís juntos?
   ● .... el 1 de marzo.

1 Ordnen Sie diesen Anzeigen jeweils die passende Überschrift zu.

1. Música para tu fiesta
2. Regalos con tu foto
3. Turismo activo en Andalucía
4. ¡Tómate una cerveza!

☐ Mándanos tu foto favorita, la pondremos en nuestros productos: tazas, camisetas, platos y otros. ¡Estupendo regalo!

www.fotonet.com.

☐ Café-pub para tomar cafe, cervezas o un vinito a media tarde. Terraza, periódicos, aperitivos. **¡Ven a conocernos!**

☐ Actividades en la naturaleza, **www.gaviota.com**, realiza actividades de senderismo, rutas de montaña, descenso de cañones, espeleología, escalada, rutas medioambientales y arqueológicas en Cádiz, Málaga y Granada.

☐ Cuarteto formado por profesionales, para todo tipo de fiestas: cumpleaños, bodas, toda clase de eventos sociales. Ameniza la ceremonia, el aperitivo o el banquete con música clásica y popular.

Punkte

....../4

2 Wie lautet jeweils das Gegenteil?

1. mucho ....
2. peor ....
3. más ....
4. bien ....
5. fácil ....
6. malo ....

Punkte

....../6

3 Welche Verben (im Infinitiv) müssen Sie hier ergänzen?

1. .... una cita con el dentista
2. .... en la sala de espera
3. .... un formulario
4. .... la boca
5. .... medicamentos
6. .... la semana que viene

Punkte

....../6

Test 3

4 Ergänzen Sie die Sätze zu den Zeitangaben.

1. Antes...
   a. estuvo muy activo.
   b. estaba muy activo.

2. Ayer...
   a. conocía a Ricardo.
   b. conocí a Ricardo.

3. Siempre...
   a. trabajábamos mucho.
   b. trabajamos mucho.

4. Hace dos días...
   a. comían una paella.
   b. comieron una paella.

5. El sábado pasado...
   a. fuimos al cine.
   b. íbamos al cine.

6. En aquella época...
   a. no teníamos teléfono.
   b. no tuvimos teléfono.

Punkte
....../6

5 Setzen Sie diese Sätze vom Präsens ins Futur.

1. No lo puedo hacer. ....

2. Ya ves que no es ....
   tan difícil. ....

3. El pulpo no me gusta. ....

4. Estudio Economía. ....

5. ¿Qué dice tu novio? ....

6. En agosto tenemos ....
   más tiempo. ....

Punkte
....../6

6 Welche Zeitform müssen Sie hier verwenden: Imperfekt oder Indefinido? Streichen Sie die falsche Form durch.

1. Cuando era niña tenía / tuve muchas amigas.
2. El año pasado estuvieron / estaban en Galicia.
3. Los sábados siempre fuimos / íbamos a casa de los abuelos.
4. Mi novia era / fue una chica muy guapa y alegre.
5. Ayer llegamos / llegábamos muy tarde a Barcelona.
6. Los domingos cenamos / cenábamos en un restaurante.

Punkte
....../6

Gesamt
....../34

Con los pies grandes y la sonrisa ancha

Rolando llevaba un traje gris claro de verano que estilizaba su figura atlética y una camisa amarilla que le favorecía mucho, sin corbata. Era futbolista, pero tenía un aire elegante y una forma de hablar muy especial, porque había leído mucho de niño y siempre se había interesado por muchas cosas. Llevaba unos zapatos negros de piel muy bonitos que se había comprado en una tienda especial, pero tenía los pies tan grandes que todos los invitados a la fiesta los miraban y sonreían. Él lo sabía, y cuando estaba de buen humor se presentaba así: «Hola, ¿qué tal? Me llamo Rolando, soy futbolista, juego en el Atlético de Bahía y calzo el número 48.»
(De: *Con los pies en la tierra*, de Pandora Pernía)

Mit großen Füßen und breitem Lächeln

Rolando trug einen hellgrauen Sommeranzug, der seine athletische Figur gut zur Geltung brachte und ein gelbes Hemd, das ihm sehr gut stand, ohne Krawatte. Er war Fußballspieler, hatte aber eine elegante Ausstrahlung und eine ganz besondere Art zu sprechen, weil er als Kind sehr viel gelesen und sich immer für viele Dinge interessiert hatte. Er trug sehr hübsche schwarze Lederschuhe, die er in einem Spezialgeschäft gekauft hatte, hatte aber so große Füße, dass alle Gäste auf der Party zu ihnen hinsahen und lächelten. Er wusste es, und wenn er gute Laune hatte, stellte er sich so vor: „Hallo, wie geht's? Ich heiße Rolando, ich bin Fußballer, spiele bei Atlético Bahía und trage Schuhgröße 48."
(Aus: *Mit den Füßen auf der Erde*, von Pandora Pernía)

¿Qué hay de nuevo? E 1, 2

Zur Beschreibung einer Person, einer Sache oder eines Ereignisses in der Vergangenheit benutzt man das Imperfekt. Um Handlungen oder Ereignisse auszudrücken,
die vor anderen Ereignissen in der Vergangenheit stattfanden, brauchen Sie im
Spanischen wie im Deutschen das Plusquamperfekt.
Es wird gebildet mit dem Imperfekt des Hilfsverbs **haber** und dem Partizip Perfekt:

	haber (Imperfekt)	Partizip
(yo)	había	leído
(tú)	habías	leído
(él, ella, usted)	había	leído
(nosotros, -as)	habíamos	leído
(vosotros, -as)	habíais	leído
(ellos, -as, ustedes)	habían	leído

Rosa llevaba un vestido que había comprado en Italia.
Rosa trug ein Kleid, das sie in Italien gekauft hatte.
Cuando llegó Antonio, Paloma ya se había ido.
Als Antonio kam, war Paloma schon gegangen.

En la sección de caballeros

*Nicolás va a participar en un casting de actores. Se busca al hombre perfecto para hacer
el papel del futbolista Rolando en la película «Con los pies en la tierra», del mismo
nombre que el libro. Por eso está en la sección de caballeros de unos grandes almacenes
con su amigo Manu y con Marta, buscando un traje adecuado.*

Dependienta:	¿Les atienden ya?
Manu:	No. Mire, queríamos un traje gris para él (*señalando a Nicolás*).
Dependienta:	¿Qué talla tiene?
Nicolás:	Pues la 48, normalmente, a veces la 50.
Dependienta:	Muy bien, vengan conmigo, por favor. Mire, en gris tenemos todos estos.
Nicolás:	Gracias. ¿Puedo probarme alguno?
Dependienta:	Claro, claro, pruébese todos si quiere. Yo voy a la caja y vuelvo enseguida.
Nicolás:	A ver... Éste me gusta...
Marta:	Ay, no, ¡qué triste! Mira, este otro es mejor, tiene un gris más bonito.
Manu:	Sí, pero es a rayas, eso no se lleva, es de viejos.
Marta:	Ah. ¿Pues cuál te gusta a ti?
Manu:	Mmm... éste, por ejemplo, me gusta más que el otro. Y es de lana cien por cien...

Marta:	¿De lana? Manu, ¡estamos en agosto!
Nicolás:	Pues a mí me gusta. Es el más caro, pero también el más bonito, y el tono va muy bien con la camisa amarilla. Me lo voy a probar. (...) ¿Qué os parece?
Marta:	¡Estás guapísimo! Te queda muy bien. Bueno, las mangas te quedan un poco cortas.
Manu:	No, no, estás elegantísimo. Sólo te falta una cosa para ser Rolando en persona.
Nicolás:	¿Qué?
Manu:	¡Dos pies del 48!
Nicolás:	¡Es verdad! Yo calzo cinco números menos... ¿Qué puedo hacer?
Marta:	Quizá con 6 pares de calcetines de lana...
Nicolás:	Bueno, entonces me darán el papel del Yeti y no de Rolando, pero no está mal la idea. ¿Dónde está la sección de calcetines? ¡Vamos!

Vocabulario

Con los pies grandes ...

el pie	*Fuß*
la sonrisa	*Lächeln*
ancho, -a	*breit*
claro, -a	*klar, hell*
el verano	*Sommer*
estilizar	*stilisieren, zur Geltung bringen*
la figura	*Figur*
atlético, -a	*athletisch*
favorecer	*begünstigen, gut stehen (Kleidung), schmeicheln*

la corbata	*Krawatte*
el futbolista	*Fußballspieler*
el aire	*Luft; hier: Ausstrahlung*
elegante	*elegant*
interesarse por	*sich interessieren für*
la piel	*Haut, Leder*
sonreír	*lächeln, grinsen*
estar de buen / mal humor	*gut / schlecht gelaunt sein*
presentarse	*sich vorstellen*
Atlético de Bahía	*brasilian. Fußballklub*

el número	Nummer, Schuhgröße	¿Les atienden ya?	Werden sie schon bedient?
calzar el número...	Schuhgröße Nr. ... haben	señalar	deuten, zeigen
		oscuro	dunkel
		la talla	Kleidergröße
En la sección de caballero		a veces	manchmal
la sección	Abteilung	la caja	Kasse
el caballero	Herr	enseguida	gleich, sofort
participar	teilnehmen	triste	traurig
perfecto	perfekt	a rayas	gestreift
el papel	Papier; Rolle (Schauspieler)	es de viejos	das ist für alte Leute
mismo, -a	(der-, die-) dasselbe	la lana	Wolle
		cien por cien	100 Prozent
el libro	Buch	el tono	Ton, Farbton
el gran almacén	Kaufhaus	la manga	Ärmel
adecuado, -a	passend, angemessen	el par	Paar (z.B. Schuhe, Strümpfe)
		el calcetín	Strumpf

Gramática

1. Komparativ (Steigerung) des Adjektivs   E 4

Regelmäßige Steigerungsformen
Zur Steigerung des Adjektivs (*schön* ▶ *schöner*) stellt man im Spanischen dem Adjektiv ein **más** *(mehr)* voran:

bonito	▶ más bonito	*schön*	▶ *schöner*
caro	▶ más caro	*teuer*	▶ *teurer*
elegante	▶ más elegante	*elegant*	▶ *eleganter*

Este traje es bonito. Pero el otro es más bonito.
Dieser Anzug ist schön. Aber der andere ist schöner.
La camisa amarilla es cara. La otra es más cara.
Das gelbe Hemd ist teuer. Das andere ist teurer.

Unregelmäßige Steigerungsformen

Einige Adjektive bilden unregelmäßige Komparativformen:

bueno	▶ mejor	*gut*	▶ *besser*
malo	▶ peor	*schlecht*	▶ *schlechter*
grande	▶ mayor	*groß*	▶ *größer (auch im Sinne von älter)*
pequeño	▶ menor	*klein*	▶ *kleiner (auch im Sinne von jünger)*

Esta película es mejor que la de ayer. *Dieser Film ist besser als der von gestern.*
Alberto es mayor que Carlos. *Alberto ist älter als Carlos.*

Bezogen auf die Größe, nicht auf das Alter, werden **grande** und **pequeño**
vor allem im mündlichen Sprachgebrauch meist regelmäßig gesteigert:
Nuestra casa es más grande que la de los Morales.
Unser Haus ist größer als das der (Familie) Morales.
Su coche nuevo es más pequeño. *Sein neues Auto ist kleiner.*

2. Vergleich   E 3

In Lektion 14 haben Sie bereits gesehen, wie Sie Vergleiche anstellen.
Hier die Formen zur Erinnerung:

más + Adjektiv + que	*(größer) als*
menos + Adjektiv + que	*(weniger groß, kleiner) als*
tanto + Substantiv + como	*so (viel) wie*
tan + Adjektiv + como	*so (viel) wie*

El traje a rayas es menos elegante que el de lana.
Der gestreifte Anzug ist weniger elegant als der aus Wolle.
Eine Besonderheit: Folgt auf den Vergleich eine Zahl, so steht **de** anstelle von **que**:
El coche tiene más de 10 años. *Das Auto ist mehr als 10 Jahre alt.*

3. Der relative Superlativ (im Vergleichssatz)   E 5

Den Superlativ in Vergleichssätzen bilden Sie mithilfe des bestimmten
Artikels + **más** + Adjektiv:
El viaje fue el más caro de mi vida. *Die Reise war die teuerste meines Lebens.*
Juana es la más grande de las tres. *Juana ist die größte von den dreien.*

16

Unregelmäßige Formen:

bueno	▶ el / la mejor
malo	▶ el / la peor
pequeño	▶ el / la menor; el / la más pequeño, -a
grande	▶ el / la mayor; el / la más grande

Juan es el mejor amigo que tengo. *Juan ist der beste Freund, den ich habe.*
Es esta familia Juanita es la más pequeña. *In dieser Familie ist Juanita die kleinste.*

4. Der absolute Superlativ (ohne Vergleich)   E 5, 6

Diesen Superlativ, der ohne Vergleich steht, bilden Sie durch das Anhängen der
Endung **-ísimo** / **-ísima** an das Adjektiv. Die Adjektivendung **-o** / **-a** geht dabei
verloren:

guapo	▶ guapísimo		*hübsch*	▶ *sehr hübsch, bildhübsch*
difícil	▶ dificilísimo		*schwierig*	▶ *äußerst schwierig*
bueno	▶ buenísimo		*gut*	▶ *sehr gut, hervorragend, ausgezeichnet*

Este traje es carísimo. *Dieser Anzug ist furchtbar teuer.*
Este jerez es buenísimo. *Dieser Sherry ist ausgezeichnet.*

Beachten Sie folgende Besonderheiten:

rico	▶ riquísimo		*reich*	▶ *sehr reich (bei Speisen: sehr lecker)*
largo	▶ larguísimo		*lang*	▶ *sehr lang*
fuerte	▶ fortísimo (auch: fuertísimo)		*stark*	▶ *sehr stark*

Pablo es un hombre riquísimo. *Pablo ist ein schwerreicher / steinreicher Mann.*
Esta película es larguísima. *Dieser Film ist superlang / hat Überlänge.*

5. Der unbestimmte Artikel *unos, unas* bei Pluralwörtern   E 11

Der unbestimmte Artikel **unos, unas**, den Sie bereits in Lektion 9 kennengelernt
haben, hat vor Pluralwörtern nicht die Bedeutung von *einige, ein paar*. Entweder
wird er im Deutschen gar nicht oder als Singular-Artikel wiedergegeben:
Llevaba unos zapatos negros de piel. *Er trug schwarze Lederschuhe.*
Quería unos pantalones grises de algodón. *Ich möchte eine graue Baumwollhose.*

Uso del español

Nützliche Redemittel zum Kleider- und Schuhkauf   E 7, 10

¿Qué talla tiene? *Welche Kleidergröße haben Sie?*
Normalmente la 38. *Normalerweise Größe 38.*

¿Qué número calza? ¿Cuál es su número de pie? *Welche Schuhgröße haben Sie?*
Calzo el 41. Tengo el número 41. / El 41. *Ich habe Schuhgröße 41.*

¿Puedo probarme estos zapatos? *Kann ich diese Schuhe anprobieren?*
Claro, claro, pruébeselos. *Natürlich, probieren Sie sie an!*
Me lo/los voy a probar. *Ich werde sie anprobieren.*
¿Me puede traer el otro pie? *Können Sie mir den zweiten Schuh bringen?*
¿Me puede traer una talla más grande? *Können Sie mir die nächste Größe bringen?*

Me queda bien / mal. *Das steht mir gut / schlecht.*
Me queda estrecho / corto. *Das ist mir zu eng / zu kurz.*

Más expresiones útiles   E 8

barato, -a	*billig*
a cuadros	*kariert*
con lunares	*gepunktet*
el algodón	*Baumwolle*
el lino	*Leinen*
la seda	*Seide*
el gorro	*Mütze*
la bufanda	*Schal*
el pijama	*Pyjama*
la ropa interior	*Unterwäsche*
las bragas *Lat: los calzones*	*Damenslip*
las medias	*Strümpfe*
los leotardos	*Strumpfhose*
los calzoncillos	*Herrenunterhose*
el sujetador *Lat: el sostén*	*BH*
el bañador *Lat: el traje de baño*	*Badeanzug, Badehose*
el vestido	*Kleid*
la falda	*Rock*
la blusa	*Bluse*
la chaqueta	*Jacke*
el abrigo	*Mantel*
los vaqueros, los tejanos *Lat: los jeans*	*Jeans*

16

Ejercicios

1 Sehen Sie sich die Zeichnung an. Was hatte Andrés bereits gemacht, was hatte er noch nicht gemacht, als Juana nach Hause kam?

| limpiar la casa | hacer la compra | ponerse los vaqueros | leer el periódico |
| comprar vino | | comer una pizza | tomar café |

Cuando Juana volvió, Andrés había / no había...

....

....

....

2 Ergänzen Sie mit den Formen des Plusquamperfekts.

1. Antes de venir a Alemania, Pedro (vivir) .... toda su vida en España.

2. Salió de España con su padre, que ya (empezar) .... a trabajar en la región de Francfort.

3. No fue fácil vivir en Alemania, porque no (aprender) .... alemán antes de salir.

4. Al principio no conocía a nadie y casi no sabía hablar. Nunca (sentirse) .... tan solo en su vida.

5. Tres años después vino su madre, que (quedarse) .... en España.

6. Cuando llegó su madre, le presentó a su novia Meli, una chica francesa que (conocer) .... en el supermercado.

3   Diese zwei Personen aus der spanischen Literatur kennen Sie vielleicht. Sie könnten unterschiedlicher nicht sein. Vergleichen Sie die beiden miteinander. Verwenden Sie dabei die folgenden Adjektive.

gordo	alto	elegante	famoso
gracioso	viejo	normal	
pobre	simple	triste	

Sancho Panza es más gracioso que ....

Don Quijote. ....

....

....

....

....

....

....

....

....

4   Ergänzen Sie die Komparativformen des Adjektivs.

1.   Esta corbata gris es muy cara. La azul es (*billiger*) ....

2.   Los tejanos son (*größer*) .... que los pantalones negros.

3.   Julianita es mucho (*jünger*) .... que su novio Pepe.

4.   Las zapatillas de deporte son (*genau so hübsch*) .... como los zapatos de piel.

5.   Este chocolate es muy bueno, pero el chocolate suizo es (*besser*) ....

6.   Este vino es (*schlechter*) .... que el otro.

7.   ¿Roberta es (*älter*) .... que tú?

8.   Sí, es (*älter*) ...., pero es (*kleiner*) .... que yo.

16

5 Rekorde und Superlative: Machen Sie Werbung. Welches Adjektiv würde passen? Übertreiben Sie ruhig ein bisschen!

famoso	rico	barato	grande	guapo	grande	gordo	bueno

1. Aldi – el supermercado .... del mundo.

2. Shakira – la cantante* .... de Latinoamérica.

3. Luciano Pavarotti – el tenor .... del mundo.

4. Bill Gates – el hombre .... del mundo.

5. Carlos Santana – el .... guitarrista* del mundo.

6. Claudia Schiffer – la mujer .... de Alemania.

7. Madrid – la ciudad .... de España.

8. Rolando – el futbolista con los pies .... de Latinoamérica.

* cantante: *Sängerin*; guitarrista: *Gitarrist*

6 Steigern Sie den relativen zum absoluten Superlativ.

Aldi no es barato, **es baratísimo.**

1. Shakira no es famosa, es ....

2. Pavarotti no es gordo, es ....

3. Bill Gates no es rico, es ....

4. Carlos Santana no es bueno, es ....

5. Claudia Schiffer no es guapa, es ....

6. Madrid no es grande, es ....

7. Las noches en Madrid no son largas, son ....

8. Los pies de Ronaldo no son grandes, son ....

7 Beschreiben Sie, was dieses Mädchen heute trägt.

Mari Carmen lleva... ....

....

....

....

....

....

....

....

....

....

....

....

....

8 Sortieren Sie die folgenden Kleidungsstücke nach den Abteilungen, in denen Sie sie im Kaufhaus finden.

> traje   camisa   zapatillas de deporte   falda   zapatillas de fútbol   blusa
> corbata   bragas   calzoncillos   sujetador   calcetines   vestido   leotardos

sección de señora	sección de caballero	sección de deporte
....	....	....
....	....	....
....	....	....
....	....	....
....	....	....
....	....	....

16

9 In jede Reihe hat sich ein Begriff eingeschlichen, der nicht dazu passt. Finden Sie ihn!

1. a rayas – a cuadros – a veces – con lunares
2. gris – azul claro – amarillo – nuevo – rojo – negro
3. pie – cabeza – garganta – gafas – estómago
4. ropa interior – calcetines – sellos – bragas – capa
5. elegante – largo – bonito – corto – actor – grande
6. lana – seda – lino – manga – algodón

10 a. Welche Redemittel brauchen Sie im Schuhgeschäft (Z wie *zapatería*), welche in der Boutique (T wie *tienda*)? Ordnen Sie zu.

☐ Quería probarme este jersey. ☐   ☐ ¿Qué talla tiene usted? ☐
☐ ¿Me puede traer el otro pie? ☐   ☐ Normalmente la 40, a veces la 42. ☐
☐ ¿Qué número calza? ☐   ☐ ¿Puedo probarme estos zapatos? ☐
☐ Claro, claro, pruébeselos, ☐   ☐ Calzo el 41. ☐
    son de piel.
☐ Me llevo este traje. ☐   ☐ Queríamos una camisa gris para él. ☐
☐ Me queda muy largo. ☐   ☐ Va muy bien con la corbata amarilla. ☐

b. Ordnen Sie jedem Satz einen Sprecher zu (v = vendedor; c = cliente).

11 Wie wird hier jeweils der unbestimmte Artikel übersetzt? Ordnen Sie zu.

1. unas copas   **a.** eine
2. unos vestidos   **b.** einige
3. unos zapatos   **c.** ungefähr
4. unas gafas   **d.** –
5. unos 4 millones   **e.** einige

12 Vergleichen Sie sich mit einer anderen Person, z.B. Ihrer Schwester oder Ihrem Bruder, Ihrem besten Freund o. Ä. Verwenden Sie mindestens sechs Adjektive – und seien Sie freundlich zu sich selbst.

Soy más... .... *que...* .... *Tengo...* ....

....

....

....

....

In dieser Lektion lernen Sie:
- höfliche Bitten
- die unpersönliche Form 3. Person Plural
- die **indirekte Rede**
- das **Konditional**
- den neutralen Artikel **lo**
- den Gebrauch der Konjunktionen **mientras**
  und **durante** *(während)*

¿Cómo nos ven los extranjeros?

Wie sehen uns die Ausländer?

«En este país no se quitan los zapatos cuando entran en casa de alguien. Eso me molestaba al principio, ahora ya no. No es por falta de cortesía, me dijeron que era normal.» *(Armin Klein, Austria)*

„In diesem Land hier zieht man die Schuhe nicht aus, wenn man zu jemandem nach Hause kommt. Das störte mich am Anfang, jetzt nicht mehr. Es ist kein Mangel an Höflichkeit, man sagte mir, das sei normal. *(Armin Klein, Österreich)*

«Los españoles aman charlar en los bares, pero tienen que hablar muy alto porque siempre tienen la televisión o la música encendida. Y no les molesta gritar.» *(Sukio Akirato, Japón)*

„Die Spanier lieben es, sich in den Kneipen zu unterhalten, aber sie müssen sehr laut sprechen, weil sie immer den Fernseher oder die Musik angeschaltet haben. Und das Schreien stört sie nicht." *(Sukio Akirato, Japan)*

«Aquí no llegan casi nunca puntuales. Pregunté por qué era así y me dijeron que diez minutos o un cuarto de hora de retraso era lo normal y no le molestaba a nadie. Ahora ya lo sé, y cuando tengo una cita llego cinco minutos más tarde.» *(Mary Seewall, Inglaterra)*

„Hier kommt man fast nie pünktlich. Ich fragte, warum das so ist und man sagte mir, dass 10 Minuten oder eine Viertelstunde Verspätung das Normale sei und niemanden störe. Jetzt weiß ich es und wenn ich eine Verabredung habe, komme ich 5 Minuten später." *(Mary Seewall, England)*

¿Qué hay de nuevo? E 1

In Lektion 2 haben Sie bereits erfahren, dass die unpersönliche Form (*man*) im Spanischen durch **se** + ein Verb in der 3. Person Singular ausgedrückt werden kann: **se habla español** *man spricht Spanisch*

Das deutsche *man* kann im Spanischen aber auch durch die 3. Person Plural eines Verbs ausgedrückt werden:

En España no se quitan los zapatos cuando entran en casa de alguien.
In Spanien zieht man die Schuhe nicht aus, wenn man jemanden zu Hause besucht.
Aquí no llegan puntuales. *Hier kommt man nicht pünktlich.*
Me dijeron que diez minutos de retraso era lo normal. *Man sagte mir, dass 10 Minuten Verspätung das Normale seien.*
Dicen que la película es muy buena. *Man sagt, dass der Film sehr gut sei.*

Yo haría lo mismo por ti

Marta está en casa de su novio Diego.

Diego: Hoy he estado comiendo con unos compañeros extranjeros en «El Portón».
Marta: ¿De dónde eran?
Diego: Pues un poco de todo: alemanes, rusos, polacos, ingleses...
Marta: ¿Y qué tal?
Diego: Nos hemos reído mucho, porque no sabían comer gambas, ni cangrejos... Yo les explicaba y ellos me imitaban, pero al final creo que no comieron mucho. Bueno, sí, comieron... comieron mucho pan. Me dijeron que les encantaba la costumbre española de poner pan gratis con cada tapa y con cada comida. Y también les pareció curioso ver que usamos el pan como instrumento para comer, con la mano izquierda. Imagínate, querían comer la tortilla con cuchillo y tenedor. Y las sardinas asadas también.

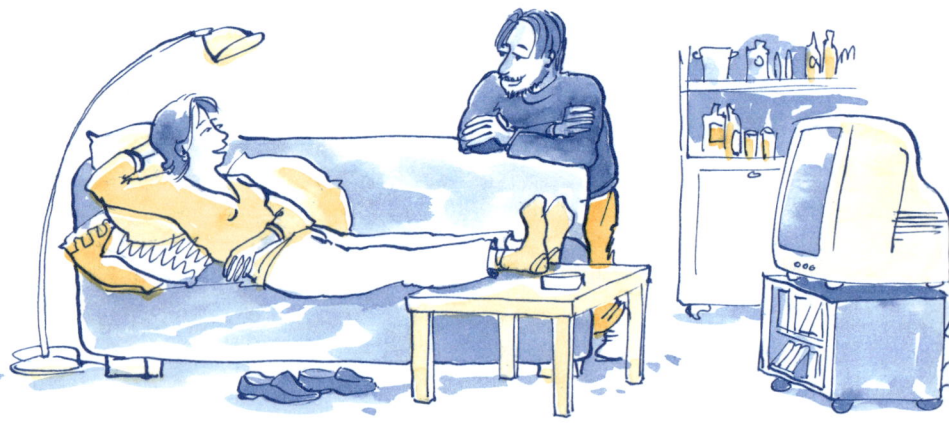

Marta: ¡Qué gracioso! Yo estuve una vez en Alemania, fui a un bar, y ¿sabes qué? Vinieron unos chicos y me preguntaron si estaban libres las dos sillas de mi mesa. Les dije que sí estaban libres, claro, yo pensaba que querían coger las sillas. Pero no: se sentaron allí, a mi mesa, a mi lado. Allí es lo normal.

Diego: ¿De verdad? Entonces ya no puedes hablar de cosas personales.

Marta: Pues... no sé. Quizá ellos no hablan tanto de esas cosas mientras comen... A propósito, Diego, ¿podrías traerme una cerveza bien fría del frigorífico y un vaso, por favor? ¿Y podrías darme la bolsa de patatas fritas que está en la mesa?

Diego: ¿Algo más?

Marta: Mmm... pues, ¿podrías buscar el mando a distancia de la tele? ¿Y me podrías dar un masaje? Es que me gustaría ver mi serie favorita y estoy tan bien aquí, en el sofá. Sería genial.

Diego: Bueno, como lo preguntas tan amablemente no puedo decir que no.

Marta: Yo haría lo mismo por ti. Y ahora, por favor ¿podrías dejar de hablar porque ya empieza?

Diego: Ah, vale. Mañana es la Copa de Europa de fútbol y vienen unos amigos, así que te pediré ayuda desde el sofá si necesitamos algo.

Marta: ¡Oh, no!

Vocabulario

¿Cómo nos ven...

quitarse	*ausziehen*
cuando	*wenn, wann*
molestar	*stören*
al principio	*am Anfang*
la falta	*Mangel, Fehler*
la cortesía	*Höflichkeit*
normal	*normal*
amar	*lieben, gern haben*
charlar	*sich unterhalten, plaudern*
encender	*anschalten*
gritar	*schreien*
Japón	*Japan*
llegar	*(an-)kommen*
puntual	*pünktlich*
el cuarto de hora	*Viertelstunde*
el retraso	*Verspätung*
tarde	*spät*

Yo haría lo mismo por ti

lo mismo	*dasselbe*
(el) ruso	*russisch, Russe*
reír(se)	*lachen*
la gamba	*Garnele*
el cangrejo	*Krebs*
explicar	*erklären*
imitar	*imitieren, nachahmen*
la costumbre	*Gewohnheit, Sitte, Brauch*
gratis	*gratis*
curioso, -a	*kurios; neugierig*
el instrumento	*Instrument, Werkzeug*
la mano	*Hand*
izquierdo, -a	*linke(r, -s)*
imagínate	*stell dir das mal vor!*
la tortilla	*Kartoffelomelett*

el cuchillo	Messer
el tenedor	Gabel
la sardina	Sardine
asar	grillen, braten
la silla	Stuhl
coger	(mit-, weg-) nehmen
la mesa	Tisch
el lado	Seite
tanto	so viel
mientras	während
a propósito	apropos
el frigorífico	Kühlschrank

el vaso	Glas
la bolsa	Tüte
las patatas fritas	Kartoffelchips
el mando a distancia	Fernbedienung
el masaje	Massage
favorito, -a	Lieblings...
el sofá	Sofa
amable	nett, freundlich
dejar	lassen
la Copa de Europa	Europacup
el fútbol	Fußball
pedir	bitten
la ayuda	Hilfe

Gramática

1. Die indirekte Rede

In der indirekten Rede wird wiedergegeben, was jemand gesagt hat. Dazu verwenden Sie einen Nebensatz, der mit **que** eingeleitet wird. Anders als im Deutschen benötigen Sie für die indirekte Rede im Spanischen keinen Konjunktiv. Welche Zeitform Sie verwenden müssen, hängt davon ab, welche Zeit im Hauptsatz steht.

Präsens oder Perfekt im Hauptsatz   E 4, 8
Steht im Hauptsatz der indirekten Rede das Verb des Sagens oder Denkens im Präsens oder Perfekt, so bleibt die Zeit aus der direkten Rede im Nebensatz erhalten:

| Direkte Rede | Indirekte Rede | |
	Hauptsatz	Nebensatz
«Estoy en París.»	Dice	que está en París. *Er sagt, er sei in Paris.*
	Ha dicho	que está en París. *Er hat gesagt, er sei in Paris.*
«He trabajado mucho.»	Dice	que ha trabajado mucho. *Er sagt, er habe viel gearbeitet.*
	Ha dicho	que ha trabajado mucho. *Er hat gesagt, er habe viel gearbeitet.*

Indefinido, Imperfekt oder Plusquamperfekt im Hauptsatz   E 3
Steht das Verb im Hauptsatz dagegen im **Indefinido**, Imperfekt oder Plusquamperfekt, so verändert sich das Verb in der indirekten Rede.

Direkte Rede		Indirekte Rede
Präsens	▶	Imperfekt
Perfekt	▶	Plusquamperfekt
Indefinido	▶	Indefinido oder Plusquamperfekt

Direkte Rede	Indirekte Rede Hauptsatz	Nebensatz
«Me molesta.»	Dijo	que le molestaba. *Sie sagte, es störe sie.*
	Decía	que le molestaba. *Sie sagte (immer), es störe sie.*
	Había dicho	que le molestaba. *Sie hatte gesagt, es störe sie.*
«Me ha molestado.»	Dijo	que le había molestado. *Sie sagte, es habe sie gestört.*
	Decía	que le había molestado. *Sie sagte (immer), es habe sie gestört.*
«Me molestó.»	Dijo	que le había molestado / que le molestó. *Sie sagte, es habe sie gestört.*
	Decía	que le había molestado / que le molestó. *Sie sagte, es habe sie gestört.*

Me dijeron que era normal. *Man sagte mir, das sei normal.*
Pensaba que querían coger las sillas. *Ich dachte, sie wollten die Stühle mitnehmen.*
Le conté que ya lo había llamado. *Ich erzählte ihm, dass ich sie schon angerufen hätte.*

2. Das Konditional

Die Formen   E 5, 6
Um das Konditional zu bilden, hängen Sie an den Infinitiv die Konditional-
Endungen an. Sie sind für alle drei Verbgruppen identisch:

	trabajar	comer	abrir
(yo)	trabajaría	comería	abriría
(tú)	trabajarías	comerías	abrirías
(él, ella, usted)	trabajaría	comería	abriría
(nosotros, -as)	trabajaríamos	comeríamos	abriríamos
(vosotros, -as)	trabajaríais	comeríais	abriríais
(ellos, -as, ustedes)	trabajarían	comerían	abrirían

Esto sería genial. *Das wäre ganz toll.*
Me gustaría ir a España. *Ich würde gerne nach Spanien fahren.*
No compraría este jersey. *Ich würde diesen Pulli nicht kaufen.*

Einige unregelmäßige Verben verändern im Konditional den Stamm, nicht
die Endungen. Es sind dieselben Verben, die auch im Futur (vgl. Lektion 12)
unregelmäßig sind. Hier die wichtigsten:

decir	*sagen*	▶ **dir**ía, dirías, diría...
hacer	*machen*	▶ **har**ía, harías, haría...
poder	*können*	▶ **podr**ía, podrías, podría...
poner	*stellen*	▶ **pondr**ía, pondrías, pondría...
querer	*wollen*	▶ **querr**ía, querrías, querría...
saber	*wissen*	▶ **sabr**ía, sabrías, sabría...
salir	*ausgehen*	▶ **saldr**ía, saldrías, saldría...
tener	*haben*	▶ **tendr**ía, tendrías, tendría...
venir	*kommen*	▶ **vendr**ía, vendrías, vendría...

¿Podrías traerme una cerveza? *Könntest du mir ein Bier bringen?*
Yo haría lo mismo. *Ich würde dasselbe tun.*

Der Gebrauch   E 6, 7
Das Konditional wird gebraucht
▌ um eine höfliche Bitte zu formulieren:
   ¿Podría ayudarme? *Könnten Sie mir helfen?*
   ¿Podrías darme el mando a distancia?
   Könntest du mir die Fernbedienung geben?
▌ um einen Wunsch auszudrücken:
   Me gustaría tomar un café.
   Ich würde gerne einen Kaffee trinken.
   ¿Qué te gustaría hacer?
   Was würdest du gerne tun?
▌ um die eigene Meinung höflich zu formulieren:
   Eso estaría muy bien. *Das wäre sehr gut.*
   Eso sería lo más importante.
   Das wäre das Wichtigste.
▌ um einen Rat zu erteilen:
   Tendrías que estudiar más. *Du müsstest mehr lernen.*
   Sería mejor preguntarle. *Es wäre besser, ihn / sie zu fragen.*

3. Der neutrale Artikel *lo*   E 2

Lo wird verwendet, wenn ein Adjektiv als Substantiv gebraucht wird:
lo normal   *das Normale*
lo mejor   *das Beste*
lo mismo   *dasselbe*

Él haría lo mismo por mí. *Er würde dasselbe für mich tun.*
Es lo mejor que hay. *Das ist das Beste, was es gibt.*

4. *mientras / durante*   E 3

Beide Adverbien werden im Deutschen mit *während* übersetzt.
Mientras steht bei Verben:
No hablan mientras comen. *Sie sprechen nicht, während sie essen.*
Durante steht bei Substantiven:
No se habla durante la comida. *Man spricht nicht während des Essens.*

Uso del español

Um einen Gefallen bitten   E 6

Verwenden Sie hierzu das Verb **poder** im Konditional:
¿Podríais ayudarnos? *Könntet ihr uns helfen?*
¿Podría usted llevarme? *Könnten Sie mich mitnehmen?*

i In Spanien ist es nicht üblich, sich in einem Lokal zu jemanden an den
Tisch zu setzen, den man nicht kennt. Das gilt als unhöflich. Irritiert werden
Spanier auch reagieren, wenn Sie anfangen zu essen, ohne abzuwarten, dass alle
ihr Essen vor sich haben. Auch wenn Sie jemandem das Rauchen in Ihrer Wohnung
oder beim gemeinsamen Essen kategorisch verbieten, werden Sie sich keine Sym-
pathien einhandeln.

Más expresiones útiles

dicen que...	*man sagt, dass ...*	el vaso	*(Wasser-)Glas*
el cubierto	*Besteck*	la copa	*(Wein-)Glas*
la cuchara	*Löffel*	el mantel	*Tischdecke*
el tenedor	*Gabel*	la servilleta	*Serviette*
el cuchillo	*Messer*	sal y pimienta	*Salz und Pfeffer*
el plato	*Teller*	aceite y vinagre	*Essig und Öl*

17

Ejercicios

1 Drücken Sie das unpersönliche *man* anders aus.

1. Aquí se habla inglés. .....*Aquí hablan inglés.*.......... .

2. Se dice que esta película es muy mala. ....

3. En esta tienda no se trabaja el sábado. ....

4. En Alemania no se enciende la tele ....
durante la comida. ....

5. En España no se paga por separado. ....

6. Se come muy tarde en España. ....

2 Setzen Sie ein, was passt.

| lo mejor | lo normal | lo bueno | lo mismo | lo malo | lo más bonito |

1. Poner pan gratis con cada tapa es .... en España.

2. Juan es mi mejor amigo, él haría .... por mí.

3. .... sería ir a la cama. Ya son las doce de la noche.

4. .... de este trabajo es el horario. Sólo trabajo de 9 a 3.

5. .... es que Pablo nunca llega puntual. ¡Es terrible!

6. .... de Barcelona es el Parque* Güell, construído* por Antonio
Gaudí.

* el parque: *Park*, construído por: *gebaut von*

3 Was müssen Sie hier ergänzen: **mientras** oder **durante**?
Streichen Sie das nicht Zutreffende.

1. ¿Qué podríamos hacer mientras / durante ese vuelo tan largo?
2. Mientras / Durante duermen los niños, puedo limpiar la casa.
3. No me gusta encender la tele durante / mientras la comida.
4. Mientras / Durante veo la tele no puedo hacer otras cosas.
5. Antonio siempre lee el periódico mientras / durante ve la tele.
6. Durante / Mientras la semana normalmente no salimos por la noche.

4 Geben Sie wieder, welche Meldungen Sie gestern in der Zeitung gelesen haben.

1. Mujer más vieja de España cumple 106 años en Alicante.
2. Ministro Pérez: «La economía española está muy bien».
3. FC Barcelona ha ganado la Copa de Europa.
4. Los españoles son los menos puntuales en Europa.

1. ....

2. ....

3. ....

4. ....

5 Ergänzen Sie die fehlenden Verbformen in der angegebenen Person.

Infinitiv	Futur	Konditional
hablar	hablaré	....
abrir	....	(él) abriría
comprender	....	comprenderían
....	me casaré	....
tener	....	tendríais
....	harás	....
saber	....	(yo) sabría
....	dirán	....

6 Seien Sie besonders höflich. Verwenden Sie das Konditional.

1. Perdona, ¿me das mi vaso?   Perdona, ¿me podrías dar mi vaso?
2. ¿Me puede decir la hora? ....
3. ¿Me podéis traer un café? ....
4. ¿Puedes poner el vino en la mesa? ....
5. Ana, ¿puedes hacer tú la compra? ....
6. ¿Pueden ustedes llamarme? ....

17

7 Ergänzen Sie die Lücken mit einer Konditionalform.

1. ● Oye, Pablo, yo creo que .... (tener que) estudiar más.
   ● Vale. ¿Me .... (poder, tú) ayudar un poco con el inglés?

2. ● ¿Me .... (poder, usted) traer otra cerveza, por favor?
   ● Enseguida, señor.

3. ● Carmela, ¿qué te .... (gustar) hacer esta noche?
   ● Me .... (gustar) ir al teatro. ¿Qué te parece?

4. ● ¿Qué .... (hacer) tú en esta situación?
   ● Pues yo .... (hablar) con ella.

5. ● .... (ser) mejor no pensar demasiado en este examen.
   ● Pues sí, me .... (gustar) poder olvidarlo.

6. ● Yo no .... (comprar) este traje. Es demasiado caro.
   ● ¿Tú crees? Bueno, entonces .... (querer) ir a otras tiendas.

8 Geben Sie folgende Telefonnotizen weiter. Wandeln Sie sie um in die indirekte Rede.

1. Marta: volver a casa – 4:00 – ir al cine – noche.
   ▶ *Ha llamado Marta y dice que vuelve a las cuatro a casa y que quiere ir al cine esta noche.*

2. Roberto: no poder venir – fiesta Sara – no tener tiempo.
   ▶ ....

3. Lola: no trabajar hoy – gimnasio – amiga Irene.
   ▶ ....

4. Guillermo: dentista – dolor de muelas – bar Manu 5:00.
   ▶ ....

18

Schwerpunkte dieser Lektion sind:
- Ratschläge erteilen
- Sorgen/Gefühle ausdrücken
- der **verneinte Imperativ**
- der Konjunktiv **(Subjuntivo)**
- **Bedingungssätze** mit **si**

El Camino de Santiago a pie – Siete Consejos

- Prepare la ruta con tiempo, no improvise demasiado.
- Prepare sus pies: empiece a caminar con los zapatos que va a llevar y con la mochila varias semanas antes de salir. No lo deje para el último fin de semana.
- No lleve zapatos nuevos.
- Si no puede caminar tantos kilómetros como pensaba no se desanime. Haga etapas más cortas y menos frustrantes.
- No ponga en la mochila cosas innecesarias.
- No utilice cámaras fotográficas y de vídeo pesadas.
- En los albergues no pierda de vista su mochila y no se quite la riñonera con el dinero y la documentación.

Zu Fuß auf dem Jakobsweg – Sieben Ratschläge

- Bereiten Sie die Route rechtzeitig vorher vor, improvisieren Sie nicht zu sehr.
- Bereiten Sie Ihre Füße vor: Beginnen Sie mehrere Wochen vor der Abreise mit den Schuhen und dem Rucksack zu gehen, die Sie mitnehmen werden. Schieben Sie es nicht bis zum letzten Wochenende auf.
- Tragen Sie keine neuen Schuhe.
- Wenn Sie nicht so viele Kilometer gehen können, wie Sie sich vorgenommen hatten, verlieren Sie nicht den Mut. Machen Sie kürzere und weniger frustrierende Etappen.
- Packen Sie keine unnötigen Sachen in den Rucksack.
- Benutzen Sie keine schweren Foto- oder Videokameras.
- Verlieren Sie in den Unterkünften nicht ihren Rucksack aus den Augen und legen Sie Ihre Gürteltasche mit dem Geld und dem Ausweis nicht ab.

¿Qué hay de nuevo?   E 1, 2

Den bejahten Imperativ (**prepare** *bereiten Sie vor*, **prepara** *bereite vor*) haben Sie in Lektion 13 kennengelernt. Hier lernen Sie nun den verneinten Imperativ (**no improvise** *improvisieren Sie nicht*). Für den verneinten Imperativ werden im Spanischen in allen Personen die Formen des **Subjuntivo** (Konjunktiv) Präsens verwendet. Wie in Lektion 13 haben wir auch hier nur diejenigen Formen aufgeführt, für die man sinnvolle Imperativsätze bilden kann.

1. Regelmäßige Verben

	hablar	**comer**	**abrir**
(tú)	no hables	no comas	no abras
(usted)	no hable	no coma	no abra
(vosotros, -as)	no habléis	no comáis	no abráis
(ustedes)	no hablen	no coman	no abran

Sie sehen, dass die Endungen für die Verben auf **-er** und **-ir** identisch sind.

No comas tanto chocolate. *Iss nicht so viel Schokolade.*
No abran la puerta, por favor. *Öffnen Sie bitte nicht die Tür.*
No lleve zapatos nuevos. *Tragen Sie keine neuen Schuhe.*

2. Einige unregelmäßige Verben   E 1, 4

Manche unregelmäßige Verben verändern im **Subjuntivo** Präsens den Stamm. Hier zunächst einige Verben aus dem Text:

	poner *setzen, stellen, legen*	**utilizar** *benutzen*	**perder** *verlieren*	**hacer** *machen*
(tú)	no pongas	no utilices	no pierdas	no hagas
(usted)	no ponga	no utilice	no pierda	no haga
(vosotros, -as)	no pongáis	no utilicéis	no perdáis	no hagáis
(ustedes)	no pongan	no utilicen	no pierdan	no hagan

No hagas todo el camino a pie. *Mach nicht den ganzen Weg zu Fuß.*
No utilice una cámara de vídeo. *Benutzen Sie keine Videokamera.*
No pongan demasiado en la mochila. *Packen Sie nicht zu viel in den Rucksack.*
No perdáis el dinero. *Verliert das Geld nicht.*

Der Imperativ, bejaht wie verneint, wird im Spanischen nicht so sehr verwendet, um Befehle auszudrücken, sondern um Ratschläge zu erteilen oder eine Aufforderung auszusprechen:
Haga etapas más cortas, no se desanime. *Machen Sie kürzere Etappen, verlieren Sie nicht den Mut.*
No lo dejes para mañana. *Verschieb es nicht auf morgen.*

Bei Verben mit Pronomen, z.B. reflexiven Verben, bei denen das Pronomen im bejahten Imperativ an die Verbform angehängt wird, wandert es im verneinten Imperativ wieder an seine „übliche" Position vor dem Verb:
Déjame tu número del móvil. *Lass mir deine Handy-Nummer da.*
No le dejes tu número del móvil. *Lass (Gib) ihm nicht deine Handy-Nummer (da).*

Aventuras de un peregrino

Manu ha decidido tomarse unas vacaciones y hacer parte del Camino de Santiago solo y a pie. Sus amigos se despiden de él en el bar.

Nicolás: ¿Nos escribirás una postal o una carta?

Manu: Bueno, cuando pueda os escribo y os cuento mis aventuras de peregrino.

Marta: Pero ¿por qué no llevas el móvil? Así, si tienes algún problema, podrás llamar y pedir ayuda.

Manu: No, no me llevo ese aparato maldito. Primero, no creo que tenga problemas graves y si los tengo buscaré ayuda directamente. Y segundo, no quiero que durante estas tres semanas me llame nadie, ni los amigos, ni la familia, ni los clientes, ni los bancos...

Marta: Pero a tu mujer le preocupa que vayas solo y que nadie sepa nada de tí durante tantos días...

Manu: Así se alegrará más cuando vuelva: me dará besos, me hará croquetas de jamón... ¡Mmm!

Marta: Bueno, entonces es mejor que no te lleves el móvil, es verdad...

Nicolás: Pero he oído que en el norte de España hay lobos y osos... ¿No tienes
miedo de que te ataquen?

Manu: Creo que es poco probable que aparezca un oso en mi camino y además
no creo que quiera comerse a un viejo duro y feo como yo.

Marta: Eso es verdad...

Manu: Gracias, chica.

Marta: No te enfades, ya sabes que ¡El hombre y el oso, cuanto más feo...

Nicolás: ... más hermoso!

Manu: Gracias, chicos, muchas gracias...

Vocabulario

El Camino de Santiago a pie

el consejo	Rat, Ratschlag
el Camino de Santiago	Jakobsweg, (Pilgerweg in Nordspanien)
la ruta	Route, Strecke
con tiempo	rechtzeitig, früh genug
improvisar	improvisieren
varios, -as	mehrere
el kilómetro	Kilometer
desanimarse	den Mut verlieren
la etapa	Etappe
frustrante	frustrierend
innecesario, -a	unnötig
la cámara fotográfica	(Foto-)Kamera
la cámera de video	Videokamera
el vídeo	Video
pesado, -a	schwer (Gewicht)
el albergue	Unterkunft, Herberge
perder de vista	aus den Augen verlieren
la vista	Aussicht, Blick
quitarse	ausziehen, ablegen
el riñón	Niere
la riñonera	Gürteltasche
la documentación	Ausweis(e)

Aventuras de un peregrino

el peregrino	Pilger
las vacaciones	Ferien
la parte	Teil
la postal	Postkarte
la carta	Brief
pedir ayuda	um Hilfe bitten
la ayuda	Hilfe
el aparato	Apparat
maldito, -a	verflixt, verdammt
directo, -a	direkt
el banco	Bank
preocupar	bekümmern, besorgt machen
alegrarse (de)	sich freuen (über)
el beso	Kuss
la croqueta	Krokette
oír	hören
el norte	Norden
el lobo	Wolf
el oso	Bär
atacar	angreifen
probable	wahrscheinlich
aparecer	erscheinen
duro, -a	hart, zäh
feo, -a	hässlich
enfadarse	sich ärgern
cuánto más feo...	je hässlicher ...
hermoso, -a	schön, hübsch

Gramática

1. Der *Subjuntivo* (Konjunktiv) Präsens

Der spanische **Subjuntivo**, den Sie im Zusammenhang mit dem negativen Imperativ kennengelernt haben, ist nur sehr bedingt mit dem deutschen Konjunktiv vergleichbar. Während der Konjunktiv im Deutschen ja nur für Wunsch- und Bedingungssätze sowie in der indirekten Rede verwendet wird, dient der spanische **Subjuntivo** dazu, subjektive Einstellungen oder Möglichkeiten auszudrücken. Der **Subjuntivo** bezeichnet also das, was der Sprechende denkt, fühlt oder meint. Handlungen oder Geschehnisse, die tatsächlich stattfinden oder stattgefunden haben, werden dagegen im Spanischen stets mit dem Indikativ (Präsens, Perfekt, **indefinido**, Imperfekt oder Plusquamperfekt) dargestellt. Einige der Verwendungsmöglichkeiten des **Subjuntivo** lernen Sie in dieser Lektion. Hier zunächst die Formen:

Regelmäßige Verben   *E 3, 4, 5*

	trabajar	comer	abrir
(yo)	trabaje	coma	abra
(tú)	trabajes	comas	abras
(él, ella, usted)	trabaje	coma	abra
(nosotros, -as)	trabajemos	comamos	abramos
(vosotros, -as)	trabajéis	comáis	abráis
(ellos, -as, ustedes)	trabajen	coman	abran

Sie sehen, die Formen der 1. und 3. Person Singular sind jeweils identisch innerhalb einer Konjugation. Die Betonung des **Subjuntivo** liegt – mit Ausnahme der 1. und 2. Person Plural – im Verbstamm, nicht in der Endung (vgl. **indefinido: trabajé – Subjuntivo: trabaje**):
No quiero que me llamen los clientes. *Ich will nicht, dass mich die Kunden anrufen.*
Cuando llegue os escribiré. *Wenn (Sobald) ich ankomme, werde ich euch schreiben.*

Einige unregelmäßige Verben   *E 3*

	estar	dar	ser	ir	ver	saber	hay
(yo)	esté	dé	sea	vaya	vea	sepa	
(tú)	estés	des	seas	vayas	veas	sepas	
(él, ella, usted)	esté	dé	sea	vaya	vea	sepa	haya
(nosotros, -as)	estemos	demos	seamos	vayamos	veamos	sepamos	
(vosotros, -as)	estéis	deis	seáis	vayáis	veáis	sepáis	
(ellos, -as, ustedes)	estén	den	sean	vayan	vean	sepan	

Cuando esté en Madrid, te llamaré. *Wenn (Sobald) ich in Madrid bin, rufe ich dich an.*
No creo que sea tan fácil. *Ich glaube nicht, dass das so einfach ist.*

Einige Verben bilden ganz unregelmäßige **Subjuntivo**-Formen.
Die Gruppe von Verben, die im Indikativ Präsens in der 1. Person ein **-go** aufweisen,
behalten diesen Stamm auch im **Subjuntivo** bei: **tener, tengo** ▶ **tenga; hacer, hago**
▶ **haga; decir, digo** ▶ **diga; salir, salgo** ▶ **salga; venir, vengo** ▶ **venga.**

	tener	hacer	decir	salir	venir
(yo)	tenga	haga	diga	salga	venga
(tú)	tengas	hagas	digas	salgas	vengas
(él, ella, usted)	tenga	haga	diga	salga	venga
(nosotros, -as)	tengamos	hagamos	digamos	salgamos	vengamos
(vosotros, -as)	tengáis	hagáis	digáis	salgáis	vengáis
(ellos, -as, ustedes)	tengan	hagan	digan	salgan	vengan

No creo que venga a las diez. *Ich glaube nicht, dass er um zehn kommt.*
Es muy importante que lo hagas ahora mismo. *Es ist sehr wichtig, dass du es jetzt
gleich machst.*

Die Verbgruppen, die im Indikativ Präsens den Stamm verändern (z.B. **o** ▶ **ue**, **e** ▶ **ie**,
e ▶ **i**), tun dies auch im **Subjuntivo**:

	poder (o ▶ ue)	querer (e ▶ ie)	pedir (e ▶ i)	aparecer (c ▶ zc)	buscar (c ▶ qu)	llegar (g ▶ gu)
(yo)	pueda	quiera	pida	aparezca	busque	llegue
(tú)	puedas	quieras	pidas	aparezcas	busques	llegues
(él, ella, usted)	pueda	quiera	pida	aparezca	busque	llegue
(nosotros, -as)	podamos	queramos	pidamos	aparezcamos	busquemos	lleguemos
(vosotros, -as)	podáis	queráis	pidáis	aparezcáis	busquéis	lleguéis
(ellos, -as, ustedes)	puedan	quieran	pidan	aparezcan	busquen	lleguen

Cuando vuelva, me besaré. *Wenn (Sobald) ich zurück bin, wird sie mich küssen.*
No creo que quiera comerse toda la paella. *Ich glaube nicht, dass er die ganze Paella
aufessen will.*

Um die ursprüngliche Aussprache auch im **Subjuntivo** zu erhalten, erfolgen bei
einigen Verben Änderungen in der Schreibung (**c** ▶ **zc, c** ▶ **qu, g** ▶ **gu**):
Es poco probable que aparezca pronto. *Es ist wenig wahrscheinlich, dass er bald
auftaucht.*
No creen que Juan llegue a tiempo. *Sie glauben nicht, dass Juan rechtzeitig kommt.*

18

Gebrauch   *E 7, 8, 9*

Der **Subjuntivo** steht in Nebensätzen, die mit **que** *(dass)* eingeleitet werden, nach einer
▌ Willensäußerung z.B. *ich will, möchte, wünsche (nicht), dass ...:*
    Quiero que vuelvas pronto. *Ich möchte, dass du bald zurückkommst.*
    No quiere que le llamemos. *Er will nicht, dass wir ihn anrufen.*
▌ verneinten persönlichen Stellungnahme z.B. *ich glaube nicht, dass ...:*
    No creo que venga mañana. *Ich glaube nicht, dass er morgen kommt.*
    ¿No crees que José trabaje bien? *Glaubst du nicht, dass José gut arbeitet?*
▌ unpersönlichen Stellungnahme z.B. *es ist (nicht) wahrscheinlich, dass ...,*
    es ist besser, dass ...:
    No es muy probable que escriban pronto. *Es ist nicht sehr wahrscheinlich, dass sie*
    bald schreiben.
    Es mejor que no bebas tanto vino. *Es wäre besser, du würdest nicht so viel Wein trinken.*
▌ Gefühlsäußerung z.B. *ich bin besorgt, beunruhigt darüber, dass ...,*
    ich habe Angst, dass ...:
    A tu mujer le preocupa que vayas solo. *Es beunruhigt deine Frau, dass du alleine*
    fährst.
    Tengo miedo de que la carta no llegue a tiempo. *Ich habe Angst, dass der Brief*
    nicht pünktlich ankommt.
▌ Außerdem nach bestimmten Konjunktionen z.B. **cuando** *(wenn, sobald):*
    Cuando vuelvas, te besará. *Wenn (Sobald) du zurückkommst, wird sie dich küssen.*
    Cuando te vayas a España, te escribiré. *Wenn (Sobald) du nach Spanien gehst, werde*
    ich dir schreiben.

Weitere Verwendungsmöglichkeiten des **Subjuntivo** lernen Sie in den Lektionen
19 und 20 kennen.

2. Bedingungssätze mit *si*   *E 6*

Auf einen Bedingungssatz mit **si** + Präsens folgt im Hauptsatz
▌ entweder ebenfalls Präsens oder ein Imperativ:
    Si no viene Pablo, no nos vamos a la fiesta. *Wenn Pablo nicht kommt, gehen wir*
    nicht auf die Party.
    Si no puede caminar muchos kilómetros no se desanime. *Wenn Sie nicht viele*
    Kilometer gehen können, verlieren Sie nicht den Mut.
▌ oder Futur:
    Si tienes algún problema, podrás llamar a alguien. *Wenn du irgendein Problem hast,*
    kannst du jemanden anrufen.
    Si tengo problemas buscaré ayuda. *Wenn ich Probleme habe, werde ich Hilfe suchen.*

Más expresiones útiles

la maleta	*Koffer*
la bolsa (de viaje)	*(Reise-)Tasche*
el saco de dormir	*Schlafsack*
caminar	*wandern*
el senderismo	*Wandern*
el sur	*Süden*
el oeste	*Westen*
el este	*Osten*
el norte	*Norden*

Uso del español

Ratschläge erteilen   E 6

Um einen Rat zu geben, können Sie
▌ den Imperativ in bejahter oder verneinter Form verwenden:
   Prepare sus pies y no lleve zapatos nuevos. *Bereiten Sie Ihre Füße vor und tragen Sie keine neuen Schuhe.*
▌ einen Fragesatz mit **por qué** bilden:
   ¿Por qué no llevas el móvil? *Warum nimmst du das Handy nicht mit?*
▌ oder einen Bedingungssatz mit **si:**
   Si llegas a tiempo, tendrás menos estrés. *Wenn du pünktlich ankommst, hast du weniger Stress.*

Ejercicios

1   Welche Ratschläge erteilt der Vater seiner Tochter? Bilden Sie Imperative.

1. estudiar más   .....Estudia más......................................
2. no pensar tanto en su novio   ....
3. no hablar tanto por teléfono   ....
4. comer más fruta   ....
5. no ir al cine durante la semana   ....
6. hacer pausas   ....
7. no perder tiempo   ....
8. llevar siempre el móvil   ....

2 Verwandeln Sie die positiven Ratschläge an einen Freund in negative, wie im Beispiel.

1. Haz gimnasia.

   ..*No hagas gimnasia si no te sientes bien.*........

2. Trabaja más.

   .... porque estás muy cansado.

3. Prepara tus cosas mañana.

   ...., hazlo hoy.

4. Camina 20 kilómetros cada día.

   .... con tus nuevos zapatos.

5. Empieza temprano por la mañana.

   .... porque no tenemos mucho tiempo.

6. Lleva una mochila.

   ...., que te va a molestar.

7. Escríbeme.

   .... porque no estaré.

3 Welche Verbform passt jeweils nicht in die Reihe? Streichen Sie sie durch.
Wie lautet die richtige Form?

1. trabaje, pueda, abra, come, diga   ....

2. comprarán, escribirán, daban, construirán   ....

3. tomemos, escribamos, buscamos, seamos, vayamos   ....

4. estés, hagas, puedes, quieras, llegues   ....

5. fui, vi, volví, hice, tuve, pida, estuve   ....

6. buscaré, llegaré, trabajé, pediré, seré   ....

7. tenga, aparezca, llegue, busque, compré   ....

8. vayas, estés, tengas, hago, puedas   ....

4 Ergänzen Sie die fehlenden Verbformen in der jeweiligen Person.

Infinitiv	Präsens	subjuntivo	Futur
comprender	....	comprendan	....
....	me caso	....	....
tener	....	tengamos	....
....	....	....	harás
perder	perdemos	....	....
....	....	digáis	....

5 In welcher Zeitform wird das Verb verwendet? Kreuzen Sie an.

	Präsens	subjuntivo	Futur
1. En agosto comemos muchas naranjas.	☐	☐	☐
2. Cuando vuelva de Berlín...	☐	☐	☐
3. ¿Qué harás el próximo año?	☐	☐	☐
4. Quiere que ella haga su trabajo.	☐	☐	☐
5. ¿Por qué no probáis los churros?	☐	☐	☐
6. ¿Tendrán tiempo para estudiar?	☐	☐	☐
7. No creo que haya mucha gente en el bar.	☐	☐	☐
8. No hay más vino.	☐	☐	☐

6 Helfen Sie einem Freund, der nach Panama fährt. Geben Sie ihm einige gute Ratschläge.

1. Si vas a Panamá ....
(Wenn du nach Panama fliegst, bereite alles gut vor.)

2. Si ....
(Wenn du mit den Leuten reden willst, lerne die Sprache.)

3. Si ....
(Wenn du die Leute nicht verstehst, verliere nicht den Mut, frage noch einmal (otra vez).)

4. Si ....
(Wenn du Probleme hast, bitte um Hilfe.)

5. Pero ....
(Aber wenn du Abenteuer, gute Musik und nette Menschen gern magst, wird Panama ein wunderbares Land für dich sein.)

7 Wählen Sie die richtige Zeitform aus. Ergänzen Sie jeweils a, b oder c.

1. Cuando Juan .... (a. va b. ir c. vaya) a México, ... (a. trabaje
   b. trabajaba c. trabajará) en una empresa* internacional.

2. La madre quiere que su hijo no .... (a. llega b. llegó c. llegue) tarde al trabajo.

3. Yo no creo que este fin de semana .... (a. tengo b. tenga c. tiene) tiempo
   para salir con vosotros.

4. Julia tiene miedo de que Roberto .... (a. pueda b. puede c. podrá) enfadarse.

5. Es muy probable que no .... (a. volvemos b. volvamos c. vuelven) hoy.

6. Es mejor que .... (a. buscas b. buscar c. busques) tu cámara ahora.

*la empresa: *Firma*

8 Wie werden diese Satzanfänge fortgesetzt? Kreuzen Sie die richtige Ergänzung an.

1. Tengo miedo de que
   ☐ no vuelva.
   ☐ no vuelve.
   ☐ no quiere volver.

2. Es mejor que
   ☐ no busques más.
   ☐ no buscas más.
   ☐ no buscan.

3. Creo que
   ☐ no voy a salir.
   ☐ no vaya a salir.
   ☐ no salir.

4. La profesora quiere que
   ☐ estudiamos más.
   ☐ estudiemos más.
   ☐ estudian.

5. Cuando tenga dinero
   ☐ compré una casa.
   ☐ compro una casa.
   ☐ compraré una casa.

6. Cuando sea mayor
   ☐ soy famoso.
   ☐ seré un actor famoso.
   ☐ quiero ser actor.

9 Glauben Sie diese Aussagen? Formulieren Sie Sätze nach dem Muster.

1. En algunos países el agua es más cara que el vino.

...*Pues yo creo que en algunos países el agua es más cara que el vino.*...

...*Pues yo no creo que en algunos países el agua sea más cara que el vino.*...

2. Los españoles beben más vino que cerveza.

....

3. En Mallorca no se venden casas a alemanes.

....

4. 200 milliones de hombres hablan español.

....

5. En Alemania hay más personas ricas que en España.

....

6. El hombre más gordo del mundo vive en Italia.

....

7. Cubana de 12 años sabe diez lenguas.

....

8. El jamón de Parma es mejor que el jamón serrano.

....

Lección 19

In dieser Lektion lernen Sie:
- über berufliche Kenntnisse und Arbeitsbedingungen sprechen
- den Gebrauch des **Subjuntivo in Relativsätzen**
- den **Subjuntivo Imperfekt**
- **irreale Bedingungssätze**
- Verben mit Infinitiv (**acabar de, empezar a, dejar de, volver a**)

Tenemos la tecnología del futuro y buscamos para nuestra empresa a personas

- que sean entusiastas, creativas, abiertas y flexibles
- que tengan carnet de conducir y bachillerato, formación profesional o diploma universitario
- que sepan utilizar un ordenador a nivel usuario y comunicarse con toda clase de personas.

Se ofrece:
- formación específica por parte de la empresa
- posibilidades de desarrollo profesional
- sueldo a negociar

Si crees que eres un buen candidato o candidata, te interesa el márketing y el trabajo en una gran empresa internacional, envíanos tu currículum y solicitud:

Simons Ibérica
Departamento: Selección de Personal
Apartado 19038 Madrid

Wir haben die Technologie der Zukunft und wir suchen für unser Unternehmen Menschen,

- die enthusiastisch, kreativ, offen und flexibel sind
- die Führerschein und Abitur, eine Berufsausbildung oder Universitätsdiplom haben
- die mit einem Computer auf Anwender-Niveau umgehen können und die mit jeder Art von Menschen kommunizieren können.

Wir bieten:
- fachliche Ausbildung von Seiten des Unternehmens
- Möglichkeiten zur beruflichen Weiterentwicklung
- Gehalt nach Vereinbarung

Wenn du glaubst, dass du ein guter Kandidat oder eine gute Kandidatin bist, wenn dich Marketing und die Arbeit in einem großen internationalen Unternehmen interessiert, dann schicke uns deinen Lebenslauf und dein Bewerbungsschreiben:

Simons Ibérica
Abteilung: Personalauswahl
Postfach 19038 Madrid

¿Qué hay de nuevo? E 6

In Lektion 18 haben Sie die Formen des **Subjuntivo** Präsens kennengelernt und einige seiner Verwendungsmöglichkeiten im Spanischen eingeübt, z.B. nach Verben der Gefühls- oder Willensäußerung, unpersönlichen oder verneinten persönlichen Stellungnahmen oder der Konjunktion **cuando**.

Der **Subjuntivo** wird außerdem verwendet in Relativsätzen,

▌die einen Wunsch oder eine Bedingung enthalten:
  Busco a alguien que tenga carnet de conducir.
  Ich suche jemanden, der einen Führerschein hat.
  Necesitamos a una secretaria que sepa utilizar un ordenador.
  Wir brauchen eine Sekretärin, die mit einem Computer umgehen kann.

▌wenn Subjekt, Objekt oder Zeitpunkt der Handlung (noch) nicht bekannt sind:
  Puedes hacer lo que quieras. *Du kannst tun, was du möchtest.*
  Depende de lo que diga Marilena. *Es kommt darauf an, was Marilena (dazu) sagt.*
  Lo hará el día que tenga tiempo. *Er wird es machen, sobald (wörtl. an dem Tag, an dem) er Zeit hat.*

La entrevista

Celia ha tenido esta mañana una entrevista en la empresa Simons Ibérica.
Ya de vuelta en casa.

Nicolás: ¿Qué tal la entrevista? ¿Cómo te fue?
Celia: Pues no me fue mal, pero ese trabajo no me interesa.
Nicolás: ¿Por qué?
Celia: Es a jornada completa, tendría que dejar de estudiar. Y además, me
          preguntaron si cambiaría de ciudad si fuera necesario para el puesto
          de trabajo y dije que no. Yo no me quiero ir, ¿sabes? Ya dejé mi país
          para venir aquí y con eso es suficiente. Ahora tengo amigos en Madrid,
          y es cierto, no tengo un buen trabajo, sólo trabajillos... Pero es mi casa
          y me quedo aquí. Me siento bien aquí. No quiero volver a empezar
          desde cero.
Nicolás: Te comprendo, yo tampoco volvería a cambiar de ciudad ahora.
          ¡Acabo de llegar!
Celia: Pero si te ofrecieran un papel buenísimo en una película genial con
          un director famoso...
Nicolás: Bueno, depende... Pero sólo cambiaría de lugar de residencia por el tiempo
          necesario y después volvería. No puedo dejaros solas a las dos, a ti y a
          Marta, comprendes...
Celia: Ja, ja, ja... No, claro que no, ¡no sé qué haríamos sin ti!
Nicolás: Pero si tu jefe te ofreciera mucho dinero seguro que te cambiarías.

Celia: No.

Nicolás: Pero si el jefe fuera un hombre
           inteligente, simpático, guapo y
           soltero y te lo pidiera por favor...

Celia: Uf, entonces empezaría a dudar...
           Pero no, no. ¿Quién haría
           entonces la compra los viernes?
           ¿Quién haría pizza los domingos
           en esta casa?

Nicolás: ¿Quién ocuparía el baño horas
           y horas? ¿Y quién me diría todos
           los días que dejara de fumar?
           ¡Nadie! Es verdad, no te puedes ir,
           Celia. Si te fueras no tendría más
           remedio que ducharme y afeitarme
           cada día porque el baño estaría
           siempre libre. ¡Qué horror!

Vocabulario

Tenemos la tecnología del futuro

la tecnología	*Technologie*
el futuro	*Zukunft*
la empresa	*Firma*
entusiasta	*enthusiastisch, begeistert*
creativo, -a	*kreativ*
flexible	*flexibel*
el carnet de conducir	*Führerschein*
conducir	*Auto fahren*
el bachillerato	*Abitur*
la formación	*Ausbildung*
profesional	*beruflich*
el diploma (*masc.!*)	*Diplom*
universitario, -a	*Universitäts-...*
el ordenador,	*Computer,*
Lat: **la computadora**	*Rechner*
el nivel	*Niveau, Ebene*
usuario, -a	*Benutzer-..., Anwender-...*
comunicarse con	*kommunizieren mit*

ofrecer	*anbieten*
específico, -a	*fachlich, spezifisch*
por parte de	*durch*
la posibilidad	*Möglichkeit*
el desarrollo	*Entwicklung*
el sueldo	*Gehalt*
negociar	*verhandeln*
el candidato	*Kandidat*
interesar	*interessieren*
el márketing	*Marketing*
internacional	*international*
enviar	*schicken, senden*
el Currículum (vitae)	*Lebenslauf*
la solicitud	*Bewerbung*
la selección	*Auswahl*
el personal	*Personal*
el apartado	*Postfach*
La entrevista	
la entrevista	*Bewerbungs-gespräch*

de vuelta	zurück	el director	Direktor,
a jornada completa	Vollzeit-...		Regisseur
dejar de (+ Infinitiv)	aufhören zu	**el lugar de residencia**	Wohnort
necesario, -a	nötig, notwendig	**el jefe**	Chef
el puesto de trabajo	Arbeitsplatz	**inteligente**	intelligent
dejar	lassen, verlassen	**simpático, -a**	sympathisch
suficiente	genug	el favor	der Gefallen
cierto, -a	sicher, richtig	**dudar**	zweifeln
el trabajillo	(schlecht bezahl-	**ocupar**	besetzen
	te) Arbeit, Job	**el baño**	Badezimmer
volver a (+ Infinitiv)	etwas wieder	el remedio	Abhilfe,
	tun		(Heil-)Mittel
acabar de	etwas gerade	**ducharse**	(sich) duschen
	getan haben	afeitarse	sich rasieren

Gramática

1. Einige unregelmäßige Verben im *Subjuntivo* (Konjunktiv) Präsens E 3

Folgende im **Subjuntivo** unregelmäßigen Verben sollten Sie sich noch merken:

	pensar *denken* (e ▶ ie)	sentir *fühlen* (e ▶ ie)	dormir *schlafen* (o ▶ ue)	seguir *folgen* (e ▶ i)	continuar *fortsetzen*	enviar *schicken*
(yo)	piense	sienta	duerma	siga	continúe	envíe
(tú)	pienses	sientas	duermas	sigas	continúes	envíes
(él, ella, usted)	piense	sienta	duerma	siga	continúe	envíe
(nosotros, -as)	pensemos	sintamos	durmamos	sigamos	continuemos	enviemos
(vosotros, -as)	penséis	sintáis	durmáis	sigáis	continuéis	enviéis
(ellos, -as, ustedes)	piensen	sientan	duerman	sigan	continúen	envíen

Bei den Verben auf **-ar** und **-er** sind die Veränderungen (e ▶ ie, o ▶ ue, e ▶ i) die gleichen wie im Indikativ. Die Verben auf **-ir** haben in der 1. und 2. Person Plural außerdem eine weitere Besonderheit: Das **e** wird in diesen Formen zu **i** und das **o** zu **u**:
Quiere que nos sintamos bien. *Sie möchte, dass wir uns wohl fühlen.*
Espero que todos durmamos bien. *Ich hoffe, wir schlafen alle gut.*

2. Der *Subjuntivo* Imperfekt

Neben dem **Subjuntivo** Präsens wird im Spanischen auch der **Subjuntivo** Imperfekt verwendet. So werden die Formen gebildet:

Regelmäßige Verben   E 5

	hablar	**comer**	**abrir**
(yo)	hablara / hablase	comiera / comiese	abriera / abriese
(tú)	hablaras / hablases	comieras / comieses	abrieras / abrieses
(él, ella, usted)	hablara / hablase	comiera / comiese	abriera /abriese
(nosotros, -as)	habláramos / hablásemos	comiéramos / comiésemos	abriéramos / abriéseis
(vosotros, -as)	hablarais / hablaseis	comierais / comieseis	abrierais / abrieseis
(ellos, -as, ustedes)	hablaran / hablasen	comieran / comiesen	abrieran / abriesen

Sie können die Formen jeweils aus der 3. Person Plural des Indefinido herleiten:
**hablar ▶ hablaron ▶ hablara; comer ▶ comieron ▶ comiera;
abrir ▶ abrieron ▶ abriera**.

Dass es zwei verschiedene Endungen (**-ra / -se**) für dieselbe Zeit gibt, ist ungewöhnlich. Sie sind in der Bedeutung jedoch identisch, Sie können beide verwenden oder sich für eine entscheiden. In der Umgangssprache wird die Form auf **-ra** häufiger benutzt.

Einige unregelmäßige Verben   E 6

	haber *(Hilfsverb)*	**ir / ser** *(gehen / sein)*	**decir** *(sagen)*
(yo)	hubiera / hubiese	fuera / fuese	dijera / dijese
(tú)	hubieras / hubieses	fueras / fueses	dijeras / dijeses
(él, ella, usted)	hubiera / hubiese	fuera / fuese	dijera / dijese
(nosotros, -as)	hubiéramos / hubiésemos	fuéramos / fuésemos	dijéramos / dijéseis
(vosotros, -as)	hubierais / hubieseis	fuerais / fueseis	dijerais / dijeseis
(ellos, -as, ustedes)	hubieran / hubiesen	fueran / fuesen	dijeran / dijesen

Auch bei den unregelmäßigen Verben gibt es zwei alternative Formen. Die Verben **ir** und **ser** sind wie im **Indefinido** auch im **Subjuntivo** Imperfekt identisch.

3. Der Gebrauch des *Subjuntivo* Imperfekt   E 8, 11

Die wichtigste Verwendung des **Subjuntivo** Imperfekt haben Sie im Dialogtext
kennengelernt, nämlich im irrealen Bedingungssatz (wenn ich ... hätte, würde
ich ...). Solche Sätze können Sie ganz leicht bilden, wenn Sie die folgende
Zeitenfolge beachten:

si-Satz (= Nebensatz): *Subjuntivo* Imperfekt	▶ Hauptsatz: Konditional
Si tuviera vacaciones en agosto,	iría a España.
Wenn ich im August Urlaub hätte,	*würde ich nach Spanien fahren.*
Si me ofrecieran mucho dinero,	cambiaría el puesto de trabajo.
Wenn sie mir viel Geld anböten (anbieten würden),	*würde ich den Arbeitsplatz wechseln.*

Die Reihenfolge Hauptsatz / Nebensatz kann auch umgekehrt sein.
Die Regel **si**-Satz = **Subjuntivo** Imperfekt gilt auch dann:

Hauptsatz: Konditional	▶ *si*-Satz: *Subjuntivo* Imperfekt
¿Quién haría la compra del viernes	si tú te fueras?
Wer würde den Freitagseinkauf machen,	*wenn du weggingst?*
La invitaría a la fiesta	si estuviera en casa este fin de semana.
Ich würde sie zur Party einladen,	*wenn sie dieses Wochenende zu Hause wäre.*

4. Verben mit Infinitiv   E 7

Acabar de + Infinitiv
drückt eine Handlung aus, die eben stattgefunden hat bzw. soeben beendet
worden ist:
Acabo de llegar. *Ich bin gerade angekommen.*
Acaba de recibir tu carta. *Er hat soeben deinen Brief bekommen.*
Acabamos de comer. *Wir sind gerade mit dem Essen fertig.*

Empezar a + Infinitiv
drückt den Beginn einer Handlung aus:
Tienes que empezar a estudiar. *Du musst anfangen zu lernen.*
Empezamos a comer. *Wir fangen mit dem Essen an.*

Dejar de + Infinitiv
drückt das Ende einer Handlung aus:
En abril dejé de fumar. *Im April habe ich aufgehört zu rauchen.*
Ha dejado de ir a la discoteca los sábados.
Er / Sie geht nicht mehr (hat aufgehört zu) samstags in die Diskothek.

Volver a + Infinitiv
drückt die Wiederholung oder das Wiederanfangen einer Handlung aus:
Volvió a fumar. *Er hat wieder angefangen zu rauchen.*
Me volvieron a llamar. *Sie haben mich noch einmal angerufen.*

Uso del español

Nachfragen, wie ein bestimmtes Ereignis verlaufen ist   E 10

¿Qué tal la entrevista? *Wie war das (Vorstellungs-)Gespräch?*
¿Cómo te fue? *Wie ist es gelaufen? / Wie ist es dir ergangen?*
Pues no me fue mal. *Es war nicht schlecht.*
¿Qué te dijo el jefe? *Was hat der Chef zu dir gesagt?*
¿Cómo te fue el primer día de trabajo? *Wie war dein erster Arbeitstag?*

Más expresiones útiles   E 2

la fábrica	*Fabrik*
la oficina	*Büro*
ganar	*verdienen*
el salario	*Lohn*
el paro, el desempleo	*Arbeitslosigkeit*
estar en paro	*arbeitslos sein*
la carrera	*Karriere, Laufbahn*
el contrato	*Vertrag*
el horario	*Arbeitszeiten*
las horas extra	*Überstunden*
la compañía	*Gesellschaft*
la firma	*Firma*
la tabla	*Tabelle*

i Größtes Sorgenkind des **spanischen Arbeitsmarktes** ist nach wie vor die hohe Arbeitslosenquote. Frauen stellen die größte Gruppe der Arbeitsuchenden, für sozialen Sprengstoff sorgt aber vor allem die Jugendarbeitslosigkeit. Dabei ist die Arbeitslosenquote regional sehr unterschiedlich verteilt, am höchsten ist sie in Andalusien, am niedrigsten in Navarra, Nordspanien. Bei der Stellensuche ist vor allem „Vitamin B" gefragt, also Beziehungen, **enchufe** (*Steckdose*) nennt man sie in Spanien. Berufseinsteiger bekommen selten auf Anhieb einen unbefristeten Arbeitsvertrag, **un contrato indefinido**, sondern lediglich einen Zeitvertrag. Das durchschnittliche Gehalt eines Spaniers liegt noch immer unter dem EU-Durchschnitt, die Arbeitsproduktivität dagegen ist deutlich höher. Die Tradition der langen Mittags-**siesta** von bis zu 3 Stunden geht im Zuge der Globalisierung langsam aber sicher zu Ende.

19

Ejercicios

1 Sehen Sie sich den Dialog **La entrevista** noch einmal an und unterstreichen oder markieren Sie in zwei verschiedenen Farben jeweils alle Konditional- und **Subjuntivo**-Formen.

2 Welche Begriffe werden hier beschrieben? Ergänzen Sie das passende Wort.

1. Casa, compañía o firma que da trabajo a muchas personas: ....
2. Si una persona tiene muchas ideas nuevas, es ....
3. Se necesita para poder conducir un coche: ....
4. Con él se escriben cartas, tablas, e-mails, etc.: ....
5. Hacer llegar una carta o un e-mail de una persona a otra: ....
6. Un texto corto sobre la carrera profesional de una persona: ....
7. Donde una persona trabaja: ....
8. Donde vive una persona: ....

3 Welche Qualitäten erwarten die Firmen oder Privatpersonen von den Bewerbern? Ergänzen Sie.

1. Transportes Arias busca un/a taxista que .... flexible.
2. Hospital Carlos V. necesita un médico que .... abierto y .... inglés.
3. Tienda "Miss treinta y seis" busca una dependienta que .... simpática y .... carnet de conducir.
4. Bar *Tequila* necesita un camarero que .... inglés, francés y un poquito de alemán. Tenemos muchos clientes extranjeros.
5. Gimnasio *Rolando* busca estudiantes que .... utilizar el ordenador.
6. Teatro Cervantes busca actrices que .... guapas, inteligentes y entusiastas.
7. Dos estudiantes buscan compañeros de piso que .... cocinar, limpiar y hacer la compra.

4 Was passt zusammen? Wählen Sie das richtige Verb für die folgenden Qualitäten eines Stellenbewerbers aus.

ser	tener	saber	le interesa	enviar

1. .... flexible

2. .... inglés

3. .... carnet de conducir

4. .... el márketing

5. .... utilizar un ordenador

6. .... bachillerato

7. .... un currículum

8. .... comunicarse

5 In welcher Zeitform werden die unterstrichenen Verben jeweils verwendet? Kreuzen Sie an.

	Subjuntivo Präsens	Subjuntivo Imperfekt	Konditional
1. Necesito un trabajo que <u>sea</u> interesante.	☐	☐	☐
2. Yo no <u>cambiaría</u> de lugar de residencia.	☐	☐	☐
3. Si te <u>fueras</u>, podría usar más el baño.	☐	☐	☐
4. ¿Y si tu jefe te <u>ofreciera</u> más dinero?	☐	☐	☐
5. Mi novio quiere que <u>escriba</u> más.	☐	☐	☐
6. ¿Quién lo <u>podría</u> hacer mejor que tú?	☐	☐	☐
7. Si <u>cambiaras</u> el puesto de trabajo, estarías mejor.	☐	☐	☐
8. ¿Qué <u>haríamos</u> sin ti?	☐	☐	☐

19

6 Ergänzen Sie die fehlenden Verbformen in der jeweiligen Person und in den verschiedenen Zeiten.

Infinitiv	*Subjuntivo* Präsens	*Subjuntivo* Imperfekt	Konditional
....	hable	....	....
....	....	abriera (él)	....
....	....	comprendieran	....
....	me case	....	....
....	tengamos	....	....
....	....	....	harías
....	perdamos	....	....
....	....	dijerais	....

7 Wie könnte man diese Sätze anders ausdrücken? Formulieren Sie um.

acabar de (3x)	dejar de	volver a	empezar a

1. Ricardo ha llegado hace media hora.

   Ricardo acaba de llegar. ....

2. Después de tres meses empezó a fumar otra vez.

   ....

3. Trabajo desde hace 10 minutos.

   ....

4. Juan ya no fuma. Antes fumaba.

   ....

5. Hace poco terminamos de comer.

   ....

6. El tren salió hace unos minutos.

   ....

8 Was wäre wenn? Ergänzen Sie die Lücken in diesen irrealen Bedingungssätzen.

a. ● Pepe, ¿qué .... (hacer) tú si .... (tener) más dinero?

   ● Si yo .... (tener) más dinero, primero .... (comprar) un
   coche nuevo y después .... (cambiar) de piso porque tengo sólo
   una habitación.

b. ● Y usted, señora Vázquez, ¿qué .... (hacer) con cien mil euros?

   ● Pues yo, si .... (tener) tanto dinero, ... (dejar) de trabajar y me .... (tomar) unas vacaciones largas.

   ● ¿Adónde .... (ir) en esas vacaciones?

   ● Si .... (ser) posible, me .... (gustar) ir a Latinoamérica.

   ● ¿Qué países le .... (gustar) conocer?

   ● Pues..., ¡todos! Si mi hija .... (ir) conmigo, nos .... (ir)
   de México hasta el sur de Argentina y Chile, la Tierra del Fuego*.

c. ● Ana y Ramón, ¿qué .... (hacer) si os .... (ofrecer, ellos)
   dos puestos de trabajo en ciudades diferentes?

   ● Ay, mejor no. Esto .... (ser) un problema, ¿verdad, Ramón?

   ● Pues para mí no. Yo no .... (cambiar) de lugar de residencia por
   otro puesto de trabajo. Tenemos nuestra casa aquí, los amigos y todo.

   ● ¿Pero tampoco .... (cambiar) si te .... (ofrecer)
   muchísimo dinero y si tu jefe o jefa .... (ser) supersimpática?

   ● No, el dinero no hace feliz, ¿no lo sabes? ¿Y tú?

   ● Bueno, si .... (ser) un trabajo genial, en una empresa buenísima
   y con un jefe simpatiquísimo, entonces me lo .... (pensar). Pero,
   tranquilo, este puesto no me lo van a ofrecer. Además, sólo .... (ir)
   si tú .... (venir) conmigo, eso está claro.

   ● Gracias, chica. Entonces, si no .... (haber) otro remedio, me
   .... (ir) contigo.

* *Feuerland, Südspitze des amerikanischen Kontinents*

9 Welche Qualitäten zeichnen Sie aus? Machen Sie eine kurze Aufstellung Ihrer relevanten Eigenschaften, Kenntnisse und dessen, was Sie interessiert.

Soy ....

Tengo ....

Sé ....

Me interesa ....

10 Ergänzen Sie passende Fragen zu den Antworten.

1. ● ¿..?
   ● Pues mi viaje a Costa Rica fue fantástico, de verdad.

2. ● ¿..?
   ● Me fue muy bien. Todo muy bonito.

3. ● ¿..?
   ● Sí, el país me gustó mucho. Y la gente es muy simpática.

4. ● ¿..?
   ● ¿La comida? ¡Muy buena, rica!

5. ● ¿..?
   ● El tiempo estuvo de maravilla.

6. ● ¿..?
   ● Pues con el idioma tuve algunos problemas, pero no muchos.

11 Träumen Sie ein wenig! Schreiben Sie diese Satzanfänge weiter.

1. Si tuviera veinte mil euros, ...

2. Si tuviera dos meses de vacaciones, ...

3. Si cumpliera 100 años, ...

4. Haría un vuelo en globo si ....

5. Cambiaría de lugar de residencia si ....

6. No tomaría vino si ....

Inhalte dieser Lektion:
■ Schreiben eines persönlichen Briefes
■ Gebrauch des **Subjuntivo**
■ **indirekte Rede** (2)
■ Gebrauch des **Subjuntivo Imperfekt**

Lección

20

Querida Celia:

¿Cómo estás? Espero que te vaya bien en España. Seguramente te sorprenderá que te escriba después de casi dos años de silencio, pero así es la vida, siempre tiene sus sorpresas. Supongo que estarás informada de cómo van las cosas aquí, en Argentina. Tus padres me dieron tu dirección (por desgracia no sabían tu dirección electrónica). Ojalá te llegue esta carta. La situación en Argentina ha mejorado un poquito en los últimos meses, así que estoy intentando poner nuestra compañía de baile de nuevo en funcionamiento. He probado ya tres nuevos coreógrafos y con ninguno estoy contento. No tienen fantasía, no tienen humor y, sobre todo, no tienen suficiente experiencia. Nunca pensé que fuera tan difícil encontrar a una persona adecuada.

Sinceramente, tanto los bailarines como yo te necesitamos para volver a ser una compañía de calidad. Por eso te pido que vuelvas. Te ofrezco un contrato indefinido, con sueldo fijo, cinco semanas de vacaciones al año y los fines de semana siempre libres, excepto en días de actuación. Celia, sé que estás estudiando allá en España y espero que estés bien allí. Quizás tengas incluso un novio, quién sabe, pero piensa en la oferta que te hago y, por favor, vuelve. Te espero.

Un abrazo,
Roberto

Liebe Celia,

wie geht es Dir? Ich hoffe, es geht Dir gut in Spanien. Sicher überrascht es Dich, dass ich Dir nach fast zwei Jahren des Schweigens schreibe, aber so ist das Leben, es hat immer seine Überraschungen. Ich nehme an, Du bist darüber informiert, wie die Dinge hier in Argentinien laufen. Deine Eltern haben mir Deine Adresse gegeben (leider wussten sie Deine E-Mail-Adresse nicht). Hoffentlich kommt dieser Brief bei Dir an. Die Lage in Argentinien hat sich in den letzten Monaten ein bisschen verbessert, sodass ich versuche, unsere Tanztruppe wieder in Gang zu bringen. Ich habe schon drei neue Choreografen ausprobiert und mit keinem bin ich zufrieden. Sie haben keine Fantasie, sie haben keinen Humor, und vor allem haben sie nicht genügend Erfahrung. Ich hätte nie gedacht, dass es so schwierig ist, eine geeignete Person zu finden. Ehrlich, sowohl die Tänzer als auch ich brauchen Dich, um wieder eine gute Truppe zu werden. Deshalb bitte ich Dich, zurückzukommen. Ich biete Dir einen unbefristeten Arbeitsvertrag an mit festem Gehalt und fünf Wochen Urlaub im Jahr und allen Wochenenden frei, mit Ausnahme der Tage mit Vorstellung. Celia, ich weiß, dass Du dort in Spanien studierst, und ich hoffe, dass es Dir dort gut geht. Vielleicht hast Du sogar einen Freund, wer weiß, aber denk über das Angebot, das ich Dir mache, nach und bitte, komm zurück. Ich erwarte Dich.

Eine Umarmung
Roberto

¿Qué hay de nuevo?

1. Gebrauch des Subjuntivo   E 1, 2, 3, 4, 6

In den vergangenen beiden Lektionen haben Sie erfahren, dass der **Subjuntivo** in folgenden Möglichkeiten verwendet wird:

▎ nach Willensäußerungen (auch Hoffnung, Bitte, Verbot, Erlaubnis, Rat, Empfehlung)
▎ nach Gefühlsäußerungen
▎ nach unpersönlichen Stellungnahmen
▎ nach verneinten persönlichen Stellungnahmen
▎ im verneinten Imperativ
▎ in Relativsätzen, wenn Subjekt, Objekt oder Zeitpunkt einer Handlung (noch) nicht bekannt ist.

Zusätzlich dazu gibt es bestimmte Wörter, nach denen Sie den **Subjuntivo** benötigen:

▎ Konjunktionen

cuando	*sobald*
para que	*damit*
antes de que	*bevor*
sin que	*ohne dass*
aunque	*selbst wenn*
mientras que	*solange*

> **Quizás me conteste...**

▎ Adverbien

quizá, quizás	*vielleicht*
tal vez	*vielleicht*

Quizas tenga un **novio**.   *Vielleicht hat sie einen Freund.*
Tal vez vuelva a Argentina.   *Vielleicht gehe ich nach Argentinien zurück.*

Bitte beachten Sie folgende Besonderheit:
Quizás und **tal vez** können sowohl mit dem Indikativ als auch mit dem **Subjuntivo** stehen, je nach dem Grad der Wahrscheinlichkeit, den der Sprecher in einem konkreten Satz ausdrücken möchte:
Quizás nos escribe pronto. *Vielleicht schreibt er / sie uns bald.* (eher möglich, wahrscheinlich)
Quizás nos escriba pronto. *Vielleicht schreibt er / sie uns bald.* (weniger wahrscheinlich)
Tal vez vienen a la fiesta. *Vielleicht kommen sie zum Fest.* (wahrscheinlich)
Tal vez vengan a la fiesta. *Vielleicht kommen sie zum Fest.* (weniger wahrscheinlich)

Pero tú dijiste...

Nicolás: ¿Y qué te dice tu amigo argentino en la carta? ¿Por qué tienes esa cara de felicidad? Como si fuera una carta de amor.

Celia: ¡Qué curioso eres! Bueno, es una carta de mi antiguo jefe. Yo trabajaba en su compañía de baile, era la coreógrafa.

Nicolás: Ah. ¿Y?

Celia: Pues dice que en Argentina las cosas ya se van estabilizando y que quiere poner la compañía de nuevo en funcionamiento.

Nicolás: Y te dice que vuelvas.

Celia: Sí. La verdad es que cuando me fui yo misma le dije que por favor me llamara si me necesitaba. Y ahora me necesita.

Nicolás: Pero tú dijiste que ésta era tu casa, que tenías aquí amigos y estudios y que no cambiarías de lugar de residencia por una oferta de trabajo mejor, ¿te acuerdas?

Celia: Sí, es verdad. Pero imagínate, me ofrece un contrato indefinido y cinco semanas de vacaciones, es algo extraordinario en mi profesión y en mi país, ¿sabes? Además tú me preguntaste si tampoco cambiaría si me lo pidiera un jefe guapo, inteligente, soltero y simpático...

Nicolás: Sí, y tú dijiste que entonces dudarías...

Celia: Sí. Y es que Roberto es guapo, inteligente, soltero y simpático.

Nicolás: Ajá. Entonces te vas, nos dejas por un trabajo bien pagado y por un jefe guapo. Nos dejas solos, nos olvidas, como si ya no fuéramos los buenos amigos que siempre hemos sido.

Celia: Nicolasito..., venga, hombre, no te pongas así, me haces sentir fatal. Si te escribieran de Guinea Ecuatorial con una oferta semejante te irías también, ¿eh?

Nicolás: Ehmm, bueno, bueno. Dejemos el tema, ¿vale? Puedes irte. Pero entonces te visitaremos, ¿eh?

Celia: ¡Claro! Cuando queráis y el tiempo que queráis. ¡Con mucho gusto!

Vocabulario

Querida Celia

querido, -a	*liebe(r) (Anrede im Brief)*
sorprender	*überraschen, erstaunen*
el silencio	*Schweigen, Stille*
suponer	*annehmen, vermuten*
informado, -a	*informiert*
los padres	*Eltern, Väter*
la dirección	*Adresse*
la dirección electrónica	*E-Mail-Adresse*
la desgracia	*Unglück*
por desgracia	*leider*
ojalá	*hoffentlich*
la carta	*Brief*
la situación	*Situation*
mejorar	*sich bessern*
intentar	*versuchen*
la compañía	*Truppe, Gruppe*
de nuevo	*erneut, wieder*
poner en funcionamiento	*in Gang bringen*
el coreógrafo	*Choreograf*
contento, -a	*zufrieden*
la fantasía	*Fantasie*
sobre todo	*vor allem*
la experiencia	*Erfahrung*
adecuado	*geeignet*
sincero, -a	*ernst(haft), ehrlich*
tanto... como...	*sowohl ... als auch ...*
el bailarín	*Tänzer*
la calidad	*Qualität*
por eso	*deshalb, deswegen*
indefinido, -a	*hier: unbefristet*

el sueldo	*Gehalt*
fijo, -a	*fest, fix*
excepto	*ausgenommen*
la actuación	*Auftritt*
allá	*dort*
el novio	*(fester) Freund*
pensarse	*darüber nachdenken*
la oferta	*Angebot*
el abrazo	*Umarmung; Grußform im Brief*

Pero tú dijiste...

la cara	*Gesicht*
la felicidad	*Glück, Glücklichsein*
como si fuera...	*als ob es ... wäre*
antiguo, -a	*alt, antik*
estabilizar	*stabilisieren, sich festigen*
yo misma	*ich selbst (w)*
mismo, -a	*selbst; (der-, die-) dasselbe*
imaginarse	*sich vorstellen*
extraordinario, -a	*außergewöhnlich*
dudar	*zweifeln*
ajá	*aha!*
venga	*na, komm schon!*
no te pongas así	*sei doch nicht so!*
semejante	*ähnlich*
irse	*weggehen*
visitar	*besuchen*
el tiempo que queráis	*solange ihr wollt*

Gramática

1. Indirekte Rede   *E 5*

Die Grundzüge der indirekten Rede im Spanischen haben Sie in Lektion 17 kennengelernt. Hier erfahren Sie, wie sich das Futur in der indirekten Rede verändert:

| Direkte Rede | Indirekte Rede | |
	Hauptsatz	Nebensatz
Futur	Präsens	Futur
Futur	Indefinido	Konditional

Steht das Verb des Hauptsatzes in der indirekten Rede im Präsens, bleibt das
Futur unverändert. Steht das Verb des Hauptsatzes aber im Indefinido, so folgt
im Nebensatz der Konditional:

| Direkte Rede | Indirekte Rede | |
	Hauptsatz	Nebensatz
«Volveré.»	Dice	que volverá. *Er / Sie sagt, sie werde zurückkommen.*
«Te llamaré.»	Dice	que me llamará. *Er / Sie sagt, sie werde mich anrufen.*
«Volveré.»	Dijo	que volvería. *Er / Sie sagte, sie würde zurückkommen.*
«Te llamaré.»	Dijo	que me llamaría. *Er / Sie sagte, sie würde mich anrufen.*

Dice que nos escribirá. *Er sagt, er werde uns schreiben.*
Dijo que nos escribiría. *Er sagte, er würde uns schreiben.*

Bitten und Aufforderungen

Bitten oder Aufforderungen drücken Sie im Spanischen fast immer mit dem Imperativ (Befehlsform) aus. Wenn in der direkten Rede ein Imperativ steht, muss
in der indirekten Rede in jedem Fall der **Subjuntivo** stehen. Im Deutschen werden
solche Sätze häufig mit dem Verb *sollen* gebildet.

Steht das Verb des Hauptsatzes in der indirekten Rede im Präsens, folgt im Nebensatz der **Subjuntivo** Präsens. Steht das Verb des Hauptsatzes im **Indefinido**, so folgt
im Nebensatz der **Subjuntivo** Imperfekt:

| Direkte Rede | Indirekte Rede | |
	Hauptsatz	Nebensatz
Imperativ	Präsens	Subjuntivo Präsens
Imperativ	Indefinido	Subjuntivo Imperfekt

Direkte Rede	Indirekte Rede	
	Hauptsatz	Nebensatz
«Vuelve.»	Dice	que vuelvas. *Er sagt, du sollst zurückkommen.*
«Llámame»	Dice	que lo llames. *Er sagt, du sollst ihn anrufen.*
«Vuelve.»	Dijo	que volvieras. *Er sagte, du sollst zurückkommen.*
«Llámame»	Dijo	que lo llamaras. *Er sagte, du sollst ihn anrufen.*

Te pido que me escribas. *Ich bitte dich, mir zu schreiben.*
Nos pidió que le escribiéramos pronto. *Sie bat uns, ihr bald zu schreiben.*
Le dice que no llegue tarde. *Er sagt ihm, er solle nicht zu spät kommen.*
Le dijo que no llegara tarde. *Er sagte ihm, er solle nicht zu spät kommen.*

2. Gebrauch des Subjuntivo   E 7, 8

nach *como si*

Nach **como si** *als ob* folgt immer ein **Subjuntivo** Imperfekt:
Como si fuera una carta de amor. *Als ob es ein Liebesbrief wäre.*
Como si **ya** no fuéramos los buenos amigos que **siempre hemos sido**.
*Als wären wir nicht die guten Freunde, die wir **immer waren**.*
Habla como si fuera español. *Er spricht (so) als wäre er Spanier.*
Hacen como si fueran ricos. *Sie tun so als wären sie reich.*

como, cuando, donde... quiera(s)

In den festen Wendungen **como, cuando, donde... quiera(s)** wird immer
der **Subjuntivo** Präsens verwendet:
Cuando y el tiempo que queráis. *Wann (immer) und solange ihr wollt.*
Lo hacemos como tú quieras. *Wir machen es (so) wie du willst.*
Vamos adonde usted quiera. *Wir gehen (dahin), wohin sie möchten.*
Venga cuando quiera. *Kommen Sie, wann (immer) Sie möchten.*

3. *ir, seguir, continuar* + Gerund   E 9

Mit den Verben **ir**, **seguir** oder **continuar** und dem Gerund wird der Verlauf bzw.
die Fortsetzung einer Handlung oder Entwicklung ausgedrückt:
En Argentina las cosas se van estabilizando.
In Argentinien stabilisieren sich die Dinge allmählich.
La situación sigue mejorando. *Die Situation wird zunehmend besser.*
Jorge continúa trabajando como loco. *Georg arbeitet weiter wie ein Verrückter.*

Uso del español

Einen Brief schreiben   E 10

Anrede im persönlichen Brief:
Querido Roberto: / Querida Marta: *Lieber Roberto, / Liebe Marta,*
Querido amigo: / Querida amiga: *Lieber Freund, / Liebe Freundin,*

Anrede im förmlichen Brief:
Estimado Luis: / Estimada Lola: *Verehrter, sehr geehrter Luis, / Verehrte, sehr geehrte Lola,*
Estimado Sr. Gómez: / Estimada Sra. López: *Sehr geehrter Herr Gómez, / Sehr geehrte Frau López,*
Estimados Sres.: *Sehr geehrte Damen und Herren,*
Señor: / Señora: / Señores: *Sehr geehrte(r) Herr / Dame / Damen und Herren,*
Beachten Sie, dass nach der Anrede ein Doppelpunkt steht. Der folgende Briefanfang beginnt mit einem Großbuchstaben.

Gruß- oder Abschiedsformeln im persönlichen Brief
Un abrazo, *Viele Grüße (wörtl. Eine Umarmung)*
Un beso, *Liebe Grüße, Herzliche Grüße (wörtl. Ein Kuss)*
Un fuerte abrazo, *Viele Grüße (wörtl. Eine kräftige Umarmung)*
(Muchos) Besos, *(Ganz) Liebe Grüße (wörtl. Viele Küsse)*

Gruß- oder Abschiedsformeln im förmlichen Brief
Atentamente, *Mit freundlichen Grüßen*
Le saluda atentamente, *Mit freundlichen Grüßen*
Un saludo cordial, Saludos cordiales, *Mit freundlichen (herzlichen) Grüßen*
Nach dem Abschiedsgruß folgt ein Komma und in der Zeile darunter der Name des Schreibenden.

Más expresiones útiles

trabajar a jornada completa	*Vollzeit arbeiten*	el subsidio de desempleo,	*Arbeitslosengeld*
trabajar a tiempo parcial	*Teilzeit arbeiten*	el subsidio de paro	
		los impuestos	*Steuern*
trabajar a media jornada	*halbtags arbeiten*	la huelga	*Streik*
		la pensión	*Pension, Rente*
trabajar en equipo	*im Team arbeiten*	el contrato laboral	*Arbeitsvertrag*
el salario	*Lohn*	el contrato temporal	*befristeter Vertrag*
el trabajo ilegal	*Schwarzarbeit*	la hora extra	*Überstunde*

Ejercicios

1 Was wünschen sich diese Personen? Ordnen Sie die Sätze den Bildern zu.

☐ ¡Ojalá me llame pronto!
☐ ¡Espero que no me regalen otra corbata!
☐ ¡Ojalá termine pronto esta dieta!

☐ Espero que le guste el vino.
☐ ¡Ojalá no llegue tarde!
☐ Espero que la puerta esté abierta.

1 CINE OPER
2
3

4
5
6

2 Anja möchte ein Praktikum in Spanien machen. Das sind ihre Wünsche und
Erwartungen. Bilden Sie Sätze nach dem Muster.

no perder el avión   entender bien el español   conocer a mucha gente
      la gente ser amable   el jefe ser simpático   tener una habitación bonita

1. *Espero que no pierda el avión.*..

2. *Ojalá*..

3. ....

4. ....

5. ....

6. ....

20

3 Wie passen diese Sätze, die einen Wunsch oder eine Vermutung ausdrücken, zusammen? Verbinden Sie.

1. El novio de Julia no es muy simpático.
2. ¿Y por qué ya se va?
3. Ay, me siento fatal.
4. ¿Dónde está Juan? ¿Por qué no viene?
5. ¿Estás libre el sábado?
6. Irene ha vuelto a vivir en Alemania.

a. Tal vez ha olvidado nuestra cita.
b. Ojalá no se case con este hombre.
c. No sé, pero tal vez tenga mucha prisa.
d. Espero que puedas venir a mi fiesta.
e. Quizás no pueda ir a trabajar mañana.
f. Ojalá podamos ir a visitarla un día allí.

4 Drücken Sie Ihr Erstaunen über die folgenden Informationen aus und formulieren Sie eine mögliche Erklärung.

1. Pedro no viene. (¿no tiene coche?)

  ▶ *Me extraña / sorprende que no venga. Tal vez / Quizá no tenga coche hoy.*

2. Luisa no está en casa. (¿estar haciendo la compra?)

  ▶ ....

3. Carmen fuma más que antes. (¿tener mucho trabajo?)

  ▶ ....

4. Roberto está muy nervioso. (¿tener que hacer un examen?)

  ▶ ....

5. Elena no come carne. (¿estar haciendo una dieta?)

  ▶ ....

6. Los López no tienen televisor. (¿no gustar que sus hijos vean la tele?)

  ▶ ....

7. Pepe no está en el trabajo. (¿tener problemas de salud?)

  ▶ ....

8. Julio no va a la discoteca con los amigos. (¿no gustar bailar o no saber bailar?)

  ▶ ....

5 Folgende Nachrichten hat Celia für Nicolás hinterlassen. Fassen Sie sie zusammen.

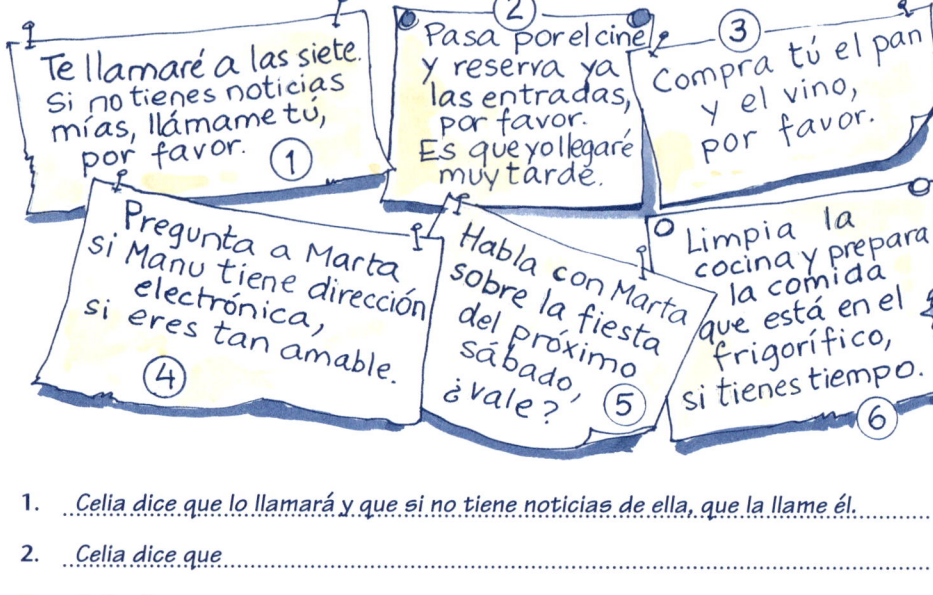

1. _Celia dice que lo llamará y que si no tiene noticias de ella, que la llame él._

2. _Celia dice que_

3. _Celia dice que_

4. _Celia dice que_

5. _Celia dice que_

6. _Celia dice que_

6 Welche Wünsche passen zu welchen Adressaten und Anlässen, zu denen Sie einen Brief oder eine Karte schreiben? Ordnen Sie zu.

1. ¡Ojalá te mejores pronto!
2. ¡Qué tengas suerte!
3. Os deseamos que seáis siempre felices juntos.
4. Espero que este año les traiga salud y felicidad* a usted y a toda su familia.
5. Te deseo que tengas una buena fiesta con los amigos.

a. A dos novios que se casan.
b. A un amigo que cumple años.
c. A uno que tiene un examen.
d. A alguien que tiene dolor de muelas.
e. Para desearle a su jefe suerte para el Año Nuevo.

* felicidad: *Glück*

7 Nicolás wird von einem Radiojournalisten interviewt. Ergänzen Sie seine Antworten.

- Nicolás, tú vives desde hace un año en Madrid. ¿Te gusta vivir en España?
- Sí, me gusta mucho. Me siento casi como en mi casa.
- ¿Casi? ¿Quieres decir que hay también problemas o cosas que no te gustan?
- Bueno, problemas no. Pero durante las primeras semanas algunas personas hablaron conmigo como si no .... (entender) español, como si .... (ser) extranjero y .... (hablar) sólo inglés.
- ¿De verdad?
- Sí, es que muchos piensan en Guinea Ecuatorial como si .... (ser) otro mundo. Como si los ecuatoguineanos .... (ser) todos gente sin educación*. Como si .... (trabajar) todos en la agricultura* o las plantaciones* de cacao. Como si uno de nosotros no .... (poder) ser un buen actor, por ejemplo.
- Y tú sí que eres buen actor, ¡hombre! ¿Qué estás haciendo en este momento? ...

* educación: *Bildung, Erziehung*; agricultura: *Landwirtschaft*; plantaciónes: *Plantagen*

8 Inés ist heute nicht sehr entschlussfreudig. Bei allen Vorschlägen möchte sie am liebsten ihrer Freundin Carla die Entscheidung überlassen. Ergänzen Sie die Lücken.

- Oye, Inés, qué te gustaría hacer esta noche? ¿Adónde vamos?
- Pues, no sé. .... (*wohin du willst*)
- Mmm, ¿vamos a tomar unas tapas?
- Vale, ... (*wie du willst*)
- ¿Y a qué hora vamos?
- .... (*wann du willst*)
- Uf, chica, ¿qué te pasa hoy? ¿Estás de mal humor?
- Estoy cansadísima, la verdad. He trabajado 10 horas, pero una tapas y un vinito me van a dar energía, seguro.

9 Beantworten Sie diese Fragen wie im Beispiel (vgl. Punkt 3 der Grammatik).

1. Oye, ¿es que Ana fuma todavía?   *Sí, sigue fumando.*
2. ¿La situación de Carlos está ahora mejor?   *Sí, poco a poco se va*
3. ¿Has terminado ya el libro?   *No, pero*
4. ¿Yolanda estudia todavía inglés?   ....
5. ¿Y Julia trabaja todavía en esa oficina?   ....
6. Andrés sigue con su dieta, ¿pierde peso?   ....

10 Wie würden Sie folgende Briefpartner anreden und sich von ihnen verabschieden?

a. Sie schreiben an Ihre Freundin, die gerade in England einen Sprachkurs macht:

Anrede: ....

Abschiedsgruß: ....

b. Sie schreiben an Ihren früheren Chef Bernardo Martínez, weil Sie eine Auskunft von ihm haben möchten:

Anrede: ....

Gruß: ....

c. Sie schreiben an die Stadtwerke, weil Ihre Stromrechnung einen Fehler enthält:

Anrede: ....

Gruß: ....

11 Schreiben Sie nun einen Brief an einen Freund / eine Freundin, der/die in Spanien lebt.

....

....

....

....

....

....

1 Sehen Sie sich diese Angebote an und entscheiden Sie, ob Sie für die folgenden Personen interessant sind.

Niños: anoraks y chaquetas a cuadros, moda de la nueva temporada.

Camisa vaquera para hombres, azul o negra, muy barata.

Minifaldas, 100 % algodón. ¡Llena tu verano de fantasía!

Jerseys: mini-precio.

Pantalones cómodos de verano, a rayas o a cuadros, unisex.

Bolsos de señora elegantes, de piel fino. Colores de primavera, nuevas marcas.

Blusas en blanco y negro, sin mangas, de seda o lino.

	sí	no
1. Pedro busca una camisa deportiva a buen precio.	☐	☐
2. Carmen necesita una chaqueta para su hijo.	☐	☐
3. Inés quiere una blusa de seda, de manga larga.	☐	☐
4. Roberto le quiere regalar una corbata a su padre.	☐	☐

Punkte
....../4

2 Ergänzen Sie. Welches Adjektiv drückt das Gegenteil aus?

1. Ay, estos zapatos son muy caros. Quería unos más ....

2. ¿Quiere una falda larga o la prefiere más .... ?

3. Juan está muy alegre. Su novia, en cambio, parece estar ....

4. Julio, ¿tú en el gimnasio? No estás gordo, estás muy ....

5. Esta casa es muy fea. La de Toni y Lola es mucho más ....

6. Oye, no somos pobres, pero tampoco muy ....

Punkte
....../6

3 Ergänzen Sie mit der richtigen Form.

1. Cuando Irene llegó, Julio ya
a. se fue.   **b.** se había ido.

2. Vivieron en Alicante, donde sus padres
a. tenían una finca.   **b.** tendrán una finca.

3. Ella sabía mucho porque de niña
a. leyó mucho.   **b.** había leído mucho.

4. No encuentra trabajo porque no
a. terminaba los estudios.   **b.** ha terminado los estudios.

5. Los chicos no nos llamaron porque
a. habían olvidado el móvil.   **b.** olvidaban el móvil.

6. Entró en una cafetería y
a. tomó un café.   **b.** había tomado un café.

Punkte
....../6

Test 4

4 Ein Wort passt nicht in die Reihe. Kreuzen Sie es an.

1. ☐ hora   ☐ puntual   ☐ retraso   ☐ falta
2. ☐ mano   ☐ garganta   ☐ izquierdo ☐ cabeza
3. ☐ copa   ☐ jersey   ☐ vaso   ☐ tenedor
4. ☐ aceite   ☐ sol   ☐ vinagre   ☐ pimienta
5. ☐ beso   ☐ cámara   ☐ móvil   ☐ vídeo
6. ☐ bolsa   ☐ saco de dormir ☐ maleta   ☐ mochila

Punkte
...... /6

5 Ergänzen Sie: Subjuntivo oder Indikativ?

1. Quiero que me
   a. escribes pronto.   b. escribas pronto.

2. Os llamaremos cuando
   a. estamos en Nerja.   b. estemos en Nerja.

3. No creo que
   a. Tere venga hoy.   b. Tere viene hoy.

4. Creo que Andrés
   a. llega a las tres.   b. llegue a las tres.

5. Es importante que lo
   a. haces ahora.   b. hagas ahora.

6. Piensan que
   a. comemos mucho.   b. comamos mucho.

Punkte
...... /6

6 Ergänzen Sie die die jeweils richtige Verbform.

1. Si .... (tener, yo) tiempo, ... (ir, yo) a España.

2. Lo .... (invitar, yo) si me .... (llamar, él).

3. Si .... (poder, ellos) visitarnos, ...

   (estar, nosotros) muy contentos.

4. No .... (comprar, ella) ese coche, aunque ....

   (ser, él) mucho más barato.

5. Si Pedro .... (estudiar) más, ... (tener) mejores notas.

6. Yo .... (cambiar) de ciudad si me ....

   (ofrecer, ellos) un mejor puesto de trabajo.

Punkte
...... /6

Gesamt
...... /34

258   doscientos cincuenta y ocho

Übersetzung der Dialoge

1 Hallo, guten Tag!

Am Flughafen von Madrid

Nicolás: Hallo, guten Tag, sind Sie Celia Milani?
Celia: Ja, und Sie sind Nicolás ...
Nicolás: Ja, ich bin Nicolás Nge, aus Äquatorialguinea.
Celia: Sehr erfreut, Nicolás!
Nicolás: Angenehm, Celia!
Celia: Wie war die Reise?
Nicolás: Sehr gut, danke, ohne Probleme.
Celia: Gut, gehen wir?
Nicolás: Ja, gehen wir.

Im Taxi

Taxifahrer: Hallo, guten Tag!
Celia: Zur Manzanares Straße Nummer fünf, bitte.
Nicolás: Celia, sind Sie Spanierin?
Celia: Nein, ich bin keine Spanierin,
              ich bin aus Argentinien.
Nicolás: Ah! Sie sind auch Ausländerin!
Celia: Also ... ja. Mehr oder weniger.
Taxifahrer: Dann sind wir schon drei!
Nicolás: Ach ja? Woher kommen Sie?
Taxifahrer: Aus Ecuador. Willkommen in Madrid!
              Manzanares Straße fünf, meine Herrschaften.
Celia: Sehr gut! Was macht das?
Taxifahrer: 10 Euro. Vielen Dank!
              Auf Wiedersehen!
              Alles Gute!
Nicolás: Danke, gleichfalls!

Bei Marta zu Hause

Marta: Hallo! Willkommen! Hallo, Celia!
Celia: Marta, das ist Nicolás.
Marta: Sehr erfreut, Nicolás! Du bist der Schauspieler aus Guinea ...
Nicolás: Äquatorialguinea, genau.
Marta: Ich bin Marta, aus Sevilla.
Nicolás: Ah, Spanierin! Sehr erfreut!
Marta: Kommt rein! Kommt rein!

2 In der Bar Manu

Marta:	Schau, Manu, das ist Nicolás, ein neuer Arbeitskollege und Mitbewohner.
Manu:	Hallo, sehr erfreut! Ich heiße Manuel ..., also, Manu für meine Freunde.
Nicolás:	Angenehm!
Manu:	Woher kommst du?
Nicolás:	Aus Äquatorialguinea.
Manu:	Du sprichst sehr gut Spanisch.
Nicolás:	Danke, aber ...
Marta:	Klar, Mann! In Äquatorialguinea spricht man Spanisch.
Manu:	Ach, klar, stimmt! Ich bin vielleicht doof!
Marta:	Nicolás, diese Bar ist das Herz des Stadtviertels. Schau, dieser junge Mann ist Pierre. Er ist Franzose.
Pierre:	Hallo, Marta! Wie geht's?
Marta:	Gut, danke. Und dir?
Pierre:	Ein bisschen ... fatigué, wie sagt man da ...?
Nicolás:	Müde.
Pierre:	Ja, müde, danke. Sprichst du Französisch?
Nicolás:	Ja, ziemlich gut.
Marta:	Pierre, das ist Nicolás, aus Äquatorialguinea.
Pierre:	Hallo, angenehm! Ich heiße Pierre. Du sprichst aber sehr gut Spanisch!
Marta:	In Guinea spricht man Spanisch, verflixt!
Pierre:	Aha! Wirklich? In Afrika?
Nicolás:	Ja, also die Äquatorialguineaner sprechen normalerweise eine eingeborene Sprache und Spanisch. Viele sprechen auch Französisch.
Pierre:	Die Äqua ..., kannst du das bitte wiederholen?
Nicolás:	Äquatorialguineaner.
Pierre:	Aha, die Menschen aus Ecuador sind Ecuadorianer und die aus Äquatorialguinea sind Aäqua-to-rial-gui-ne-aner. Ja?
Nicolás:	Sehr gut!
Pierre:	Äquagoti ... Nein! Äquatogui ... Nein! Einen Moment! Äquato-rial-gui-ne-aner.
Marta:	Ja! Sehr gut! Einen Toast auf Pierre! Prost!

3 Essen wir zusammen?

1. In der Küche, am Freitag:

Marta:	Warum gehen wir nicht mit Nicolás zusammen am Sonntag zum Essen?
Celia:	Gute Idee! (Und) Wo?
Marta:	Also ... schau, ich habe einen Gastronomieführer von Madrid. Mal sehen ... Hmm. Kubanische Spezialitäten.

Celia:	Das ist sehr teuer und ich habe nicht viel Geld. Ach, schau! Argentinische Küche ...
Marta:	Nein, ich esse kein Fleisch. Ihr Argentinier esst viel Fleisch, nicht wahr? Schau, wie wäre es mit dem Bierlokal? Sie haben deutsche und holländische Biere ...
Celia:	Ich trinke keinen Alkohol. Aber schau! Der Exorzist. Geheimnisvolles Menü ... interessant, nicht?
Marta:	Sonntags geschlossen.
Celia:	Oh, nein! Das ist ganz schön schwierig!
Marta:	Ich habe eine Idee. Warum frühstücken wir nicht zusammen im Café Mayor? Es gibt dort sehr gute Churros und es ist nicht teuer.
Celia:	Ja, super, ganz gut!

2. Sonntags, im Café Mayor:

Kellner:	Was nehmen die Herrschaften?
Celia:	Einen Milchkaffee und ein Croissant bitte.
Marta:	Ich einen Espresso mit Milch und ... sechs Churros bitte.
Nicolás:	Was sind Churros?
Marta:	Also ... das ist eine spanische Spezialität. In diesem Café sind sie sehr lecker!
Nicolás:	Aha, gut. Einen Orangensaft und ein Churro bitte.
Kellner:	Verzeihung, nur ein Churro geht nicht. Das Minimum sind sechs.
Nicolás:	Ach, Entschuldigung! Also sechs Churros bitte.
Kellner:	In Ordnung. Einen Moment bitte.
Celia:	Nicolás, ich glaube, du bist der Erste, der Churros zusammen mit Saft isst.
Nicolás:	Warum?
Celia:	Weil die Spanier Churros normalerweise mit Kaffee oder Schokolade essen.
Marta:	Na gut, das ist ein sehr originelles Frühstück. Und ein ganz besonderes.

Im Fitnessstudio

Marta:	Entschuldigen Sie, die Anmeldung ist nicht vollständig, es fehlt der Familienstand. Sind Sie verheiratet oder ledig?
Sancho:	Also ...
Marta:	Oder geschieden?
Sancho:	Ja, ich bin geschieden, das heißt, (ich lebe) getrennt.
Marta:	Gut. Ach, es fehlt auch der zweite Nachname.
Sancho:	Ah, ja, Entschuldigung! Proscuitto.
Marta:	Wie schreibt man das?
Sancho:	Mit s, c, i, u und zwei t. Es ist ein italienischer Nachname und er bedeutet auf Spanisch „Schinken".

Marta:	Wirklich? Dann heißen Sie Sancho Serrano Jamón, wie der Serrano-Schinken?
Sancho:	Also, ja ...
Marta:	Wie lustig! Gut, ich glaube, der Rest ist in Ordnung ... Mal sehen ... Ah! Sie wohnen in der Bulerías Straße!
Sancho:	Ja, warum?
Marta:	Ich auch.
Sancho:	Wirklich? Welche Hausnummer haben Sie?
Marta:	101, dort, wo die Bar Manu ist.
Sancho:	Was für ein Zufall! Ich wohne in 105. Und Sie arbeiten hier ...
Marta:	Nur freitags und samstags. Und Sie sind Lehrer, nicht?
Sancho:	Du, bitte, ich bin Lehrer, aber so alt bin ich nicht ... Ich bin Physiklehrer. Und du? Was machst du?
Marta:	Ich bin Studentin. Ich studiere Theater(wissenschaften).
Sancho:	Ah, du bist Schauspielerin ... Klar, du bist sehr hübsch ... Hast du freie Plätze für Aerobic?
Marta:	Ja, aber da sind nur Frauen ...
Sancho:	Ach so? Und ich mit diesem Bauch! Was für eine Schande! Aber ich brauche Bewegung, ich bin sehr dick. Schau! 90 Kilo!
Marta:	Hmm ... Okay, okay. Aber warum machst du nicht auch eine Diät?
Sancho:	Diät? Dick, geschieden und auf Diät? Frühstück ohne Churros? Nein, nein, nein ...
Marta:	Also gut. Dann also Aerobic. Heute ist der erste Tag. Nur Mut!

5 Marta macht den Einkauf

Nicolás:	Hallo Celia und Marta! Gibt's Kaffee?
Celia:	Ja, aber wir haben keine Milch.
Marta:	Na gut, dann schreibe ich Milch auf die Einkaufsliste, 3 Flaschen.
Celia:	Ich möchte fettarme, bitte.
Marta:	Gut, zwei fettarme und eine Vollmilch.
Nicolás:	Und Brot, wir brauchen Brot.
Celia:	Kannst du bitte eine Stange Brot ohne Salz kaufen?
Marta:	Gut, aber was ist los? Fettarme Milch, Brot ohne Salz ... Bist du auf Diät?
Celia:	Ja, ein wenig, ich bin nämlich ein bisschen dick.
Nicolás:	Dick? Wer? Du? Wo? Ach, Marta! Wir brauchen Schokolade, 3 Tafeln bitte. Und 2 Päckchen Butter und ein Kilo Zucker. Ich möchte eine Nachspeise machen.
Celia:	Oh nein!
Nicolás:	Und für Celia einen Joghurt bitte, fettarm und ohne Zucker ...

Im Lebensmittelgeschäft
Verkäuferin: Hallo! Was möchten Sie?
Marta: Hallo! Ich möchte ein Stangenweißbrot ohne Salz und eines mit Salz.
Verkäuferin: Gut. Was noch?
Marta: 2 Flaschen fettarme Milch und eine Flasche Vollmilch.
Verkäuferin: Noch etwas?
Marta: Ja. 100 Gramm Serrano-Schinken.
Verkäuferin: Von diesem?
Marta: Hmm ... Nein, nein, von dem da ...
  Und 3 Tafeln Zartbitter-Schokolade, ein Kilo Zucker und
  2 Päckchen Butter.
Verkäuferin: Oh! Was für eine Menge an Kalorien!
Marta: Ja, also wir teilen uns die Wohnung mit einem jungen Mann ...
Verkäuferin: Aha, klar. Noch etwas?
Marta: Haben Sie Suavel-Shampoo?
Verkäuferin: Ja, aber nur das große.
Marta: Wie viel kostet es?
Verkäuferin: 3 Euro 20.
Marta: Ja, gut, das nehme ich.
Verkäuferin: Möchten Sie noch etwas?
Marta: Nein, nichts mehr, danke. Wie viel macht das?
Verkäuferin: 26 Euro 58 Cent.
Marta bezahlt.
Marta: Auf Wiedersehen und danke!
Verkäuferin: Ich danke Ihnen! Auf Wiedersehen! (Bis bald!)

Was soll ich anziehen?

Marta: Celia, ich weiß nicht, was ich zum Karnevalsfest der Schule anziehen
  soll ...
Celia: Gibt es irgendein Thema?
Marta: Ja, Rot. Alles, was mit der Farbe Rot zusammenhängt.
Celia: Also, zum Beispiel eine Tomate.
Marta: Hast du keine bessere Idee?
Celia: Ja, ich weiß nicht ... Tomate, Kirsche, Blut, Dracula!
Marta: Ih! Nein, danke!
Celia: Jetzt weiß ich es! Rotkäppchen!
Marta: Ja! Eine gute Idee! Danke! Aber ... was trägt Rotkäppchen?
Celia: Eine Bluse oder einen Pullover, einen roten Umhang mit Kapuze ...
  Wir können einen machen mit ... mit ... mit deinen Vorhängen!
  Sie sind rot!
Marta: Ja, aber sie sind auch teuer. Haben wir nicht etwas anderes?
Celia: Also ... Der Morgenmantel von Nicolás ist rot, nicht wahr?

Marta:	Äh ... Ja schon, aber ein Morgenmantel ... Warum fragst du ihn nicht? Vielleicht hat er etwas ...

Vor der Tür von Nicolás' Zimmer ...

Marta:	Nicolás! Kann ich reinkommen?
Nicolás:	Nein! Nein! Einen Moment!
Marta:	Okay, okay!
Nicolás:	Jetzt! Jetzt kannst du schon reinkommen!
Marta:	Das ist ja grässlich! Dracula?
Nicolás:	Neiiiin!
Marta:	Der Teufel?
Nicolás:	Jaaaaa!
Marta:	Was für ein Schreck! Aber ... dieser rote Umhang sieht nicht gut aus zusammen mit dem schwarzen Anzug, und mit diesen Hörnern kannst du dir die Kapuze nicht aufsetzen ... Warum ziehst du nicht etwas anderes an? Ich habe einen schwarzen Umhang von meinem Großvater ...
Nicolás:	Ach ja? Super!
Marta:	Schau, ist er nicht toll?
Nicolás:	Hmm ... Ja ... Mal sehen ... Sieht das gut aus mit den roten Hörnern?
Marta:	Das sieht prima aus, ein böser, böser Teufel. Hör mal, dann brauchst du ja deinen roten Umhang nicht mehr ...
Nicolás:	Eigentlich nicht ...
Marta:	Kann ich ihn anprobieren? Danke! Ich will mich nämlich verkleiden, als ... Das ist eine Überraschung! Fünf Minuten!

Fünf Minuten später ...

Marta:	Fertig!
Nicolás:	Oh, und wer bist du? Hmm ... Rotkäppchen!
Marta:	Ja! Sehe ich gut aus?
Nicolás:	Also, mit der Brille siehst du aus wie Harry Potter ...

7 Eine Umfrage auf der Straße

Interviewer:	Entschuldige! Hast du einen kleinen Augenblick (Zeit), um einige Fragen über den Alltag der Spanier zu beantworten?
Marta:	Na gut. Was willst du wissen?
Interviewer:	Arbeitest du?
Marta:	Ich studiere und arbeite.
Interviewer:	Wie fährst du zur Universität oder zur Arbeit?
Marta:	Also, normalerweise gehe ich zu Fuß zur Arbeit, weil sie ganz nahe bei meinem Haus liegt. Zur Universität fahre ich im Bus, aber fast immer gehe ich zu Fuß nach Hause oder fahre im Auto, mit einer Studienkollegin.
Interviewer:	Wie oft in der Woche benutzt du den Bus?
Marta:	Normalerweise vier Mal, weil ich freitags keinen Unterricht habe.

Interviewer: Um wie viel Uhr stehst du normalerweise auf?
Marta: Um acht Uhr mehr oder weniger, der Unterricht beginnt um halb zehn. Ja, mittwochs stehe ich um sieben auf, weil ich zum Judo gehe.
Interviewer: Du machst Judo? Ich auch.
Marta: Aha.
Interviewer: Ich habe den schwarzen Gürtel.
Marta: Ich den braunen.
Interviewer: Wow! Wann gehst du normalerweise schlafen?
Marta: Also, für gewöhnlich gehe ich früh schlafen, so gegen zwölf Uhr. Ich gehe unter der Woche nicht viel aus, weil ich lernen muss und außerdem arbeite ich abends ...
Interviewer: Und was machst du an den Wochenenden?
Marta: Schlafen, joggen, sauber machen, ausgehen, lesen, lernen, gut essen, ins Kino gehen ...
Interviewer: Und eine letzte Frage: Was machst du diesen Samstagabend?
Marta: Ist das eine Frage, die zur Umfrage gehört?
Interviewer: Hmm ..., nein. Sie ist persönlich. Wir können ein bisschen Judo machen ...
Marta: Nein danke! Aber wenn du willst, können wir etwas trinken gehen. Schau, das ist meine Telefonnummer. Jetzt habe ich es eilig. Tschüs!
Interviewer: Danke! Ich rufe dich an!

8 Entschuldige ...

Nicolás: Entschuldige, weißt du wo das Wachsmuseum ist?
Mann: Hmm ..., ach ja, jetzt weiß ich es. Es ist ganz einfach: Du gehst diese Straße immer geradeaus, nimmst die zweite nach rechts und gehst wieder geradeaus bis zum Ende der Straße. Dann biegst du nach links ab und bist auf dem Paseo de Recoletos, das ist eine sehr große Straße. Und nach ungefähr hundert Metern ist da das Wachsmuseum.
Nicolás: Warte, mal sehen, ob ich es verstehe (verstanden habe): Ich gehe diese Straße immer geradeaus weiter, nehme die zweite nach rechts und gehe immer geradeaus weiter bis zum Ende der Straße. Dann biege ich links ab und nach ungefähr einhundert Metern bin ich schon am Wachsmuseum.
Mann: Genau.
Nicolás: Okay, danke!
Mann: Keine Ursache, tschüs!
Nicolás kommt beim Wachsmuseum an, aber ...

Nicolás:	Es ist geschlossen! Mal sehen, was hier steht ... Montag bis Freitag von 10 bis 14.30 Uhr und von 16.30 bis 20.30 Uhr. Ah, sie schließen mittags! Verflixt! Entschuldige, hast du die Uhrzeit?
Junge Frau:	Ja, es ist Viertel vor fünf.
Nicolás:	Viertel vor fünf? Bist du sicher?
Junge Frau:	Ja, ja. Warum?
Nicolás:	Weil das Museum um halb fünf öffnet, und es ist immer noch zu.
Junge Frau:	Ja, aber schau mal, da ist ein Schild, darauf steht „Geschlossen wegen Renovierung".
Nicolás:	Oh, nein! Verdammt!
Junge Frau:	Aber schau, da gegenüber ist das Kulturzentrum von Madrid. Ich gehe dort hin und sehe mir einen Film an. Willst du mitkommen?
Nicolás:	Also, hmm ..., sehr gern!
Junge Frau:	Also dann gehen wir, er fängt um fünf an.
Nicolás:	Gut, gehen wir. Was für ein Glück!

9 Die Verabredung

Nicolás:	Hallo?
Diego:	Ist Marta da?
Nicolás:	Ja. Wer ist am Apparat?
Diego:	Diego.
Nicolás:	Marta! Telefon! Sie kommt gleich, eine Minute.
Marta:	Ich bin schon da, Nicolás, danke! Hallo?
Diego:	Hallo, ich bin Diego, der junge Mann von der Umfrage, erinnerst du dich, der auch Judo praktiziert ...
Marta:	Ach, ja! Hallo, wie geht's?
Diego:	Gut, ich bin hier und schaue gerade das Kinoprogramm an, und ... hör mal, Marta, hast du Lust heute Abend ins Kino zu gehen? Es läuft der neue Harry-Potter-Film.
Marta:	Also ... entschuldige, aber diese Filme gefallen mir nicht ... Und außerdem kann ich heute nicht ausgehen, ich muss lernen, ich bereite mich auf eine Prüfung vor, weißt du? Aber wenn du möchtest, können wir morgen etwas zusammen machen. Ich glaube, es gibt ein Marionettenfestival, und ich mag sie (Marionetten) sehr ..., morgen gibt es Pinocchio.
Diego:	Marionetten? Pinocchio? Aber das ist ja für Kinder!
Marta:	Harry Potter auch, oder?
Diego:	Hmm ..., also gut. Und um wie viel Uhr ist das?
Marta:	Um sechs.
Diego:	Klar, eine Uhrzeit für Kinder. Aber so haben wir danach Zeit um Erwachsenen-Dinge zu machen.

Marta:	Zum Beispiel?
Diego:	Zum Beispiel Tapas essen gehen in einem neuen Lokal, das in der Paraíso-Straße ist … Und danach ein Gläschen trinken gehen im „Impar".
Marta:	Ah, die Kneipe für Singles und Getrennt-Lebende, die in der Carretas-Straße ist?
Diego:	Genau die. Morgen gibt es kubanische Live-Musik.
Marta:	Also das finde ich sehr gut. Wo treffen wir uns? Ich weiß schon: Wir treffen uns in der Kneipe Manu, neben meinem Haus, und ich lade dich vor dem Ausgehen auf einen Kaffee ein.
Diego:	Okay, super. Um wie viel Uhr?
Marta:	Um fünf? Passt dir das?
Diego:	Sehr gut. Dann also dort um fünf.

 Der Geburtstag von Manu

Celia:	Habt ihr schon die Einladung von Manu gesehen?
Marta:	Nein, noch nicht. Wie alt wird er denn?
Celia:	Er wird fünfzig! Unglaublich!
Nicolás:	Ja, er wirkt, als wäre er dreißig und irgendwas oder vierzig …
Marta:	Das stimmt, vielleicht weil er schlank ist und keine grauen Haare hat.
Nicolás:	Er färbt sich die Haare.
Marta:	Und woher weißt du das?
Nicolás:	Er hat es mir gesagt. Und er benutzt auch eine Feuchtigkeitscreme.
Celia:	Sieh mal an, worüber sich die Männer unterhalten!
Nicolás:	Was ist los? Ich benutze das auch … Außerdem habe ich auch graue Haare, und ich bin noch keine 35.
Celia:	Okay, okay. Aber er wirkt auch jünger, weil er immer fröhlich ist, Späße macht und lustige Sachen erzählt …
Marta:	… und den Mädchen Komplimente (macht).
Celia:	Und weil er keinen Bart trägt, sich wie ein Student anzieht, immer mit Jeans und Turnschuhen.
Marta:	Ist die Einladung heute gekommen?
Celia:	Ja, der Briefträger hat sie vor einem Moment gebracht.
Marta:	Wie er doch ist! Ich bin heute Morgen in der Kneipe gewesen und er hat mir nichts von seinem Geburtstag gesagt.
Nicolás:	So ist Manu eben, er mag Überraschungen …
Celia:	Und Abenteuer aller Art.
Marta:	Was willst du damit sagen?
Celia:	Mir hat er erzählt, dass er dreimal verheiratet war, jede Frau (war) von einem anderen Kontinent: Amerika, Australien und Europa.
Marta:	Und wer ist dann Nati? Ist sie seine vierte Frau?
Nicolás:	Nein, sie ist die dritte, die Europäerin, sie ist Spanierin.

Marta:	Na gut. Und an welchem Tag ist das Fest?
Celia:	Am nächsten Samstag, am 20. Mai.
Marta:	Also, ich bin mit jemandem verabredet, aber das ist egal, er kann ja mitkommen.
Nicolás:	Mit Kung-Fu?
Marta:	Er heißt Diego und ist ein Freund.
Celia:	Ja, klar. Wir wissen schon, dass ihr … Tai-Chi zusammen macht, oder Chin-Fu oder …
Nicolás:	Schmatz-Schmatz.
Marta:	Judo, wir machen Judo!
Nicolás:	Ja klar, genau das, genau das!

11 Was werden wir ihm schenken?

Nicolás:	Wisst ihr schon, was ihr Manu schenken werdet? Habt ihr an etwas (Bestimmtes) gedacht?
Marta:	Also … nein. Warum schenken wir ihm nicht etwas zusammen, zu dritt?
Celia:	Gute Idee! Es muss ein besonderes Geschenk sein. Er liebt Abenteuer, nicht? Also, ich habe eine Idee, etwas, was er so leicht nicht vergessen wird. Einen Moment … Hier ist es: Ballonflüge. Sechs Personen. Was haltet ihr davon?
Nicolás:	Das finde ich ganz toll! Aber, Abfahrt um halb fünf Uhr morgens! Au weia!
Marta:	Das ist ein bisschen teuer, oder?
Celia:	Ja, aber zu dritt … Sollen wir ihm das schenken?
Marta:	Okay! Das wird ihm gefallen, bestimmt!
Celia:	Ganz sicher! Und wer wird mit Manu im Ballonkorb fliegen?
Marta:	Ich!
Nicolás:	Ich auch!
Celia:	Und ich auch! Das heißt, wir drei und Manu, dann sind wir vier und es fehlen noch 2 Personen …
Nicolás:	Seine Frau …
Marta:	Und seine zwei Kinder … Jetzt haben wir schon sieben Kandidaten. Einer von uns muss auf der Erde bleiben, leider. Knobeln wir es mit Kopf oder Zahl aus?
Nicolás:	Aber wir sind drei, da nützt uns Kopf oder Zahl nichts.
Celia:	Das ist richtig. Ich habe eine Idee: Wir spielen eine Partie Mensch-ärgere-Dich-nicht und der Verlierer bleibt auf der Erde.
Marta:	Das wird die aufregendste Partie Mensch-ärgere-Dich-nicht unseres Lebens sein!
Nicolás:	Oh, wie spannend!
Celia:	Einen Augenblick, ich werde einen Kaffee machen.
Marta:	Und ich werde das Handy und das Telefon ausschalten.

Nicolás:	Und ich werde ein wenig schlafen, um frisch und in Form zu sein.
Marta:	Aha, das ist es also, was ihr in Guinea vor etwas Wichtigem macht.
	Okay, Celia, dann können wir das große Spiel in Ruhe vorbereiten.
Nicolás:	Aber keine Tricks!
Celia:	Nein, nein. Nur weibliche Intuition. Tschüs, (ich gehe) ins Bett, um halb sechs in der Küche, ja?

12 Das Geburtstagsfest

Es ist das Geburtstagsfest von Manu.
Marta, Nicolás und Celia kommen herein und begrüßen alle Gäste: Es sind viele Stammgäste da, Nachbarn, Manus Familie ... Die Bar ist voll. Die drei Freunde gehen näher zum Tresen und begrüßen Manus Frau.

Nati:	Hallo!
Marta:	Hallo! Wo ist das Geburtstagskind? Wir möchten ihm sein Geschenk geben.
Nati:	Er ist im Hof und hilft den Musikern.
Celia:	Aha, es gibt ein Orchester!
Nati:	Ja, ja, klar! Heute wird es Tanz geben und freie Getränke für alle. Was möchtet ihr trinken?
Nicolás:	Für mich ein kleines Bier vom Fass.
Celia:	Für mich auch.
Nati:	Gut. Und du, Marta? Was soll ich dir bringen?
Marta:	Einen Orangensaft bitte.
Nati:	Und welche Tapas möchtet ihr?
Celia:	Was gibt es (denn)?
Nati:	Also, diese Woche empfehle ich euch Krake, sie ist ganz fein!
Nicolás:	Oh, ich weiß nicht, ob die mir schmecken wird, das habe ich noch nie gegessen ...
Nati:	Du hast nie Krake gegessen? Dann musst du sie probieren. Du wirst schon sehen, sie wird dir schmecken. Soll ich euch eine Portion bringen?
Marta:	Ja, gut!

Während sie die ausgezeichnete Krake auf galicische Art probieren, kommt Manu.

Manu:	Hallo! Die drei Musketiere! Schmeckt euch die Krake?
Marta:	Herzlichen Glückwunsch! Manu, wir haben ein ganz besonderes Geschenk für dich. Hier, nimm!
Manu:	Danke, Leute. Darf ich es aufmachen? Mal sehen ... Äh ... Ein Ballonflug? Aber ... ich ...
Celia:	Was ist denn los? Gefällt es dir nicht? Du bist doch so ein Abenteurer ...
Manu:	Ich weiß nicht, ob ich das machen kann ... Ich habe nämlich Angst.

Marta:	Du hast Angst? Ha, ha, ha … Das kann ich nicht glauben!
Manu:	Ich habe nämlich Höhenangst …
Celia:	Aber Manu, man muss die Angst überwinden. Du wirst schon sehen, Ballonfliegen ist die beste Therapie gegen Höhenangst. Also nur Mut! Und wir werden dich schon festhalten, einverstanden?
Manu:	Ahh! Ich fühle mich schon ganz schlecht …

13 Im Sprechzimmer des Zahnarztes

Manu:	Guten Tag. Ich habe einen Termin um Viertel nach fünf.
Junge Frau:	Ihr Name bitte?
Manu:	Manuel Jiménez.
Junge Frau:	Mit j?
Manu:	Ja, genau.
Junge Frau:	Sie sind zum ersten Mal hier, stimmt's?
Manu:	Ja.
Junge Frau:	Gut. Setzen Sie sich bitte ins Wartezimmer und füllen Sie dieses Formular mit Ihren Daten aus. Doktor Merano wird Sie in ungefähr zwanzig Minuten behandeln.
Manu:	Gut, danke.
Junge Frau:	Herr Jiménez, bitte!
Manu:	Hier!
Junge Frau:	Gehen Sie bitte in Sprechzimmer 2. Haben Sie das Formular fertig ausgefüllt?
Manu:	Ja, ja. Nehmen Sie es, hier ist es.
…	
Der Arzt:	Guten Tag. Setzen Sie sich!
Manu:	Danke.
Der Arzt:	Na, was fehlt Ihnen denn?
Manu:	Also, mir tut schon seit einigen Tagen ein Zahn weh, dieser …
Der Arzt:	Wollen wir mal sehen … Machen Sie den Mund etwas weiter auf bitte. Und beruhigen Sie sich doch. Sie sind sehr nervös, stimmt's? Ich werde Sie nur untersuchen. Hmm … Ihnen fehlt nichts.
Manu:	Das kann nicht sein, es tut mir sehr weh. Und der Kopf tut mir auch weh, und hier tut es auch weh …
Der Arzt:	Kann es sein, dass Sie ein bisschen Stress haben? Irgendeine Sorge oder ein Problem?
Manu:	Nein, nein … das heißt … nur dass ich morgen im Ballon fliegen werde … und …
Der Arzt:	Im Ballon? Grauenhaft! Ich habe eine schreckliche Höhenangst.
Manu:	Ich auch! Aber es ist mein Geburtstagsgeschenk, ich kann nicht … verstehen Sie?

Der Arzt:	Sehen Sie, nehmen Sie diese Tabletten, eine alle sechs Stunden. Es sind Beruhigungstabletten, aber nicht sehr starke. Nur Mut! Schauen Sie immer nach vorne und nicht nach unten, halten Sie sich gut am Korb fest und sprechen Sie viel. Und kommen Sie nächste Woche wieder, wenn Sie dann immer noch Schmerzen haben ...
Manu:	Und wenn ich noch lebe, was ich nicht glaube ... Danke! Auf Wiedersehen!
Der Arzt:	Wiedersehen, gute Besserung! Und erzählen Sie mir (wie es war)!

14 Die San Fermín-Festlichkeiten

Am Mittag. Nicolás sitzt draußen im Freien vor der Bar „Manu" und liest die Zeitung. Manu bringt ihm ein Bier und ein paar Oliven.

Manu:	Was schreibt die Zeitung? Gibt es gute Nachrichten?
Nicolás:	Sie schreiben, dass die Festlichkeiten zu San Fermín gestern zu Ende gegangen sind, ohne Tote.
Manu:	Gott sei Dank ... Letztes Jahr gab es viele Unfälle ... Bist du einmal dort gewesen?
Nicolás:	Nein, ich bin nie in Pamplona gewesen. Aber ich kenne das Lied „Erster Januar, zweiter Februar, dritter März, vierter April ..." Und du? Bist du dort gewesen?
Manu:	Ich schon, aber schon vor zehn Jahren. Ich war die ganze Festwoche dort. Es war toll. Ich habe die Bar zugemacht, habe mir eine weiße Hose und ein weißes Hemd und ein rotes Halstuch angezogen, bin in den ersten Zug nach Pamplona gestiegen und ...
Nicolás:	Und warst du beim Stiertreiben dabei? Bist du auch vor den Stieren hergerannt?
Manu:	Klar! Das war sehr aufregend, und ich hatte überhaupt kein Problem, ich hatte Glück, aber ich werde das nie wieder machen. In jenem Jahr starben drei Menschen. Es ist ein zu gefährliches Spiel.
Nicolás:	Ich verstehe das nicht so richtig. In Guinea spielt niemand mit gefährlichen Tieren.
Manu:	Ja, klar, es ist überhaupt nicht logisch. Ich glaube, es wird gemacht, um Mut zu zeigen, du weißt schon, wir Männer müssen beweisen, dass wir sehr mutig sind ...
Nicolás:	Ach so, die Mädchen laufen nicht mit den Stieren mit ...
Manu:	Also ich glaube nicht, ich kenne keine ... Aber, weißt du was?
Nicolás:	Was?
Manu:	Mir machen die Frauen mehr Angst als die Stiere.
Nicolás:	Aha! Aber es ist besser, hinter den Frauen als vor den Stieren herzulaufen, meinst du nicht?
Manu:	Das schon! Und außerdem sind Frauen hübscher.

15 Ein Interview

Celia arbeitet gerade für eine Zeitung und muss Don Atanasio, den Mann, der drei Jahrhunderte gesehen hat, und seine Tochter Doña Teresa, die 86 Jahre alt ist, interviewen.

Celia: Don Atanasio, Sie haben bereits in drei Jahrhunderten gelebt. Welches der drei gefällt Ihnen am besten?

Don Atanasio: Also ... im 19. Jahrhundert war ich nur ein Kind und jetzt im 21. bin ich ein alter Mann, sodass das, was ich am besten kenne, das 20. Jahrhundert ist. Aber mir gefallen alle drei.

Celia: Sie habe gesehen, wie viele Dinge des täglichen Lebens verschwunden sind oder sich verändert haben. Deshalb wollte ich Sie fragen: Hat sich das Leben sehr verändert seit Ihrer Kindheit bis heute?

Don Atanasio: Wie?

Celia (lauter): Ich frage, ob sich das Leben seit Ihrer Kindheit sehr verändert hat, Don Atanasio.

Don Atanasio: Oh, ja, sehr! Es gab nicht einmal Telefon hier auf der Insel. Jetzt habe ich eines, aber das gefällt mir gar nicht, weil ich schlecht höre, wissen Sie? Und hier auf der Insel gab es weder Autos noch Flugzeuge noch sonst etwas. Nur Boote. Stellen Sie sich vor, in meinen Dorf gab es nicht einmal eine Schule. Ich selbst habe das Schreiben mit dreißig Jahren gelernt. Aber es gab viel Fisch. Jeden Tag haben wir Fisch gegessen.

Celia: Was ist oder war für Sie die beste Zeit Ihres Lebens?

Don Atanasio: Ja, als meine Kinder klein waren. Und auch meine Verlobungszeit. Meine Frau und ich waren 15 Jahre verlobt bevor wir heirateten, wissen Sie? Das ist meine Tochter Teresa, die älteste. Sie war genau wie meine Frau. Als Kind wollte sie Künstlerin werden. Sie war ein sehr hübsches Mädchen und sie sang und tanzte sehr gut, sie hatte eine sehr hübsche Stimme, stimmt's, Teresa?

Doña Teresa: Also ich weiß nicht, Vater, ich erinnere mich nicht so gut. Mein Vater hat ein besseres Gedächtnis als ich. Früher hat er selbst gekocht und sauber gemacht, jetzt helfe ich ihm im Haus, aber er hat eine sehr gute Gesundheit. Mir tut es immer hier und dort weh ...

Celia: Als Letztes, Don Atanasio, was ist das Geheimnis Ihrer Langlebigkeit?

Don Atanasio: Also das weiß ich nicht, Tochter. Ich habe immer alles gegessen und getrunken, als ich ein junger Mann war habe ich sogar geraucht und Wein getrunken, aber alles in Maßen. Und mit Freude.

Doña Teresa: Und ein wenig Glück auch, nicht, Vater?

Don Atanasio: Ja, und viel mehr als nur ein wenig, Tochter.

16 In der Herrenabteilung

Nicolás wird an einem Casting für Schauspieler teilnehmen. Es wird der perfekte Mann gesucht für die Rolle des Fußballspielers Rolando im Film „Mit den Füßen auf der Erde", der denselben Titel wie das Buch trägt. Deshalb ist er mit seinem Freund Manu und mit Marta in der Herrenabteilung eines Kaufhauses und sucht einen passenden Anzug.

Verkäuferin: Werden Sie schon bedient?

Manu: Nein. Sehen Sie, wir möchten einen grauen Anzug für ihn (zeigt auf Nicolás).

Verkäuferin: Welche Größe hat er?

Nicolás: Also 48 normalerweise, manchmal 50.

Verkäuferin: Gut, kommen Sie (bitte) mit mir mit. Sehen Sie, in Grau haben wir alle diese.

Nicolás: Danke. Kann ich einen anprobieren?

Verkäuferin: Natürlich, probieren Sie alle, wenn Sie möchten. Ich gehe an die Kasse und komme gleich zurück.

Nicolás: Mal sehen … Der hier gefällt mir …

Marta: Oh, nein, wie traurig! Schau, der andere ist besser, er hat ein schöneres Grau.

Manu: Ja, aber er ist gestreift, das trägt man nicht, es ist altmodisch.

Marta: Aha. Welcher gefällt dir denn?

Manu: Hm … dieser zum Beispiel gefällt mir besser als der andere. Und er ist aus hundert Prozent Wolle …

Marta: Aus Wolle? Manu, wir haben August!

Nicolás: Also mir gefällt er. Er ist der teuerste, aber auch der schönste, und der Farbton passt sehr gut zu dem gelben Hemd. Ich werde ihn probieren. (…) Wie findet ihr ihn?

Marta: Du siehst ganz toll aus! Er steht dir sehr gut. Na ja, die Ärmel sind dir etwas kurz.

Manu: Nein, nein, du siehst sehr elegant aus. Es fehlt dir nur eines, um der leibhaftige Rolando zu sein.

Nicolás: Was?

Manu: Zwei Füße Größe 48!

Nicolás: Stimmt! Ich trage fünf Nummern kleiner … Was kann ich da machen?

Marta: Vielleicht mit 6 Paar Wollsocken …

Nicolás: Na ja, dann geben Sie mir die Rolle des Yeti, nicht die des Rolando, aber die Idee ist nicht schlecht. Wo ist die Sockenabteilung? Gehen wir!

17 Ich würde dasselbe für dich tun

Marta ist bei ihrem Freund Diego.

Diego: Heute war ich mit einigen ausländischen Kollegen im „El Portón" beim Essen.

Marta: Woher waren die?

Diego: Ein wenig von allem: Deutsche, Russen, Polen, Engländer ...

Marta: Und wie war es?

Diego: Wir haben viel gelacht, weil sie nicht wussten wie man Garnelen oder Krebse isst ... Ich habe es ihnen erklärt, und sie haben es mir nachgemacht, aber ich glaube, am Ende haben sie nicht viel gegessen. Na ja, doch, sie haben schon gegessen ... sie haben viel Brot gegessen. Sie sagten mir, dass ihnen die spanische Sitte, zu jeder Tapa und zu jedem Essen gratis Brot dazuzugeben, sehr gefällt. Und es kam ihnen auch merkwürdig vor zu sehen, dass wir das Brot wie ein Instrument zum Essen verwenden, mit der linken Hand. Stell dir vor, sie wollten das Kartoffelomelett mit Messer und Gabel essen! Und die gegrillten Sardinen auch!

Marta: Das ist aber lustig! Ich war ein Mal in Deutschland. Ich ging in eine Kneipe, und weißt du was? Es kamen einige junge Leute und fragten mich, ob die beiden Stühle an meinem Tisch frei wären. Ich sagte ja, sie seien frei, klar, ich dachte, sie wollten die Stühle mitnehmen. Aber nein: Sie setzten sich hin, an meinen Tisch, neben mich! Dort ist es das Normale.

Diego: Wirklich? Dann kannst du aber nicht mehr über persönliche Dinge sprechen.

Marta: Also ... ich weiß nicht. Vielleicht sprechen sie nicht so viel über diese Dinge während sie essen ... A propos, Diego, könntest du mir bitte ein gut gekühltes Bier aus dem Kühlschrank bringen, und ein Glas?

Diego: Noch etwas?

Marta: Hm ... ja, könntest du die Fernbedienung des Fernsehers suchen? Und könntest du mich massieren? Ich möchte nämlich meine Lieblingsserie sehen und mir gefällt es hier auf dem Sofa gerade so gut. Das wäre toll!

Diego: In Ordnung, wenn du so nett fragst kann ich nicht nein sagen.

Marta: Ich würde dasselbe für dich tun. Und könntest du jetzt bitte aufhören zu reden, weil die Serie anfängt?

Diego: Aha, okay. Morgen ist Fußball-Europacup und es kommen ein paar Freunde. Dann werde ich dich also vom Sofa aus um Hilfe bitten wenn wir etwas brauchen.

Marta: Oh, nein!

Abenteuer eines Pilgers

Manu hat beschlossen, Urlaub zu nehmen und einen Teil des Jakobswegs allein und zu Fuß zu gehen. Seine Freunde verabschieden sich in der Bar von ihm.

Nicolás: Wirst du uns eine Postkarte oder einen Brief schreiben?

Manu: Also, wenn ich kann, schreibe ich euch und erzähle euch meine Pilger-Abenteuer.

Marta: Aber warum nimmst du das Handy nicht mit? Dann kannst du, wenn du irgendein Problem hast, anrufen und um Hilfe bitten.

Manu: Nein, ich nehme diesen verdammten Apparat nicht mit. Zum einen glaube ich nicht, dass ich schwere Probleme haben werde, und wenn ich sie habe, werde ich direkt Hilfe suchen. Zum anderen will ich nicht, dass mich während dieser drei Wochen jemand anruft, weder die Freunde, noch die Familie, noch die Gäste, noch die Banken ...

Marta: Aber deine Frau beunruhigt es, dass du allein gehst und dass niemand etwas von dir weiß so viele Tage lang ...

Manu: So wird sie sich noch mehr freuen, wenn ich zurückkomme: Sie wird mich küssen, wird mir Schinkenkroketten machen ... Hmmm!

Marta: Ja, dann ist es besser, wenn du das Handy nicht mitnimmst, wirklich ...

Nicolás: Aber ich habe gehört, dass es im Norden Spaniens Wölfe und Bären gibt ... Hast du keine Angst, dass sie dich angreifen?

Manu: Ich glaube, es ist wenig wahrscheinlich, dass ein Bär auf meinem Weg auftaucht und außerdem glaube ich nicht, dass er einen zähen und hässlichen Alten wie mich auffressen will.

Marta: Das ist richtig ...

Manu: Danke, Mädchen!

Marta: Ärgere dich nicht, du weißt doch: „Der Mann und der Bär, je hässlicher ...

Nicolás: ... desto schöner!"

Manu: Danke, meine Freunde, vielen Dank ...

Das Bewerbungsgespräch

Nicolás: Wie war das Bewerbungsgespräch? Wie ist es dir ergangen?

Celia: Na ja, es war nicht schlecht, aber diese Arbeit interessiert mich nicht.

Nicolás: Warum?

Celia: Es ist Vollzeit, ich müsste aufhören zu studieren. Und außerdem fragten Sie mich, ob ich in eine andere Stadt ziehen würde, wenn es für den Arbeitsplatz nötig wäre und ich sagte nein. Ich will nicht weggehen, weißt du? Ich habe schon mein Land verlassen, um hierher zu kommen und damit ist es genug. Jetzt habe ich Freunde in Madrid, und es stimmt schon, ich habe keine gute Arbeit, nur Jobs ... Aber das ist mein Zuhause und hier bleibe ich. Ich fühle mich hier wohl. Ich will nicht wieder von null anfangen.

Nicolás:	Ich verstehe dich, ich würde jetzt auch nicht mehr die Stadt wechseln. Ich bin ja gerade erst angekommen!
Celia:	Aber wenn sie dir eine ganz gute Rolle in einem tollen Film mit einem berühmten Regisseur anbieten würden ...
Nicolás:	Ja, gut, das kommt darauf an ... Aber ich würde den Wohnort nur wechseln für die nötige Zeit und danach würde ich zurückkommen. Ich kann euch beide, dich und Marta, nicht allein lassen, das verstehst du ...
Celia:	Ha, ha, ha ... Nein, natürlich nicht, ich weiß nicht, was wir ohne dich machen würden!
Nicolás:	Aber wenn der Chef ein intelligenter, sympathischer, hübscher und lediger Mann wäre und dich um einen Gefallen bitten würde ...
Celia:	Oh, dann würde ich anfangen zu zweifeln ... Aber nein, nein. Wer würde dann am Freitag einkaufen gehen? Wer würde sonntags in diesem Haus Pizza machen?
Nicolás:	Wer würde das Bad stundenlang besetzen? Und wer würde mir jeden Tag sagen, ich solle mit dem Rauchen aufhören? Niemand! Es stimmt, du kannst nicht weggehen, Celia. Wenn du weggingst, bliebe mir nichts anderes übrig, als mich jeden Tag zu duschen und zu rasieren, weil das Bad immer frei wäre. Wie schrecklich!

20 Aber du hast gesagt ...

Nicolás:	Und was schreibt dir dein argentinischer Freund in dem Brief? Warum machst du so ein glückliches Gesicht? Als ob es ein Liebesbrief wäre.
Celia:	Du bist ganz schön neugierig! Also, es ist ein Brief von meinem ehemaligen Chef. Ich habe in seiner Tanztruppe gearbeitet, ich war die Choreografin.
Nicolás:	Aha. Und?
Celia:	Also er sagt, dass sich die Dinge in Argentinien allmählich stabilisieren und dass er die Truppe wieder in Gang setzen will.
Nicolás:	Und er sagt, du sollst zurückkommen.
Celia:	Ja. Es war nämlich so, dass ich ihm, als ich wegging, selbst gesagt habe, er solle mich bitte rufen, wenn er mich braucht. Und jetzt braucht er mich.
Nicolás:	Aber du hast gesagt, dass das (hier) dein Zuhause ist, dass du hier Freunde hast und dein Studium, und dass du den Wohnort nicht für ein besseres Arbeitsangebot wechseln würdest, erinnerst du dich?
Celia:	Ja, das stimmt. Aber stell dir vor, er bietet mir einen unbefristeten Vertrag und fünf Wochen Urlaub an. Das ist etwas Außergewöhnliches in meinem Beruf und meinem Land, verstehst du? Außerdem hast du mich gefragt, ob ich auch dann nicht wechseln würde, wenn mich ein hübscher, intelligenter, lediger und sympathischer Chef darum bitten würde.

Nicolás:	Aha! Dann gehst du also weg, du verlässt uns für eine gut bezahlte Arbeit und für einen hübschen Chef. Du lässt uns allein, vergisst uns, als ob wir nicht mehr die guten Freunde wären, die wir immer gewesen sind.
Celia:	Nicolasito ..., komm, Mensch, sei doch nicht so, du machst, dass ich mich ganz schlecht fühle. Wenn sie dir aus Äquatorialguinea schrieben, mit einem ähnlichen Angebot, dann würdest du auch gehen, oder?
Nicolás:	Äh, na gut. Lassen wir das Thema, einverstanden? Du kannst gehen. Aber dann werden wir dich besuchen, ja?
Celia:	Klar! Wann ihr wollt und so lange ihr wollt. Sehr gern!

Hör- und Sprechtraining

Die folgenden Übungsanweisungen beziehen sich auf die beiden Übungs-CDs. Bei diesen Übungen geht es darum, Ihr Hörverständnis und Ihre Sprechfertigkeit, also die mündlichen Fertigkeiten zu trainieren. Aus diesem Grunde finden Sie hier keine Texte in schriftlicher Form, sondern nur die Arbeitsanweisung und die Hilfsmittel, die Sie zum Lösen der Aufgaben benötigen. Alle Texte und Lösungen haben wir zur Sicherheit für Sie im Lösungsteil abgedruckt.

Lección 1

1 Hören Sie die Begrüßungsdialoge einmal und sprechen Sie die Sätze beim zweiten Hören einzeln nach.

2 Bilden Sie den Plural.

3 **a.** Hören Sie zu und kreuzen Sie an, ob es sich um Fragen oder Aussagesätze handelt.

	1	2	3	4	5	6	7	8
Frage								
Aussage								

b. Hören Sie die Sätze noch einmal und sprechen Sie sie nach. Achten Sie auf die richtige Intonation.

4 Beantworten Sie die Fragen einmal mit Ja, einmal mit Nein.

5 Sie holen nachmittags einen Gast vom Flughafen ab, den Sie noch nicht kennen. Bilden Sie die gewünschten Sätze.

6 Sie fahren nun gemeinsam mit dem Taxi zu Ihrer Wohnung. Bilden Sie die gewünschten Sätze.

Lección 2

1 Sie geben eine Party und stellen die Gäste auf der Illustration vor. Was sagen Sie?

2 Antworten Sie auf die Fragen.

3 Du oder Sie? Welche Anredeform wird hier benutzt? Kreuzen Sie an.

	1	2	3	4	5	6
tú						
usted						

Lección 3

1 Geben Sie die weibliche Form der Adjektive an.

2 Hören Sie die Radiowerbung einiger spanischer Lokale. Was ist jeweils ihre Spezialität? Kreuzen Sie die richtige Antwort an.

1. ☐ Cervezas españolas.
   ☐ Cervezas alemanas.
   ☐ Cervezas holandesas.

2. ☐ Flamenco.
   ☐ Salsa.
   ☐ Tango.

3. ☐ Fiesta el martes 15.
   ☐ Fiesta el viernes 13.
   ☐ Fiesta el martes 13.

4. ☐ Chocolate con cruasanes.
   ☐ Café con leche.
   ☐ Chocolate con churros.

3 Geben Sie in einer spanischen Bar die gewünschten Bestellungen auf.

Lección 4

1 Ana María möchte sich für einen Sprachkurs anmelden und wird dabei nach ihren persönlichen Daten gefragt. Hören Sie das Gespräch zunächst einmal und kreuzen Sie beim zweiten Hören die richtigen Aussagen an.

1. Ana María se llama
   ☐ Domingo Plácido.
   ☐ Domingo Pavarotti.
   ☐ Domingo Carreras.

3. Vive en la
   ☐ calle Granada número 25.
   ☐ plaza Granada número 125.
   ☐ calle Granada número 125.

2. Está
   ☐ casada.
   ☐ soltera.
   ☐ divorciada.

4. Es
   ☐ estudiante.
   ☐ dentista.
   ☐ periodista.

2 Bilden Sie die weibliche Form zu den Berufsbezeichnungen.

3 Richten Sie die Fragen an jemanden, den Sie mit Sie ansprechen.

4 Versetzen Sie sich in die Rolle von Luis Rosales und beantworten Sie die Fragen mithilfe des Steckbriefes.

Nombre y apellido:	Luis Rosales Martín
De dónde:	Alicante
Ciudad:	Madrid
Profesión:	Camarero
Lugar de trabajo:	Bar Europa
Estado civil:	Casado
Edad:	36 años

Lección 5

1 Gehen Sie in einen Tante-Emma-Laden zum Einkaufen und verlangen Sie die Dinge, die auf dieser Einkaufsliste stehen.

1. 1 kg naranjas
2. 1 × pan
3. 2 × leche
4. 3 × mantequilla
5. 1 × chocolate
6. 100 gr. jamón serrano

2 *¿Se lo lleva?* Sie kaufen ein. Antworten Sie wie im Beispiel.

3 Ersetzen Sie in den Sätzen das Substantiv durch ein Pronomen, wie im Beispiel.

4 Sie gehen mit dieser Einkaufsliste noch einmal einkaufen und werden von Tante Emma bedient. Sagen Sie, was Sie möchten.

1. 500 g Zucker.
2. Kaffee und 2 Liter Vollmilch.
3. 1 Kilo Orangen.
4. Preis?
5. (Sie verabschieden sich)

Lección 6

1 Um welche Farben geht es hier? Hören Sie zu und kreuzen Sie an.

1. ☐ el rojo
☐ el blanco
☐ el verde

3. ☐ el marrón
☐ el amarillo
☐ el gris

2. ☐ el negro
☐ el blanco
☐ el rojo

4. ☐ el azul
☐ el verde
☐ el marrón

2 Wie können Sie die Sätze anders formulieren? Stellen Sie jeweils das Pronomen um wie im Beispielsatz.

3 Hören Sie sich die Sonderangebote (ofertas) dieser Woche im Kaufhaus „Galerías Elegantes" an. Kreuzen Sie an, welche Kleidung für Damen, für Herren oder für beide angepriesen wird.

	trajes	vestidos	blusas	faldas	abrigos	capas	trajes de carnaval
señores							
señoras							
los dos							

4 Antworten Sie auf alle folgenden Fragen verneinend. Hören Sie zunächst ein Beispiel.

Lección 7

1 Welche Verkehrsmittel benutzen diese Personen? Bilden Sie Sätze.

1  2  3  4

2 Beantworten Sie die folgenden Fragen.

3 Wandeln Sie die Uhrzeitangaben um wie im Beispiel.

4 Sie haben sich bereit erklärt, an einer Umfrage über alltägliche Gewohnheiten teilzunehmen. Beantworten Sie die Fragen.

Lección 8

1 Hören Sie zu. Um welche Stadt geht es hier?

2 Sehen Sie sich diesen Ausschnitt aus dem Stadtplan an. Wie kommen Sie zum Picasso-Museum? Tragen Sie den Weg und das Museum in den Plan ein.

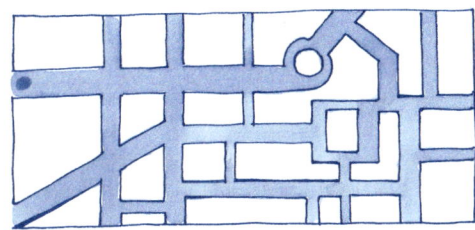

3 Hören Sie die kurzen Wegbeschreibungen und zeichnen Sie mit Pfeilen jeweils den richtigen Weg in die Kartenausschnitte.

1 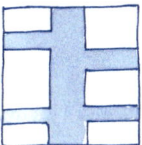   2    3

4    5    6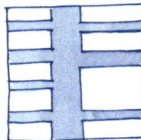

4 Hören Sie die folgende Telefonansage. Wann hat das Marinemuseum geöffnet?

5 Hören Sie den folgenden Anfang einer Radiosendung. Wie spät ist es gerade in den genannten Städten?

Madrid: ....

Bogotá: ....

Los Angeles: ....

Buenos Aires: ....

Santiago de Chile: ....

Hongkong: ....

Lección 9

1 **a.** Hören Sie die folgende Veranstaltungshinweise im Radio. Welche beiden Filme werden angekündigt?

1. ☐ Al sur de Granada   2. ☐ Los lunes al sol   3. ☐ Juana la Loca

b. Hören Sie die Radiotexte noch einmal und entscheiden Sie, welche Informationen für welchen Film zutreffen. Tragen Sie die entsprechende Ziffer ein.

☐ Director: Fernando Colomo   ☐ Director: Vicente Aranda
☐ Año: 2001   ☐ Año: 2002
☐ Lugar: Cine Gran Vía   ☐ Lugar: Cine Ábaco
☐ Hora: 22:00   ☐ Hora: 20:15 y 22:20
☐ Género: Comedia   ☐ Género: Drama histórico

2   **a.** Sie sind ein Musical-Fan. Welche der folgenden vier Ankündigungen könnte für Sie interessant sein? Kreuzen Sie an.

1. ☐   2. ☐   3. ☐   4. ☐

b. Hören Sie noch einmal. Welche der unten genannten Konzerte wurden noch angekündigt?

☐ concierto flamenco   ☐ ópera de Mozart   ☐ tango argentino
☐ grupo de salsa   ☐ concierto rock   ☐ concierto de guitarra clásica

3   Hören Sie die drei Telefongespräche und nummerieren Sie nach der Reihenfolge.

☐ El señor Gómez no está.
☐ Pía quiere hablar con José.
☐ Katia no puede hablar por teléfono en este momento.

4   *¿Le gusta o no le gusta?* Beantworten Sie die folgenden Fragen nach Ihren persönlichen Vorlieben.

5   Rufen Sie bei Ihrem Freund Ramón zu Hause an. Sagen Sie, wen Sie sprechen möchten und wer Sie sind.

6   Sie treffen mit Ramón eine Verabredung für morgen um 22 Uhr, im Kino Altea, um gemeinsam den Film „Al sur de Granada" anzusehen. Antworten Sie.

Lección 10

1   Lesen Sie zunächst diese Aussagen und hören Sie dann Pilars Bericht über ihren Geburtstag. Welche Aussagen sind richtig? Kreuzen Sie an.

1. Ha invitado a todas sus amigas a mediodía.   ☐
2. Por la tarde han venido sus compañeros de trabajo. ☐
3. Ha hecho una fiesta en su casa.   ☐
4. Ha recibido un regalo muy especial.   ☐
5. No han bailado en la fiesta.   ☐
6. Ha sido un día muy bonito.   ☐

2 Wie sieht das Geburtstagskind aus, das hier beschrieben wird?
Streichen Sie das nicht Zutreffende.

1. cumple 50 / 35 años
2. es gordo / delgado
3. tiene canas / se tiñe el pelo
4. lleva vaqueros / pantalones negros
5. está alegre / no está alegre
6. lleva zapatillas de deporte / zapatos negros
7. practica Tai-Chi / yoga
8. ha vivido en Australia / Ásia

3 In Spanien sagt man, die Orangen seien nur in den Monaten gut, die ein „r" im
Namen enthalten. Welche sind das? Zählen Sie auf, beginnend mit dem Januar.

4 Beantworten Sie die Fragen nach bestimmten Datumsangaben.

5 Wie heißt jeweils das Gegenteil?

Lección 11

1 **a.** Hören Sie zu. Wer soll hier beschenkt werden?

☐ una amiga de Pablo ☐ su abuela ☐ una chica que le gusta mucho

b. Für welches Geschenk hat Pablo sich entschieden?

☐ un libro sobre Johnny Cash
☐ una noche en una discoteca
☐ el último CD de Johnny Cash

2 Welche Ferienpläne haben diese Teilnehmer eines Sprachkurses? Hören Sie das
Gespräch und ergänzen Sie die Namen der Personen.

3 Man macht Ihnen Vorschläge. Reagieren Sie.

4 Überlegen Sie kurz: Was werden Sie in nächster Zukunft machen, was nicht?

Lección 12

1 Sie sind in einer Tapas-Bar. Was empfiehlt Ihnen der Kellner? Kreuzen Sie an.

☐ pulpo ☐ riñones al jerez ☐ bacalao ☐ mejillones
☐ conejo ☐ gazpacho ☐ jamón serrano ☐ queso manchego
☐ jerez ☐ vino de Rioja ☐ vinos andaluces ☐ brandy Carlos I

2 Bestellen Sie nun die hier abgebildeten Getränke und Tapas.

3 Kennen Sie dieses bekannte spanische Getränk? Worum handelt es sich?

☐ el jerez ☐ el tequila ☐ la sangría

4 Was essen die Spanier zum Frühstück? Kreuzen Sie an.

a. ☐ un café solo
b. ☐ un café con leche
c. ☐ un pan con mantequilla y mermelada
d. ☐ un pan con queso y jamón
e. ☐ un cruasán
f. ☐ chocolate con churros

5 Hören Sie diese Dialoge. Wie viele Personen sitzen am Tisch und bestellen?

☐ dos personas ☐ tres personas ☐ cuatro personas

Lección 13

1 Hören Sie sechs Regeln oder Ratschläge. Wofür sind sie gedacht?

para volar en globo	....
para controlar el peso	....
para una salud mejor	....

2 Hören Sie den Anruf in der Arztpraxis von Dr. Ramos. Worum geht es?
Sind die folgenden Aussagen richtig oder falsch?

	verdadero	falso
1. Una chica llama por su novio.	☐	☐
2. Él tiene mucha fiebre.	☐	☐
3. Le duele la garganta.	☐	☐
4. Puede venir esta tarde a las seis.	☐	☐

3 Sie gehen mit starken Kopfschmerzen, die schon 2 Tage andauern, zum Arzt.
Beantworten Sie seine Fragen.

4 Wie oft sollen die Medikamente eingenommen werden? Hören Sie drei kurze
Dialoge in der Apotheke und kreuzen Sie an.

1. ☐ seis veces al día   ☐ antes de las comidas
2. ☐ hasta cinco veces al día   ☐ antes de dormir
3. ☐ después de las comidas   ☐ una cada tres horas

Lección 14

1 Hören Sie einen Radiobericht über die Sanfermines 2003. Was ist passiert?

☐ La fiesta fue muy alegre.
☐ Este año ha habído pocos visitantes y turistas.
☐ Los Sanfermines transcurrieron normalmente, sin accidentes.
☐ En 2003 hubo dos accidendentes durante los Sanfermines.
☐ El próximo año no habrá fiesta en Pamplona.

2 Hören Sie die folgenden Umschreibungen. Welche Wörter sind gemeint?
Vervollständigen Sie die Sätze.

3 Welche Aussagen sind richtig? Kreuzen sie an.

☐ Hablan de los Sanfermines.
☐ Hablan del carnaval de Tenerife.
☐ Lourdes ya estuvo allí muchas veces.
☐ El año que viene quieren viajar juntas a Tenerife.

4 Antworten Sie auf die Fragen.

Lección 15

1 Hören Sie, was Doña Rosario aus ihrem Leben erzählt. Welche Aussagen sind richtig? Kreuzen Sie an.

1.	Doña Rosario tiene	☐ 89 años ☐ 91 años.
2.	Tiene una familia	☐ grande ☐ pequeña.
3.	Oye	☐ bien ☐ mal.
4.	Ve	☐ muy bien ☐ bastante mal.
5.	Vive	☐ sola ☐ con su hija.
6.	Es una cocinera	☐ buena ☐ mala.
7.	Antes era	☐ rica ☐ pobre.
8.	Piensa que ahora los tiempos son	☐ más fáciles. ☐ más difíciles.

2 Welche Ratschläge gibt Doña Rosario ihrer Enkelin Isabel?
Wandeln Sie ihre Sätze in die Befehlsform um wie im Beispiel.

3 Hören Sie ein Interview mit einem berühmten Schriftsteller.
Was erzählt er über seine Kindheit?

1. Su autobiografía se llama «La vida es corta». ☐
2. Su familia vivía en un pueblo. ☐
3. Su madre era la persona más importante de su infancia. ☐
4. Su abuela le contaba muchas historias. ☐
5. Cada noche veían la televisión en su casa. ☐
6. De su abuela aprendió a vivir y a escribir. ☐

4 Was war früher anders? Ergänzen Sie wie im Beispiel.

5 Ricardo zeigt seiner Freundin ein Foto seiner Familie. Sehen Sie sich den Stammbaum an und ergänzen Sie die fehlenden Namen.

Lección 16

1 Manuel erzählt, wie er seine Freundin Eva kennenlernte. Wie war sie damals?

1. Eva era alta y un poco gordita. ☐
2. Tenía el pelo largo. ☐
3. Llevaba una falda azul claro. ☐
4. Llevaba zapatos blancos muy bonitos. ☐
5. Su forma de hablar le gustó mucho a Manuel. ☐
6. Quería fumar y no tenía fuego para su cigarrillo. ☐

2 Wo finden diese kurzen Dialoge im Kaufhaus statt? Ergänzen Sie die Ziffer des entsprechenden Dialogs.

☐ sección de caballero   ☐ sección de señora   ☐ sección de zapatos

3 Sehen Sie sich die Kleidungsstücke in der Auslage an und vergleichen Sie sie. Verwenden Sie die angegebenen Adjektive und *más que, menos que* oder *tan como*.

4 Verwenden Sie den absoluten Superlativ, wie im Beispiel.

5 Antworten Sie auf die Fragen, die Ihnen beim Einkaufen gestellt werden.

Lección 17

1 Um welche Situationen geht es? Ergänzen Sie die entsprechende Dialognummer.

Los españoles no se quitan los zapatos cuando entran en casa de alguien. ☐

En España se puede fumar durante la comida. ☐

En España la gente no se sienta a la mesa de otras personas en el bar o restaurante. ☐

2 Welche Wörter werden hier umschrieben? Nennen Sie sie.

3 Wo oder in welchen Situationen könnten Sie diese Sätze verwenden, um eine Bitte auszudrücken?

- ☐ en el restaurante
- ☐ en el médico
- ☐ en casa

- ☐ en el hotel
- ☐ en una tienda
- ☐ en el trabajo

4 Verwandeln Sie diese Sätze von Präsens in Indefinido, wie im Beispiel.

5 Wer würde was tun, wenn er Zeit und das nötige Kleingeld dafür hätte? Ergänzen Sie die entsprechende Nummer des Dialogs.

☐   ☐   ☐

Lección 18

1 An wen sind die folgenden Ratschläge gerichtet?

- ☐ A una persona que quiere perder peso.
- ☐ A una persona que quiere hacer un viaje de aventuras.
- ☐ A una persona que no se siente bien.

2 Verwandeln Sie diese positiven Ratschläge in negative, wie im Beispiel.

3 Zu welchen Wortfeldern gehören diese Begriffe?

☐ la mesa   ☐ el viaje   ☐ la fiesta   ☐ la ropa   ☐ la familia

Lección 19

1 Julián sucht Arbeit. Welche der folgenden Aussagen treffen zu? Kreuzen Sie an.

	v	f
1. Julián ha estudiado Economía en la universidad.	☐	☐
2. Sabe mucho de márketing.	☐	☐
3. Habla muy mal inglés.	☐	☐
4. Va a mandar una carta y su currículum a la empresa.	☐	☐

2 Hören Sie einen Ausschnitt aus einem Bewerbungsgespräch. Welche Kenntnisse erfordert die Stelle?

☐ carnet de conducir ☐ bachillerato ☐ saber comunicarse ☐ alemán

3 Beantworten Sie die Fragen zu Ihrer eigenen Arbeitsstelle.

4 Welche Begriffe aus der Arbeitswelt werden hier umschrieben?

5 Hören Sie eine Gesprächsrunde im Radio über das Thema Arbeitswelt. Was bedeutet den Gesprächsteilnehmern ihre Arbeit? Welche Argumente werden genannt?

☐ Trabajar significa ganarse el pan de cada día.
☐ Trabajar significa no estar solo.
☐ Trabajo para pagar el crédito de nuestra casa.
☐ Lo importante es hacer carrera y ganar mucho dinero.
☐ Muchos trabajan demasiado y tienen mucho estrés.

Lección 20

1 Hören Sie, wie Celia Marta vom Brief ihres ehemaligen Chefs Roberto erzählt. Wofür entscheidet sie sich am Ende?

☐ No quiere volver a Argentina porque se siente muy bien en España.
☐ No puede volver a Argentina porque tiene que terminar sus estudios.
☐ Quiere volver a Argentina e ingresar/reincorporarse nuevamente en la compañía de baile de Roberto.

2 Was wünschen Sie welcher Person?

¡Que le vaya bien! ¡Que te mejores! ¡Que aproveche!
¡Que duermas bien! ¡Que os divertáis!

3 Geben Sie einer dritten Person wieder, was jemand gesagt hat, wie im Beispiel.

Verbtabelle

Diese Tabelle enthält die wichtigsten Verben aus dem Buch in allen gelernten Zeitformen. Beim **Subjuntivo** Imperfekt präsentieren wir nur die gebräuchlichere Form auf **-ara / -iera**.

Regelmäßige Verben

hablar *sprechen*

Präsens	hablo	hablas	habla	hablamos	habláis	hablan
Indefinido	hablé	hablaste	habló	hablamos	hablasteis	hablaron
Imperfekt	hablaba	hablabas	hablaba	hablábamos	hablabais	hablaban
Futur	hablaré	hablarás	hablará	hablaremos	hablaréis	hablarán
Konditional	hablaría	hablarías	hablaría	hablaríamos	hablaríais	hablarían
Subj. Präs.	hable	hables	hable	hablemos	habléis	hablen
Subj. Imp.	hablara	hablaras	hablara	habláramos	hablarais	hablaran
Imperativ		habla	hable		hablad	hablen
Partizip	hablado		**Gerund**	hablando		

beber *trinken*

Präsens	bebo	bebes	bebe	bebemos	bebéis	beben
Indefinido	bebí	bebiste	bebió	bebimos	bebisteis	bebieron
Imperfekt	bebía	bebías	bebía	bebíamos	bebiais	bebían
Futur	beberé	beberás	beberá	beberemos	beberéis	beberán
Konditional	bebería	beberías	bebería	beberíamos	beberiais	beberían
Subj. Präs.	beba	bebas	beba	bebamos	bebáis	beban
Subj. Imp.	bebiera	bebieras	bebiera	bebiéramos	bebierais	bebieran
Imperativ		bebe	beba		bebed	beban
Partizip	bebido		**Gerund**	bebiendo		

vivir *leben, wohnen*

Präsens	vivo	vives	vive	vivimos	vivís	viven
Indefinido	viví	viviste	vivió	vivimos	vivisteis	vivieron
Imperfekt	vivía	vivías	vivía	vivíamos	viviais	vivían
Futur	viviré	vivirás	vivirá	viviremos	viviréis	vivirán
Konditional	viviría	vivirías	viviría	viviríamos	viviriais	vivirían
Subj. Präs.	viva	vivas	viva	vivamos	viváis	vivan
Subj. Imp.	viviera	vivieras	viviera	viviéramos	vivierais	vivieran
Imperativ		vive	viva		vivid	vivan
Partizip	vivido		**Gerund**	viviendo		

Unregelmäßige Verben

Wir führen hier nur die unregelmäßigen Zeitformen des jeweiligen Verbs an.

abrir *öffnen*

Partizip	abierto

acostarse *zu Bett gehen* (o ▶ ue)

Präsens	me acuesto	te acuestas	se acuesta	nos acostamos	os acostáis	se acuestan
Subj. Präs.	me acueste	te acuestes	se acueste	nos acostemos	os acostéis	se acuesten
Imperativ		acuéstate	acuéstese		acostaos	acuéstense

agradecer *danken* (-zco)

Präsens	agradezco	agradeces	agradece	agradecemos	agradecéis	agradecen
Subj. Präs.	agradezca	agradezcas	agradezca	agradezcamos	agradezcáis	agradezcan
Imperativ		agradece	agradezca		agradeced	agradezcan

aparecer *erscheinen* siehe **agradecer** (-zco)

cerrar *schließen* (e ▶ ie)

Präsens	cierro	cierras	cierra	cerramos	cerráis	cierran
Subj. Präs.	cierre	cierres	cierre	cerremos	cerréis	cierren
Imperativ		cierra	cierre		cerrad	cierren

conducir *fahren* (-zco)

Präsens	conduzco	conduces	conduce	conducimos	conducís	conducen
Indefinido	conduje	condujiste	condujo	condujimos	condujisteis	condujeron
Subj. Präs.	conduzca	conduzcas	conduzca	conduzcamos	conduzcáis	conduzcan
Subj. Imp.	condujera	condujeras	condujera	condujéramos	condujerais	condujeran
Imperativ		conduce	conduzca		conducid	conduzcan

conocer *kennen, kennenlernen* siehe **agradecer** (-zco)
contar *erzählen, zählen* siehe **acostarse** (o ▶ ue)
costar *kosten* siehe **acostarse** (o ▶ ue)

dar *geben*

Präsens	doy	das	da	damos	dais	dan
Indefinido	di	diste	dió	dimos	disteis	dieron
Subj. Präs.	dé	des	dé	demos	deis	den
Subj. Imp.	diera	dieras	diera	diéramos	dierais	dieran
Imperativ		da	dé		dad	den

decir *sagen* (-go)

Präsens	digo	dices	dice	decimos	decís	dicen
Indefinido	dije	dijiste	dijo	dijimos	dijisteis	dijeron
Futur	diré	dirás	dirá	diremos	diréis	dirán
Konditional	diría	dirías	diría	diríamos	diriais	dirían
Subj. Präs.	diga	digas	diga	digamos	digáis	digan
Subj. Imp.	dijera	dijeras	dijera	dijéramos	dijerais	dijeran
Imperativ		di	diga		decid	digan
Partizip	dicho		**Gerund**	diciendo		

despedirse *sich verabschieden* (e ▶ i)

Präsens	me	te	se	nos	os	se
	despido	despides	despide	despedimos	despedís	despiden
Indefinido	me	te	se	nos	os	se
	despedí	despediste	despidió	despedimos	despedisteis	despidieron
Subj. Präs.	me	te	se	nos	os	se
	despida	despidas	despida	despidamos	despidáis	despidan
Subj. Imp.	me	te	se	nos	os	se
	despidiera	despidieras	despidiera	despidiéramos	despidierais	despidieran
Imperativ		despídete	despídase		despedíos	despídanse
Gerund	despidiéndose					

doler *wehtun, schmerzen* (o ▶ ue)

Präsens			duele			duelen
Subj. Präs.			duela			duelan

dormir *schlafen* (o ▶ ue)

Präsens	duermo	duermes	duerme	dormimos	dormís	duermen
Indefinido	dormí	dormiste	durmió	dormimos	dormisteis	durmieron
Subj. Präs.	duerma	duermas	duerma	durmamos	durmáis	duerman
Subj. Imp.	durmiera	durmieras	durmiera	durmiéramos	durmierais	durmieran
Imperativ		duerme	duerma		dormid	duerman
Gerund	durmiendo					

empezar *anfangen, beginnen* siehe **cerrar** (e ▶ ie)

encender *anzünden, anschalten* (e ▶ ie)

Präsens	enciendo	enciendes	enciende	encendemos	encendéis	encienden
Subj. Präs.	encienda	enciendas	encienda	encendamos	encendáis	enciendan
Imperativ		enciende	encienda		encended	enciendan

entender *verstehen* siehe **encender** (e ▶ ie)

enviar *schicken*

Präsens	envío	envías	envía	enviamos	enviáis	envían
Subj. Präs.	envíe	envíes	envíe	enviemos	enviéis	envíen
Imperativ		envía	envíe		enviad	envíen

escribir *schreiben*

Partizip	escrito

estar *sein, sich befinden*

Präsens	estoy	estás	está	estamos	estáis	están
Indefinido	estuve	estuviste	estuvo	estuvimos	estuvisteis	estuvieron
Subj. Präs.	esté	estés	esté	estemos	estéis	estén
Subj. Imp.	estuviera	estuvieras	estuviera	estuviéramos	estuvierais	estuvieran
Imperativ		está	esté		estad	estén

hacer *machen* (-go)

Präsens	hago	haces	hace	hacemos	hacéis	hacen
Indefinido	hice	hiciste	hizo	hicimos	hicisteis	hicieron
Futur	haré	harás	hará	haremos	haréis	harán
Konditional	haría	harías	haría	haríamos	haríais	harían
Subj. Präs.	haga	hagas	haga	hagamos	hagáis	hagan
Subj. Imp.	hiciera	hicieras	hiciera	hiciéramos	hicierais	hicieran
Imperativ		haz	haga		haced	hagan
Partizip	hecho

haber *haben* (Hilfsverb) ▶ hay *es gibt* (unpers. Form)

Präsens	he	has	ha	hemos	habéis	han
Indefinido	hube	hubiste	hubo	hubimos	hubisteis	hubieron
Futur	habrá	habrás	habrá	habremos	habréis	habrán
Konditional	habría	habrías	habría	habríamos	habríais	habrían
Subj. Präs.	haya	hayas	haya	hayamos	hayáis	hayan
Subj. Imp.	hubiera	hubieras	hubiera	hubiéramos	hubierais	hubieran

ir *gehen, fahren*

Präsens	voy	vas	va	vamos	vais	van
Indefinido	fui	fuiste	fue	fuimos	fuisteis	fueron
Imperfekt	iba	ibas	iba	íbamos	ibais	iban
Subj. Präs.	vaya	vayas	vaya	vayamos	vayáis	vayan
Subj. Imp.	fuera	fueras	fuera	fuéramos	fuerais	fueran
Imperativ		ve	vaya		id	vaya
Partizip	ido		**Gerund**	yendo		

irse *weggehen* siehe **ir**

Verbtabelle

jugar *spielen* (o ▶ ue)

Präsens	juego	juegas	juega	jugamos	jugáis	juegan
Indefinido	jugué	jugaste	jugó	jugamos	jugasteis	jugaron
Subj. Präs.	juegue	juegues	juegue	juguemos	juguéis	jueguen
Imperativ		juega	juegue		jugad	jueguen

leer *lesen*

Partizip	leyendo

medir *messen* siehe **despedirse** (e ▶ i)
morir *sterben* siehe **dormir** (o ▶ ue)

mover(se) *(sich) bewegen* (o ▶ ue)

Präsens	(me)	(te)	(se)	(nos)	(os)	(se)
	muevo	mueves	mueve	movemos	movéis	mueven
Subj. Präs.	mueva	muevas	mueva	movamos	mováis	muevan
Imperativ		mueve	mueva		moved	muevan

nacer *geboren werden* siehe **agradecer** (-zco)
ofrecer *anbieten* siehe **agradecer** (-zco)

oír *hören* (-go)

Präsens	oigo	oyes	oye	oímos	oís	oyen
Indefinido	oí	oíste	oyó	oímos	oísteis	oyeron
Subj. Präs.	oiga	oigas	oiga	oigamos	oigáis	oigan
Subj. Imp.	oyera	oyeras	oyera	oyéramos	oyerais	oyeran
Imperativ		oye	oiga		oíd	oigan
Gerund	oyendo					

parecer *scheinen* siehe **agradecer** (-zco)
pedir *bitten* siehe **despedirse** (e ▶ i)
pensar *denken* siehe **cerrar** (e ▶ ie)
perder *verlieren* siehe **encender** (e ▶ ie)

poder *können* (o ▶ ue)

Präsens	puedo	puedes	puede	podemos	podéis	pueden
Indefinido	pude	pudiste	pudo	pudimos	pudisteis	pudieron
Futur	podré	podrás	podrá	podremos	podréis	podrán
Konditional	podría	podrías	podría	podríamos	podríais	podrían
Subj. Präs.	pueda	puedas	pueda	podamos	podáis	puedan
Subj. Imp.	pudiera	pudieras	pudiera	pudiéramos	pudierais	pudieran
Gerund	pudiendo					

poner *setzen, stellen, legen* (-go)

Präsens	pongo	pones	pone	ponemos	ponéis	ponen
Indefinido	puse	pusiste	puso	pusimos	pusisteis	pusieron
Futur	pondré	pondrás	pondrá	pondremos	pondréis	pondrán
Konditional	pondría	pondrías	pondría	pondríamos	pondríais	pondrían
Subj. Präs.	ponga	pongas	ponga	pongamos	pongáis	pongan
Subj. Imp.	pusiera	pusieras	pusiera	pusiéramos	pusierais	pusieran
Imperativ		pon	ponga		poned	pongan
Partizip	puesto					

probarse *(an-)probieren* siehe **acostarse** (o ▶ ue)

querer *wollen, mögen* (e ▶ ie)

Präsens	quiero	quieres	quiere	queremos	queréis	quieren
Indefinido	quise	quisiste	quiso	quisimos	quisisteis	quisieron
Futur	querré	querrás	querrá	querramos	querréis	querrán
Konditional	querría	querrías	querría	querríamos	querríais	querrían
Subj. Präs.	quiera	quieras	quiera	quiéramos	quierais	quieran
Subj. Imp.	quisiera	quisieras	quisicra	quisiéramos	quisierais	quisieran

recomendar *empfehlen* siehe **cerrar** (e ▶ ie)
reir(se) *lachen* siehe **despedir(se)** (e ▶ i)

saber *wissen, können*

Präsens	sé	sabes	sabe	sabemos	sabéis	saben
Indefinido	supe	supiste	supo	supimos	supisteis	supieron
Futur	sabré	sabrás	sabrá	sabremos	sabréis	sabrán
Konditional	sabría	sabrías	sabría	sabríamos	sabríais	sabrían
Subj. Präs.	sepa	sepas	sepa	sepamos	sepáis	sepan
Subj. Imp.	supiera	supieras	supiera	supiéramos	supierais	supieran
Imperativ		sabe	sepa		sabed	sepan

salir *ausgehen, hinausgehen* (-go)

Präsens	salgo	sales	sale	salimos	salís	salen
Futur	saldré	saldrás	saldrá	saldremos	saldréis	saldrán
Konditional	saldría	saldrías	saldría	saldríamos	saldriais	saldrían
Subj. Präs.	salga	salgas	salga	salgamos	salgáis	salgan
Subj. Imp.	saliera	salieras	saliera	saliéramos	salierais	salieran
Imperativ		sal	salga		salid	salgan

seguir *fortfahren* siehe **despedirse** (e ▶ i)
sentarse *sich setzen* siehe **cerrar** (e ▶ ie)

Verbtabelle

sentir(se) *(sich) fühlen* (e ▶ ie, e ▶ i)

Präsens	siento	sientes	siente	sentimos	sentís	sienten
Indefinido	sentí	sentiste	sintió	sentimos	sentisteis	sintieron
Subj. Präs.	sienta	sientas	sienta	sintamos	sintáis	sientan
Subj. Imp.	sintiera	sintieras	sintiera	sintiéramos	sintierais	sintieran
Imperativ		siente	sienta		sentid	sientan
Gerund	sintiendo					

ser *sein*

Präsens	soy	eres	es	somos	sois	son
Indefinido	fui	fuiste	fue	fuimos	fuisteis	fueron
Subj. Präs.	sea	seas	sea	seamos	seáis	sean
Subj. Imp.	fuera	fueras	fuera	fuéramos	fuerais	fueran
Imperativ		sé	sea		sed	sean

servir *dienen* siehe **despedirse** (e ▶ i)
sonar *klingeln* siehe **acostarse** (o ▶ ue)
soler *etwas für gewöhnlich tun* siehe **mover(se)** (o ▶ ue)
sonreír *lächeln* siehe **despedirse** (e ▶ i)

tener *haben* (-go)

Präsens	tengo	tienes	tiene	tenemos	tenéis	tienen
Indefinido	tuve	tuviste	tuvo	tuvimos	tuvisteis	tuvieron
Futur	tendré	tendrás	tendrá	tendremos	tendréis	tendrán
Konditional	tendría	tendrías	tendría	tendríamos	tendriais	tendrían
Subj. Präs.	tenga	tengas	tenga	tengamos	tengáis	tengan
Subj. Imp.	tuviera	tuvieras	tuviera	tuviéramos	tuvierais	tuvieran
Imperativ		ten	tenga		tened	tengan

traducir *übersetzen* siehe **conducir** (-zco)

traer *(her-)bringen* (-go)

Präsens	traigo	traes	trae	traemos	traéis	traen
Indefinido	traje	trajiste	trajo	trajimos	trajisteis	trajeron
Subj. Präs.	traiga	traigas	traiga	traigamos	traigáis	traigan
Subj. Imp.	trajera	trajeras	trajera	trajéramos	trajerais	trajeran
Imperativ		trae	traiga		traed	traigan
Gerund	trayendo					

utilizar *benutzen*

Präsens	utilizo	utilices	utilice	utilicemos	utilicéis	utilizan
Indefinido	utilicé	utilizaste	utilizó	utilizamos	utilizasteis	utilizaron
Subj. Präs.	utilice	utilices	utilice	utilicemos	utilicéis	utilicen
Subj.Imp.	utiliciera	utilicieras	utiliciera	utiliciéramos	utilicierais	utilicieran
Imperativ		utiliza	utilice		utilizad	utilicen

venir *kommen* (-go)

Präsens	vengo	vienes	viene	venimos	venís	vienen
Indefinido	vine	viniste	vino	vinimos	vinisteis	vinieron
Futur	vendré	vendrás	vendrá	vendremos	vendréis	vendrán
Konditional	vendría	vendrías	vendría	vendríamos	vendriais	vendrían
Subj. Präs.	venga	vengas	venga	vengamos	vengáis	vengan
Subj. Imp.	viniera	vinieras	viniera	viniéramos	vinierais	vinieran
Imperativ		ven	venga		venid	vengan
Gerund	viniendo					

ver *sehen*

Präsens	veo	ves	ve	vemos	veis	ven
Indefinido	vi	viste	vio	vimos	visteis	vieron
Subj. Präs.	vea	veas	vea	veamos	veáis	vean
Subj. Imp.	viera	vieras	viera	viéramos	vierais	vieran
Imperativ		ve	vea		ved	vean
Partizip	visto					

vestirse *sich verkleiden* siehe **despedirse** (e ▶ i)
volar *fliegen* siehe **acostarse** (o ▶ ue)

volver *zurückkehren* siehe mover(se) (o ▶ ue)

Partizip	vuelto

Grammatische Fachausdrücke

Adjektiv Eigenschaftswort: *die blaue Hose*
Adverb Umstandswort: *mir geht es gut, sie spricht langsam*
Artikel Geschlechtswort: *der, die, das, ein, eine*
bestimmter Artikel: *der, die, das*
Demonstrativpronomen hinweisendes Fürwort: *dieser, diese*
direktes Objektpronomen Fürwort im 4. Fall (wen oder was?): *mich, ihn, sie, es*
Diphthong Doppellaut, Doppelvokal: *ei in mein, au in Auto*
Futur Zukunft: *ich werde lernen*
Gerundium Verlaufsform: *lesend, telefonierend*
Hilfsverb Verb, das zusammen mit einem 2. Verb in der Grundform steht:
      ich habe gegessen
Imperativ Befehlsform: *ruf mich an!*
Imperfekt Vergangenheitsform: *ich arbeitete, es regnete*
Indefinido Vergangenheitsform im Spanischen: *er sagte, sie rief an*
Indikativ Wirklichkeitsform (im Gegensatz zum → subjuntivo): *er geht nach Hause*
indirektes Objektpronomen Fürwort im 3. Fall (wem?): *mir, dir, ihm, ihr*
Infinitiv Grundform des Verbs: *laufen, rufen*
Komparativ 1. Steigerungsform des Adjektivs: *größer, besser*
Konditional Bedingungsform: *ich würde mit ihm reden*
Konjugation Beugung des Verbs in den einzelnen Zeitformen: *ich sagte, er geht*
Konjunktion Bindewort: *da, weil, aber, und*
Konjunktiv Möglichkeitsform: *sie sagte, er sei nicht da*
Konkordanz Übereinstimmung, z.B. von Adjektiv und Substantiv:
      tiefes Wasser, rote Erde
Konsonant Mitlaut: *b, c, d, s, t ...*
Partizip Mittelwort: *gekauft, gegangen, verkauft*
Perfekt Vollendete Gegenwart: *ich habe angerufen*
Personalpronomen persönliches Fürwort: *er, du, sie, wir*
Plural Mehrzahl: *Tage, Berufe*
Plusquamperfekt Vorvergangenheit: *ich hatte ihm geschrieben*
Possessivpronomen besitzanzeigendes Fürwort: *mein, dein, unser*
Präsens Gegenwart: *ich antworte, ich laufe*
Pronomen Fürwort: *ich, du, er, sie*
Reflexivpronomen rückbezügliches Fürwort: *er wäscht sich*
Relativpronomen bezügliches Fürwort: *das Buch, das ich lese*
Singular Einzahl: *Haus, Baum*
Subjuntivo spanische → Konjunktivform
Substantiv Hauptwort: *Buch, Film*
Superlativ höchste Steigerungsform: *der schönste Film*
unbestimmter Artikel: *ein, eine*
Verb Zeitwort: *kommen, gehen, machen*
Vokal Selbstlaut: *a, e, i, o, u*

Lösungen zum Lektionsteil

Lección 1

Qué hay de nuevo

männlich: médico, calamares, príncipe, hospital, actor, animal, supermercado, agosto, minuto, gol

weiblich: costa, serie, princesa, televisión, lengua

1   buenos días – buenas tardes – buenas noches
soy – eres – es -somos – son
encantada – hola – encantado – mucho gusto
yo – tú – usted – nosotras

2   **1.** la lengua – **2.** el español – **3.** las españolas – **4.** el número – **5.** la extranjera – **6.** los médicos – **7.** la playa – **8.** los aceites – **9.** la televisión

3   **1.** costas – **2.** secretos – **3.** amores – **4.** series – **5.** actores – **6.** animales – **7.** lenguas – **8.** calamares

4   yo soy – tú eres – él, ella, usted es – nosotros, -as somos – vosotros, -as sois – ellos, ellas, ustedes son

5   dos días, seis taxis, cuatro médicos, siete goles, nueve príncipes, cinco números, diez calles, ocho actores, tres lenguas, un amor

6   [k] *wie k* – médico, calor, costa, supermercado
[0] *wie engl. thick* – Galicia, Princesa, Príncipe, Celia
[g] *wie g* – lengua, gusto, Galicia, gol
[x] *wie ch in doch* – gigante, Argentina, genial, Gibraltar

7   **1.** Buenos días. – **2.** Buenas noches. – **3.** Buenas tardes.
So kann ich immer grüßen: ¡Hola! – So verabschiede ich mich: ¡Adiós! (¡Hasta luego! ¡Chao!)

8   **1.** ¿Es usted Ana Sánchez? Sí, soy Ana Sánchez. No, no soy Ana Sánchez, soy Olga Ruiz.
2. ¿Y tú eres Pablo? Sí, soy Pablo. No, no soy Pablo, soy Antonio.
3. ¿Usted es española? Sí, soy española. No, no soy española, soy argentina.
4. Tú eres de Argentina, ¿no? Sí, soy de Argentina. No, no soy de Argentina, soy de España.

9   **1.** ● ¿Tú eres del Ecuador, Nicolás? ● No, soy de Guinea Ecuatorial.
2. ● ¿Usted es Celia? ● Sí, soy Celia Milani.
3. ● ¿Marta es española? ● Sí, es de Madrid.
4. ● ¿De dónde eres tú? ● Soy de Argentina.
5. ● ¿Nicolás es médico? ● Sí, es médico.
6. ● ¿Ustedes son españolas? ● Sí, nosotras somos españolas.

10 **1.** ● Hola, soy Roberto, ¿y tú? – **2.** ● Hola, Roberto, yo soy Yolanda. – **3.** ● ¿De dónde eres, Yolanda? – **4.** ● Soy de México. – **5.** ● Yo soy de Chile. Encantado, Yolanda. – **6.** ● Mucho gusto, Roberto.

Lección 2

Qué hay de nuevo

Italia: italiano – España: español – Alemania: alemán – Grecia: griego – Francia: francés – Portugal: portugués – Suecia: sueco – Dinamarca: danés – Finlandia: finés – Bélgica: francés – Luxemburgo: francés – Austria: alemán – Irlanda: inglés

1   **1.** finés – **2.** inglés – **3.** alemán – **4.** francés – **5.** español – **6.** italiano

2 **a.** neerlandés – sueco – danés – portugués – griego – inglés – polaco
b. Países Bajos – Suecia – Dinamarca – Portugal – Grecia – Inglaterra – Polonia
3 Marta es española – el taxista es ecuadoriano – Pierre es francés – Celia es argentina – Nicolás es ecuatoguineano
4 yo hablo, estudio, tomo – tú hablas, estudias, tomas – él, ella, usted habla, estudia, toma – nosotros, -as hablamos, estudiamos, tomamos – vosotros, -as habláis, estudiáis, tomáis – ellos, ellas, ustedes hablan, estudian, toman
5 1. Hola, yo me llamo Lola. ¿Y tú? ¿Cómo te llamas? – **2.** Ella se llama Luisa. Es de Sevilla. – **3.** Éste es mi compañero de piso. Se llama Matías. – **4.** Nosotros nos llamamos Nacho y Paco. – **5.** ¿Cómo os llamáis vosotras? – **6.** Susi y Carlos se llaman López, Susi y Carlos López.
6 hablas – habla – hablo – hablamos – hablan – habláis – hablo
7 1. b. – **2.** d. – **3.** e. – **4.** a. – **5.** g. – **6.** h. – **7.** c. – **8.** f.
8 10 diez – 15 quince – 20 veinte – 25 veinticinco – 30 treinta – 40 cuarenta – 45 cuarenta y cinco – 50 cincuenta – 55 cincuenta y cinco – 57 cincuenta y siete – 60 sesenta
9 [g] Guinea – lengua – Guatemala – Gomera – Miguel – Galicia
[x] Jorge – Alejandro – Gibraltar – José – gigante – Rioja – trabajo
10 inglesa – alemán – europea – húngaro – italiana – checa – español
11 1. Inglaterra, Alemania, España, ... – **2.** bastante bien, más o menos, regular... – **3.** veinte, cuarenta, sesenta... – **4.** me llamo, te llamas, os llamáis, se llaman
12 ● Hola Pablo, ¿qué tal? – ● Bien, bien. Mira, ésta es Ana María, mi nueva compañera de trabajo. – ● Ah, ¡hola Ana María! – ● Ana María, éste es mi amigo Roberto. – ▲ Mucho gusto, Roberto. – ● Encantado.

Lección 3

Qué hay de nuevo
Queso francés – vino italiano – música alemana – cocina inglesa – buenos vinos – grandes plazas – las regiones argentinas – cervezas holandesas
1 muchas / pocas cervecerías – mucho / poco queso – mucha / poca carne – mucho / poco dinero – muchos / pocos zumos – muchas / pocas cervezas – mucha / poca leche
2 (*Lösungsvorschläge*) El ambiente especial – La tapa rica – El vino bueno – La carne rica
3 los buenos espíritus – buena parrilla – buena música – gran fiesta – buenos cócteles – gran espectáculo – grandes vinos
4 **a.** hablar – comer – estudiar – beber – desayunar – tener – ganar – tomar
b. blau: hablar, estudiar, desayunar, ganar, tomar – grün: comer, beber – rot: tener
5 1. muy caro – **2.** mucho café – **3.** muy interesante – **4.** muy bien – **5.** mucha música – **6.** muchas personas
6 1. -ar: -o, -as, -a, -amos, -áis, -an – **2.** -er: -o, -es, -e, -emos, -éis, -en – **3.** tener: tengo, tienes, tiene, tenemos, tenéis, tienen
7 comemos – Tengo – Comes – como – bebo – comen – beben – Tienen
8 1. el primer amor – **2.** la segunda noche – **3.** el tercer día – **4.** el cuarto fin de semana – **5.** la quinta amiga – **6.** el sexto churro – **7.** la sé(p)tima cerveza – **8.** el octavo cóctel – **9.** la novena tapa – **10.** el décimo tango, ¡uf!
9 vorletzte Silbe betont: plaza, calle, tapas, martes, festivo, chocolate
letzte Silbe betont: beber, jamón, perdón, menú, original, café
vorvorletzte Silbe: sábado, miércoles, música, sé(p)timo, África, periódico

10 Un café solo / cortado / café con leche..., por favor. – Yo (tomo) / Para mí un zumo de naranja... ¿Tienen churros? – Pues seis churros, por favor. – Yo (tomo) / Para mí un cruasán.

Lección 4

1 El lunes hago yoga. – El martes trabajo en el gimnasio. – El miércoles estoy en el bar Manu. – No, el jueves hago aeróbic. – El viernes estoy (trabajo) en el gimnasio y el sábado estoy en el teatro. – El domingo estoy libre.

2 **a.** Verben auf -ar: trabajar, hablar, estudiar – Verben auf -er: comer, vender, aprender – Verben auf -ir: vivir, escribir – 1. Person Sing. auf -go: tener (tengo), hacer (hago) – 1. Person Sing. auf -oy: estar (estoy), ser (soy)

   b. trabajamos *wir arbeiten*, vivís *ihr lebt*, como *ich esse*, está *er / sie ist*, escribo *ich schreibe*, tengo *ich habe*, haces *du machst*, hablo *ich spreche*, vendes *du verkaufst*, estudiamos *wir lernen / studieren*, aprendo *ich lerne / übe*, eres *du bist*

3 calle Verdi – número ciento veinticinco – tercero – Plaza Cuba – teléfono ciento once, treinta y dos, sesenta y cinco

4 médica – camarero – profesora – estudiante – taxista – ingeniera – vendedor – secretario – periodista – actriz – rey
   Instituto Cervantes busca un/a profesor/a de español; Taller SEAT necesita un mecánico

5 1. c. – **2.** e. – **3.** f. – **4.** g. – **5.** a. – **6.** d. – **7.** b.

6 1. ¿De dónde eres? – **2.** ¿Cómo te llamas? – **3.** ¿Dónde vives? – **4.** ¿Qué haces? – **5.** ¿Dónde trabajas? – **6.** ¿Por qué no comes chocolate?

7 **a.** me llamo (soy) – Soy, vivo – Soy – Trabajo – Tengo – no soy – estoy – está.

8 ¿Cómo se llama este señor? – ¿Qué haces en el bar Coco? – ¿De dónde eres tú, Ricardo? – ¿Por qué no trabajas? – ¿En qué calle vive Juana? – ¿Dónde cenamos el domingo? – ¿Cuánto es el café con leche?

9 de, con, en, en, de, de, en, de, con, en, en, en, de, de, de

10 ● ¿Dónde está La Habana? ● Está en Cuba.
   ● Clara es ecuatoriana. ● Es de Quito.
   ● Jorge es muy guapo. ● Sí, es actor de teatro.
   ● ¿De dónde son Eva y Juan? ● Son de Chile.
   ● ¿Juan no es argentino? ● No, es chileno.
   ● Soy estudiante. ● ¡Qué casualidad! Yo también.
   ● Soy Diego Ruiz. ● ¡Encantada! Soy Ana Belén.
   ● ¿Es usted profesor? ● No, soy periodista.

11 gimnasio: horario, inscripción, aeróbic, judo, movimiento
   dirección: ciudad, calle, plaza, código postal, avenida
   telecomunicación: teléfono, fax, dirección electrónica, móvil
   datos personales: sexo, edad, altura, peso
   estado civil: separado, casado, soltero, divorciado
   universidad: Física, Matemáticas, Economía, Derecho
   profesiones: profe, estudiante, actriz, periodista, escritora

Lección 5

1 un litro / dos botellas de leche desnatada – una tableta de chocolate – 100 gramos de jamón serrano – cuatro / un paquete de sobres – 2 kilos / medio kilo de tomates – dos barras de pan – un litro / dos botellas de vino – cuatro yogures

2 1. Lo tomamos en casa. – **2.** Luisa lo compra. – **3.** ¿La compras tú? – **4.** Don Roberto las vende. – **5.** Los compran en el supermercado. – **6.** ¿La tienen? – **7.** No los tenemos. – **8.** Celia lo necesita.

3 1. Me lo llevo. – **2.** Me los llevo – **3.** Me la llevo. – **4.** Me las llevo.

4 1. Lisa, no tenemos café. ¿Puedes comprar uno? – ¿Qué marca quieres? – Pues, quiero un café italiano.

    2. Señor Ruiz, ¿quiere usted un vino? – No, gracias, no quiero tomar vino. Tengo problemas con el alcohol. – Ah, bueno, ¿quiere tomar un café? – Sí, gracias, pero sin leche y sin azúcar, por favor.

    3. Marta, ¿Puedes hacer tú la compra? – No, no puedo. Yo quiero hacer el postre.

5 1. este – ése – éste – **2.** éste – ése – **3.** este – Ese – **4.** éstos – ésos

6 1. Quería medio kilo de azúcar. – **2.** ¿Quería dos litros de leche o uno? – **3.** ¿Tomamos otro café con leche? – **4.** Otra cerveza para Luis, por favor. – **5.** ¿Toman dos botellas de vino o una? – **6.** Quería sólo media barra de pan.

7 Una botella de vino, cerveza, leche entera, leche desnatada...
Un kilo de naranjas, ajos, café, azúcar, sal, jamón, queso...
Un paquete de café, azúcar, sal, sobres...
Cien gramos de jamón, queso, ajos...
Una lata de tomates...
Cuatro yogures, ajos, naranjas, sellos, sobres...

8 1. N: ¡Hola! – D: ¡Hola! ¿Qué quería? – N: Quería dos botellas de leche desnatada. D: Muy bien. ¿Qué más?

    2. N: Dos yogures sin azúcar y medio kilo de naranjas. – D: ¿De éstas? – N: Mmm... No, de ésas, por favor. – D: Muy bien, ¿algo más?

    3. N: Sí. Una barra de pan sin sal. – D: ¿Sin sal? ¿Está usted a dieta? – N: No, yo no, pero comparto piso con una chica...

    4. D: Ah, claro ¿Algo más? – N: No, nada más, gracias. ¿Cuánto es? – D: Son 6 euros con 25. – N: Adiós. – D: Adiós, señor.

9 Quería estos sobres – estas naranjas – otro vino – otra cerveza – medio litro de vino – esta botella de leche – cien gramos de queso, por favor.

10 Quería un paquete de café. – Sí, y azúcar y un litro de leche entera. – Dos barras de pan y un paquete de mantequilla. – Nada más, gracias. ¿Cuánto cuesta / es? – Adiós. / Hasta luego.

Lección 6

1 1. roja – **2.** negro – **3.** blanco – **4.** amarilla o blanca – **5.** marrón / negro – **6.** verdes – **7.** blanca – **8.** blancos – **9.** blanco o amarillo – **10.** azul – **11.** azules

2 ● María, ¿qué me pongo...? – ● Todo lo relacionado con el color blanco. – ● Pues, por ejemplo, un ajo. – ● ¿Un ajo? ¿No tienes una idea mejor? – ● Pues, no sé... – ● ¿Pero qué lleva un fantasma? – ● ¿Por qué no te pones una capa blanca...

3 e ▶ ie: querer – o ▶ ue: poder, probarse – e ▶ i: vestirse – -go (1.P.): hacer, ponerse – 1. Person unregelm.: saber – -go + e ▶ ie: tener

4 1. Marisa, ¿sabes inglés? – 2. Ya sabe leer y escribir. – 3. ¿Puedes leer sin gafas? – 4. No puedo abrir la puerta. – 5. Puedes ponerte la capa roja. – 6. Mi abuelo no sabe español. – 7. No puedo leer este libro. – 8. Marta, ya puedes abrir el vino.

5 1. me, le – 2. te, me – 3. les, les – 4. Te – 5. me, te – 6. le

6 saber: sé, sabes, sabe, sabemos, sabéis, saben – poder: puedo, puedes, puede, podemos, podéis, pueden – querer: quiero, quieres, quiere, queremos, queréis, quieren – hacer: hago, haces, hace, hacemos, hacéis, hacen – probarse: me pruebo, te pruebas, se prueba, nos probamos, os probáis, se prueban – ponerse: me pongo, te pones, se pone, nos ponemos, os ponéis, se ponen – vestirse: me visto, te vistes, se viste, nos vestimos, os vestís, se visten

7 1. Me pongo la capa negra. – 2. Juan se viste de Drácula. – 3. ¿Qué te pones esta noche? – 4. Para la fiesta nos vestimos de tomates. – 5. Luisa y Carmen se prueban las blusas. – 6. ¿Por qué no os ponéis los pantalones azules? – 7. Señora Ramos, ¿de qué se viste usted este carnaval? – 8. A ver. Me pruebo este traje marrón.

8 1. ¿Puedo ponerme esa camisa verde? – 2. ¿Qué quieres ponerte? – 3. No, no quiero vestirme de diablo. – 4. Puedes probarte los pantalones. – 5. Toni se quiere probar el traje elegante. – 6. Ahora no pueden ponerse las capas. – 7. ¿No te quieres vestir de Caperucita Roja? – 8. ¿Puede ponerse esta capa blanca?

9 1. Me los pongo. – 2. Marta se lo prueba. – 3. ¿Quién se la pone? – 4. ¿Por qué no te la pruebas? – 5. Ellos se las ponen para leer. – 6. Te los puedes probar. – 7. ¿Me la puedo probar? – 8. Para la fiesta se los pone.

10 1. ¿Tienes alguna camisa blanca? – No, no tengo ninguna.
2. ¿Hay algún tema para el desfile? – No, no hay ninguno.
3. ¿No tienes ningún vino en casa? – Tengo alguno, pero no es bueno.
4. ¿No te pones ningún disfraz? – No, no tengo ninguno.

Lección 7

1 1. ¿Cómo vas al trabajo? – 2. Normalmente voy en autobús. – 3. ¿Vas en coche o en metro? – 4. Yo voy siempre en bicicleta. – 5. ¿Y vosotros, vais en tren? – 6. Nosotros vamos siempre a pie. – 7. ¿Cómo va usted al centro? – 8. Voy casi siempre a pie.

2 al centro – al centro – en bicicleta – en coche – en coche – al trabajo – en tren – en metro – en coche – de semana – a la playa – de semana – en coche

3 siempre – todos los días – casi siempre – tres días a la semana – varias veces al mes – de vez en cuando – muy poco – casi nunca – nunca

4 todos los días, jeden Tag – toda la tarde, den ganzen Nachmittag / Abend – todas las semanas, jede Woche – todo el mes, den ganzen Monat – todos los años, jedes Jahr – todo el año, das ganze Jahr – todos los domingos, jeden Sonntag – todos los fines de semana, jedes Wochenende

5 (*Lösungsvorschläge*)
1. Trabajo todos los días. – 2. Utilizo el tren cinco veces a la semana. – 3. Voy al cine una vez al mes. – 4. Salgo por la noche los fines de semana. – 5. Casi nunca tomo chocolate. – 6. Hago footing tres veces a la semana. – 7. Limpio la casa una vez a la semana. – 8. Estudio español dos veces a la semana

6 ¿a qué hora suele levantarse? – a las diez – Los fines de semana – a eso de las tres – por la noche – por la noche – ir en taxi – voy en coche propio o en avión – ¿Qué suele hacer...? – suelo hacer footing, tomar café...

7 El martes a las ocho y media tiene que ir al gimnasio. – El miércoles a las doce tiene que limpiar la casa. – El jueves a las nueve menos cuarto tiene que tomar el tren (ir) a Toledo. – El viernes a las once tiene que hacer la compra. – El viernes a las seis tiene que trabajar (ir al trabajo). – El sábado a las nueve tiene que estudiar. – El domingo tiene que dormir mucho, y a las siete y media tiene que llamar a Diego.

8 Hola, soy Margarete. Trabajo en un hospital. Los lunes por la tarde suelo ir a un curso de español. Las clases empiezan a las siete y media. Durante la semana no estudio mucho, porque no tengo tiempo. Pero el viernes tengo que estudiar un poco. El sábado normalmente duermo hasta las diez, me levanto y muchas veces voy al mercado a hacer la compra. Vuelvo a las once y limpio la casa. Por la tarde salgo con mi amiga Susi a tomar un café y por la noche vamos muchas veces a una discoteca. Me acuesto tarde, a eso de la una. El domingo me levanto normalmente a las nueve y hago yoga. Éste es mi día a día.

9 **1.** a las ocho y media – **2.** a las diez – **3.** a las siete y cuarto – **4.** a las siete menos cuarto – **5.** a las once y cuarto – **6.** A eso de las dos – **7.** a la una – **8.** a las siete y media

10 a. 2. ¿A qué hora sueles ir al trabajo? – **3.** ¿A qué hora empiezas el trabajo? – **4.** ¿Cómo vas al trabajo? – **5.** ¿A qué hora sueles volver a casa? – **6.** ¿A qué hora te acuestas durante la semana? – **7.** ¿Los fines de semana duermes mucho? – **8.** ¿Los fines de semana sales con los amigos? – **9.** ¿Cuántas veces al mes vas al cine? – **10.** ¿Cuántas veces a la semana haces footing?

b. *(Lösungsvorschläge)* **1.** Nomalmente me levanto a las siete y media. – **2.** Suelo ir al trabajo a las ocho y cuarto. – **3.** El trabajo empieza a las nueve. – **4.** Voy en coche al trabajo. – **5.** Vuelvo a casa a las siete menos cuarto. – **6.** Durante la semana me acuesto a las doce. – **7.** Sí, duermo mucho los fines de semana. – **8.** Los viernes y los sábados salgo mucho con los amigos. – **9.** Voy una vez al mes al cine. – **10.** Nunca hago footing.

Lección 8

1 **1.** es – **2.** Está – **3.** Es – **4.** es – **5.** está – **6.** está – **7.** está – **8.** es – **9.** está – **10.** es

2 **1.** El Prado es un museo que está abierto todos los días.
  2. El cartel dice que está abierta la galería.
  3. Hay muchos museos que están cerrados los lunes.
  4. Madrid es una ciudad que nunca duerme.
  5. «La Corbata» es una tienda que no cierra a mediodía.
  6. El catalán es una lengua que se habla en Barcelona.
  7. Hay muchos alemanes que estudian español.
  8. Berlín es una ciudad que tiene una vida nocturna muy activa.

3 **1.** el – **2.** la – **3.** muchos – **4.** muchas – **5.** un – **6.** la – **7.** un – **8.** uno

4 girar a la derecha / a la izquierda – tomar la primera calle a la derecha / a la izquierda – tomar la segunda a la izquierda – tomar la calle al lado del cine – seguir esta calle por 100 metros – seguir todo recto – ir hasta el final de la calle / ir hasta allí – cruzar la calle después de 100 metros

5 girar: giras, gira – tomar: tomas, toma – seguir: sigues, sigue – cruzar: cruzas, cruza – ir: vas, va – cerrar: cierras, cierra – entender: entiendes, entiende – decir: dices, dice – pedir: pides, pide – abrir: abres, abre – repetir: repites, repite

6 ● A ver qué ponen aquí... ¡Ah, cerrado por vacaciones!
 ● Pues, para tomar una copa de vino...
 ● Podemos ir al cine para ver la última película de Almodóvar.
 ● Pues, claro, el «Rex» está enfrente.
 ● ¿ A qué hora empieza la película?
 ● Creo que a las nueve...

7 Horario: Lunes a viernes de 10:00 a 14:30 y de 16:30 a 20:30. – Sábados, domingos y festivos de 10:00 a 20:30. – No cerramos a mediodía.

8 **2.** Son las seis. – **3.** Son las ocho menos cuarto. – **4.** Es la una. – **5.** Son las veinte y diez. – **6.** Son las ventitrés y cincuenta y cinco. – **7.** Es la una y veinte. – **8.** Son las diecinueve y cuarto. – **9.** Son las ocho y veinticinco. – **10.** Son las catorce y cincuenta.

9 Es una ciudad alemana. Es famosa por sus cervezas, sus monumentos y galerías de arte. En el centro hay una zona para peatones con muchas tiendas y comercios. También en el centro está el famoso mercado que se llama Viktualienmarkt. Allí hay una gran variedad de frutas, quesos y jamones. Está abierto de lunes a sábado. Schwabing es la zona de los bares y restaurantes. Hay muchos y están abiertos hasta la una o las dos de la mañana.
Esta ciudad es famosa en todo el mundo por la fiesta de la cerveza. En octubre hay muchos turistas en la ciudad. ¿Qué ciudad es? Múnich (München)

Lección 9

1 ● ¿De verdad? ¿La carta es para mí?
 ● Claro que es para ti. Aquí pone «Señora Lara Fernández» ¿No eres tú Lara Fernández?
 «Hola, Lara: Venezuela me gusta mucho. Para mí es un país maravilloso... Y tú, ¿cómo estás? Puedes venir conmigo a la isla Margarita. La isla me encanta...»

2 para mí, para ti, para él, para ella, para usted – conmigo, contigo, con él, con ella, con usted

3 **2.** Pero, ¿qué estás haciendo? – **3.** Lara está escribiendo una carta a Alfredo. – **4.** ¿De quién estáis hablando? – **5.** Estamos hablando de Julio, un compañero de trabajo. – **6.** ¿Qué está diciendo tu amiga Trini? – **7.** Ricardo está durmiendo. – **8.** Estoy leyendo el periódico. – **9.** Ana está trabajando, no puede venir. – **10.** Merche está hablando por teléfono.

4 **1.** Está tomando un vino. – **2.** Está viendo una película. – **3.** Está comiendo. – **4.** Está hablando por teléfono. – **5.** Están bailando tango.

5 **2.** Estamos llamándola. – **3.** Estoy poniéndome los pantalones. – **4.** ¿Estás probándote la camisa roja? – **5.** Están preparándose para el examen. – **6.** Estoy escribiéndola.

6 ● Oye, Lisa, te gusta ir al cine? – ● Sí, me gusta mucho. – ● ¿Qué películas te gustan? – ● Pues, me gustan las de humor y de horror. Las de política no me gustan nada. – ● Seguro que te gusta.

7 (*Lösungsvorschläge*)
Me encantan las tapas. – Me gusta el vino. – Las películas de horror no me gustan nada. – No me gusta la música clásica. – No me gusta nada limpiar...

8 **1.** En el bar «La Habana» hay unos cócteles muy ricos. – **2.** Hay unos restaurantes muy buenos cerca de la Puerta del Sol. – **3.** En el festival de cine de San Sebastián ponen unas películas geniales. – **4.** En la playa de Cancún hay unos hoteles fantásticos. El mejor es el «Gran Hotel Maya». – **5.** En este bar sirven unas diez cervezas de todo el mundo: Heineken, Paulaner... – **6.** ¿Vamos a tomar unas copas y tapas en el bar Manu? – **7.** ¿Hay mucha gente en tu fiesta? De momento hay unas veinte personas.

9 1. ¿Diga? – ¿Está Fernando? – ¿De parte de quién? – De Elisa. – Un momento, ahora se pone.

2. ¿Dígame? – Hola, ¿está Quique? – Pues, es que está durmiendo la siesta. – Ah, entonces llamo más tarde. – Vale. Adiós.

3. Gimnasio «Muévete», ¿dígame? – Buenos días. ¿Está la señora Sánchez? – No, hoy no está. – Ah, entonces llamo mañana, gracias. – Adiós.

10 ¿Cómo quedamos? Quedamos en el bar Manu. – ¿Te apetece venir a mi fiesta? Vale, con mucho gusto. ¿Qué día es? – ¿A qué hora quedamos? A las ocho y media. ¿Te va bien? – ¿Os apetece venir al cine esta noche? Sí, nos gusta mucho. – ¿Te gustan las marionetas? Sí, me encantan. – ¿Quieres ver la nueva película de Saura? Sí, buena idea. ¿Dónde lo ponen? – ¿Vamos a bailar esta noche? Ah no, es que no me gusta bailar. – ¿Quieren venir conmigo al teatro el sábado? Es que el sábado no podemos.

11 (*Lösungsvorschläge*)

1. Es que no bebo vino. – **2.** Es que ahora no tengo tiempo, tengo que prepararme para un examen. – **3.** Es que el viernes no puedo. – **4.** Es que no me gusta el flamenco. – **5.** Es que no me gustan las discotecas. – **6.** Es que la cerveza española no me gusta. – **7.** No, es que el domingo es la fiesta de Julia. – **8.** Es que esta noche no puedo, tengo que estudiar.

Lección 10

1 **a.** vivir en la selva – ser cocinero – cantar con John Lennon – conocer al Rey – escribir una invitación – tener depresiones – teñirse el pelo – besar a Madonna

b. Manu ha vivido en la selva. Ha sido cocinero. Ha cantado con John Lennon y ha conocido al Rey. Ha escrito una invitación. Ha tenido depresiones, se ha teñido el pelo y ha besado a Madonna.

2 hecho – estado – ido – gustado – visto – tomado – vuelto – llegado

3 ● ¿Has visto la última película de Almodóvar? ● No, no la he visto.

● ¿Quién lo ha dicho? ● Creo que lo ha dicho Roberto.

● Ana no ha abierto la puerta. ● Toni y Nati la han abierto.

4 (*Lösungsvorschläge*)

Hoy: he hecho footing, he llevado vaqueros. – Esta semana: he practicado judo, he tomado un vino, he limpiado la casa. – Este año: he invitado a amigos, he estado en España, he bebido sangría. – Nunca: he ido a México, he hablado español por teléfono.

5 cumpleaños – Feliz – cumples – Cumplo – joven – eres – piropos – fiesta – gusto

6 Alejandra ya ha llamado a Paco, ha comprado sellos, ha ido de compras, ha hecho aeróbic en el gimnasio y ha quedado con F.M. – Todavía no ha estudiado inglés, buscado sus gafas, preparado el examen del jueves y no ha empezado con la dieta.

7 sus amigas – su coche – vuestra casa – mis gafas – su mujer – tu número de teléfono – nuestra lengua materna – su habitación

8 ¿Ves a Ana muchas veces? – ¿Ya has limpiado la casa? – ¿Has llamado a Elena? – ¿Tomamos una cerveza? – ¿Han abierto la ventana? – ¿Conoces al amigo de Lola? – Tenemos que buscar a los niños. – ¿Has visto ese coche?

9 Uno / Primero de enero: Año Nuevo – Catorce de febrero: San Valentín – Uno / Primero de mayo: Día del Trabajador – Veinte de mayo: 50 cumpleaños de Manu – Veinticinco de diciembre: Navidad – Veintinueve de julio: mi cumpleaños – Dieciocho de agosto: el cumpleaños de mi mejor amigo

10 a. gordo, delgado – guapo, no muy guapo – joven, viejo – con barba, sin barba – tiene el pelo
negro, tiene canas

b. (*Lösungsvorschläge*) Sancho no es muy alto, es gordo y no lleva gafas. No tiene canas. No es
muy guapo, lleva barba. No es muy joven. No parece muy inteligente.

c. Soy alta, muy delgada y muy guapa. No llevo gafas y no tengo barba. Soy joven, soy
inteligente.

Lección 11

1 en – a – por – de – a – a – en – en – sobre – de – a – de

2 [r] girar, primero, hora, martes, amor – [ʀ] cerrar, rojo, rico, Inglaterra, restaurante

3 1. regalarle – 2. ¿ Les quieres dar...? – 3. ¿Qué le vamos a regalar...? – 4. le regalo –
5. ¿... te gustan...? – 6. no nos han escrito – 7. no lo voy a leer – 8. no la llaman –
9. ¿Qué os parece...? – 10. me parece fantástica.

4 (*Lösungsvorschläge*)
1. Rosario va a trabajar en Berlín. – 2. Trini y Patricia van a hacer dieta. –
3. Nosotros vamos a estudiar danés. – 4. Ellos van a comprar un CD de los Beatles. – 5. Yo voy a
llamar a mi amiga. – 6. Manu va a cumplir 50 años. – 7. Vosotras vais a ir a Italia.

5 (*Lösungsvorschläge*)
Hoy voy a hacer todos los ejercicios. – Esta noche voy a jugar con los niños. – Esta semana
voy a comprar un regalo. – La semana que viene voy a declararle mi amor a Isabel. – Este mes
voy a darle una sorpresa a mi padre. – El próximo mes voy a tomar poco chocolate. – El año
que viene voy a ir a España.

6 importante – solitario – bueno – alemán – original – increíble – emocionante – fácil – caro –
azul – libre – igual

7 tranquilamente – claramente – fácilmente – normalmente – naturalmente – alegremente –
seguramente – posiblemente

8 1. un bar tranquilo... podemos tomar nuestro café tranquilamente. – 2. una buena idea... me
parece muy bien. – 3. un regalo especial... Lo hacemos especialmente para Manu. – 4. Normalmente trabajo... hoy no es un día normal. – 5. son seguros, pero... seguramente todos están
nerviosos. – 6. esto es muy fácil... comprender fácilmente.

9 estar en forma – desconectar el móvil – preparar la partida de parchís – hacer un café – tener
una idea – jugar a cara o cruz – pensar en algo – declarar el amor – dar una sorpresa – quedarse
en tierra

10 1. ● ¿Le regalamos algo juntos? ● ¡Sí, buena idea!
2. ● ¿Por qué no le regalamos un vino? ● ¡A mí me parece muy bien!
3. ● ¿Qué os parece? ● ¡A nosotros nos parece genial!
4. ● ¿Y si le regalas una botella de cava? ● ¡Esto es una buena propuesta!

11 (*Lösungsvorschläge*)
1. A mi hijo / hija le regalo una entrada al cine. – 2. A mis vecinos les regalo una botella de
vino. – 3. A mi amigo Harald le regalo medio kilo de queso manchego. – 4. A mi mujer /
marido le regalo un curso de yoga. – 5. A mis abuelos les regalo un desayuno en un café. –
6. A mi jefe le regalo un vuelo en globo.

12 1. he – 2. vamos – 3. va – 4. han – 5. vais – 6. has

Lección 12

1 voy a – vas a – voy a – tengo que – hay que / tienes que – voy a – hay que – vas – tengo que

2 Infinitiv: hablar, tener, cumplir, comer, hacer – Präsens: habla, tiene, cumple, come, hace – Perfekt: ha hablado, ha tenido, ha cumplido, ha comido, ha hecho – Futur: hablará, tendrá, cumplirá, comerá, hará

3

I	F	I	C	A	R	A
N	I	T	A	R	E	I
G	S	U	D	I	A	S$_5$
I	E	T	A$_1$	B	R	A
S$_7$	C	S		R	A	L
A	E	E$_2$	R	I	S$_3$	D
R	N$_4$	A	R	B	A	R
E	D	N	E	T	N	E$_6$

1. ABRIRE (yo)
2. ESTUDIARAS (tú)
3. SABRAN (ellos)
4. NECESITAREIS (vosotras)
5. SALDRE (yo)
6. ENTENDERAS (tú)
7. SIGNIFICARA (esto)

4 2. Pues, no sé si trabajaré el viernes. – 3. Pues, no sé si tendré tiempo para comprar leche. – 4. pues, no sé si tomaré vino o cerveza. – 5. Pues, no sé si saldremos juntos este fin de semana. – 6. Pues, no sé si podré llamarla. – 7. Pues, no sé si (ella) hará la compra. – 8. Pues, no sé qué dirá (de esto).

5 Para conocer a España hay que comerla. – Para comer un buen bacalao hay que ir al País Vasco. – Para probar el jerez original hay que ir a Andalucía. – Para estar en forma hay que bailar mucho. – Para superar el miedo a la altura hay que volar en globo. – Para tomar churros con chocolate hay que ir a Madrid.

6 (*Lösungsvorschläge*)
tapas: pulpo, queso manchego, pan con tomate, conejo, bacalao, mejillones, papas, riñones... – regiones españolas: Galicia, Castilla-León, Cataluña, País Vasco, Baleares, Cantabria, Canarias, Andalucía... – bebidas: un café, una caña, un jerez, un vino, una cerveza, un zumo de naranja, agua mineral... – cumpleaños: el regalo, la fiesta de cumpleaños, los invitados, el cumpleañero, ¡Felicidades!, ¡Feliz cumpleaños!, cumplir años

7 1. en – 2. a la – 3. con – 4. al – 5. con – 6. – 7. en, de – 8. al

8 Camarero: Hola, ¿qué van a tomar? – ¿Qué quieren de tapas? – Les recomiendo el bacalao, es muy rico. – ¿Les traigo una ración? – Cliente: ¿Qué nos recomienda? – Medio litro de vino blanco, por favor, y una coca-cola. – Ah, bueno, entonces el bacalao. – Sí, muy bien.

9 entran en el bar – se acercan a la barra y saludan a los clientes – Buscan al dueño – Está en el patio – una paella para una fiesta – de la universidad – una fiesta-sorpresa para el cumpleaños de un amigo, con paella... – barra libre para 60 personas. – sábado por la noche – a las ocho de la tarde – terminará al día siguiente – chocolate con churros

10 [x]: conejo, mejillones, mojo, jerez – [ʎ]: gallego, mejillones, tortilla – [tʃ]: escabeche, anchoas, churros

Lección 13

1 **a.** **1.** b. – **2.** d. – **3.** a. – **4.** c. – **5.** e. – **6.** g. – **7.** h. – **8.** f.
   b. mire – tómese – vuelva – sujétese
2 pasar: pasa, pasad, pase, pasen – beber: bebe, bebed, beba, beban – abrir: abre, abrid, abra,
   abran – dormir: duerme, dormid, duerma, duerman – sentarse: siéntate, sentaos, siéntese,
   siéntense – tener: ten, tened, tenga, tengan
3 **1.** Vaya – **2.** Haga – **3.** Tómese – **4.** Lleve – **5.** Haga – **6.** Beba – **7.** Quédese – **8.** Hable
4 pon, poned, ponga – cuenta, contad, cuente – di, decid, diga – pide, pedid, pida
5 **1.** la cabeza – **2.** la boca – **3.** la muela – **4.** la garganta – **5.** la barriga – **6.** los pies
6 **1.** Me duele – **2.** Tengo un dolor – **3.** estoy resfriada – **4.** me duelen – **5.** Tengo un miedo –
   6. Me duele – **7.** tengo fiebre
7 **1.** levántate – **2.** duerme – **3.** desayuna – **4.** vístete – **5.** haz, relájate – **6.** tómate – **7.** muévete –
   8. acuéstate – **9.** piensa
8 **2.** Infórmelo. – **3.** Rellénelo. – **4.** Cómprela. – **5.** Hágala con aceite de oliva. – **6.** Cómalas. –
   7. Evítelas. – **8.** Llévelas.
9 **2.** Infórmalo. – **3.** Rellénalo. – **4.** Cómprala. – **5.** Hazla con aceite de oliva. – **6.** Cómelas. –
   7. Evítalas. – **8.** Llévalas.
10 dolor de cabeza: una pastilla – tos: un jarabe – gripe: ir a la cama – miedo a la altura: un
   tranquilizante – dolor de muelas: ir al dentista – mucho peso: hacer gimnasia – estar resfriado:
   tomar mucho té

Lección 14

1 perder la vida – cantar una canción – sufrir un accidente – mostrar buen humor – ponerse una
   camisa blanca – subir al tren – dar miedo – tener suerte
2 compras – abrió – entendieron – giramos – jugáis – me levanté – pareció – necesita
3 **1.** presente – **2.** indefinido – **3.** perfecto – **4.** indefinido – **5.** indefinido – **6.** indefinido –
   7. indefinido – **8.** presente
4 (*Lösungsvorschläge*)
   Hace dos años estuvimos en Mallorca, Natalia y yo. – Nunca estuvimos en Cuba. – Este año
   hemos estado en Lanzarote. – En 1995 estuvimos en Madrid. – Hoy he estado en el trabajo.
5 **2.** No, no conocemos ninguna. – **3.** No, no estuvo nadie. – **4.** No, no hemos estado nunca en
   León. – **5.** No, no tengo ninguno. – **6.** No, no vamos nunca.
6 **1.** Las chicas me dan más miedo que los toros. – **2.** El pantalón blanco me gusta más que el
   azul. – **3.** Luisa estudia tanto como Ana. – **4.** Rosa es tan simpática como Ángela. – **5.** Madrid
   me gusta menos que Barcelona. – **6.** A Benito la cerveza le gusta más que el vino.
7 **1.** La semana pasada Andrea fue en tren a Salamanca. – **2.** El año pasado los chicos
   trabajaron mucho. – **3.** Ayer estudié muy poco. No tuve tiempo. – **4.** El mes pasado los
   chicos no nos llamaron.
8 **1.** Hace un año vivimos en Francfort. – **2.** Esta mañana hemos desayunado en el bar. – **3.** Ayer
   no cenamos mucho. – **4.** Esta semana hemos bebido mucha cerveza. – **5.** Anteayer estuvimos
   en Málaga. – **6.** Esta mañana han comido juntos.

Lección 15

1 1. b., a. – **2.** b., a. – **3.** c., b., b. – **4.** b. c.
2 1. dijo (3. Pers. Sing.) ▶ dije (1. Pers. Sing.) – **2.** daban (Imperfekt) ▶ dieron (Indefinido) –
3. será (Futur) ▶ era (Imperfekt) – **4.** comprando (Gerund) ▶ comprado (Partizip Perfekt) –
5. tomamos (Präsens/Indefinido) ▶ tomábamos (Imperfekt) – **6.** tradujisteis (Indefinido,
2. Pers. Pl.) ▶ tradujiste (Indefinido, 2. Pers. Sing.)
3 Roberto Salinas nació en 1965 en Tarragona. Terminó la escuela en 1983 y estudió en París de
1985 a 1990. Conoció a Matilde en París. Empezó a trabajar en SEAT después de la universidad.
Matilde y Roberto tuvieron un hijo. El hijo nació en 1995, se llama Félix. Desde 1994 viven en
Barcelona.
4 Antes Anastasio Feliú trabajaba como pastor, ahora (ya) no trabaja. Antes caminaba detrás
de sus ovejas, ahora (ya) no puede caminar. Antes vivía con su mujer, ahora vive solo. Antes
vivía en una casa sin electricidad, ahora vive en una casa moderna. Antes no tenía agua
corriente, ahora tiene agua fría y caliente. Antes cultivaba verduras, ahora compra las verduras
en el mercado.
5 Miguel de Cervantes escribió «Don Quijote». – Manu cumplió 50 años y voló en globo. –
Diego Velázquez pintó «Las Meninas». – Plácido Domingo cantó en Nueva York. – Cristóbal
Colón fue a América. – Gabriel García Márquez ganó el Premio Nobel de Literatura.
6 1. cantó – **2.** fuimos – **3.** fueron – **4.** preparó – **5.** regalamos – **6.** tomó / tomé
7 1. Antes no tenía ni coche ni dinero. – **2.** No me gusta ni el vino ni la cerveza. – **3.** No hay ni
una botella de vino en casa. – **4.** Raúl no me llama ni al móvil ni al teléfono.
8 1. Desde, Desde hace – **2.** desde – **3.** desde hace – **4.** Hace – **5.** Desde, Desde

Lección 16

1 Cuando Juana volvió, Andrés había hecho la compra, había comprado vino, había comido
una pizza y había leído el periódico. Pero no había limpiado la casa, no se había puesto los
vaqueros y no había tomado café.
2 1. había vivido – **2.** había empezado – **3.** no había aprendido – **4.** se había sentido – **5.** se había
quedado – **6.** había conocido
3 (*Lösungsvorschlag*)
Sancho Panza es más gracioso que Don Quijote. Es también más gordo, pero menos alto y
menos elegante que él. Don Quijote es más famoso y más viejo que Sancho, también más
triste. Sancho es más pobre, más simple y también más normal que Don Quijote.
4 1. más barata (menos cara) – **2.** más grandes – **3.** menor – **4.** tan bonitas – **5.** mejor –
6. peor – **7.** mayor – **8.** mayor, más pequeño
5 (*Lösungsvorschläge*)
1. Aldi – el supermercado más barato del mundo. – **2.** Shakira – la cantante más famosa de
Latinoamérica. – **3.** Luciano Pavarotti – el tenor más gordo del mundo. – **4.** Bill Gates – el
hombre más rico del mundo. – **5.** Carlos Santana – el mejor guitarrista del mundo. – **6.** Claudia
Schiffer – la mujer más guapa de Alemania. – **7.** Madrid – la ciudad más grande de España. –
8. Rolando – el futbolista con los pies más grandes de Latinoamérica.
6 1. Shakira no es famosa, es famosísima – **2.** Pavarotti no es gordo, es gordísimo – **3.** Bill Gates
no es rico, es riquísimo – **4.** Carlos Santana no es bueno, es buenísimo – **5.** Claudia Schiffer no
es guapa, es guapísima – **6.** Madrid no es grande, es grandísimo – **7.** Las noches en Madrid no
son largas, son larguísimas – **8.** Los pies de Ronaldo no son grandes, son grandísimos

7 Mari Carmen lleva zapatillas de deporte, pantalones a rayas, un jersey negro – un gorro con lunares, una bufanda blanca y unas gafas.

8 sección de señora: falda, blusa, bragas, sujetador, vestido, leotardos
sección de caballero: traje, camisa, corbata, calzoncillos, calcetines
sección de deportes: zapatillas de deporte, zapatillas de fútbol

9 **1.** a veces – **2.** nuevo – **3.** gafas – **4.** sellos – **5.** actor – **6.** manga

10 En la zapatería: ¿Me puede traer el otro pie? (c) – ¿Qué número calza? (v) – ¿Puedo probarme estos zapatos? (c) – Claro, claro, pruébeselos, son de piel. (v) – Calzo el 41. (c)
En la tienda: Quería probarme este jersey. (c) – ¿Qué talla tiene usted? (v) – Normalmente la 40, a veces la 42. (c) – Me llevo este traje. (c) Me queda muy largo. (c) – Queríamos una camisa gris para él. (c) – Va muy bien con la corbata amarilla. (v)

11 **1.** b. – **2.** e. – **3.** d. – **4.** a. – **5.** c.

12 (*Lösungsvorschläge*)
Soy menor que mi hermana, pero más grande y más delgada, pero ella es más elegante que yo. Tengo tantos hijos como ella: dos. Pero sus hijos son mayores que mis hijos. Mi hermana es más rica que yo, tiene una casa más grande, una cocina más moderna y un coche más nuevo.

Lección 17

1 **2.** Dicen que esta película es muy mala. – **3.** no trabajan – **4.** no encienden – **5.** no pagan – **6.** comen muy tarde

2 **1.** lo normal – **2.** lo mismo – **3.** lo mejor – **4.** lo bueno – **5.** lo malo – **6.** lo más bonito

3 richtig: **1.** durante ese vuelo tan largo – **2.** Mientras duermen los niños – **3.** durante la comida – **4.** Mientras veo la tele – **5.** mientras ve la tele – **6.** Durante la semana

4 **1.** Leí que la mujer más vieja de España cumplía 106 años en Alicante.
2. Leí que la economía española estaba muy bien.
3. Leí que el FC Barcelona había ganado la Copa de Europa.
4. Leí que los españoles eran los menos puntuales en Europa.

5 Infinitiv: hablar, abrir, comprender, casarse, tener, hacer, saber, decir – Futur: hablaré, abrirá, comprenderán, me casaré, tendréis, harás, sabré, dirán – Konditional: hablaría, (él) abriría, comprenderían, me casaría, tendrías, harías, (yo) sabría, dirían

6 **2.** ¿Me podría decir la hora? – **3.** ¿Me podríais traer un café? – **4.** ¿Podrías poner el vino en la mesa? – **5.** Ana, ¿podrías hacer tú la compra? – **6.** ¿Podrían ustedes llamarme?

7 **1.** ● Oye, Pablo, yo creo que tendrías que estudiar más. ● Vale. ¿Me podrías ayudar un poco con el inglés?
2. ● ¿Me podría traer otra cerveza, por favor?
3. ● Carmela, ¿qué te gustaría hacer esta noche? ● Me gustaría ir al teatro.
4. ● ¿Qué harías tú en esta situación? ● Pues yo hablaría con ella.
5. ● Sería mejor no pensar demasiado en este examen. ● Pues sí, me gustaría poder olvidarlo.
6. ● Yo no compraría este traje. Es demasiado caro. ● ¿Tú crees? Bueno, entonces querría ir a otras tiendas.

8 **1.** Ha llamado Marta y dice que vuelve a las cuatro a casa y que quiere ir al cine esta noche.
2. Ha llamado Roberto y dice que no puede venir a la fiesta de Sara, porque no tiene tiempo.
3. Ha llamado Lola y dice que hoy no trabaja. Va al gimnasio con su amiga Irene.
4. Ha llamado Guillermo y dice que tiene que ir al dentista porque le duele una muela.
A las 5 está en el bar Manú.

Lección 18

1 **2.** No pienses tanto en tu novio. – **3.** No hables tanto por teléfono. – **4.** Come más fruta. – **5.** No vayas al cine durante semana – **6.** Haz pausas. – **7.** No pierdas tiempo. – **8.** Lleva siempre el móvil.

2 **2.** No trabajes más porque estás muy cansado. – **3.** No prepares tus cosas mañana, hazlo hoy. – **4.** No camines 20 kilómetros cada día con tus nuevos zapatos. – **5.** No empieces temprano por la mañana porque no hay nadie en la tienda. – **6.** No lleves una mochila, que te va a molestar. – **7.** No me escribas porque no estaré.

3 **1.** come ▶ coma. – **2.** daban ▶ darán – **3.** buscamos ▶ busquemos – **4.** puedes ▶ puedas – **5.** pida ▶ pedí – **6.** trabajé ▶ trabajaré – **7.** compré ▶ compre – **8.** hago ▶ hagas

4 Infinitiv: comprender, casarse, tener, hacer, perder, decir – Präsens: comprenden, me caso, tenemos, haces, perdemos, decís – Subjuntivo: comprendan, me case, tengamos, hagas, perdamos, digáis – Futur: comprenderán, me casaré, tendremos, harás, perderemos, diréis

5 **1.** Präsens – **2.** Subjuntivo – **3.** Futur – **4.** Subjuntivo – **5.** Präsens – **6.** Futur – **7.** Subjuntivo – **8.** Präsens

6 **1.** Si vas a Panamá prepara todo bien. – **2.** Si quieres hablar con la gente, estudia la lengua. – **3.** Si no entiendes (comprendes) a la gente, no te desanimes, pregunta otra vez. – **4.** Si tienes problemas, pide ayuda. – **5.** Pero seguro que no tendrás problemas. Si te gustan las aventuras, buena música y gente simpática, Panamá será un país maravilloso para ti.

7 **1.** Cuando Juan (c.) vaya a México, (c.) trabajará en una empresa internacional.
2. La madre quiere que su hijo no (c.) llegue tarde al trabajo.
3. Yo no creo que este fin de semana (b.) tenga tiempo para salir con vosotros.
4. Julia tiene miedo de que Roberto (a.) pueda enfadarse.
5. Es muy probable que no (b.) volvamos hoy.
6. Es mejor que (c.) busques tu cámara ahora.

8 **1.** Tengo miedo de que no vuelva. – **2.** Es mejor que no busques más. – **3.** Creo que no voy a salir. – **4.** La profesora quiere que estudiemos más. **5.** Cuando tenga dinero compraré una casa. – **6.** Cuando sea mayor seré un actor famoso.

9 **2.** Creo que los españoles beben más vino que cerveza. / No creo que... beban – **3.** Creo que no se venden / No creo que no se vendan – **4.** Creo que hablan / No creo que hablen – **5.** Creo que hay / No creo que haya – **6.** Creo que vive / No creo que viva – **7.** Creo que sabe / No creo que sepa – **8.** Creo que es / No creo que sea

Lección 19

1 Konditional: tendría que – cambiaría – volvería – cambiaría de lugar – después volvería – qué haríamos sin ti – seguro que te cambiarías – empezaría a dudar – ¿Quién haría...? – ¿Quién haría...? – ¿Quién ocuparía el baño...? – no tendría más remedio – el baño estaría siempre libre Subjuntivo Imperfekt: fuera – si te ofrecieran – si tu jefe te ofreciera – si el jefe fuera – te lo pidiera – Si te fueras

2 **1.** la empresa – **2.** creativa – **3.** el carnet de conducir – **4.** el ordenador (la computadora) – **5.** enviar – **6.** el Currículum (vitae) – **7.** el puesto de trabajo – **8.** el lugar de residencia

3 **1.** sea – **2.** sea, sepa – **3.** sea, tenga – **4.** sepa – **5.** sepan – **6.** sean – **7.** sepan

4 **1.** ser flexible – **2.** saber inglés – **3.** tener carnet de conducir – **4.** le interesa el márketing – **5.** saber utilizar un ordenador – **6.** tener bachillerato – **7.** enviar un currículum – **8.** saber comunicarse

5 Subjuntivo Präsens: 1 – 5 – subjuntivo Imperfekt: 3 – 4 – 7 – Konditional: 2 – 6 – 8

6 Infinitiv: hablar, abrir, comprender, casarse, tener, hacer, perder, decir – Subjuntivo Präsens: hable, abra, comprendan, me case, tengamos, hagas, perdamos, digáis – Subjuntivo Imperfekt: hablara, abriera (él), comprendieran, me casara, tuviéramos, hicieras, perdiéramos, dijerais – Konditional: hablaría, abriría, comprenderían, me casaría, tendríamos, harías, perderíamos, diríais

7 **2.** Después volvió a fumar. – **3.** Empecé a trabajar (hace 10 minutos). – **4.** Juan ha dejado de fumar. – **5.** Acabamos de comer. – **6.** El tren acaba de salir. – **7.** Dejé de hacer aeróbic. – **8.** Empezamos a ver la película.

8 **a.** harías, tuvieras; tuviera, compraría, cambiaría
 b. haría; tuviera, dejaría, tomaría; iría; fuera, gustaría; gustaría; fuera, iríamos
 c. haríais, ofrecieran; sería; cambiaría; cambiarías, ofrecieran, fuera; fuera, pensaría; iría; vinieras; hubiera, iría

9 (*Lösungsvorschläge*)
 Soy creativa, flexible, entusiasta, abierta, simpática e inteligente. – Tengo el bachillerato, diploma universitario y carnet de conducir. – Sé inglés, francés, un poco de italiano y español. Sé utilizar un ordenador a nivel usuario, sé comunicarme con toda clase de personas. Me interesa el márketing, trabajar en una empresa grande y trabajar con el ordenador.

10 **1.** ¿Cómo fue tu viaje a Costa Rica? – **2.** ¿Y cómo te fue? – **3.** ¿Te gustó el país? – **4.** ¿Te gustó la comida? – **5.** ¿Qué tal el tiempo? – **6.** ¿Tuviste algún problema con el idioma?

11 (*Lösungsvorschläge*)
 1. Si tuviera mil euros, compraría... / haría un viaje...
 2. Si tuviera dos meses de vacaciones, iría a España / Latinoamérica, haría un viaje...
 3. Si cumpliera 100 años, sería feliz.
 4. Haría un vuelo en globo si mis amigos vinieran conmigo.
 5. Cambiaría de lugar de residencia si me ofrecieran un buen puesto de trabajo en otra ciudad.
 6. No tomaría vino si tuviera que conducir.

Lección 20

1 4 – 2 – 5 – 6 – 1 – 3

2 **2.** Ojalá entienda bien el español. – **3.** Espero que conozca a mucha gente. – **4.** Espero que la gente sea amable. – **5.** Espero que el jefe sea simpático. – **6.** Espero que tenga una habitación bonita.

3 **1.** b. – **2.** c. – **3.** e. – **4.** a. – **5.** d. – **6.** f.

4 **2.** Me sorprende que no esté en casa. Tal vez esté haciendo la compra en este momento. – **3.** Me extraña que Carmen fume más que antes. Quizás tenga mucho trabajo. – **4.** Me extraña que Roberto esté tan nervioso. Tal vez tenga que hacer un examen. – **5.** Me extraña que Elena no coma carne. Tal vez esté haciendo una dieta. – **6.** Me sorprende que los López no tengan televisor. Tal vez no les guste que sus hijos vean la tele. – **7.** Me sorprende que Pepe no esté en el trabajo. Tal vez tenga problemas de salud. – **8.** Me extraña que Julio no vaya a la discoteca con los amigos. Tal vez no le guste bailar o no sepa bailar.

5 **2.** Celia dice que pase por el cine y reserve ya las entradas. Dice que llegará muy tarde. – **3.** Celia dice que compre él el pan y el vino. – **4.** Celia dice que pregunte a Marta si Manu tiene dirección electrónica. – **5.** Celia dice que hable con Marta sobre la fiesta del próximo sábado. – **6.** Celia dice que limpie la cocina y prepare la comida que está en el frigorífico, si tiene tiempo.

6 **1.** d. – **2.** c. – **3.** a. – **4.** e. – **5.** b.

7 Pero durante las primeras semanas algunas personas hablaron conmigo como si no entendiera español, como si fuera extranjero y hablara sólo inglés.
Sí, es que muchos piensan en Guinea Ecuatorial como si fuera otro mundo. Como si los ecuatoguineanos fuéramos todos gente sin educación. Como si trabajáramos todos en la agricultura o las plantaciones de cacao. Como si uno de nosotros no pudiera ser un buen actor, por ejemplo.

8 adonde quieras – como quieras – cuando quieras

9 **2.** Sí, poco a poco se va mejorando. – **3.** No, pero continúo leyendo. – **4.** Sí, sigue estudiando inglés. – **5.** Sí sigue trabajando en esa oficina. – **6.** Sí, va perdiendo peso / sigue perdiendo peso.

10 **1.** Querido Luis / Querida Luisa; Querido amigo / Querida amiga – Un abrazo / Un beso / Un fuerte abrazo / (Muchos) Besos – **2.** Estimado Bernardo; Estimado Sr. Martínez – Atentamente / Le saluda atentamente / Con un cordial saludo – **3.** Estimados Sres. / Señores – Atentamente / Le(s) saluda atentamente

Lösungen zu den Tests

34–26 Punkte:	*estupendo* – Tolle Leistung!
25–17 Punkte:	*bravo* – Sie haben schon gute Fortschritte gemacht. Sehen Sie sich jetzt noch einmal die Themen im Buch an, mit denen Sie Probleme hatten.
Weniger als 17 Punkte:	*regular* – Na ja, das könnten Sie bestimmt besser. Wiederholen Sie die Grammatikerklärungen und den Wortschatz der letzten fünf Lektionen noch einmal.

TEST 1

1 **1.** En el Bar-Restaurante Jorge Negrete y en El Euro Loco. – **2.** A la Churrería Santa Inés. – **3.** Al bar El Euro Loco. – **4.** En el Bar Restaurante Jorge Negrete.

2 **a.** Ésta es Mari Carmen Herrero. – **b.** Tiene 32 años. – **c.** Es ecuatoriana. – **d.** Es taxista. – **e.** Vive en la calle de San Juan, número 126. – **f.** Habla inglés y español.

3 **1.** un – **2.** los – **3.** el – **4.** Los – **5.** la – **6.** los, una

4 **1.** holandesa – **2.** francesa – **3.** italiano – **4.** africano – **5.** española – **6.** alemán

5 **1.** b. – **2.** a. – **3.** b. – **4.** a. – **5.** b. – **6.** b.

6 **1.** bar – **2.** gordo – **3.** ecuatoriano – **4.** cien – **5.** sobre – **6.** vaca

TEST 2

1 1. no – 2. sí – 3. no – 4. sí
2 1. capital – 2. restaurante – 3. tienda – 4. bar – 5. mercadillo – 6. museo
3 1. de – 2. por – 3. a, hasta, de – 4. a – 5. en – 6. Después de
4 1. ¿Sabe/sabes dónde está el cine Rex? – 2. ¿Hay un bar en esta calle? – 3. ¿Qué hora es? –
4. ¿El banco está abierto? – 5. ¿Cómo va/vas al trabajo? – 6. ¿A qué hora empieza la película?
5 1. para – 2. por – 3. para – 4. para – 5. Por – 6. para
6 1. Toni ha ido en coche. – 2. Tita ha ido en bicicleta. – 3. Susy y Juan han ido a pie. – 4. María y
Ana han ido en autobús – 5. El señor García ha ido en tren. – 6. La señora Lagos ha ido en taxi.

TEST 3

1 4. – 2. – 1. – 3.
2 1. poco – 2. mejor – 3. menos – 4. mal – 5. difícil – 6. bueno
3 1. tener – 2. sentarse – 3. rellenar – 4. abrir – 5. tomar – 6. volver
4 1. b. – 2. b. – 3. a. – 4. b. – 5. a. – 6. a.
5 1. No lo podré hacer. – 2. Ya verás que no es tan difícil. – 3. El pulpo no me gustará. –
4. Estudiaré Economía. – 5. ¿Qué dirá tu novio? – 6. En agosto tendremos más tiempo.
6 1. tenía – 2. estuvieron – 3. íbamos – 4. era – 5. llegamos – 6. cenábamos

TEST 4

1 1. sí – 2. sí – 3. no – 4. no
2 1. baratos – 2. corta – 3. triste – 4. delgado – 5. bonita – 6. ricos
3 1. b. – 2. a. – 3. b. – 4. b. – 5. a. – 6. a.
4 1. falta – 2. izquierdo – 3. jersey – 4. sol – 5. beso – 6. saco de dormir
5 1. b. – 2. b. – 3. a. – 4. a. – 5. b. – 6. a.
6 1. tuviera, iría – 2. invitaría, llamara – 3. pudieran, estaríamos – 4. compraría, fuera –
5. estudiara, tendría – 6. cambiaría, ofrecieran

Lösungen zum Hör- und Sprechtraining

Lección 1

1 **1.** Hola, buenos días. – Hola, ¿qué tal?

2. Buenas tardes, ¿es usted Celia? – Sí, soy Celia. – Yo soy Nicolás, mucho gusto. – ¡Encantada, Nicolás!

3. Hola, buenas noches. – Hola, Marta. ¿Qué tal el viaje? – Muy bien, gracias.

4. Hola, Nicolás. ¡Bienvenido a Madrid! – ¡Hola! ¡Encantado!

5. ¡Adiós! – ¡Hasta luego!

2 el minuto – los minutos; el médico – los médicos ; la lengua – las lenguas ; el actor – los actores; el supermercado – los supermercados ; la extranjera – las extranjeras; el español – los españoles; la serie – las series

3

	1	2	3	4	5	6	7	8
Frage		✗	✗	✗		✗		✗
Aussage	✗				✗		✗	

1. Es de Argentina. – **2.** Celia, ¿tú eres de España? – **3.** ¿Se llama Marta? – **4.** ¿Marco es un amigo de Nicolás? – **5.** Se llama Carmen Santos. – **6.** ¿Nicolás es actor? – **7.** Marta es una amiga de Celia. – **8.** María, ¿es usted española?

4 **1.** ¿Tú eres de Argentina? – Sí, soy de Argentina. – No, no soy de Argentina.

2. ¿Irene es española? – Sí, es española. – No, no es española.

3. ¿Usted es extranjero? – Sí, soy extranjero. – No, no soy extranjero.

4. ¿Habla usted español? – Sí, hablo español. – No, no hablo español.

5. ¿Nicolás es un compañero de trabajo? – Sí, es un compañero de trabajo. – No, no es un compañero de trabajo.

5 **1.** Hola, buenas tardes. – **2.** ¿Es usted / Usted es Roberto Cano? – **3.** Soy... – **4.** Bienvenido a Madrid. – **5.** ¿Qué tál el viaje? – **6.** Bueno, ¿vamos?

6 **1.** Buenas tardes. – **2.** A la calle Milano número siete, por favor. – **3.** ¿De dónde es usted? – **4.** ¿Cuánto es? – **5.** Adiós.

Lección 2

1 **1.** Ésta es Andrea. – **2.** Éste es Carlos. – **3.** Ésta es Señora Sánchez, una compañera de trabajo. – **4.** Éste es el Señor Blanco. – **5.** Éste es Roberto, un amigo de Ana. – **6.** Éste es Nicolás, es actor.

2 **1.** ¿Qué tal? Muy bien, gracias. – **2.** ¿Habla usted español? Sí, un poco. – **3.** ¿Qué lengua se habla en Alemania? En Alemania se habla alemán. – **4.** ¿Cómo se llama usted? Me llamo... – **5.** ¿Cómo se dice cansado en alemán? Se dice müde. – **6.** ¿Puede repetir, por favor? Sí, claro, müde.

3

	1	2	3	4	5	6
tú	✗	✗				✗
usted			✗	✗	✗	

1. ¿Hablas inglés? – **2.** ¿Cómo te llamas? – **3.** ¿Puede repetir, por favor? – **4.** ¿Es usted argentino? – **5.** ¡Habla muy bien español! – **6.** ¿De dónde eres?

Lección 3

1 1. italiana – **2.** española – **3.** buena – **4.** grande – **5.** alemana – **6.** mala – **7.** inglesa
2 1. Cervezas alemanas. – **2.** Tango. – **3.** Fiesta el martes 13. – **4.** Chocolate con churros.
   1. «Cervecería Múnich», en el centro de Málaga. Buen ambiente, abierto de lunes a domingo.
   Calle Mayor, número 35. Especialidad: cervezas alemanas.
   2. «Bar Buenos Aires», Plaza de Brasil. Música argentina, tango original. Abierto los lunes.
   3. El menú misterioso de los fantasmas, en el Restaurante «El Exorcista». Fiesta especial el
   martes 13. Calle Urbieta, número 12. ¡Cócteles sólo para los valientes!
   4. «Café Barcelona» en la Avenida de Colombia. Gran variedad de cafés y: ¡chocolate con
   churros! Festivos cerrado. Café Barcelona: ¡Donde se bebe un buen café!
3 1. Un café con leche, por favor. – **2.** Un zumo de naranja, por favor. – **3.** Una cerveza,
   por favor. – **4.** Yo / Para mí un café solo y un cruasán, por favor. – **5.** Dos cortados,
   por favor. – **6.** Para mí también.

Lección 4

1 1. c – **2.** b – **3.** c – **4.** c
   ● ¿Cómo se llama usted?
   ● Ana María Domingo.
   ● ¿Y el segundo apellido?
   ● Carreras.
   ● ¿Cómo se escribe?
   ● Con c, a, dos erres, e, r, a, s.
   ● Carreras. Ah, Domingo Carreras, como los dos tenores, ¿no? José Carreras y Plácido Domingo.
   ● Pues sí.
   ● ¿Está usted casada o soltera?
   ● Estoy soltera.
   ● ¿Y dónde vive?
   ● En la calle Granada, número ciento veinticinco.
   ● ¿Cuál es su profesión?
   ● Soy periodista. Trabajo para "Radio Cero".
   ● Ah, ¡qué interesante! Pues, muchas gracias, Ana María. Esto es todo.
2 1. la médica – **2.** la vendedora – **3.** la estudiante – **4.** la dentista – **5.** la escritora – **6.** la actriz –
   7. la ingeniera – **8.** la reina
3 1. ¿Cómo se llama usted? – **2.** ¿De dónde es? – **3.** ¿Dónde vive usted? – **4.** ¿Qué hace usted? –
   5. ¿Dónde trabaja usted? – **6.** ¿Por qué no come usted chocolate?
4 1. Soy / Me llamo Luis Rosales Martín. – **2.** Soy de Alicante. – **3.** Vivo en Madrid. –
   4. Soy camarero. – **5.** Trabajo en el Bar Europa. – **6.** Estoy casado. – **7.** Tengo 36 años.

Lección 5

1 1. Quería un kilo de naranjas. – **2.** Quería una barra de pan. – **3.** Quería dos botellas de leche. –
   4. Quería tres paquetes de mantequilla. – **5.** Quería una tableta de chocolate. – **6.** Quería cien
   gramos de jamón serrano.

2 1. Me lo llevo. – **2.** Me la llevo. – **3.** Me las llevo. – **4.** Me los llevo. – **5.** Me las llevo. –
6. Me lo llevo.

3 1. Lo tomamos en el Bar Manu. – **2.** La compra Luisa. / Luisa la compra. – **3.** ¿Lo compras tú? –
4. Lo vende Don Jaime. / Don Jaime lo vende. – **5.** Los compran en el supermercado. –
6. No la tienen. – **7.** No los tenemos.

4 ● Hola, buenos días, ¿qué quería?
1. ● Quería un paquete de azúcar. ● Muy bien, ¿qué más?
2. ● Un paquete de café y dos litros de leche entera. ● ¿Algo más?
3. ● Un kilo de naranjas. ● Muy bien. ¿Qué más?
4. ● Nada más, gracias. ¿Cuánto es? ● Son dieciocho euros con treinta.
5. ● Adiós, ¡hasta luego!

Lección 6

1 1. Es el color del ajo, del queso y del yogur. También el color de la leche y del azúcar. Los
fantasmas se visten de este color y también los médicos. ¿Qué color es? – el blanco
2. Es el color de la sangre, del tomate, de la cereza y del jamón serrano. Y también de la
Caperucita. ¿Qué color es? – el rojo
3. Es el color de dos bebidas: la cerveza y el zumo de naranja. ¿Qué color es? – el amarillo
4. Es el color del café solo y del café con leche. Y del chocolate. ¿Qué color es? – el marrón

2 1. ¿Me puedo poner esa blusa blanca? – **2.** ¿Qué te quieres poner? – **3.** No, chica, no me quiero
vestir de Caperucita Roja. – **4.** Te puedes probar los vaqueros de Ana. – **5.** Olga se quiere probar
el vestido elegante. – **6.** No se pueden poner las capas negras para esta fiesta.

3 señores: trajes – señoras: vestidos, blusas, faldas – los dos: capas, abrigos, trajes de carnaval.
Esta semana en Galerías Elegantes: Trajes negros y azules para señores, elegantes y modernos,
a buen precio. ¡Es una oferta especial de esta semana! Vestidos, blusas y faldas en blanco y
negro, para la mujer elegante. Abrigos y capas unisex, para señores y señoras. Además: Trajes
de carnaval de muchos colores: azules, rojos, verdes, amarillos... Galerías Elegantes: ¡La tienda
para ustedes!

4 1. No, no tengo ninguna. – **2.** No, no hay ninguno. – **3.** No, no hay ninguno. – **4.** No, no tengo
ninguna. – **5.** No, no me quiero poner ninguno. – **6.** No, no van a ninguna.

Lección 7

1 1. Juan va a la universidad en autobús urbano. – **2.** Lola va en metro al trabajo. – **3.** Roberto va
en taxi al médico. – **4.** Juana y Pepe van en tren a Barcelona.

2 (*Lösungsvorschläge*) **1.** ● ¿Con qué frecuencia utiliza usted el autobús urbano? ● Utilizo el
autobús urbano cinco veces a la semana. – **2.** ● ¿Cuántas veces a la semana va usted en tren?
● Voy una vez a la semana en tren. – **3.** ● ¿Existe un metro en su localidad? ¿Lo utiliza con
frecuencia? ● Sí, hay un metro en mi ciudad, pero no lo utilizo mucho. – **4.** ● ¿Usted va
mucho en taxi? ● No, no voy casi nunca en taxi. – **5.** ● ¿Utiliza el autobús interurbano? ● No,
no voy nunca en autobús interurbano. – **6.** ● ¿Y con qué frecuencia utiliza usted el coche?
● Voy todos los días en coche al trabajo.

3 1. Las clases empiezan a las 8 y media. – **2.** A las diez vamos al cine. – **3.** Rosa suele levantarse a
las 7 y cuarto. – **4.** Normalmente yo me levanto a las 7 menos cuarto. – **5.** El sábado a las 4 y
cuarto hacemos yoga. – **6.** A las 6 menos cuarto salimos de casa.

4 (*Lösungsvorschläge*)
- ¡Perdone!, ¿tiene usted un momentito para responder a unas preguntas? Muy bien. Primera pregunta: ¿Usted trabaja o estudia?
- Trabajo.
- ¿Cómo va normalmente a la universidad o al trabajo?
- Normalmente voy en metro al trabajo.
- ¿Cuántas veces a la semana utiliza usted el autobús o el metro?
- El metro, cada día, el autobús muy pocas veces.
- ¿A qué hora suele usted salir de casa por la mañana?
- Suelo salir a las 7 y media.
- ¿Y cuándo vuelve por la tarde o por la noche?
- Vuelvo normalmente a las 6 y media.
- ¿Suele ir a un gimnasio después del trabajo o hacer footing...?
- No voy al gimnasio pero hago footing, 2 ó 3 veces a la semana.
- ¿Suele salir mucho durante la semana?
- Durante la semana no suelo salir mucho.
- ¿Cuántas veces al mes va usted a un restaurante?
- Al restaurante voy 2 ó 3 veces al mes.
- Última pregunta: ¿Con quién suele ir al restaurante: con la familia, los amigos...?
- Suelo ir con mi mujer.
- Ah, ¿hay un buen restaurante por aquí? No, no, ya está bien. ¡Muchas gracias! ¡Hasta luego!

Lección 8

1 ¡Bienvenidos a nuestra ciudad bonita y elegante! Famosa por sus monumentos (las catedrales Santa Eulalia y La Sagrada Familia), sus museos y galerías de arte. Tenemos un museo de Pablo Picasso, uno de Joan Miró y otro de Eduardo Chillida. ¿Qué más? Parques de atracciones, cines y teatros, tiendas y comercios atractivos. ¡Bienvenidos a la ciudad, a la cultura y a la playa! En el centro todo está abierto de lunes a domingo hasta altas horas de la mañana. Es difícil aburrirse en esta ciudad cosmopolita, capital de Cataluña. ¡Venga a visitarnos!, ¿en...? – Barcelona

2

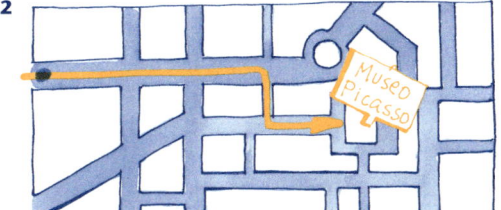

- Perdona, ¿sabes dónde está el Museo Picasso?
- ▲ Mmm... sí, está en la calle de Montcada. A ver... no es difícil, estás muy cerca. Mmm... sigues por esta calle, la calle de la Princesa, ¿vale?
- Vale, sigo por esta calle.
- ▲ Sigues todo recto y entonces tomas la tercera calle a la derecha, ¿comprendes?
- Sí, sí, comprendo. La tercera calle a la derecha. ¿Y entonces?
- ▲ Entonces estás en una calle muy pequeña. Despues de unos cien metros giras a la izquierda y estás enfrente del Museo Picasso.
- Vale, muchas gracias.
- ▲ De nada, adiós.

3

4 Buenos días. Le habla el contestador automático del Museo Marítimo. El museo está abierto de martes a domingo, de 9 y media a siete. Los lunes está cerrado.

5 Madrid: 22.35 – Buenos Aires: 19.35 – Bogotá: 16.35 – Santiago de Chile: 18.35 – Los Angeles: 13.35 – Hongkong: 5.35. – Buenas tardes y bienvenidos a nuestro programa de hoy. Hoy vamos a hablar sobre el horario mundial. ¿Qué hora es en el mundo? En Madrid son las 22 y 35, los madrileños van al bar a tomar una cerveza o escuchan la radio, como ustedes. En Bogotá la gente trabaja todavía. Son las 16 y 35. En Santiago de Chile son dos horas más, las 18 y 35, y en Buenos Aires, Argentina, tres. Allí son las 19 y 35. En Los Angeles, Estados Unidos, terminan ahora de comer, son las 13 y 35. Y en Honkong empiezan a levantarse: son las 5 y 35. Vamos a hablar con gente de diferentes países del mundo...

Lección 9

1 **a. 1.** Juana la Loca. Cine Ábaco, a las 22 horas: Un drama histórico de amor apasionado, basado en un personaje histórico: Juana la Loca, la reina española Juana de Castilla. Críticas muy positivas. Más de 2 millones de personas han visto ya esta película española del año 2001. Director: Vicente Aranda. Con Pilar López de Ayala. ¡Dos horas de sentimiento puro que dejan al público emocionado! Cine Ábaco, a las 22 horas.
2. Al sur de Granada. Comedia de Fernando Colomo, España, 2002: «Al Sur de Granada». Cine Gran Vía, a las 20 y 15 y a las 22 y 20. En los años veinte, Gerald Brenan, un joven inglés de buena familia se va a vivir en el sur de España, a Andalucía. Allí conoce a Juliana, una chica atractiva que le fascina. Con ella vive un amor apasionado, pero difícil. Con Verónica Sánchez y Matthew Goode. Cine Gran Vía, a las 20 y 15 y a las 22 y 20.
b. Juana la Loca: Dir. Vicente Aranda – Cine Ábaco – 2001 – 22:00 – Drama histórico. Al sur de Granada: Dir. Fernando Colomo – Cine Gran Vía – 2002 – 20:15 y 22:20 – Comedia.

2 **a. 1.** Concierto de rock «Los rockeros de Jumilla», Sala Paulo Rodríguez, a las 21:30, 15 euros.
2. Grupo de Salsa «Los Tomateros», Bar Noches Cubanas, a las 22 horas, 5 euros. ¡Música y baile!
3. Concierto de guitarra clásica, varios músicos. Conservatorio San Isidro, a las 20:30. Música española e internacional.
4. ¡El Hombre de la Mancha, el musical! Esta noche, en el Teatro Lope de Vega. Con José Sacristán y Paloma San Basilio. A las 22:30. ¡Todo un espectáculo!
b. grupo de salsa – concierto rock – concierto de guitarra clásica

3 El señor Gómez no está. – 2
Pía quiere hablar con José. – 3
Katia no puede hablar por teléfono, está cocinando. – 1
1. ● ¿Diga? – ● Hola, Fernando. ¿Está Katia? – ● Hola, Carmen. Sí, está, pero en este momento está cocinando. – ● Pues, entonces llamo más tarde, ¿vale? – ● Sí, muy bien. ¡Hasta luego!
2. ● Hotel Santa Ana, ¿dígame? – ● Buenas tardes. ¿Está el señor Gómez? – ● No, esta tarde no está. – ● Ah, bueno, entonces llamo mañana por la mañana, gracias. – ● Adiós.
3. ● ¿Dígame? – ● ¿Está José? – ● ¿De parte de quién? – ● De Pía. – ● Un momento. Ahora se pone.

4 (*Lösungsvorschläge*) Sí, me gusta mucho. – No, no me gusta(n) nada. – Si, me encanta(n)...
1. ¿Le gusta ir al cine? – **2.** ¿Le gustan las tapas? – **3.** ¿Le gustan las marionetas? – **4.** ¿Le gusta el
color negro? – **5.** ¿Le gusta leer? – **6.** ¿Le gustan las discotecas? – **7.** ¿Le gusta el jamón serrano? –
8. ¿Le gustan los churros?

5 ● ¿Dígame? – ● Hola, ¿está Ramón? – ● ¿De parte de quién? – ● De... – ● Un momento, por
favor, ya viene. – ● Gracias. – ● Adiós. – ● Hasta luego. / Adiós.

6 ● Hola, buenas tardes. ¿Qué tal?
● Bien, gracias.
● Oye, ¿te apetece venir mañana al cine? Ponen «Al Sur de Granada».
● Si, me parece genial.
● ¿Cómo quedamos?
● Pues, nos encontramos en el cine Altea, ¿no?
● Vale. ¿A qué hora?
● A las diez, ¿vale?
● Muy bien. Entonces hasta mañana a las diez.
● Adiós. / ¡Hasta mañana!
● Adiós.

Lección 10

1 3–6
Hoy ha sido un día muy bonito. ¡He cumplido 25 años! A mediodía he invitado a mis compañeros de trabajo a tomar una cerveza y unas tapas en el bar Carmencita. Por la noche he hecho
una fiesta an mi casa. Han venido todos mis amigos. He recibido regalos maravillosos. Hemos
tomado unos vinos y hemos bailado mucho: sevillanas, salsa, rock, ¡todo!

2 **1.** cumple 35 años – **2.** es gordo – **3.** tiene canas – **4.** lleva pantalones negros – **5.** está alegre –
6. lleva zapatos negros – **7.** practica yoga – **8.** ha vivido en Asia
● ¿Has visto la invitación de Manolo?
● No, todavía no. ¿Cuántos años cumple?
● Treinta y cinco.
● Ah, ¿sólo treinta y cinco?
● Sí, parece más viejo, ¿no?
● Sí, porque es muy delgado y tiene ya muchas canas.
● Además, siempre lleva pantalones negros y zapatos negros, clásicos, ¿no?
● Es verdad. Pero siempre está alegre, simpático.
● Y practica yoga.
● Sí, ha vivido en Ásia. Creo que es profesor de yoga.
● Ah, ¿sí? ¡Qué interesante! Entonces, ¿vamos a su fiesta?
● ¡Claro que sí, mujer!

3 enero – febrero – marzo – abril – septiembre – octubre – noviembre – diciembre

4 **1.** Hoy es... – **2.** Es el... – **3.** Es el... – **4.** Es el 14 de febrero. – **5.** Es el uno de mayo / el
primero de mayo. – **6.** Es el...

5 **1.** delgado – **2.** sin barba – **3.** pelo negro – **4.** cerrado – **5.** poco – **6.** difícil – **7.** soltero – **8.** bien

Lección 11

1 **a.** El regalo es para una chica que le gusta mucho.
- Oye, Tere, ¿qué le voy a regalar a Ana?
- ¿A Ana? ¿Qué Ana?
- Esa chica de pelo negro que trabaja en el bar "Todo nuevo".
- ¿Es tu novia?
- No, no, no es mi novia.
- Ah, pero parece que te gusta, ¿no?
- Sí, me gusta mucho, es muy guapa y muy simpática.
- Pues, ¿qué le gusta hacer? ¿Le gusta leer?
- ¿Leer? Pues, no sé. Sé que le gusta mucho bailar.
- Ah, pues, ¿qué música prefiere?
- Creo que va mucho a las discotecas.
- ¿Música rock, entonces? ¿O tecno?
- No, tecno no. Rock sí. Pero no la conozco mucho.
- Bueno..., ¿y si le regalas el último CD de Johnny Cash?
- ¿Tú piensas que le va a gustar?
- ¿Por qué no? Ese CD le gusta a todo el mundo.
- Bueno, tal vez eso. Buena idea, Tere, gracias.
- De nada, chico.

b. el último CD de Johnny Cash

2 **1.** Pedro va a hacer un vuelo en globo – **2.** Irene va a ir a la playa – **3.** Antonio va a cumplir 40 años y va a hacer una fiesta grande – **4.** Carmen va a estudiar todo el mes de agosto
- Bueno, estamos casi al final de nuestras clases. ¿Qué vais a hacer vosotros en agosto? ¿Ya lo sabéis? ¿Vas a ir a la playa, Irene?
- ▲ Pues, yo sí. Me encanta la playa. Este agosto vamos a ir a la Costa Brava. Mi amiga Ángeles tiene una casa allí. Es un lugar muy bonito.
- Ah, muy bien. Y tú, Pedro, ¿qué vas a hacer en agosto?
- Yo voy a hacer algo muy especial: un vuelo en globo. Es un regalo de cumpleaños.
- Carmen, ¿qué aventura vas a tener tú?
- ■ ¿Yo? Nada de aventuras. Voy a estudiar todo el mes de agosto. Tengo que preparar un examen para la universidad.
- ¡Uf! Antonio, ¿y tú?
- ▲ Pues yo, en agosto voy a hacer una fiesta grande. El 5 de agosto voy a cumplir 40 años.
Todos: ¡Felicidades, Antonio!

3 (*Lösungsvorschläge*)
1. ¿Vamos a ver la nueva película de Almodóvar? – Muy bien, me parece genial. / Ay no, es que ya la he visto.
2. ¿Qué le parece si vamos a un concierto de música clásica? – Muy bien, me encanta la música clásica.
3. ¿Por qué no le regala una botella de vino a su mejor amigo? – Vale, muy buena idea. / No, es que no le gusta el vino.
4. Le invito a mi fiesta de cumpleaños. ¿Qué le parece? – Pues, me parece fantástico. Voy con mucho gusto.
5. ¿Usted quiere volar conmigo en un globo? – No gracias, es que tengo mucho miedo a la altura.
6. ¿Le quiere dar una sorpresa a su madre? – Sí, pero no tengo ninguna idea.

4 **1.** Sí, voy a ir al cine el... / No, esta semana no voy a ir al cine.

   2. Sí, voy a hacer un viaje a... / No, no voy a hacer ningún viaje (de aventuras).

   3. Sí, voy a estudiar español. / No, no voy a estudiar español.

   4. Sí, voy a declararle mi amor a... / No, no voy a declararle mi amor a nadie.

   5. Sí, en agosto voy a hacer un viaje a España. / No, en agosto no voy a hacer un viaje a España.

Lección 12

1 riñones al jerez – mejillones – gazpacho – jamón serrano – jerez – vinos andaluces – brandy
   Carlos I
   Pues, hoy les recomiendo una gran variedad de tapas andaluzas. Tenemos riñones al jerez,
   mejillones muy ricos, un buen gazpacho, que es una especialidad de Andalucía. ¿Qué más?
   Un jamón serrano excelente, un buen jerez y unos vinos también excelentes. ¡Tienen que
   problarlos! Y para terminar: Un buen brandy de jerez Carlos I.

2 ● ¿Qué va a tomar? ¿Quiere probar un buen vino tinto? – ● Sí, muy bien.

   ● ¿Le pongo una botella o una copa? – ● Una copa, por favor.

   ● ¿De aperitivo tal vez una copita de jerez? – ● Sí, una copita (de jerez), por favor.

   ● Muy bien. ¿Y qué tapas le pongo? – ● Un gazpacho, por favor.

   ● ¿Algo más? – ● Sí, una tapa de jamón serrano, por favor.

   ● Muy bien, señora. Ya voy.

3 la sangría
   Es una bebida típica y muy conocida de España. Tiene vino tinto, zumo de limón o naranja,
   azúcar, fruta, y a veces un poquito de brandy. Se toma en los meses de calor. ¿Qué bebida es?

4 a – b – e – f
   En España hay mucha gente que sólo toma café por la mañana, nada más. Puede ser un
   café solo o un café con leche. Muchas veces no se toma el café en casa, sino en el bar. No
   comemos pan con mantequilla y mermelada o pan con queso y jamón, como en otros países.
   Si comemos algo, es algo pequeño, un cruasán por ejemplo. A veces, si la noche ha sido
   larga, tomamos chocolate con churros. Pero no cada día. Ya ven, el desayuno español de cada
   día no es gran cosa, no es una comida muy importante.

5 tres personas
   ● Buenas tardes, señores. ¿Qué van a tomar?

   ● Para mí, una cerveza.

   ▲ Para nosotras un vino tinto.

   ● ¿Copas o botella?

   ▲ Pues, tomamos medio litro del vino de la casa ¿no?

   ▲ Sí, sí, vale.

   ● Bueno. Medio litro de vino tinto y una cerveza. ¿Y para comer? ¿Quieren unas tapas?

   ▲ Pues, para mí una ración de bacalao al pil-pil.

   ▲ ¿Qué tomas tú, Roberto?

   ● Yo voy a probar el conejo en salsa de almendras.

   ▲ Mmm, muy bien. Yo también.

   ● Entonces, una de bacalao y dos de conejo. ¿Algo más?

   ● Sí, una ración de queso manchego para todos y unas almendras, por favor.

   ● Muy bien. En seguida, señores.

Lección 13

1 para controlar el peso: 1, 6 – para una salud mejor: 2, 3, 4 – para volar en globo: 5
1. Vaya al gimnasio una vez a la semana. – **2.** Duerma suficientemente. – **3.** Evite el estrés. –
4. Haga pausas durante el trabajo. – **5.** Mire siempre hacia adelante, piense en algo positivo. –
6. Tome mucha agua y mucha fruta y vitaminas.

2 Verdadero: 1. – 3.
- Consulta del Dr. Ramos, buenos días.
- Hola, buenos días. Llamo por mi novio.
- ¿Qué le pasa?
- Le duele mucho la garganta y tiene dolor de cabeza.
- ¿Tiene fiebre también?
- No, creo que no, o sólo poco. Pero se siente muy mal.
- Tal vez una gripe, ¿no? Bueno, puede venir esta tarde, a las cinco y media.
- Muy bien, muchas gracias. Adiós.
- Adiós, hasta luego.

3 ● Hola, buenos días. Síentese, por favor. – ● Buenos días. – ● ¿Qué le pasa? – ● Tengo un
dolor de cabeza muy fuerte. – ● ¿Desde cuándo tiene estos dolores? – ● Desde hace dos días. –
● ¿Tiene también fiebre, otros dolores? – ● No, creo que no. – ● ¿Tiene mucho estrés en el
trabajo o en la familia? – ● Sí, tengo bastante estrés en el trabajo. / No, no tengo ningún
estrés. – ● Bueno, le voy a dar una receta para pastillas que son muy buenas, pero no muy
fuertes. Tómese dos pastillas cada cuatro horas, en total seis al día. Y vuelva en dos días si
todavía tiene dolores. – ● Gracias. – ● Adiós, ¡que se mejore!

4 **1.** antes de las comidas – **2.** antes de dormir – **3.** una cada tres horas
1. ● Buenas noches.
- Buenas noches. ¿Qué desea?
- ¿Tiene algo para la tos?
- Sí, claro. Mire, éste es un jarabe muy bueno. Puede tomarlo tres veces al día,
siempre antes de las comidas.
- Vale, me lo llevo.
2. ● Buenas noches.
▲ Hola. Quería algo para el estómago. Tengo dolores de estómago.
● ¿Ha comido algo malo?
▲ Pues, no sé, no creo. Pero estoy muy cansada y duermo muy mal.
● Entonces, póngase estos supositorios antes de dormir. Va a dormir bien y se le van
a pasar sus dolores. Si mañana no se siente mejor, vaya al médico, ¿eh?
▲ Sí, muy bien. Gracias.
3. ▲ Hola, buenas noches.
● Buenas noches, ¿qué desea?
▲ Necesito pastillas para el dolor de espalda, Me duele mucho aquí, ¡ay!
● Pues, puede tomar éstas, son buenísimas para la espalda. Tómese una cada tres
horas y ya le va a pasar pronto.
▲ Una cada tres horas, muchas gracias... Adiós.
● Adiós, ¡que se mejore!

Lección 14

1 Richtig sind: La fiesa fue muy alegre. – En 2003 hubo dos accidendentes durante los Sanfermines. Ayer terminó la fiesta de los Sanfermines en Pamplona. Como siempre, la fiesta fue muy alegre, la compartió una gran multitud de ciudadanos, visitantes y turistas de muchos países. Y también como siempre hubo, lamentablemente, unos accidentes en los encierros, pero no muy graves y sin muertos, gracias a Dios. Dos jóvenes fueron heridos levemente, pero ya salieron del hospital y cantaron con otros miles de personas el tradicional «Pobre de mí» para despedirse de las fiestas. Les decimos a todos los visitantes adiós y les deseamos buen viaje de vuelta: ¡Hasta el 7 de julio del año que viene, amigos de Los Sanfermines! ¡Nos vemos, en Pamplona!

2 **1.** La casa donde trabaja el alcalde o la alcaldesa se llama el ayuntamiento. – **2.** La corrida de toros por las calles de Pamplona durante los Sanfermines se llaman encierros. – **3.** Las personas que viven en una misma ciudad se llaman ciudadanos. – **4.** Las personas que visitan a alguien o una fiesta se llaman los visitantes. – **5.** Las personas que organizan una fiesta son los organizadores.

3 Richtig sind: Hablan del carnaval de Tenerife. – El año que viene quieren viajar juntas a Tenerife.
- ● Mira, José Luis, qué bonitas fotos en el periódico!, ¿no?
- ● Sí, son tan bonitas como la fiesta. ¿Has estado allí alguna vez?
- ● En las Islas Canarias sí, pero nunca en la época del carnaval. ¿Y tú?
- ● Pues yo sí. Estuve en Tenerife el año pasado.
- ● ¿Ah, sí? ¿Cómo son esas fiestas?
- ● Pues, fue genial. Algún día vamos juntos allí, ¿vale? Tienes que vivir esa fiesta.
- ● Claro que me gustaría ir, hombre. Tal vez el año que viene, ¿qué te parece?
- ● ¡Muy bien, genial!

4 (Lösungsvorschläge)
1. ● ¿Qué le gusta más: el café o el té? – ● Me gusta más el té.
2. ● ¿Qué fiesta le gusta más: los toros o el carnaval? – ● Me gusta más el carnaval.
3. ● ¿Qué le dan más miedo: volar en globo o ir en avión? – ● Me da más miedo volar en globo.
4. ● ¿Qué ciudad es la más grande: Madrid o Berlín? – ● Madrid es más grande que Berlín.
5. ● ¿Quién es más valiente: usted o su mujer / marido? – ● Mi mujer es más valiente.

Lección 15

1 **1.** Tiene 91 años. – **2.** Tiene una familia grande. – **3.** Oye mal. – **4.** Ve bastante mal. – **5.** Vive con su hija. – **6.** Es una buena cocinera. – **7.** Antes era pobre. – **8.** Piensa que ahora los tiempos son más difíciles.
Bueno, ¿qué quiere que le cuente, hijo? Tengo 91 años y me siento bien, soy fuerte. Oigo un poco mal y ya no puedo ver muy bien, necesito mis gafas, pero todavía leo el periódico cada mañana. O leo yo sola o me lo lee mi nieta Isabel. Tengo una familia numerosa, 5 hijos, 10 nietos y 2 biznietos. El tercero está «en camino». Mi marido murió hace 12 años. Ahora vivo con mi hija Palmira y su familia. Le ayudo un poco en la casa, sobre todo en la cocina. Soy buena cocinera, ¿eh? ¡A todos les encanta comer mi famosa tarta de Santiago! Siempre trabajaba en casa, cuidando de la familia. Antes no teníamos mucho dinero. Éramos pobres, pero felices. Nos lo pasábamos muy bien juntos. Creo que ahora los tiempos son más difíciles para los jóvenes, con todo el trabajo y estrés que tienen, y el poco tiempo libre que les queda.

2 **1.** Come de todo, hijita. – **2.** Bebe vino, pero no más que una copa al día. – **3.** Fuma, pero con moderación. – **4.** Vive con alegría. – **5.** Trabaja menos. – **6.** Evita el estrés. – **7.** Haz una comida rica para tu familia, cada domingo. – **8.** Busca un novio para toda la vida.

3 Richtig sind: 2, 4, 6
- Señor García Marco, hace un año se publicó su autobiografía «La vida es larga». ¿Nos puede contar un poco de su vida, de su infancia, de cómo eran los tiempos cuando usted era niño?
- Pues, en mi pueblo vivíamos todos juntos, una familia bastante grande: los abuelos, los padres, hijos, nietos, biznietos, unas 15 personas. Claro que no había ni teléfono ni televisión. Mi abuela nos contaba historias a los niños, cada noche. Historias para reír, historias divertidas e historias tristes. Nos explicaba el mundo con sus historias. Las figuras de sus historias eran tan reales para mí como la gente de mi pueblo. Vivía con ellas, y aprendí mucho de ellas. Mis padres tenían mucho trabajo, pero mi abuela siempre tenía tiempo para sus nietos. Gracias a mi abuela pude escribir yo mis libros. Ella era mi profesora, para la vida y para escribir.

4 1. Antes no teníamos ni electricidad ni agua corriente. – 2. Antes no tenía teléfono. – 3. Antes vivíamos en el pueblo. / Antes no vivíamos en la ciudad. – 4. Antes no tenía mucho dinero. – 5. Antes íbamos a la playa en agosto. – 6. Antes la ciudad era (muy) pequeña. – 7. Antes no había coches en las calles. – 8. Antes no teníamos escuela(s) cerca de mi casa.

5

- Ah, ¿ésta es una foto de tu familia?
- Sí, es del 60 cumpleaños de mi padre.
- Bueno, cúentame un poco, ¿quién es quién en esta foto?
- Pues, aquí ves a mi padre, se llama Antonio.
- ¡Claro, el cumpleañero! Y la señora que está a su lado es tu madre, ¿no?
- Sí, se llama Mercedes, tiene 58 años. Y éstos son mi abuela María y mi abuelo Diego, los padres de mi madre.
- ¿Los padres de tu padre ya no viven?
- No, los dos ya murieron hace años. ¿Y ves a estos dos? Son mi hermano Ramón y su mujer, Elisa.
- ¿Y esta niña?
- Ésta es Laura, la hija de mi hermano y la niña más inteligente que hay en el mundo. ¿no?
- ¿Ah, sí? Y ella tiene el tío más guapo e inteligente del mundo. ¡Qué familia!

Lección 16

1 Richtig sind: 2, 4, 5, 6
Conocí a Eva un día bonito de mayo. La vi en la terraza de un café. Era alta, delgada y tenía unos ojos marrones oscuro. Tenía el pelo muy largo. Llevaba un vestido azul que estilizaba su figura fina y delgada. El azul claro del vestido le favorecía mucho. Tenía un aire elegante y alegre. Su forma de hablar con el camarero me gustó mucho. Tenía una sonrisa ancha y abierta. Llevaba unos zapatos blancos muy bonitos. Todos los clientes del café la miraban con admiración. Entonces buscó fuego para su cigarrillo y yo me levanté y se lo di. Le dije cualquier cosa de la que no me acuerdo. Eso fue todo. Pero cuando, por casualidad, nos vimos dos días después en una fiesta de mi amigo Pedro, me reconoció y entonces empezamos a hablar y a conocernos. Desde entonces somos novios y yo soy el hombre más feliz del mundo.

2 en la sección de señora 1 – en la sección de caballero 2 – en la sección de zapatos 3
   1. ● Buenos días. ¿Lo atienden ya? – ● No. Mire, busco una blusa para mi novia.
    ● ¿Qué talla tiene? – ● La 36, es muy delgada.
    ● ¿De qué color la quería? – ● Bueno, no sé, tal vez azul o amarilla, algo alegre.
   2. ● Hola, buenos días. – ● Buenos días. ¿Qué quería? – ● Quería una corbata. –
    ● ¿Para usted? – ● Sí. – ● ¿Quería algo moderno o más bien clásico?
    ● Pues, algo clásico. Es para la fiesta del 70 cumpleaños de mi madre.
    ● Ah, sí. Mire, aquí tenemos nuestra colección actual.
   3. ● Perdone, ¿tiene estos zapatos un poco más grandes? – ● ¿Qué número calza?
    ● Normalmente el 38, pero éstos me quedan un poco estrechos. – ● Vale. Voy a ver si los
     tengo en 39. Un momento, por favor. – ● Gracias.

3 **1.** El traje negro es más elegante que el traje gris. – **2.** La camisa blanca es más grande que la
   camisa negra. – **3.** La falda azul es más larga que la falda amarilla. – **4.** Los pantalones negros
   son más estrechos que los pantalones blancos. – **5.** El bañador es tan bonito como el biquini. –
   6. La chaqueta de piel es tan moderna como la chaqueta de vaqueros.

4 **1.** Ésta camisa es la más cara de todas. – Es carísima. – **2.** Juan es el más grande de su familia. –
   Es grandísimo. – **3.** Esto es lo más difícil. – Es dificilísimo. – **4.** Este vino el muy muy bueno. –
   Es buenísimo. – **5.** Este abrigo no me gusta mucho. Es muy largo. – Es larguísimo. – **6.** Ana es la
   más rica de mis amigas. Es riquísima.

5 (*Lösungsvorschläge*)
   1. ● ¿Qué talla tiene usted? ● Tengo la 42. – **2.** ● ¿Qué número de zapato calza usted? ● Calzo
   el 40. – **3.** ● ¿Cómo le queda el jersey? ● Me queda muy bien. – **4.** ● ¿Quiere probarse estos
   zapatos? ● No, gracias. – **5.** ● Le quedan muy estrechos estos zapatos, ¿no? ● Sí, me quedan
   estrechos. / No, me quedan bien. – **6.** ● ¿Se lleva esta blusa azul? ● Sí, me la llevo.

Lección 17

1 En España la gente no se sienta a la mesa de otras personas en el bar o restaurante. – 1
   Los españoles no se quitan los zapatos cuando entran en casa de alguien. – 2
   En España se puede fumar durante la comida. – 3
   1. ● ¿Estas dos sillas están libres? – ● Sí, sí, puedes cogerlas.
   2. ● Hola, Marisa, ¿qué tal? – ● Hola, Martin, ¡bienvenido!
    ● ¿Me quito los zapatos? – ● No, no, por favor, no es necesario.
   3. ● Cornelia, ¿quieres un cigarrillo? – ● No, gracias, durante la comida no fumo.

2 **1.** Hablar muy alto, por ejemplo cuando la televisión está encendida o una persona no oye
   bien: gritar – **2.** Llegar tarde, con 10 minutos o un cuarto de hora de: retraso. – **3.** Llegar a la
   hora exacta, sin ningún retraso significa ser: puntual. – **4.** Aparato donde se pone la leche, la
   cerveza, todas las cosas frías: el frigorífico – **5.** Comida pequeña, que se come delante de la
   televisión, con vino o cerveza: patatas fritas – **6.** Lugar o mueble preferido para ver la televisión,
   leer un libro o simplemente relajarse: el sofá

3 **1.** En el hotel: ¿Podría despertarme mañana a las ocho, por favor?
   2. En el médico: ¿El doctor me podría atender esta tarde? Es que me siento muy mal.
   3. En el restaurante: ¿Nos podría traer otra botella de vino, por favor?
   4. En el trabajo: ¿Podría llamar a nuestro cliente en Alemania, por favor?
   5. En casa: ¿Podrías darme el mando a distancia?
   6. En una tienda: ¿Podría traerme el otro zapato?

4 **1.** Me dicen que en España es normal llegar con un poquito de retraso. – Me dijeron que en España era normal llegar con un poquito de retraso.
2. Me molesta que en general no se quitan los zapatos. – Me molestó que en general no se quitaban los zapatos.
3. Dicen que no les molesta gritar. – Dijeron que no les molestaba gritar.
4. Juan dice que todos trabajan mucho. – Juan dijo que todos trabajaban mucho.
5. Pienso que quieren coger las sillas. – Pensé que querían coger las sillas.
6. Ana me dice que el pan es gratis. – Ana me dijo que el pan era gratis.

5 **1.** Evelio: Pues yo me compraría un coche nuevo y visitaría a todos mis amigos. Pasaría cada noche en otra ciudad, recorrería toda España en mi coche de lujo.
2. Luisa: A mí me gustaría mucho viajar. Tengo familia en México. Viajaría al Mar Caribe con sus playas famosas de arena fina y palmeras. Visitaría a mis familiares y los invitaría a todos al mejor restaurante de la ciudad.
3. Paco: Pues a mí, el dinero no me interesa. Lo que yo necesito, es tiempo para jugar con mi hijo Pepín que tiene tres años. Jugaría todos los días con él, iría con él al parque y al cine, al jardín zoológico y al museo. Nos lo pasaríamos genial, él y yo.

Lección 18

1 **1.** A una persona que no se siente bien: Oye, tendrías que irte a casa. No trabajes hoy. Relájate, toma un baño, lee un libro o ve una película bonita, divertida. Y no fumes, ¿eh? Ya verás que te hará bien.
2. A una persona que quiere perder peso: Tú no deberías comer tanto chocolate, de verdad. Y olvídate de los churros, que no son buenos para las personas gordas, ya sabes. Toma más agua y menos cerveza. Y haz deporte, juega al fútbol, practica judo o aeróbic, lo que te guste. Todo es mejor que estar sentado toda la tarde en el sofá y comer patatas fritas.
3. A una persona que quiere hacer un viaje de aventuras: Cómprate buenos zapatos y lleve los ya antes del viaje. No pongas tantas cosas en tu mochila, sólo las más necesarias. Y lleva tu móvil, no lo dejes en casa. Te servirá si necesitas ayuda.

2 **1.** No compres zapatos nuevos. – **2.** No utilices tu cámara. – **3.** No te quites la riñonera. – **4.** No camines 20 kilómetros cada día. – **5.** No lleves tus vaqueros. – **6.** No lo dejes para el fin de semana.

3 **1.** la ropa: falda, blusa, calcetines, zapatillas, traje – **2.** el viaje: cámara, mochila, maleta, senderismo, saco de dormir – **3.** la familia: tío, hermana, suegro, prima, cuñado – **4.** la mesa: copa, mantel, servilleta, tenedor, cuchillo – **5.** la fiesta: toros, baile, canciones, alegría, buen humor

Lección 19

1 Richtig sind: 1, 4
● Hola, Julián, ¿qué tal? ¿Ya has encontrado trabajo?
● Pues, todavía no. Ya sabes que en este momento la situación está un poco difícil. Pero acabo de leer el periódico y encontré esta oferta de trabajo, mira. Aquí buscan a alguien con estudios medios o superiores...
● Y tú has estudiado cuatro años de Economía, en la universidad.
● Sí. Buscan a una persona que sepa utilizar un ordenador a nivel usuario...

● Y tú sabes mucho de ordenadores, ¿no?

● Bueno, sí, pero no sé nada de márketing.

● Ah, bueno, esto se puede aprender. Ah, y piden inglés. Y tú sabes tanto inglés como francés, hablas bien las dos lenguas...

● Bueno, sé bastante inglés, francés no tanto.

● Entonces, ¿a qué esperas? El puesto me parece muy interesante.

● Pues, voy a escribir la carta, a ver qué pasa...

● ¡Genial! ¡Mucha suerte, Julián!

2 carnet de conducir, bachillerato, alemán

● Buenos días, señora Méndez.

● Hola, ¿qué tal?

● Vamos a ver. Usted nos ha mandado una carta con su currículum para este puesto en nuestra empresa. Veo que tiene el bachillerato y algunas prácticas en diferentes empresas. ¿Ha estado también en el extranjero?

● Sí, estuve dos meses en Múnich, en una empresa alemana.

● ¿Esto quiere decir que sabe algo de alemán?

● Sí, creo que lo hablo bastante bien.

● Muy bien, señora. Nosotros tenemos muchos clientes en Alemania. Muy bien. En su currículum no pone si tiene carnet de conducir...

● Lo estoy haciendo en este momento, me falta poco para tenerlo.

● Ah, pues bien. ¿Cuándo podría empezar a trabajar?

● Pues, si quiere, a partir del próximo mes.

● Muy bien. Muchas gracias por haber venido. La voy a llamar dentro de pocos días. Adiós.

● Gracias. Y adiós.

3 (*Lösungsvorschläge*)

1. ● ¿Le gusta su trabajo? ● Si, me gusta mucho. – **2.** ● ¿Cuántas horas trabaja usted al día? ● Trabajo nueve horas al día. – **3.** ● ¿Tiene muchos contactos con otras personas en su trabajo? ● Si, trabajo en un equipo. – **4.** ● ¿Le gustaría trabajar a media jornada? ● Si, me gustaría tener más tempo libre. – **5.** ● ¿Cambiaría de ciudad para un puesto mejor? ● No, no cambiaría de ciudad para un puesto mejor. – **6.** ● ¿Cambiaría de puesto si le ofrecieran más dinero? ● Si, cambiaría de puesto si me ofrecieran más dinero. – **7.** ● ¿Aceptaría un puesto más interesante pero peor pagado? ● No, no aceptaría un puesto más interesante pero peor pagado. – **8.** ● ¿Le gustaría trabajar un día en el extranjero, por ejemplo en España? ● Me encantaría trabajar algún día en España.

4 **1.** Las personas que no tienen trabajo están en paro. – **2.** El dinero que recibe un empleado cada mes se llama sueldo. – **3.** El empleo o el lugar donde una persona trabaja es su puesto (de trabajo). – **4.** Las horas que trabaja una persona cada día es el horario. – **5.** Las horas que trabaja una persona más de las ocho horas diarias son las horas extras. – **6.** El lugar donde trabaja una secretaria se llama oficina.

5 Folgende Argumente werden genannt:

Trabajar significa ganarse el pan de cada día. – Trabajo para pagar el crédito de nuestra casa. – Muchos trabajan demasiado y tienen mucho estrés.

● Queridos oyentes, bienvenidos a nuestro programa de hoy. Hoy hablamos del trabajo, un aspecto muy importante en nuestras vidas. Vamos a ver lo que dicen nuestros invitados de hoy. Rafael, ¿qué significa el trabajo para ti?

● Pues, para mí la cosa es bastante fácil: Trabajar es para mí la forma de ganarme el pan de cada día, ¿no? Tengo que vivir de algo y mantener a mi familia. Tengo que pagar el crédito de nuestra casa. Por eso trabajo, simplemente.

● ¿Y hacer carrera, ganar mucho dinero, no son aspectos importantes para ti, Manuela?

▲ Sí, sí, claro que me gustaría hacer carrera, ganar bien, hacerme rica, poder comprarme un piso, un coche, la ropa que quiera. ¿A quién no le gustaría tener todo esto? Pero, lamentablemente, la realidad es otra. En mi profesión, soy profesora, nunca podré ganar muchísimo dinero. Y además, para mí no es lo más importante.

▲ Ya. Además, los que ganan mucho, también trabajan muchísimo, viven en un estrés permanente. No tienen tiempo para nada. Y para mí, lo más importante es tener tiempo para mi familia, mis dos hijos, mi marido. No me gustaría vivir para trabajar. Tiene que ser al contrario: Hay que trabajar para vivir.

● Interrumpimos nuestro programa con una canción que se llama «Vivir sin trabajo», y después continuamos.

Lección 20

1 Richtig ist: Quiere volver a Argentina e ingresar nuevamente en la compañía de Roberto.

● ¿De quién es esa carta, Celia?

● Es de mi amigo y antiguo jefe Roberto, de Argentina. ¡Qué alegría saber de él, después de tanto tiempo!

● Y, ¿qué te escribe?

● Pues, primero que en Argentina la situación económica se va estabilizando, cosa de la que me alegro muchísimo y...

● ¿Y qué más? Tienes una cara tan feliz...

● Bueno, me dice que quiere poner nuestra compañía de baile de nuevo en funcionamiento y que piensa en mí.

● Ah, ¿entonces quiere que vuelvas? ¿Y? ¿Qué dices?

● No es nada fácil, la verdad. Por un lado me gusta vivir y estudiar aquí en España, he encontrado a buenos amigos, me siento muy bien en nuestra casa con Nicolás y contigo, y quería continuar con mis estudios. Pero..., por otro lado, también me gustaría volver a verle a Roberto y trabajar con él.

● Así que quieres volver. Ay, Celia, te comprendo muy bien. Y si la oferta es tan buena...

● Pues, sí, creo que voy a volver e ingresar en nuestra antigua compañía.

● Pero no te vayas tan pronto, chica. Ya sabes que el próximo mes es mi cumpleaños. Quiero hacer una fiesta grande en nuestra casa y te necesito, ¿eh?

● Claro, no te preocupes. Voy a terminar mis estudios de este semestre y voy a ayudarte en tu fiesta de cumpleaños. ¡Que no me la quiero perder! En agosto estaré libre e iré a Buenos Aires. Y seguro que tú y Nicolás me vais a visitar cuando esté de vuelta en mi país.

● ¡Pues, claro! Nunca hemos estado en Argentina, ni Nicolasito ni yo. ¡Seguro que te visitaremos! ¡Qué aventura, chica!

2 **1.** A un compañero de trabajo que se siente fatal, tiene una gripe o un resfriado fuerte. – ¡Que te mejores!

2. A dos amigos que van al cine esta noche. – ¡Que os divirtáis!

3. A la amiga con quien está en el restaurante, cuando el camarero trae la comida. – ¡Que aproveche!

4. A su niño que se acuesta. – ¡Que duermas bien!

5. Cuando se despide de una señora mayor que conoció en el tren. – ¡Que le vaya bien!

3 **1.** Dice que vuelvas. – **2.** Dice que escribas pronto. – **3.** Dice que lo/la llames. – **4.** Dicen que los/las visites un día. – **5.** Dice que bebas más vino. – **6.** Dice que tomes más café.

Glossar

A

a [a] nach **1**

a ... metros [a... 'mɛtros] in ca ... Metern (Entfernung) **8**

a bordo [a 'bɔrđo] an Bord **13**

a cuadros [a 'kŭađros] kariert **16**

a dieta [a 'đĭeta] auf Diät **4**

a eso de las doce [a 'eso đe las 'doθe] gegen 12 Uhr **7**

a la derecha [a la đe'recha] nach rechts, rechts **8**

a la gallega [a la ga'ʎega] auf galicische Art **12**

a la izquierda [a la iθ'kĭerda] nach links, links **8**

a la semana [a la se'mana] pro Woche **7**

a las nueve y media [a las 'nŭɛbe i 'mɛđĭa] um halb zehn **7**

a las ocho [a las 'otʃo] um acht (Uhr) **7**

a lo mejor [a lo me'xɔr] vielleicht **6**

a los ... años [a los... 'aɲos] mit ... Jahren **15**

a menudo [a me'nuđo] häufig **7**

a pie [a 'pĭe] zu Fuß **7**

a propósito [a prɔ'pɔsito] apropos **17**

¿a qué hora? [a ke 'ɔra] Wann?, Um wie viel Uhr? **7**

a rayas [a 'rajas] gestreift **16**

a veces [a 'beθes] manchmal **16**

a ver [a ber] mal sehen **3**

abajo [a'baxo] unten **13**

abierto, -a [a'bĭɛrto] geöffnet, offen **3**

abrazo m [a'braθo] Umarmung; Grußform im Brief **20**

abrigado [abri'gađo] Schutz..., hier: warm (Kleidung) **13**

abrigo m [a'brigo] Mantel **6**

abril m [a'bril] April **10**

abrir [a'brir] öffnen **6**

abuelo m [a'bŭelo] Großvater, Opa **6**

abuelos m/Pl [a'bŭelos] Großeltern **11**

aburrido, -a [abu'rriđo] langweilig **10**

aburrirse [abu'rrirse] sich langweilen **8**

acabar de [aka'bar đe] etw. gerade getan haben **19**

accidente m [agθi'đente] Unfall **14**

aceite m [a'θeĭte] Öl **1**

aceituna w [aθeĭ'tuna] Olive **14**

acercarse [aθɛr'karse] sich nähern **12**

aconsejar [akɔnse'xar] raten, einen Rat geben **20**

acordarse [a'kɔrdarse] sich erinnern **9**

acostarse [akos'tarse] schlafen gehen, zu Bett gehen **7**

activo, -a [ak'tibo] aktiv **8**

actor m [ak'tɔr] Schauspieler **1**

actriz w [ak'triθ] Schauspielerin **4**

actuación w [aktŭa'θĭɔn] Auftritt **20**

adecuado, -a [ađe'kŭađo] passend, angemessen **16**

adelante [ađe'lante] vorne **13**

además [ađe'mas] außerdem **7**

además de [ađe'mas đe] zusätzlich zu **2**

adiós [a'đĭɔs] auf Wiedersehen **1**

adulto m [a'đulto] Erwachsener **9**

aeróbic m [ae'robĭo] Aerobic **4**

aeropuerto m [aero'pŭerto] Flughafen **1**

afeitarse [afeĭ'tarse] sich rasieren **19**

África ['afrika] Afrika **2**

africano, -a [afri'kano] afrikanisch **1**

agosto m [a'gɔsto] August **1**

agradecer [agrađe'θɛr] danken **14**

agua w ['agŭa] Wasser **15**

ah [a] ach **1**

ahá / ajá [a'xa] aha! **2**

ahí [a'i] da **8**

ahora [a'ɔra] jetzt **6**

ahora se pone [a'ɔra se 'pone] er/sie kommt gleich **9**

aire m ['aĭre] Luft; hier: Ausstrahlung, Aussehen **16**

ajo m ['axo] Knoblauch **5**

al aire libre [al 'aĭre 'libre] im Freien **3**

al año siguiente [al 'aɲo si'gĭente] nächstes Jahr, im nächsten Jahr **14**

al lado de [al 'lađo đe] neben **9**

al mes [al mes] pro Monat **7**

al pil-pil [al pil'pil] in Knoblauch **12**

al principio [al prin'θipĭo] am Anfang **17**

albaricoque m [albari'kɔke] Aprikose **5**

albergue m [al'bɛrge] Unterkunft, Herberge **18**

albornoz m [albɔr'nɔθ] Bademantel, Morgenmantel **6**

alcalde m [al'kalde] Bürgermeister **14**

alcohol *m* [alko'ɔl] Alkohol **3**
alegrarse (de) [ale'ɣrarse ðe] sich freuen (über) **18**
alegre [a'leɣre] fröhlich **10**
alegría *w* [ale'ɣria] Freude, Heiterkeit **14**
alemán [ale'man] Deutsch **2**
Alemania [ale'manĩa] Deutschland **2**
alergia *w* [a'lɛrxia] Allergie **13**
algo ['alɣo] etwas **5**
¿algo más? ['alɣo mas] Noch etwas? **5**
algodón *m* [alɣo'ðɔn] Baumwolle **16**
alguien ['alɣĩen] jemand **10**
algún, alguno [al'ɣun, al'ɣuno] irgendein(e) **6**
alimentación *w* [alimenta'θĩɔn] Lebens-mittelladen **5**
allá [a'ʎa] dort **15**
allí [a'ʎi] dort, dorthin **8**
almacén grande *m* [alma'θen 'ɣrande] Kaufhaus **8**
almendra *w* [al'mendra] Mandel **12**
alternativa *w* [altɛrna'tiβa] Alternative **8**
alto, -a ['alto] hoch, groß, laut **8**
altura *w* [al'tura] Größe, Höhe **4**
amable [a'maβle] nett, freundlich **10**
amar [a'mar] lieben, gern haben **17**
amarillo, -a [ama'riʎo] gelb **6**
ambiente *m* [am'bĩente] Ambiente, Atmosphäre **3**
América [a'merika] Amerika **10**
americano, -a [ameri'kano] amerikanisch **8**
amigo *m* [a'miɣo] Freund **2**
amor [a'mɔr] Liebe; Liebhaber, Freund **1**
anchoas *w/Pl* [an'tʃoa] Anchovis, Sardellen **12**
Andalucía [andalu'θia] Andalusien, Region in Südspanien **12**
animal *m* [ani'mal] Tier **1**
¡ánimo! ['animo] nur Mut! **4**
año *m* ['aɲo] Jahr **4**
anoche [a'notʃe] gestern Abend **14**
ante ['ante] vor (örtlich) **6**
anteayer [antea'jɛr] vorgestern **14**
anterior [ante'rĩɔr] davor, vorherig **13**
antes ['antes] früher **15**
antes de (que) ['antes de (ke)] bevor **9**
antiguo, -a [an'tiɣŭo] alt, antik **20**
aparato *m* [apa'rato] Apparat **18**
aparecer [apare'θɛr] erscheinen **18**
apartado *m* [apar'taðo] Postfach **19**

apellido *m* [ape'ʎiðo] Nachname **4**
aperitivo *m* [aperi'tiβo] Apperitiv, kleine Zwischenmahlzeit **12**
apetecer [apete'θɛr] Lust haben **9**
aplaudir [aplau'ðir] klatschen **9**
aprender [apren'dɛr] lernen **3**
aquel, -la [a'kɛl, a'keʎa] jene(r) **14**
aquí [a'ki] hier **4**
arbol *m* ['arbol] Baum **11**
Argentina [arxen'tina] Argentinien **1**
argentino, -a [arxen'tino] argentinisch, Argentinier(in) **3**
arroz *m* [a'rrɔθ] Reis **5**
arte *m* ['arte] Kunst **8**
artista *m/w* [ar'tista] Künstler(in) **15**
asar [a'sar] grillen, braten **17**
así [a'si] so **9**
atacar [ata'kar] angreifen **18**
atender [aten'dɛr] behandeln, sich kümmern **13**
atentamente [atenta'mente] mit freundlichen Grüßen (Briefformel) **20**
aterrizar [atɛrri'θar] landen **13**
atlántico, -a [at'lantiko] atlantisch **1**
Atlético de Bahía [at'letiko ðe ba'ĩa] brasilian. Fußballklub **16**
atlético, -a [at'letiko] athletisch **16**
atractivo, -a [atrak'tiβo] attraktiv **8**
aún [aŭn] noch **8**
aunque ['aŭŋke] obwohl, selbst wenn **20**
Australia [aŭs'tralĩa] Australien **10**
Austria ['aŭstrĩa] Österreich **2**
auto *m/Lat.* ['aŭto] Auto **7**
autobús interurbano *m* [aŭto'βus intɛrur'βano] Regionalbus **7**
autobús urbano *m* [aŭto'βus ur'βano] Stadtbus **7**
autóctono, -a [aŭ'tɔktono] autochthon, ursprünglich **2**
Avda. (Avenida) *w* [aβe'niða] große (Pracht-)Straße **3**
aventura *w* [aβen'tura] Abenteuer **10**
aventurero *m* [aβentu'rero] Abenteurer **12**
avión *m* [a'βĩɔn] Flugzeug **7**
ayer [a'jɛr] gestern **14**
ayuda *w* [a'juða] Hilfe **17**
ayudar [aju'ðar] helfen **12**
ayuntamiento *m* [ajunta'mĩento] Rathaus **14**

azúcar m [a'θukar] Zucker 5
azul [a'θul] blau 6

B

bacalao m [baka'lao] Stockfisch, Kabeljau (trocken) 12
bachillerato [batʃiʎe'rato] Abitur 19
bádminton m ['badminton] Federball, Badminton 7
bailar [baɪ'lar] tanzen 9
bailarín m [baɪla'rin] Tänzer 20
baile m ['baɪle] Tanz 12
Baleares m/Pl [bale'ares] Balearen, Balearische Inseln 12
ballet m [ba'ʎɛ] Ballett 9
bañador m [baɲa'ðɔr] Badeanzug, Badehose 16
banco m ['baŋko] Bank 18
baño m ['baɲo] Badezimmer 19
bar de copas m [bar ðe 'kopas] Kneipe 9
barato, -a [ba'rato] billig 16
barba w ['barba] Bart 10
barco m ['barko] Schiff 7
barra w ['barra] Theke, Tresen 12
barra de pan w ['barra ðe pan] Stangen(weiß)brot 5
barriga w [ba'rriga] Bauch 13
barrio m ['barrɪo] (Stadt-)Viertel 2
basta ['basta] es genügt, es reicht 12
bastante bien [bas'tante 'bɪen] ziemlich gut 2
beber [be'bɛr] trinken 3
bebida w [be'βiða] Getränk 6
Bélgica ['bɛlxika] Belgien 2
belleza w [be'ʎeθa] Schönheit 1
besar [be'sar] küssen 10
beso m ['beso] Kuss 18
besos w/Pl ['besos] herzliche Grüße (Brief) 20
biblia w ['biβlɪa] Bibel 3
bicicleta w [biθi'kleta] Fahrrad 7
billete m [bi'ʎete] Fahrkarte, Parkschein 7
biología w [bɪolo'xia] Biologie 4
biznieto m [biθ'nɪeto] Urenkel 15
blanco, -a ['blaŋko] weiß 6
blusa w ['blusa] Bluse 6
boca w ['boka] Mund 13
boda w ['boða] Hochzeit 11
bolsa w ['bɔlsa] Tüte, Tasche 17
bonito, -a [bo'nito] schön, hübsch 15
bota w ['bota] Stiefel; *auch:* Weinschlauch 14

botella w [bo'teʎa] Flasche 5
bragas w/Pl ['bragas] Damenslip 16
¡Un brindis por...! [um 'brindis por] Einen Toast auf ...! (Trinkspruch) 2
broma w ['broma] Scherz 10
buena suerte w ['bŭena 'sŭerte] Glück 8
buenas noches ['bŭenas 'notʃes] guten Abend, gute Nacht 1
buenas tardes ['bŭenas 'tardes] guten Tag, guten Abend 1
buenísimo [bŭe'nisimo] sehr gut, ausgezeichnet 12
bueno, -a ['bŭeno] gut, also 1
buenos días ['bŭenos 'dias] guten Tag 1
bufanda w [bu'fanda] Schal 16
buffett m [bu'fett] Buffet 6
burlón, burlona [bur'lɔn] spöttisch 3
buscar [bus'kar] suchen 8

C

C./(Calle) w ['kaʎe] Straße 3
caballero m [kaβa'ʎero] Herr 16
caballo m [ka'βaʎo] Pferd 11
cabeza w [ka'βeθa] Kopf 13
cabra w ['kaβra] Ziege 11
cada ['kaða] jede(r, -s) 10
cada uno ['kaða 'uno] jede(r, -s) (Einzelne) 7
café m [ka'fe] Café, Kaffee 3
café solo m [ka'fe 'solo] Espresso 3
caja w ['kaxa] Kasse 16
calamar m [kala'mar] Tintenfisch 1
calcetín m [kalθe'tin] Strumpf 16
calcetín m [kalθe'tin] Socke 6
calidad w [kali'ða(ð)] Qualität 20
calle w ['kaʎe] Straße 1
calor m [ka'lɔr] Wärme, Hitze 1
caloría w [kalo'ria] Kalorie 5
calzar el número... [kal'θar el 'numero] Schuhgröße Nr. ... haben 16
calzoncillos m/Pl [kalθon'θiʎos] Herrenunterhose 16
calzones m/Pl/Lat. [kal'θones] Damenslip 16
cámara w ['kamara] Kamera 18
camarero m [kama'rero] Kellner 3
cambiar [kam'bɪar] (ver)ändern 15
caminar [kami'nar] gehen, wandern 15
Camino de Santiago m [ka'mino ðe san'tɪago] Jakobsweg, Pilgerweg in Nordspanien 18

camisa *w* [ka'misa] Hemd **6**
camiseta *w* [kami'seta] T-Shirt **6**
campo *m* ['kampo] Feld, Land **11**
cana *w* ['kana] graues Haar **10**
caña *w* ['kaɲa] kleines Bier vom Fass **12**
Canarias *w/Pl* [ka'naɾĭas] Kanaren, Kanarische Inseln **12**
canción *w* [kan'θĭɔn] Lied **14**
candidato *m* [kandi'ɗato] Kandidat **11**
cangrejo *m* [kaŋ'grɛxo] Krebs **17**
cansado, -a [kan'saɗo] müde **2**
Cantabria [kan'taβɾĭa] Kantabrien, Region in Nordspanien **12**
cantar [kan'tar] singen **10**
capa *w* ['kapa] Umhang **6**
Caperucita Roja [kapeɾu'θita 'ʀoxa] Rotkäppchen **6**
capital *w* [kapi'tal] Hauptstadt **8**
capucha *w* [ka'putʃa] Kapuze **6**
cara *w* ['kara] Gesicht **20**
cara o cruz ['kara o kruθ] Kopf oder Zahl **11**
¡caramba! [ka'ramba] verflixt! **2**
carnaval *m* [karna'βal] Karneval, Fasching **6**
carne *w* ['karne] Fleisch **3**
carnet de conducir *m* [kar'ne ɗe kondu'θir] Führerschein **19**
caro, -a ['karo] teuer **3**
carrera *w* [ka'rrɛra] Karriere, Laufbahn **19**
carta *w* ['karta] Brief **9**
cartel *m* [kar'tel] Plakat, Schild **8**
cartelera *w* [karte'lera] Veranstaltungskalender **9**
cartero *m* [kar'tero] Briefträger **10**
casa *w* ['kasa] Haus **1**
casado, -a [ka'saɗo] verheiratet **4**
casarse [ka'sarse] heiraten, sich verheiraten **15**
casi ['kasi] fast **7**
Castilla-León [kas'tiʎa le'on] Kastilien-León, zentralspanische Region **12**
casualidad *w* [kasŭali'ɗa⁽ᵈ⁾] Zufall **4**
Cataluña [kata'luɲa] Katalonien, Region im Nordosten Spaniens **12**
catarro *m* [ka'tarro] Schnupfen **13**
catedrático *m* [kate'ɗratiko] Hochschul-Professor **4**
catorce [ka'tɔrθe] vierzehn **2**
cebolla *w* [θe'βɔʎa] Zwiebel **5**
celular *m/Lat.* [θelu'lar] Handy **4**

céntimo *m* ['θentimo] Cent **5**
centro *m* ['θentro] Zentrum **7**
centro comercial *m* ['θentro komer'θjal] Einkaufszentrum **8**
Centro de Investigaciones Sociológicas ['θentro ɗe imbestiga'θĭɔnes sɔθĭɔ'lɔxikas] Zentrum für Soziologische Forschungen **7**
cera *w* ['θera] Wachs **8**
cerca ['θɛrka] nahe **7**
cerdo *m* ['θɛrdo] Schwein **11**
cereza *w* [θe'reθa] Kirsche **6**
cero ['θero] null **1**
cerrado, -a [θɛ'rraɗo] geschlossen **3**
cerrar [θɛ'rrar] schließen **8**
cervecería *w* [θɛrβeθe'ria] Bierlokal **3**
cerveza *w* [θɛr'βeθa] Bier **3**
cesta *w* ['θesta] Korb **11**
champú *m* [tʃam'pu] Shampoo **5**
chao ['tʃao] tschüs **1**
chaqueta *w* [tʃa'keta] Jacke **6**
charlar [tʃar'lar] sich unterhalten, plaudern **17**
checo ['tʃɛko] tschechisch **2**
chica *w* ['tʃika] Mädchen, junge Frau **10**
chico *m* ['tʃiko] junger Mann, Junge **2**
chipre ['tʃipre] Zypern **2**
chocolate *m* [tʃoko'late] (heiße) Schokolade **3**
chocolate negro *m* [tʃoko'late 'negro] Zartbitter-Schokolade **5**
churro *m* ['tʃurro] Schmalzkringel **3**
cien [θĭen] (ein)hundert **4**
cien por cien [θĭen por θĭen] 100 Prozent **16**
ciencias naturales *w/Pl* ['θĭenθĭas natu'rales] Naturwissenschaften **4**
ciento uno ['θĭento 'uno] einhunderteins **4**
cientos de... ['θĭentos ɗe] hunderte von ... **8**
cierto, -a ['θĭɛrto] sicher, richtig **19**
cinco ['θiŋko] fünf **1**
cincuenta [θiŋ'kŭenta] fünfzig **2**
cine *m* ['θine] Kino **7**
cinturón *m* [θintu'rɔn] Gürtel **7**
cita *w* ['θita] Verabredung **9**
ciudad *w* [θĭu'ɗa⁽ᵈ⁾] Stadt **4**
ciudadano *m* [θĭuɗa'ɗano] (Mit-)Bürger **14**
claro ['klaro] klar, hell **5**
¡claro, hombre! ['klaro 'ɔmbre] Klar, Mensch! **2**
clase *w* ['klase] Klasse, Unterricht **7**
cliente *m* ['klĭente] Kunde **10**
clima *m* ['klima] Klima **12**

coche *m* ['kotʃe] Auto **7**
cocina *w* [ko'θina] Küche **3**
cocinar [koθi'nar] kochen **15**
cocinero *m* [koθi'nero] Koch **10**
cóctel terrorífico *m* ['kɔktɛl terro'rifiko]
Horror-Cocktail **3**
código postal *m* ['kođigo pos'tal] Postleitzahl **4**
coger [kɔ'xɛr] (mit-, weg-)nehmen **17**
colaboración *w* [kolaβora'θɪ̆ɔn] Mitarbeit,
Unterstützung **14**
color *m* [ko'lɔr] Farbe **6**
comer [ko'mɛr] essen **3**
comercio *m* [ko'mɛrθɪ̆o] Geschäft **8**
comida *w* [ko'miđa] Essen, Gericht **6**
¿cómo? ['komo] wie? **7**
como ['komo] wie **8**
como si fuera ['komo si 'fŭɛra] als ob es …
wäre **20**
compañera *w* [kɔmpa'ɲera] (Studien-,
Arbeits-)Kollegin **7**
companero de piso *m* [kɔmpa'ɲero đe 'piso]
Mitbewohner **2**
compañero de trabajo *m* [kɔmpa'ɲero đe
tra'βaxo] Arbeitskollege **2**
compañía *w* [kɔmpa'ɲia] Truppe, Gruppe,
Gesellschaft **19**
comparable [kɔmpa'raβle] vergleichbar **10**
compartir piso con [kɔmpar'tir 'piso kon]
zusammenwohnen mit **5**
completo, -a [kɔm'pleto] komplett,
vollständig **4**
compra *w* ['kɔmpra] Einkauf **5**
comprar [kɔm'prar] kaufen **5**
comprender [kɔmpren'dɛr] verstehen **13**
computadora *w/Lat.* [kɔmputa'đora]
Computer, Rechner **19**
comunicarse con [komuni'karse kon] kommunizieren mit, sprechen können mit **19**
con [kon] mit **3**
con lunares [kon lu'nares] gepunktet **16**
con mucho gusto [kon 'mutʃo 'gusto]
sehr gern **8**
con tiempo [kon 'tĭempo] rechtzeitig,
früh genug **18**
concierto *m* [kɔn'θɪ̆ɛrto] Konzert **7**
conducir [kɔndu'θir] Auto fahren **19**
conejo *m* [ko'nɛxo] Kaninchen **12**
conmigo [kɔn'migo] mit mir **9**

conocer [kono'θɛr] kennenlernen, kennen **10**
consejo *m* [kɔn'sɛxo] Rat, Ratschlag **18**
construir [kɔnstru'ir] erbauen, konsturieren **15**
consulta *w* [kɔn'sulta] Praxis **13**
consultar [kɔnsul'tar] befragen, nachschlagen **9**
contar [kɔn'tar] erzählen **10**
contento, -a [kɔn'tento] zufrieden **20**
contigo [kɔn'tigo] mit dir **9**
continente *m* [kɔnti'nente] Kontinent **10**
continuar [kɔntinu'ar] fortfahren **7**
contra ['kɔntra] gegen **1**
contrato *m* [kɔn'trato] Vertrag **19**
contrato definido *m* [kɔn'trato đefi'niđo]
befristeter Vertrag **20**
contrato indefinido *m* [kɔn'trato indefi'niđo]
unbefristeter Arbeitsvertrag **19**
contrato laboral *m* [kɔn'trato laβo'ral]
Arbeitsvertrag **20**
convencer [komben'θɛr] überzeugen **11**
copa *w* ['kɔpa] (Wein-) Glas **8**
Copa de Europa *w* ['kɔpa đe ɛŭ'rɔpa] Europa-
cup **17**
corazón *m* [kora'θɔn] Herz **2**
corbata *w* [kɔr'βata] Krawatte **6**
cordero *m* [kor'đɛro] Lamm **11**
coreógrafo *m* [kore'ɔgrafo] Choreograf **20**
correr [ko'rrɛr] laufen **7**
corrida *w* [kɔ'rriđa] Stierkampf **14**
corriente [kɔ'rrɪ̆ente] fließend **15**
cortado *m* [kɔr'ta^do] Espresso mit (wenig)
Milch **3**
cortesía *w* [kɔrte'sia] Höflichkeit **17**
cortina *w* [kɔr'tina] Vorhang **6**
corto, -a ['kɔrto] kurz **7**
cosa *w* ['kɔsa] Sache, Ding **10**
cosmopolito, -a [kɔzmopo'lita] kosmo-
politisch **8**
costa *w* ['kɔsta] Küste **1**
costumbre *w* [kɔs'tumbre] Gewohnheit, Sitte,
Brauch **11**
creativo, -a [krea'tiβo] kreativ **19**
creer [kre'ɛr] glauben **3**
crema *w* ['krema] Creme **13**
crema hidratante *w* ['krema iđra'tante]
Feuchtigkeitscreme **10**
croqueta *w* [kro'keta] Krokette **18**
cruasán *m* [krŭa'san] Croissant **3**
cruzar [kru'θar] kreuzen **8**

cual ['kŭal] welche(r, -s) **15**
cuando ['kŭando] wenn, wann, sobald **17**
¿cuál? ['kŭal] welche(r, -s), was für ein(e) **4**
¿cuánto? ['kŭanto] wie viel? **1**
¿cuánto cuesta? ['kŭanto 'kŭɛsta] wie viel kostet es? **5**
¿cuánto es? ['kŭanto es] Wie viel macht das? **1**
cuánto más feo ['kŭanto mas 'fɛo] je hässlicher **18**
cuarenta [kŭa'renta] vierzig **2**
cuarto (de hora) *m* ['kŭarto (đe 'ɔra)] Viertel (Stunde) **7**
cuarto, -a ['kŭarto] vierte(r) **3**
cuatro ['kŭatro] vier **1**
cubano, -a [ku'ƀano] kubanisch **3**
cubierto *m* [ku'ƀĭɛrto] Besteck **17**
cuchara *w* [ku'tʃara] Löffel **17**
cuchillo *m* [ku'tʃiʎo] Messer **17**
cuenta *w* ['kŭenta] Rechnung **5**
cuernos *m/Pl* ['kŭɛrnos] Hörner **6**
cultivar [kulti'ƀar] anbauen **15**
cultura *w* [kul'tura] Kultur **12**
cultural [kul'tural] Kultur ..., kulturell **8**
cumpleañero *m* [kumplea'ɲero] Geburtstagskind **10**
cumpleaños *m/Sg* [kumple'aɲos] Geburtstag **10**
cumplir... años [kum'plir... 'aɲos] ... Jahre alt werden **10**
cuñado, cuñada *m/w* [ku'ɲađo] Schwager, Schwägerin **15**
curioso [ku'rĭoso] kurios; neugierig **17**
Currículum (vitae) *m* [ku'rrikulum ('ƀitɛ)] Lebenslauf **19**

D

danés [da'nes] Dänisch **2**
dar [dar] geben; *hier:* bereiten **11**
dar miedo [dar 'mĭɛđo] Angst machen **12**
datos *m/Pl* ['datos] Daten **13**
de [de] von, aus **1**
de... a... [de... a] von ... bis **3**
de casa [de 'kasa] von zu Hause **7**
¿de dónde? [de 'đonde] woher, von wo? **1**
de ése [de 'ese] von dem da **5**
de niño, niña [de 'niɲo] als Kind **15**
de nuevo [de 'nŭɛƀo] erneut, wieder **20**

¿De parte de quién? [de 'parte đe 'kĭen] Wer ist am Apparat? **9**
de todo tipo [de 'tođo 'tipo] jeder Art **10**
de tú [de tu] per Du **4**
¿de verdad? [de ƀer'đa⁽ᵈ⁾] wirklich? **2**
de vez en cuando [de ƀeθ en 'kŭando] manchmal **7**
de vuelta [de 'ƀŭelta] zurück **19**
decidir [deθi'đir] entscheiden **10**
décimo, -a *m/w* ['deθimo] zehnte(r) **3**
decir [de'θir] sagen **8**
declarar [dekla'rar] erklären; *hier:* gestehen **11**
dejar [dɛ'xar] übrig lassen, *hier:* verschieben **18**
dejar de (+Infinitiv) [dɛ'xar de] aufhören zu **19**
del [del] von der, von dem **1**
delante de [de'lante đe] vor (örtlich) **8**
delgado, -a [dɛl'ga⁽ᵈ⁾o] schlank **10**
demasiado [dema'sĭa⁽ᵈ⁾o] zu (sehr) **14**
demostrar [demos'trar] beweisen, zeigen **14**
dentista *m/w* [den'tista] Zahnarzt, Zahnärztin **4**
dependienta *w* [depen'dĭenta] Angestellte, Verkäuferin **5**
deporte *m* [de'pɔrte] Sport **10**
deportivo, -a [depɔr'tiƀo] sportlich **10**
depresión *w* [depre'sĭɔn] Depression **10**
derecho *m* [de'retʃo] Jura, Recht **4**
desanimarse [desani'marse] den Mut verlieren **18**
desayunar [desaju'nar] frühstücken **3**
desayuno *m* [desa'juno] Frühstück **3**
desconectar [deskonɛk'tar] ausschalten, abschalten **11**
descremado, -a *Lat.* [deskre'mađo] fettarm **5**
desde ['dezđe] seit (Zeitpunkt) **15**
desde hace ['dezđe 'aθe] seit (Zeitraum) **15**
desear [dese'ar] wünschen, wollen **20**
desempleo *m* [desem'pleo] Arbeitslosigkeit **19**
desfile *m* [des'file] Umzug (auf der Straße), Festzug **6**
desgracia *w* [dez'graθĭa] Unglück **20**
desgraciadamente [dezgraθĭađa'mente] leider **11**
desnatado, -a [desna'tađo] fettarm **5**
despedirse [despe'đirse] sich verabschieden **14**
después de [des'pŭes de] nach **8**
detrás de [de'tras de] hinter **8**

día *m* ['dia] Tag **1**
día a día *m* ['dia a 'dia] Alltag **7**
día festivo *m* ['dia fes'tiƀo] Feiertag **8**
diablo *m* ['dĭablo] Teufel **6**
diciembre *m* [di'θĭembre] Dezember **10**
diecinueve [dĭeθi'nŭeƀe] neunzehn **2**
dieciocho [dĭeθi'otʃo] achtzehn **2**
dieciséis [dĭeθi'sɛĭs] sechzehn **2**
diecisiete [dĭeθi'sĭete] siebzehn **2**
dieta *w* ['dĭeta] Diät **4**
diez [dĭeθ] zehn **1**
diferente [dife'rente] verschieden **10**
difícil [di'fiθil] schwierig **3**
¿Diga? / ¿Dígame? ['diga/'digame] Hallo?
(Am Telefon) **9**
Dinamarca [dina'marka] Dänemark **2**
dinero *m* [di'nero] Geld **3**
diploma *m* [di'ploma] Diplom **19**
dirección *w* [dirɛg'θĭɔn] Adresse, *auch:* Regie **9**
dirección electrónica *w* [dirɛg'θĭɔn elek'trɔnika] E-Mail-Adresse **4**
directo, -a [di'rɛkto] direkt **18**
director *m* [dirɛk'tɔr] Diréktor, Regisseur **19**
discoteca *w* [disko'teka] Diskothek **19**
disfraz (Pl. disfraces) *m* [dis'fraθ] Kostüm,
Verkleidung **6**
distancia *w* [dis'tanθĭa] Entfernung **7**
diversión *w* [diƀɛr'sĭɔn] Unterhaltung **14**
divertido, -a [diƀɛr'tiđo] unterhaltsam,
amüsant **14**
divertirse [diƀɛr'tirse] sich unterhalten, sich
amüsieren **14**
divorciado, -a [diƀɔr'θĭa^(d)o] geschieden **4**
doce ['doθe] zwölf **2**
docena *w* [do'θena] Dutzend **5**
doctor *m* [dɔk'tɔr] Doktor, Arzt **13**
documentación *w* [dokumenta'θĭɔn]
Ausweis(e) **18**
doler [do'lɛr] wehtun, schmerzen **13**
dolor *m* [do'lɔr] Schmerz **13**
domingo *m* [do'miŋgo] Sonntag **3**
don [dɔn] höfliche Anrede für einen
(älteren) Mann **15**
doña ['doɲa] höfliche Anrede für eine
(ältere) Frau **15**
donde ['dɔnde] wo **3**
¿dónde? ['dɔnde] wo? **3**
dormir [dɔr'mir] schlafen **7**

dos [dɔs] zwei **1**
Drácula ['drakula] Dracula **6**
ducharse [du'tʃarse] (sich) duschen **19**
dudar [du'đar] zweifeln **19**
durante [du'rante] während **7**
duro, -a ['duro] hart, zäh **18**

E

economía *w* [ekono'mia] Wirtschaft **4**
Ecuador [ekŭa'đor] Ecuador **2**
ecuatoguineano *m* [ekŭatogine'ano]
Äquatorialguineaner **2**
ecuadoriano, -a [ekŭato'rĭano]
ecuadorianisch **2**
edad *w* [e'đa^(d)] Alter **4**
eh [e] äh **6**
él [ɛl] er **1**
el primero que [el pri'mero ke] der Erste, der **3**
El Rastro [el 'rrastro] Madrider Flohmarkt **8**
electricidad *w* [elɛktriθi'đa^(d)] Strom,
Elektrizität **15**
elegante [ele'gante] elegant **16**
ella ['eʎa] sie **1**
ellas ['eʎas] sie (weibl.) **1**
ellos ['eʎos] sie (männl.) **1**
emocionante [emoθĭo'nante] bewegend **11**
empezar [empe'θar] anfangen **7**
empresa *w* [em'presa] Firma **19**
en [en] in, an, auf **1**
en aquella época [en a'keʎa 'epoka] damals **15**
en autobús [en aŭto'ƀus] mit dem Bus **7**
en casa [en 'kasa] zu Hause **1**
en caso de [en 'kaso đe] im Falle von, falls,
wenn **19**
en coche [en 'kɔtʃe] mit dem Auto **7**
en directo [en di'rɛkto] live (Musik) **9**
en escabeche [en eska'ƀɛtʃe] mariniert **12**
en forma [en 'fɔrma] in Form **11**
encantado, -a [eŋkan'ta^(d)o] (sehr) erfreut **1**
encantar [eŋkan'tar] sehr gut gefallen **9**
encender [enθen'dɛr] anschalten **17**
enchufe *m* [en'tʃufe] Steckdose;
„Beziehungen" **19**
encierro *m* [en'θĭɛrro] traditionelles
Stiertreiben **14**
encuesta *w* [eŋ'kŭesta] Umfrage **7**
encuestador *m* [eŋkŭesta'đɔr] Interviewer **7**
enero *m* [e'nero] Januar **10**

enfadarse [emfa'ɖarse] sich ärgern **18**
enfermo, -a [em'fɛrmo] krank **13**
enfrente [em'frente] gegenüber **8**
enseguida [ense'ɣiɖa] gleich, sofort **16**
entender [enten'dɛr] verstehen **8**
entierro *m* [en'tĩerro] Begräbnis **6**
entonces [en'tɔnθes] dann **4**
entrada *w* [en'traɖa] Eintritt, Eingang **6**
entrar [en'trar] hineingehen, eintreten **6**
entre ['entre] unter, zwischen **8**
entrevista *w* [entre'bista] Interview **15**
entrevistar [entrebis'tar] interviewen **15**
entusiasta [entu'sĩasta] enthusiastisch, begeistert **19**
enviar [em'bĩar] schicken, senden **19**
época *w* ['epoka] Epoche, Zeitspanne **15**
equipo *m* [e'kipo] Team **20**
Érase/Era una vez ['erase 'una beθ] Es war einmal **15**
eres ['eres] du bist **1**
es [es] (er, sie, es) ist, Sie sind **1**
es que [es ke] es ist (nämlich) so, dass **5**
es sorpresa [es sor'presa] Das ist eine Überraschung **6**
es verdad [es ber'ɖaɖ] das stimmt **2**
esa noche ['esa 'notʃe] an jenem Abend, in jener Nacht **5**
escribir [eskri'bir] schreiben **4**
escritor *m* [eskri'tɔr] Schriftsteller **4**
escuchar música [esku'tʃar 'musika] Musik hören **7**
escuela *w* [es'kũela] Schule **4**
escuela superior *w* [es'kũela supe'rĩɔr] Hochschule **6**
ese ['ese] der da, jener **2**
ese día ['ese 'dia] an jenem Tag **5**
eslovaco [eslo'bako] slowakisch **2**
Eslovaquia [eslo'bakĩa] Slowakei **2**
Eslovenia [eslo'benĩa] Slowenien **2**
esloveno [eslo'beno] slowenisch **2**
eso ['eso] das **14**
eso es ['eso es] genau, so ist es **8**
eso sí ['eso si] das ist richtig **14**
espalda *w* [es'palda] Rücken **13**
España [es'paɲa] Spanien **2**
español *m* [espa'ɲɔl] Spanisch (Sprache), Spanier, spanisch **1**
especial [espe'θĩal] speziell, besonders **3**

especialidad *w* [espeθĩali'ɖa⁽ᵈ⁾] Spezialität **3**
espectáculo *m* [espek'takulo] Veranstaltung, Aufführung **9**
espectáculo de terror *m* [espɛk'takulo ɖe te'rrɔr] Schreckens-Spektakel **3**
esperar [espe'rar] warten, hoffen **8**
espíritu *m* [es'piritu] Geist **3**
esquiar [es'kĩar] Ski fahren **7**
estabilizar [estabili'θar] stabilisieren, festigen **20**
estabilizarse [estabili'θarse] sich stabilisieren **20**
estado civil *m* [es'taᵈo θi'bil] Familienstand **4**
estar [es'tar] sein **4**
estar en paro [es'tar en 'paro] arbeitslos sein **19**
este / esta ['este] diese/r **2**
éste es... ['este es] das ist ... **1**
estilizar [estili'θar] stilisieren, zur Geltung bringen **16**
estimado, -a [esti'maɖo] Sehr geehrte(r) (Anrede im Brief) **20**
estómago *m* [es'tomago] Magen **13**
Estonia [es'tonĩa] Estland **2**
estonio [es'tonĩo] Estisch **2**
¿Estoy bien? [es'toĭ bĩen] Sehe ich (nicht) gut aus? **6**
estrecho, -a [es'tretʃo] eng **16**
estrés *m* [es'tres] Stress **13**
estudiante *m/w* [estu'ɖĩante] Student(in) **4**
estudiar [estu'ɖĩar] lernen, studieren **2**
etapa *w* [e'tapa] Etappe **18**
Europa [eŭ'ropa] Europa **2**
europeo *m* [eŭro'peo] Europäer **2**
evitar [ebi'tar] vermeiden **13**
exacto [eg'sakto] genau, exakt **13**
examen *m* [ɛg'samen] Prüfung **9**
examinar [ɛgsami'nar] untersuchen **13**
excepto [egs'θɛpto] ausgenommen **20**
exigir [ɛgsi'xir] verlangen **20**
existir [ɛgsis'tir] existieren, vorhanden sein **7**
exorcista *m* [ɛgsor'θista] Exorzist **3**
experiencia *w* [egspe'rĩenθĩa] Erfahrung **11**
explicar [egspli'kar] erklären **17**
exposición *w* [egsposi'θĩon] Ausstellung **9**
exquisito [eski'sito] exquisit, ausgezeichnet **12**
extrañar [estra'ɲar] erstaunen, verwundern **20**
extranjero, -a [estraɲ'xero] fremd, ausländisch **1**

extraordinario, -a [estraɔrɗi'narĭo] außergewöhnlich **20**

F

fábrica w ['faβrika] Fabrik **19**
fácil ['faθil] einfach **8**
facilmente Adj. [faθil'mente] leicht **11**
falda w ['falda] Rock **6**
falta w ['falta] Mangel, Fehler **17**
faltar [fal'tar] fehlen **4**
familia w [fa'milĭa] Familie **10**
famoso, -a [fa'moso] berühmt **3**
fantasía w [fanta'sia] Fantasie **20**
fantasma m [fan'tazma] Gespenst **3**
fascinante [fasθi'nante] faszinierend **11**
fatal [fa'tal] schrecklich, ganz schlecht **12**
favor m [fa'βɔr] der Gefallen **1**
favorecer [faβore'θɛr] begünstigen, gut stehen (Kleidung), schmeicheln **16**
favorito, -a [faβo'rito] Lieblings... **17**
fax m [faks] Telefax **4**
febrero m [fe'βrero] Februar **10**
felicidad w [feliθi'ɗa⁽ᵈ⁾] Glück, Glücklichsein **20**
felicidades [feliθi'ɗaɗes] alles Gute, herzlichen Glückwunsch **12**
feliz [fe'liθ] glücklich **10**
¡Feliz cumpleaños! [fe'liθ kumple'aɲos] Alles Gute zum Geburtstag! **10**
femenino, -a [feme'nino] weiblich **11**
feo, -a ['feo] hässlich **18**
festival m [festi'βal] Festival **9**
festivo m [fes'tiβo] Feiertag **3**
fiebre w ['fĭebre] Fieber **13**
fiesta w ['fĭesta] Fest, Feier, Fete **3**
figura w [fi'gura] Figur **16**
fijo, -a ['fixo] fest, fix **20**
Filmoteca Universitaria w [filmo'teka uniβersi'tarĭa] Universitäts-Filmothek **9**
fin m [fin] Ende **9**
fin de semana m [fin de se'mana] Wochenende **3**
final m [fi'nal] Ende **8**
finés [fi'nes] Finnisch **2**
Finlandia [fin'landĭa] Finnland **2**
firma w ['firma] Firma **19**
flexible [flɛg'siβle] flexibel **19**
flor w [flɔr] Blume **11**

footing m ['futin] Jogging **7**
forma w ['fɔrma] Form **12**
formación profesional (FP) w [fɔrma'θĭon profesĭo'nal] Berufsausbildung **19**
formulario m [fɔrmu'larĭo] Formular **13**
fotográfico, -a [foto'grafiko] Foto... **18**
fotógrafo m [fo'tografo] Fotograf **10**
francés [fran'θes] Französisch **2**
Francia ['franθĭa] Frankreich **2**
frecuencia w [fre'kŭenθĭa] Häufigkeit **7**
fresa w ['frɛsa] Erdbeere **5**
fresco, -a ['fresko] frisch **11**
frigorífico m [frigo'rifiko] Kühlschrank **17**
frío, -a ['frio] kalt **13**
frustrante [frus'trante] frustrierend **18**
fruta w ['fruta] Obst **5**
fuerte ['fŭerte] stark **13**
fumar [fu'mar] rauchen **15**
fútbol m ['futbɔl] Fußball **17**
futbolista m [futbɔ'lista] Fußballspieler **16**
futuro m [fu'turo] Zukunft **19**

G

gafas w/Pl ['gafas] Brille **6**
gafas de sol w/Pl ['gafas de sol] Sonnenbrille **13**
galería de arte w [gale'ria ɗe 'arte] Gemäldegalerie **8**
Galicia [ga'liθĭa] Galicien, Region im Nordwesten Spaniens **12**
gallego, -a [ga'ʎego] galicisch **12**
gallina w [ga'ʎina] Huhn **15**
gamba w ['gamba] Garnele **17**
ganar [ga'nar] gewinnen, verdienen **1**
garganta w [gar'ganta] Kehle, Hals **13**
gastronómico, -a [gastro'nomiko] gastronomisch **3**
gato m ['gato] Katze **11**
generoso, -a [xene'rɔso] großzügig **10**
genial [xe'nĭal] genial, toll **1**
gente w ['xente] Leute, Menschen **9**
geografía w [xeogra'fia] Geografie **4**
germanística w [xerma'nistika] Germanistik **4**
gigante [xi'gante] riesig, gigantisch **1**
gimnasia w [xim'nasĭa] Gymnastik **12**
gimnasio m [xim'nasĭo] Fitnessstudio **4**
girar [xi'rar] abbiegen **8**
globo m ['gloβo] Heißluftballon **11**

Glossar

gol *m* [gol] Tor (Fußball) **1**
gordo, -a ['gorðo] dick **4**
gorra, gorro *w/m* ['gorra] Mütze **13**
gota *w* ['gota] Tropfen **13**
gracias ['graθĭas] danke **1**
gracias a usted ['graθĭas a us'te⁽ᵈ⁾] ich danke Ihnen **5**
gracioso [gra'θĭoso] lustig **10**
gracioso, -a [gra'θĭoso] witzig **10**
gran almacén *m* [gran alma'θen] Kaufhaus **16**
gran, grande [gran, 'grande] groß **3**
gratis ['gratis] gratis **17**
grave ['graβe] schlimm, schwerwiegend **14**
Grecia ['greθĭa] Griechenland **2**
griego ['grĭego] Griechisch **2**
gripe *w* ['gripe] Grippe **13**
gris [gris] grau **6**
gritar [gri'tar] schreien **17**
grs. (gramos) ['gramos] Gramm **5**
guapo, -a ['gŭapo] hübsch **4**
guardar [gŭar'ðar] bereithalten, aufbewahren **13**
guardarropa *m* [gŭarda'rropa] Garderobe **9**
guerra *w* ['gɛrra] Krieg **1**
guía *w* ['gia] Führer **3**
Guinea Ecuatorial [gi'nea ecŭato'rĭal] Äquatorialguinea **1**
guitarra *w* [gi'tarra] Gitarre **1**
gustar [gus'tar] gefallen, schmecken **9**
gusto *m* ['gusto] Geschmack **1**

H

haber [a'βɛr] haben (Hilfsverb) **10**
habitación *w* [aβita'θĭon] Zimmer **6**
habitual [aβi'tŭal] Stamm-... **12**
hablando (hablar) [a'βlando] sprechend **9**
hablar [a'βlar] sprechen **2**
hace ['aθe] vor (zeitl.) **10**
hace poco ['aθe 'poko] kürzlich, vor Kurzem **14**
hacer [a'θɛr] machen **4**
hacer footing [a'θɛr 'futin] joggen **7**
hacer frío [a'θɛr frio] kalt sein **13**
hacia ['aθĭa] nach, in Richtung auf **13**
hasta ['asta] bis **8**
hasta luego ['asta 'lŭego] bis bald, auf Wiedersehen **1**
hay [aĭ] es gibt **2**
herido, herida *m/w* [ɛ'riðo] Verletzter, Verletzte **14**

hermano, hermana *m/w* [ɛr'mano] Bruder, Schwester **15**
hermanos *m/Pl* [ɛr'manos] Geschwister **15**
hermoso, -a [ɛr'moso] schön, hübsch **18**
hijo, hija *m/w* ['ixo] Sohn, Tochter **11**
hijos *m/Pl* ['ixos] Kinder (eigene) **11**
hola ['ola] hallo **1**
holandés [olan'des] holländisch **3**
hombre *m* ['ombre] Mann, Mensch **2**
hora *w* ['ora] Stunde, Uhrzeit **6**
hora extra *w* ['ora 'egstra] Überstunde **19**
horario *m* [o'rarĭo] Uhrzeit, Fahrplan **9**
horario *m* [o'rarĭo] Arbeitszeit **4**
horario de noche *m* [o'rarĭo ðe 'notʃe] Abendkurse, wörtl. Abend-Stundenplan **4**
horas extra *w/Pl* ['oras 'egstra] Überstunden **19**
horrible [o'rrible] schrecklich **13**
hospital *m* [ospi'tal] Krankenhaus **1**
hoy [oĭ] heute **4**
huelga *w* ['ŭelga] Streik **20**
huevos *m/Pl* ['ŭɛβos] Eier **5**
humor *m* [u'mor] Laune, Humor **14**
húngaro *(m)* ['ungaro] Ungarisch, Ungar **2**
Hungría [un'gria] Ungarn **2**

I

idea *w* [i'ðea] Idee **3**
idioma *m* [i'ðioma] Sprache **2**
igual [i'gŭal] gleich, egal **10**
igualmente [igŭal'mente] ebenfalls **1**
imaginarse [imaxi'narse] sich vorstellen **15**
imitar [imi'tar] imitieren, nachahmen **17**
impar [im'par] ungerade; Single **9**
importante [impor'tante] wichtig **11**
improvisar [improβi'sar] improvisieren **18**
impuestos *m/Pl* [im'pŭestos] Steuern **20**
incluso [iŋ'kluso] sogar **15**
increíble [iŋkre'iβle] unglaublich **10**
indefinido, -a [indefi'niðo] unbefristet **20**
infancia *w* [im'fanθĭa] Kindheit **15**
información *w* [imforma'θĭon] Information **1**
informado, -a [imfor'maðo] informiert **20**
informático, -a [imfor'matiko] Informatiker/in **4**
ingeniero *m* [iŋxe'nĭero] Ingenieur/in **4**
Inglaterra [iŋgla'tɛrra] England **2**
inglés *(m)* [iŋ'gles] Englisch, Engländer **2**

innecesario, -a [inneθe'sarĭo] unnötig 18
innumerable [innume'rable] unzählbar 8
inolvidable [inɔlbi'đable] unvergesslich 11
inscripción w [inskrib'θĭɔn] Einschreibung 4
instituto m [insti'tuto] Gymnasium, Institut 4
instrumento m [instru'mento] Instrument, Werkzeug 17
inteligente [inteli'xente] intelligent 19
intentar [inten'tar] versuchen 20
interesante [intere'sante] interessant 3
interesar [intere'sar] interessieren 19
internacional [intɛrnaθĭo'nal] international 19
intuición w [intŭi'θĭɔn] Intuition, Einfühlung 11
invitación w [imbita'θĭɔn] Einladung 10
invitado m [imbi'tađo] Gast 12
invitar [imbi'tar] einladen 9
ir a [ir a] gehen, fahren nach 7
ir a tomar algo [ir a to'mar 'algo] etwas trinken gehen 7
ir al cine [ir al 'θine] ins Kino gehen 7
ir bien [ir 'bĭen] passen, recht sein 9
ir de compras [ir de 'kompras] einkaufen, shoppen gehen 8
Irlanda [ir'landa] Irland 2
irse ['irse] weggehen 20
isla w ['isla] Insel 15
Italia [i'talĭa] Italien 2
italiano (m) [ita'lĭano] Italienisch, Italiener 2
izquierdo, -a [iθ'kĭɛrđo] linke(r,s) 17

J

jamón m [xa'mɔn] Schinken 3
jamón serrano m [xa'mɔn se'rrano] roher Schinken 4
jamón York m [xa'mɔn jork] gekochter Schinken 5
Japón [xa'pɔn] Japan 17
jarabe m [xa'rabe] (Husten-)Saft 13
jeans m/Pl/Lat ['dʒinz] Jeans 16
jefe m ['xefe] Chef 19
jerez m [xe'reθ] Sherry 12
jersey m [xɛr'se(ĭ)] Pullover 16
jornada completa w [xɔr'nađa kom'pleta] Vollzeit 10
joven m ['xoben] Jugendlicher 14
joven ['xoben] jung 10
jóvenes m/Pl ['xobenes] Jugendliche 14

judo m ['xuđo] Judo 4
juego m ['xŭego] Spiel 14
jueves m ['xŭebes] Donnerstag 3
jugar [xu'gar] spielen 11
julio m ['xulĭo] Juli 10
junio m ['xunĭo] Juni 10
juntos ['xuntos] zusammen 3

K

kilo m ['kilo] Kilo 4
kilogramo (kg) [kilo'gramo] Kilogramm 4
kilómetro m [ki'lometro] Kilometer 18

L

la orquesta w [ɔr'kɛsta] Orchester 9
lado m ['la^đo] Seite 17
lamentar [lamen'tar] beklagen, bedauern 20
lana w ['lana] Wolle 16
largo, -a ['largo] lang 14
lata w ['lata] Dose 5
le [le] ihm, ihr, Ihnen 6
le saluda atentamente [le sa'luđa atenta'mente] mit freundlichen Grüßen 20
leche w ['letʃe] Milch 3
leche entera w ['letʃe en'tera] Vollmilch 5
leer [le'ɛr] lesen 6
lengua w ['leŋgŭa] Sprache 1
lengua materna w ['leŋgŭa ma'tɛrna] Muttersprache 2
leotardos m/Pl [leo'tarđos] Strumpfhose 16
les [les] ihnen, Ihnen 6
letón (m) [le'tɔn] Lettisch, Lette 2
Letonia [le'tɔnĭa] Lettland 2
levantarse [leban'tarse] aufstehen 7
libre ['libre] frei, gratis 4
libro m ['libro] Buch 16
libro m ['libro] Buch 6
limpiar [lim'pĭar] sauber machen 7
lino m ['lino] Leinen 16
lista de compras w ['lista đe 'kompras] Einkaufsliste 5
listo, -a ['listo] fertig 6
litro m ['litro] Liter 5
Lituania [li'tŭanĭa] Litauen 2
lituano (m) [li'tŭano] Litauisch, Litauer 2
llamar [ʎa'mar] anrufen 7
llamarse [ʎa'marse] heißen 2
llegar [ʎe'gar] kommen, ankommen 8

lleno, -a ['ʎeno] voll 12
llevar [ʎe'βar] tragen (auch Kleidung), mitnehmen 5
lo mismo [lo 'mizmo] dasselbe 17
lo, la [lo, la] ihn, sie, Sie 5
lobo m ['loβo] Wolf 18
local m [lo'kal] Lokal 9
localidad w [lokali'ðað] Wohnort, Ortschaft 7
loco m loko] Verrückter 3
lógico ['lɔxiko] logisch 14
longevidad w [lɔŋxeβi'ða⁽ᵈ⁾] Langlebigkeit 15
los domingos [los do'miŋgos] sonntags 3
los fines de semana [los 'fines de se'mana] an den Wochenenden 7
los lunes [los 'lunes] montags 3
los, las [los, las] sie, Sie 5
lugar m [lu'gar] Ort, Platz, Stelle 6
lugar de residencia m [lu'gar de resi'denθĭa] Wohnort 19
lugar de trabajo m [lu'gar de tra'βaxo] Arbeitsstelle 4
lunes m ['lunes] Montag 3
Luxemburgo [lugsem'burgo] Luxenburg 2

M

m. (metro) ['metro] Meter 4
madre w ['maðre] Mutter 11
Madrid [ma'ðri⁽ᵈ⁾] Madrid 1
maestro m [ma'estro] Grundschullehrer 4
maís w [ma'iθ] Mais 3
mal [mal] schlecht 2
malaria w [ma'larĭa] Malaria 10
maldito, -a [mal'dito] verflixt, verdammt 18
maleta w [ma'leta] Koffer 18
malo ['malo] schlecht, böse 3
Malta ['malta] Malta 2
maltés (m) [mal'tes] Maltesisch, Malteser 2
mañana w [ma'ɲana] Morgen 8
manchego [man'tʃego] aus der Mancha, Region südlich von Madrid 12
mando a distancia m ['mando a dis'tanθĭa] Fernbedienung 17
manejar [mane'xar] handhaben, bedienen, umgehen können mit 19
manga w ['maŋga] Ärmel 16
mano w ['mano] Hand 17
manteca w/Lat [man'teka] Butter, (Back-)Fett 5
mantel m [man'tel] Tischdecke 17

mantequilla w [mante'kiʎa] Butter 5
manzana w [man'θana] Apfel 5
máquina w ['makina] Maschine, hier: Gerät 4
mar m/w ['mar] Meer 6
maravilloso, -a [maraβi'ʎoso] wunderbar 6
marido m [ma'riðo] Ehemann 15
marioneta w [marĭo'neta] Marionette 9
mariscos m/Pl [ma'riskos] Meeresfrüchte 11
márketing m ['marketin] Marketing 19
marmota w [mar'mota] Murmeltier 7
marrón [ma'rrɔn] braun 6
martes m ['martes] Dienstag 3
Martes de Carnaval m ['martes de karna'βal] Fastnacht, Faschingsdienstag 6
marzo m ['marθo] März 6
más [mas] mehr 1
más joven [mas 'xɔβen] jünger 10
más o menos [mas o 'menos] mehr oder weniger 1
más tarde [mas 'tarðe] später 6
más... que [mas... ke] mehr ... als 14
mayo m ['majo] Mai 10
mayor [ma'jor] Haupt... 3
mayor [ma'jor] der, die älteste 15
me [me] mich, mir 4
me la/lo llevo [me la/lo 'ʎeβo] die/den nehme ich 5
me llamo [me 'ʎamo] ich heiße 2
me lo compro [me lo 'kompro] das kaufe ich mir! 5
me parece [me pa'rɛθe] ich finde es ... 11
mecánico m [me'kaniko] Mechaniker 4
media w ['meðĭa] Strumpf 14
media jornada w ['meðĭa xor'naða] halbtags 20
medicamento m [meðika'mento] Medikament 13
Medicina [meði'θina] Medizin (Studienfach) 4
médico m ['meðiko] Arzt 1
medio kilo ['meðĭo 'kilo] ein halbes Kilo 5
mediodía m [meðĭo'ðia] Mittag 8
mediterráneo, -a [meðitɛ'rraneo] mediterran, Mittelmeer... 1
mejillones m/Pl [mexi'ʎones] Miesmuscheln 12
mejor [mɛ'xɔr] besser 6
mejorar [mɛxo'rar] sich bessern 20
melón m [me'lɔn] Melone 5
memoria w [me'morĭa] Erinnerung, Gedächtnis 15

menor [me'nɔr] kleiner, jünger **16**
menos ['menos] weniger **14**
menos mal ['menos mal] Gott sei Dank! **14**
menú m [me'nu] Menü; Speisekarte **3**
mercadillo m [merka'ðiʎo] Flohmarkt **8**
mes m [mes] Monat **7**
mesa m ['mesa] Tisch **17**
metro m ['metro] Meter **1**
metro m ['metro] U-Bahn **7**
mi [mi] mein **6**
mí [mi] mich, mir **3**
miedo m ['mĩeðo] Angst **12**
miedo a la altura m ['mĩeðo a la al'tura] Höhenangst **12**
mientras ['mĩentras] während **17**
mientras que ['mĩentras ke] solange **20**
miércoles m ['mĩɛrkoles] Mittwoch **3**
miles de ['miles de] Tausende von **14**
millones de [mi'ʎones de] Millionen von **2**
mínimo m ['minimo] Minimum **3**
minuto m [mi'nuto] Minute **1**
mira ['mira] schau! **2**
mirar [mi'rar] ansehen, (an)schauen **9**
mismo, -a ['mizmo] selbst; (der-, die-) dasselbe **16, 20**
misterioso, -a [miste'rĩoso] mysteriös, geheimnisvoll **3**
mochila w [mo'tʃila] Rucksack **13**
moderación w [moðera'θĩon] Mäßigung **15**
moderno, -a [mo'ðɛrno] modern **8**
mojo m/(kanarisch) ['mɔxo] Soße **12**
molestar [moles'tar] stören **17**
momentito m [momen'tito] kleiner Moment **7**
momento m [mo'mento] Moment **2**
montón m [mɔn'tɔn] Haufen **5**
monumento m [monu'mento] Sehens-würdigkeit **8**
morir [mo'rir] sterben **14**
mosaico m [mo'saĩko] Mosaik **12**
mostrar [mɔs'trar] zeigen **14**
moto w ['moto] Motorrad **7**
moverse [mo'βɛrse] sich bewegen **7**
móvil m ['moβil] Handy **4**
movimiento m [moβi'mĩento] Bewegung **4**
mucho gusto ['mutʃo 'gusto] angenehm **1**
mucho, -a ['mutʃo] viel **1**
muela w ['mũela] Zahn, Backenzahn **13**
muerte w ['mũɛrte] Tod **14**

muerto m ['mũɛrto] Toter **14**
¡muévete! ['mũɛβete] beweg dich! **4**
mujer w [mu'xɛr] Frau **4**
mundo m ['mundo] Welt **9**
museo m [mu'seo] Museum **8**
Museo de Cera m [mu'seo ðe 'θera] Wachs-figuren-Kabinett **8**
música w ['musika] Musik **3**
músico m ['musiko] Musiker **10**
musquetero m [muske'tero] Musketier **12**
muy [mũi] sehr **3**
muy bien [mũi 'βĩen] sehr gut **1**

N

nacer [na'θɛr] geboren werden **15**
nada ['naða] nichts; *hier:* gar nicht **7**
nada lógico ['naða 'lɔxiko] überhaupt nicht logisch **14**
nada más ['naða mas] nichts mehr **5**
nadar [na'ðar] schwimmen **7**
nadie ['naðĩe] niemand **14**
naranja w [na'raɳxa] Orange **5**
necesario, -a [neθe'sarĩo] nötig, notwendig **19**
necesitar [neθesi'tar] brauchen **4**
neerlandés [neɛrlan'des] niederländisch **2**
negro, -a ['negro] schwarz **5**
nervio m [nɛr'βĩo] Nerv **11**
nervioso, -a [nɛr'βĩoso] nervös **13**
nieta w ['nĩeta] Enkeltochter **15**
nieto m ['nĩeto] Enkelsohn **15**
niña w ['niɲa] Mädchen **9**
ninguno, -a [niɳ'guno] kein(e) **6**
niño m ['niɲo] Kind, Junge **9**
nivel m [ni'βɛl] Niveau, Ebene **19**
¿no? [no] nicht wahr? **3**
no [no] nein **1**
nº (número) ['numero] Nummer **4**
no sé qué ponerme [no sɛ kɛ po'nɛrme] ich weiß nicht, was ich anziehen soll **6**
no sirve [no 'sirβe] nützt nichts **11**
no te pongas así [no te 'pɔngas a'si] sei doch nicht so! **20**
no... ni [no... ni] weder ... noch **15**
nocturno, -a [nɔk'turno] Nacht ..., nächtlich **8**
nombre m ['nɔmbre] Name **4**
normal [nɔr'mal] normal **17**
normalmente [nɔrmal'mɛnte] normalerweise **2**
norte m ['nɔrte] Norden **18**

nos ['nɔs] uns 2
nosotras [no'sotras] wir (weibl.) 1
nosotros [no'sotros] wir (männl.) 1
noticia w [no'tiθĭa] Nachricht 14
noveno, -a [no'beno] neunte(r) 3
noventa [no'benta] neunzig 4
novia w ['nobĭa] feste Freundin 11
noviembre m [no'bĭembre] November 10
novio m ['nobĭo] fester Freund 12
novios m/Pl ['nobĭos] festes Paar, Verlobte 15
nuestro, -a ['nŭestro] unser(e) 10
Nueva York ['nŭeba'jɔrk] New York 10
nueve ['nŭebe] neun 1
nuevo/-a ['nŭebo] neu 1
número m ['numero] Nummer, Schuhgröße 1
nunca ['nuŋka] nie 7

O

o [o] oder 3
o sea [o 'sεa] das heißt 11
obra de teatro w ['ɔbra đe te'atro] Theater-
stück 9
ochenta [o'tʃenta] achtzig 4
ocho ['otʃo] acht 1
octavo, -a [ɔk'tabo] achte(r) 3
octubre m [ɔk'tubre] Oktober 10
ocupar [oku'par] besetzen 19
oeste m [o'este] Westen 18
oferta w [o'fεrta] Angebot 20
oficial [ofi'θĭal] offiziell 1
oficina w [ofi'θina] Büro 19
ofrecer [ofre'θεr] anbieten 19
oídos m/Pl [o'iđos] Ohren 13
oír [o'ir] hören 15
ojalá [ɔxa'la] hoffentlich 20
oliva w [o'liba] Olive 1
olvidar [ɔlbi'đar] vergessen 11
once ['ɔnθe] elf 2
opinar [opi'nar] meinen, der Meinung sein 11
opinión w [opi'nĭɔn] Meinung 11
ordenador m [ɔrđena'đɔr] Computer,
Rechner 19
oreja w [ɔ'rεxa] Ohr 12
organizador m [organiθa'đɔr] Organisator 14
original [orixi'nal] originell 3
orquesta w [ɔr'kesta] Orchester, Band 9
os [ɔs] euch 2
oso m ['oso] Bär 18

¡otra! ['ɔtra] Zugabe! 9
otra cerveza ['ɔtra θer'beθa] noch ein Bier 5
otra cosa ['ɔtra 'kɔsa] etwas anderes 6
otro día m ['ɔtro 'đia] neulich 14
otro día será ['ɔtro 'đia sε'ra] ein anderes Mal
vielleicht 12
otro, -a ['ɔtro] ein(e) andere(r, -s) 3
oveja w [o'bεxa] Schaf 15
oye (oír) ['ɔje] hör mal! 6

P

padres m/Pl ['pađres] Eltern, Väter 15
paella w [pa'eʎa] span. Reisgericht 1
pagar [pa'gar] (be-)zahlen 5
país m [pa'is] Land 17
País vasco m [pa'is 'basko] Baskenland 12
paisaje m [paĭ'saxe] Landschaft 12
Países Bajos m/Pl [pa'ises 'bajos] Niederlande 2
pájaro m ['paxaro] Vogel 11
pan m [pan] Brot 5
pan con tomate m [pan kon to'mate] Brot mit
Tomaten 12
pan integral m [pan inte'gral] Vollkornbrot 5
pan negro m [pan 'negro] Schwarzbrot 5
pantalones m/Pl [panta'lɔnes] Hose 6
panza ['panθa] Bauch, Wanst 4
papas arrugadas w/Pl ['papas arru'gađas]
Salzkartoffeln (kanarisch) 12
papel m [pa'pεl] Papier; Rolle (Schauspieler) 16
paquete m [pa'kete] Packung, Päckchen 5
par m [par] Paar (z.B. Schuhe, Strümpfe) 16
para ['para] für, um zu 2
para que ['para ke] damit 20
parchís m [par'tʃis] Mensch-ärgere-Dich-
nicht(-Spiel) 11
parecer [pare'θεr] ähneln, aussehen wie ... 6
parecer (me parece) [pare'θεr (me pa'rεθe)]
scheinen (mir scheint) 9
paro m ['paro] Arbeitslosigkeit 19
parque de atracciones m ['parke đe atrak'θĭɔ-
nes] Freizeitpark 8
parrilla w [pa'rriʎa] Grill 3
parte w ['parte] Teil 18
partida w [par'tiđa] Partie (Spiel) 11
partida w [par'tiđa] Abfahrt, Abflug 13
¡pasad! [pa'sa(d)] kommt herein! 1
pasado mañana [pa'sađo ma'ɲana] über-
morgen 14

pasado, -a [paˈsaᵈo] vergangen **14**
pasar [paˈsar] (durch-)gehen **13**
pastilla w [pasˈtiʎa] Tablette **13**
pastor m [pasˈtɔr] Hirte **15**
patata w [paˈtata] Kartoffel **5**
patatas fritas w/Pl [paˈtatas ˈfritas] Kartoffel-
chips **17**
patio m [ˈpatĭo] Innenhof **12**
pausa w [ˈpaŭsa] Pause **9**
pedir [peˈđir] bitten **8**
película w [peˈlikula] Film **8**
peligroso, -a [peliˈɡroso] gefährlich **14**
pelirrojo, -a [peliˈrrɔxo] rothaarig **10**
pelo m [ˈpelo] Haar, Haare **10**
pelota w [peˈlɔta] Ball **7**
peluquero, -a [peluˈkɛro] Friseur/in **4**
pensar en [penˈsar en] denken an **11**
pensarse [penˈsarse] darüber nachdenken **20**
pensión w [penˈsĭon] Pension, Rente **20**
peor [peˈɔr] schlechter **11**
pepino m [peˈpino] Gurke **5**
pequeño, -a [peˈkeɲo] klein **15**
pera w [ˈpɛra] Birne **5**
perder [perˈđɛr] verlieren, verpassen **14**
perder de vista [perˈđɛr de ˈbista] aus den
Augen verlieren **18**
perdón [perˈđɔn] Entschuldigung **3**
Perdona [perˈđona] Entschuldige! **3**
perdone (perdonar) [perˈđone (perđoˈnar)]
entschuldigen Sie **3**
peregrino m [pɛreˈɡrino] Pilger **18**
perfecto, -a [perˈfɛkto] perfekt **16**
periódico m [peˈrĭođiko] Zeitung **1**
periodista m/w [perĭoˈđista] Journalist(in) **4**
permanecer [permaneˈθɛr] bleiben **8**
permitir [permiˈtir] erlauben **20**
pero [ˈpero] aber **2**
perro m [ˈpɛrro] Hund **10**
persona w [perˈsona] Person, Mensch **2**
personal [persoˈnal] persönlich **7**
personal m [persoˈnal] Personal **19**
pesado, -a [peˈsaᵈo] schwer (Gewicht) **18**
peso m [ˈpeso] Gewicht **4**
pie m [pĭe] Fuß **13**
piel w [pĭel] Haut, Leder **16**
pijama m [piˈxama] Pyjama **16**
piloto m [piˈloto] Pilot **13**

pimienta w [piˈmĭenta] Pfeffer **17**
pimiento m [piˈmĭɛnto] Paprika **5**
pincho m [ˈpintʃo] Häppchen, Tapa, auch:
(Fleisch-)Spießchen **12**
pingüino m [piŋˈɡüino] Pinguin **1**
Pinocho [piˈnɔtʃo] Pinocchio **9**
piropo m [piˈropo] Kompliment **10**
planta w [ˈplanta] Pflanze **11**
plata w [ˈplata] Silber; Geld **11**
plátano m [ˈplatano] Banane **5**
plato m [ˈplato] Teller **17**
playa w [ˈplaja] Strand **1**
plaza w [ˈplaθa] Platz **3**
plaza de toros w [ˈplaθ đe ˈtoros] Stierkampf-
arena **14**
Plaza Mayor w [ˈplaθa maˈjɔr] Platz im
Zentrum Madrids **8**
pobre [ˈpoβre] arm **14**
pobre de mí [ˈpoβre ˈđe mi] ich Ärmster **14**
poco [ˈpoko] wenig, selten **3**
poder [poˈđer] können **5**
polaco (m) [poˈlako] Polnisch, Pole **17**
policía w [poliˈθia] Polizei **3**
pollo m [ˈpoʎo] Hühnchen **5**
Polonia [poˈlɔnĭa] Polen **2**
pomada w [poˈmađa] Salbe **13**
poner [poˈnɛr] setzen, stellen, hier: zeigen **9**
poner en funcionamento [poˈnɛr en funθĭona-
ˈmĭento] in Gang bringen **20**
ponerse [poˈnɛrse] sich etw. anziehen **6**
poquito [poˈkito] ein bisschen **3**
por [pɔr] durch; wegen **8**
% (por ciento) m [por ˈθĭento] Prozent **2**
por desgracia [pɔr desˈɡraθĭa] leider **20**
por ejemplo (p.ej.) [pɔr eˈxɛmplo] zum
Beispiel (z.B.) **6**
por eso [pɔr ˈeso] deshalb, deswegen **20**
por favor [pɔr faˈbɔr] bitte **1**
por la mañana [pɔr la maˈɲana] morgens **7**
por la noche [pɔr la ˈnɔtʃe] abends, nachts **7**
por la tarde [pɔr la ˈtarđe] nachmittags,
abends **7**
por las tardes [pɔr las ˈtarđes] nachmittags,
jeden Nachmittag **7**
por último [pɔr ˈultimo] zuletzt, als Letztes **15**
porque [ˈpɔrke] weil **3**
¿por qué? [por ke] warum? **3**

Portugal [pɔrtu'gal] Portugal **2**
portugués [pɔrtu'ges] Portugiesisch **2**
posible [po'siβle] möglich **3**
postal w [pɔs'tal] Postkarte **18**
postre m ['pɔstre] Nachspeise **5**
practicar [prakti'kar] (Sport) betreiben, ausüben **7**
pregunta w [pre'gunta] Frage **7**
preguntar [pregun'tar] fragen **6**
preocupación w [preokupa'θiɔn] Sorge, Kummer **13**
preocupar [preoku'par] bekümmern, besorgt machen **18**
preparar(se) [prepa'rar(se)] (sich) vorbereiten **9**
presentar(se) [presen'tar(se)] (sich) vorstellen **16**
primero m [pri'mero] der erste **4**
primero, -a [pri'mero] erste(r) **3**
primo, prima ['primo] Cousin, Cousine **15**
princesa w [prin'θesa] Prinzessin **1**
príncipe m ['prinθipe] Prinz **1**
probable [pro'βaβle] wahrscheinlich **18**
probarse [pro'βarse] (an)probieren **6**
problema m [pro'βlema] Problem **1**
profe (profesor) m ['profe (profe'sɔr)] Lehrer **4**
profesión w [profe'siɔn] Beruf **4**
profesor m [profe'sɔr] Lehrer **4**
profesor de física m [profe'sɔr de 'fisika] Physiklehrer **4**
profesor de matemáticas m [profe'sɔr de mate'matikas] Mathematiklehrer **4**
programa m [pro'grama] Programm **9**
prohibir [proi'βir] verbieten **20**
promoción w [promo'θiɔn] Beförderung **1**
propio, -a ['propio] eigen **7**
propuesta w [prɔ'pŭesta] Vorschlag **11**
protección solar w [proteg'θiɔn so'lar] Sonnenschutz **13**
próximo, -a ['prɔgsimo] der, die Nächste **10**
¡puaj! ['pŭax] etwa: ui!, ih! **6**
pub m [pab] Pub, Kneipe **8**
puerta w ['pŭɛrta] Tür **6**
Puerta del Sol w ['pŭɛrta del sol] Platz im Zentrum Madrids **8**
pues [pŭes] also, nun **1**
puesto de trabajo m ['pŭesto de tra'βaxo] Arbeitsplatz **19**

pulpo m ['pulpo] Krake **12**
punto de vista m ['punto de 'βista] Standpunkt **11**
puntual [pun'tŭal] pünktlich **17**
Pza. (Plaza) ['plaθa] Platz **3**

Q

que [ke] der, die, das **8**
¿qué? [ke] was? **3**
¡que aproveche! [ke apro'βetʃe] guten Appetit! **20**
¡Qué bien! [ke 'βien] Wie gut!, Sehr gut! **4**
¿Qué desea? [ke de'sɛa] Was wünschen Sie? **5**
¡Qué horror! [ke ɔ'rror] Das ist ja grässlich! **6**
¡Que les vaya bien! [ke les 'baja βien] Alles Gute! (Abschied) **1**
¡Qué miedo! [ke 'mĭeđo] Du hast mir vielleicht Angst gemacht! **6**
¡Qué nervios! [ke 'nɛrβĭos] Wie aufregend! **11**
¿qué pasa? [ke 'pasa] was ist los? **5**
¿Qué pone aquí? [ke 'pone a'ki] Was steht hier? **8**
¿qué quería? [ke ke'ria] was hätten Sie gern? **5**
¡Que se mejore! [ke se me'xɔre] Gute Besserung! **13**
¿Qué tal? [ke tal] Wie geht's? Wie war ...? **1**
¡que te diviertas! [ke te di'βĭɛrtas] viel Spaß! **20**
¡Qué tonto soy! [ke 'tonto soĭ] Ich bin (vielleicht) doof! **2**
quedar [ke'đar] sich verabreden, sich treffen, stehen (Kleidung), gut passen **9**
quedar bien/mal [ke'đar 'βĭen/mal] gut/schlecht stehen/passen **6**
quedarse [ke'đarse] bleiben **11**
querer [ke'rɛr] wollen, mögen **5**
quería ... [ke'ria] ich hätte gern ... **5**
querido, -a [ke'riđo] liebe(r) (Anrede im Brief) **20**
queso m ['keso] Käse **3**
queso Manchego m ['keso man'tʃego] Manchego-Käse **5**
¿quién? ['kĭen] wer? **5**
química w ['kimika] Chemie **4**
quince ['kinθe] fünfzehn **2**
quinto, -a ['kinto] fünfte(r) **3**
quisiera... [ki'sĭera] Ich hätte gern ... **5**
quizá(s) [ki'θa(s)] vielleicht **10**

R

ración w [rra'θĭɔn] Portion 12
raqueta w [rra'kɛta] Schläger 7
raro, -a ['rraro] seltsam 20
rata w ['rrata] Ratte 11
ratón m [rra'tɔn] Maus 11
razón w [rra'θɔn] Grund, Ursache 7
recomendar [rrɛkomen'dar] empfehlen 9
recorrer [rrɛkɔ'rrɛr] zurücklegen, bereisen, erwandern 7
reflejarse [rrɛflɛ'xarse] sich widerspiegeln 12
reformar [rrɛfɔr'mar] renovieren 8
reformas w/Pl [rrɛ'fɔrmas] Renovierungsarbeiten 8
regalar [rrɛga'lar] schenken 11
regalo m [rrɛ'galo] Geschenk 12
regla w ['rrɛgla] Regel 13
regular [rrɛgu'lar] es geht so (Antwort auf „Wie geht's?") 2
reír(se) [rrɛ'irse] lachen 17
relacionado, -a con... [rrelaθĭo'naᵈo kon] was zu tun hat mit ... 6
relajarse [rrɛla'xarse] sich entspannen 13
rellenar [rrɛʎe'nar] ausfüllen 13
remedio m [rrɛ'međĭo] Abhilfe, (Heil-)Mittel 19
repetir [rrɛpe'tir] wiederholen 2
república w [rrɛ'puђlika] Republik 2
República Checa w [rrɛ'puђlika 'tʃɛka] Tschechische Republik 2
resfriado, -a [rres'frĭaᵈo] erkältet 13
respetar [rrespe'tar] respektieren, beachten 13
responder a [rrespɔn'dɛr a] antworten auf 7
restaurante m [rrestaŭ'rante] Restaurant 3
resto m ['rresto] Rest 4
retraso m [rrɛ'traso] Verspätung 17
Rey m [rrɛĭ] König 10
rico, -a ['rriko] lecker (Speisen), reich 3
riñonera w [rriɲo'nera] Gürteltasche 18
riñones m/Pl [rri'ɲones] Nieren 12
rojo, -a ['rrɔxo] rot 6
ropa w ['rrɔpa] Kleidung 13
ropa interior w ['rrɔpa intɛ'rĭɔr] Unterwäsche 16
ruso (m) ['rruso] Russisch, Russe 17
ruta w ['rruta] Route, Strecke 18

S

sábado m ['saђađo] Samstag 3
saber [sa'ђɛr] können, wissen 6
saco de dormir m ['sako đe đor'mir] Schlafsack 18
sagrado, -a [sa'graᵈo] heilig, geheiligt 3
sal w [sal] Salz 5
sala de espera ['sala đe es'pɛra] Wartezimmer 13
salario m [sa'larĭo] Lohn 19
salida w [sa'liđa] Ausgang; hier: Abflug 11
salida del sol w [sa'liđa đel sol] Sonnenaufgang 13
salir [sa'lir] ausgehen, hinausgehen 7
salsa w ['salsa] Soße, lateinamerikanischer Tanz 12
salud w [sa'lu(đ)] Gesundheit 13
¡Salud! [sa'luđ] Prost! 2
saludar [salu'đar] (be-)grüßen 12
saludos cordiales m/Pl [sa'luđos kɔr'đĭales] mit freundlichen Grüßen (Brief) 20
Sanfermines m/Pl [sanfer'mines] Festlichkeiten zu San Fermín, Anfang Juli in Pamplona, Navarra 14
sangre w ['saŋgre] Blut 6
sardina w [sar'đina] Sardine 17
se [se] sich 2
sé (saber) [sɛ (sa'ђɛr)] ich weiß (wissen) 6
sé(p)timo, -a m/w ['sɛ(p)timo] siebte(r) 3
sección w [sɛg'θĭɔn] Abteilung 16
secreto m [se'kreto] Geheimnis 1
seda w ['seđa] Seide 16
seguir [se'gir] fortfahren, weitergehen 8
segundo [se'gundo] zweitens 18
segundo, -a [se'gundo] der zweite 3
segurísimo [segu'risimo] ganz sicher 11
seguro, -a [se'guro] sicher 8
seis [sɛis] sechs 1
selección w [selɛg'θĭɔn] Auswahl 12
sello m ['seʎo] Briefmarke 5
selva w ['sɛlђa] Urwald 10
semana w [se'mana] Woche 5
semejante [seme'xante] ähnlich 20
señalar [seɲa'lar] deuten, zeigen 16
senderismo m [sende'rizmo] Wandern 18
señores [se'ɲores] meine Herrschaften 1
sentarse [sen'tarse] sich (hin-)setzen 13
sentir [sen'tir] leidtun 20
sentirse [sen'tirse] sich fühlen 12
separado, -a [sepa'raᵈo] getrennt (lebend) 4
septiembre m [sep'tĭembre] September 10

ser [ser] sein **1**
serie *w* ['sɛrǐe] Serie **1**
servilleta *w* [sɛrbi'ʎeta] Serviette **17**
servir [sɛr'bir] dienen, nutzen **11**
sesenta [se'senta] sechzig **2**
setenta [se'tenta] siebzig **4**
sexo *m* ['sɛgso] Geschlecht **4**
sexto, -a ['sesto] sechste(r) **3**
si [si] wenn, falls, ob **3**
sí [si] ja **1**
siempre ['sǐempre] immer **7**
sierra *w* ['sǐɛrra] Gebirge **11**
siesta *w* ['sǐesta] Mittagspause **8**
siete ['sǐete] sieben **1**
siglo *m* ['siglo] Jahrhundert **15**
significar [signifi'kar] bedeuten **4**
siguiente *m* [si'gǐente] der, die, das Folgende **7**
silencio *m* [si'lenθǐo] Schweigen, Stille **20**
silla *w* ['siʎa] Stuhl **17**
simpático, -a [sim'patiko] sympathisch **19**
simple ['simple] einfach, simpel **13**
sin [sin] ohne **1**
sin que [sin ke] ohne dass **20**
sincero, -a [sin'θero] ernst(haft), ehrlich **20**
situación *w* [sitǔa'θǐon] Situation **20**
sobre *m* ['sobre] Briefumschlag **5**
sobre ['sobre] über **6**
sobre todo ['sobre 'toðo] vor allem **20**
sofá *m* [so'fa] Sofa **17**
sois ['sɔis] ihr seid **1**
sol *m* [sɔl] Sonne **1**
soler [sɔ'lɛr] etwas für gewöhnlich tun **7**
solicitud *w* [soliθi'tu(đ)] Bewerbung **19**
solitario [soli'tarǐo] einsam **11**
sólo ['solo] nur **3**
solo, -a ['solo] allein, einsam **15**
soltero, -a [sol'tero] ledig, unverheiratet **4**
somos ['sɔmos] wir sind **1**
son [sɔn] sie, Sie sind **1**
son... euros [sɔn... 'eǔros] das macht ... Euro **1**
sonar [so'nar] klingeln **9**
sonreír [sɔnrrɛ'ir] lächeln, grinsen **16**
sorprender [sɔrpren'dɛr] überraschen, erstaunen **20**
sorpresa *w* [sɔr'presa] Überraschung **10**
sostén *m/Lat.* [sɔs'ten] BH **16**
soy [sɔi] ich bin **1**
su [su] sein(e), ihr, Ihr, Ihre **2**

subir [su'bir] einsteigen **14**
subsidio de desempleo/de paro *m* [sub'siđǐo đe desem'plɛo/đe 'paro] Arbeitslosengeld **20**
Suecia ['sǔeθǐa] Schweden **2**
sueco ['sǔeko] Schwedisch **2**
suegro, suegra ['sǔegro] Schwiegervater, Schwiegermutter **15**
sueldo *m* ['sǔeldo] Gehalt **19**
suerte *w* ['sǔerte] Glück **10**
suficiente [sufi'θǐente] ausreichend, genügend **13**
sufrir [su'frir] leiden, erleiden **14**
sujetador *m* [suxeta'dɔr] BH **16**
sujetar [suxe'tar] festhalten **12**
superar [supe'rar] überwinden **12**
suponer [supo'nɛr] annehmen, vermuten **20**
sur *m* [sur] Süden **1**
sus [sus] ihre, Ihre **10**

T

tabla *w* ['tabla] Tabelle **19**
tableta de chocolate *w* [ta'bleta đe tʃoko'late] Tafel Schokolade **5**
tacaño, a [ta'kaɲo] geizig **10**
tal vez [tal beθ] vielleicht **20**
talla *w* ['taʎa] Kleidergröße **16**
también [tam'bǐen] auch **1**
tampoco [tam'poko] auch nicht **10**
tan [tan] so **4**
tan(to)... como ['tan(to) 'komo] so (viel) ... wie **14**
tanto ['tanto] so viel **17**
tanto... como... ['tan(to) 'komo] sowohl ... als auch ... **20**
tapa *w* ['tapa] (Appetit-)Häppchen, Tapa **3**
tapeo *m* [ta'pɛo] Kneipenbummel **8**
taquilla *w* [ta'kiʎa] Kasse **9**
tardar en... [tar'đar en] (Zeit) brauchen, dauern **13**
tarde *w* ['tarđe] Abend **7**
tarde ['tarđe] spät **7**
taxi *m* ['tagsi] Taxi **1**
taxista *m/w* [tag'sista] Taxifahrer/-in **4**
te [te] dich, dir **2**
té *m* [te] Tee **3**
te llamo [te 'ʎamo] ich rufe dich an **7**
teatro *m* [te'atro] Theater **6**
tecnología *w* [tɛgnolo'xia] Technologie **19**

tejanos *m/Pl* [tɛ'xanos] Jeans 6
teléfono *m* [te'lefono] Telefon 4
televisión *w* [telebi'sĩɔn] Fernsehen 1
tema *m* ['tema] Thema, Motto 6
temprano [tem'prano] früh 7
tenedor *m* [tene'ðɔr] Gabel 17
tener [te'nɛr] haben 3
tener prisa [te'nɛr 'prisa] es eilig haben 7
tener que [te'nɛr ke] müssen 7
tener... años [te'nɛr... 'aɲos] ... Jahre alt sein 10
teñido (teñir) [te'ɲiðo (te'ɲir)] gefärbt (färben) 10
teñirse [te'ɲirse] sich färben 10
tenis *m* ['tɛnis] Tennis 7
terapia *w* [te'rapĩa] Therapie 12
tercero, -a *m/w* [tɛr'θero] dritte(r) 3
terminar [tɛrmi'nar] beenden, aufhören 13
terraza *w* [tɛ'rraθa] Terrasse, Straßencafé 14
terremoto *m* [tɛrrɛ'moto] Erdbeben 3
tiempo *m* ['tĩempo] Zeit, Wetter 9
tiempo parcial *m* ['tĩempo par'θĩal] Teilzeit 20
tienda *w* ['tĩenda] Laden, Geschäft 5
tierra *w* ['tĩɛrra] Erde 11
tifus *m* ['tifus] Typhus 10
timbre *w* ['timbre] Briefmarke 5
tímido, -a ['timiðo] schüchtern 10
tío, tía *m/w* ['tio] Onkel, Tante 15
tipo *m* ['tipo] Typ, Art, Sorte 10
tirar [ti'rar] ziehen 12
tocar [to'kar] spielen (Instrument) 16
tocar la guitarra [tɔ'kar la gi'tarra] Gitarre spielen 7
todas las regiones ['toðas las rɛ'xĩones] alle Regionen 3
todavía [toða'bia] noch immer 13
todavía no [toða'bia nɔ] noch nicht 10
todo (lo) [to'ðo (lo)] alles (was) 6
todo recto [to'ðo 'rrɛkto] immer geradeaus 8
todos los días [to'ðos los 'dias] alle Tage, jeden Tag 7
tomar [to'mar] nehmen, trinken 2
tomate *m* [tɔ'mate] Tomate 5
tono *m* ['tono] Ton, Farbton 16
tonto, -a ['tɔnto] dumm, blöd 2
torero *m* [to'rero] Torero, Stierkämpfer 14
toro *m* ['toro] Stier 14
toros *m/Pl* ['toros] Stierkampf 14

tortilla *w* [tɔr'tiʎa] Tortilla, Kartoffelomelett 17
tos *w* [tɔs] Husten 13
trabajador, -a [trabaxa'ðɔr] fleißig 3
trabajar [traba'xar] arbeiten 7
trabajillo *m* [traba'xiʎo] (schlechte, schlecht bezahlte) Arbeit, Job 19
trabajo *m* [tra'baxo] Arbeit 2
trabajo ilegal *m* [tra'baxo ile'gal] Schwarzarbeit 20
tradicional [traðiθĩo'nal] traditionell 14
traducir [traðu'θir] übersetzen 15
traer [tra'ɛr] (her-)bringen 10
traje *m* ['traxe] Anzug 6
traje de bano *m/Lat.* ['traxe ðe 'baɲo] Badeanzug, Badehose 16
tranquilizante [trankili'θante] beruhigend 13
tranquilo, -a [traŋ'kilo] ruhig 11
transcurrir [transku'rrir] verlaufen, ablaufen 14
transporte público *m* [trans'pɔrte 'publikɔ] öffentliche Verkehrsmittel 7
tranvia *m* [tram'bia] Straßenbahn 7
trece ['treθe] dreizehn 2
treinta [tren] dreißig 2
treinta y pico ['trɛĩnta i 'piko] knapp über dreißig 10
tren *m* [tren] Zug 7
tren de cercanías *m* [tren de θerka'nias] Nahverkehrszug 7
tres [tres] drei 1
tres euros con veinte [tres 'ɛũros kon 'beĩnte] 3 Euro 20 Cent 5
triste ['triste] traurig 16
tristeza *w* [tris'teθa] Trauer, Traurigkeit 14
trozo *m* ['troθo] Stück 5
truco *m* ['truko] Trick 11
tu [tu] dein(e) 7
tú [tu] du 1

U
últimamente [ultima'mente] kürzlich 11
último, -a *(m/w)* ['ultimo] letzte(r, -s) 1
un abrazo [un a'braθo] viele Grüße (*wörtl.* eine Umarmung) 20
un beso [um 'beso] herzliche Grüße 20
un fuerte abrazo [un 'fũɛrte a'braθo] viele Grüße 20
un poco [um 'poko] ein wenig 2

un poquito [um po'kito] ein bisschen **13**
un saludo cordial *m* [un kor'ðĩal sa'luðo] mit
freundlichen Grüßen (Brief) **20**
un, una [un] ein, eine **1**
único ['uniko] das Einzige **12**
Unión Europea (UE) *w* [u'nĩɔn εũrɔ'pεa]
Europäische Union (EU) **2**
universidad *w* [uniβεrsi'ða⁽ᵈ⁾] Universität **7**
universitario, -a [uniβεrsi'tarĩo]
Universitäts-... **19**
uno ['uno] eins **1**
unos, unas ['unos] einige **3**
usar [u'sar] benutzen **10**
usted [us'te⁽ᵈ⁾] Sie **1**
ustedes *Pl* [us'te(ð)es] Sie **1**
usuario, -a [u'sũarĩo] Benutzer-...,
Anwender-... **19**
utilizar [utili'θar] benutzen **7**

V

va (ir) [ba] fährt (gehen, fahren) **7**
vaca *w* ['baka] Kuh **5**
vacaciones *w/Pl* [baka'θĩones] Ferien **18**
vale ['bale] stimmt, okay, einverstanden **4**
valiente *(m)* [ba'lĩente] Mutiger, mutig **3**
valor *m* [ba'lɔr] Mut, Wert **14**
¿vamos? ['bamos] gehen wir? **1**
vaqueros *m/Pl* [ba'keros] Jeans **10**
varias veces ['barĩas 'βeθes] mehrmals, öfter **7**
variedad *w* [barĩe'ða⁽ᵈ⁾] Vielfalt **3**
varios, -as ['barĩos] mehrere **13**
vaso *m* ['baso] Glas **17**
¡vaya! ['baja] verflixt!, Mensch! **8**
vecino *m* [be'θino] Nachbar **12**
veinte ['bεĩnte] zwanzig **2**
vendedor *m* [bende'ðɔr] Verkäufer **4**
vender [ben'dεr] verkaufen **3**
venga ['beŋga] na, komm schon! **20**
venir [be'nir] kommen **9**
ver [bεr] sehen **8**
ver la tele [ber la 'tεle] fernsehen **7**
verano *m* [be'rano] Sommer **16**
verdad *w* [bεr'ða⁽ᵈ⁾] Wahrheit **2**
verde ['bεrðe] grün **6**

verduras *w/Pl* [bεr'ðura] Gemüse(sorten) **15**
vergüenza *w* [bεr'gũenθa] Schande **4**
vestido *m* [bes'tiðo] Kleid **6**
vestirse [bes'tirse] sich anziehen **6**
vez, Pl: veces *w* [beθ, 'beθes] Mal **7**
viaje *m* ['bĩaxe] Reise **1**
vida *w* ['biða] Leben **8**
vídeo *m* ['biðeo] Video **18**
viejo, -a ['bĩεxo] alt **3**
viernes *m* ['bĩεrnes] Freitag **3**
vinagre *m* [bi'nagre] Essig **17**
vino *m* ['bino] Wein **3**
visitante *m/w* [bisi'tante] Besucher(in) **14**
visitar [bisi'tar] besuchen **20**
vista *w* ['bista] Aussicht, Blick **18**
vivir [bi'βir] wohnen, leben **3**
vivo, -a [bi'βo] lebendig **13**
volar [bo'lar] fliegen **13**
volver [bɔl'βεr] zurückkehren, heimkommen **7**
vosotras [bo'sotras] ihr *(weibl.)* **1**
vosotros [bo'sotros] ihr *(männl.)* **1**
voy [bɔĩ] ich gehe, fahre **7**
voz *w* [bɔθ] Stimme **15**
vuelo *m* ['bũelo] Flug **11**
vuestro, -a ['bũestro] euer, eure **10**

Y

y [i] und **1**
ya [ja] schon **1**
ya veremos [ja βe'remos] wir werden
schon sehen **12**
yo [jo] ich **1**
yo misma [jo 'mizma] ich selbst *(w)* **20**
yoga *m* ['joga] Yoga **4**
yogur *m* [jo'gur] Joghurt **5**

Z

zanahoria *w* [θana'ɔrĩa] Karotte **5**
zapatillas de deporte *w/Pl* [θapa'tiʎas de
de'pɔrte] Turnschuhe **10**
zapato *m* [θa'pato] Schuh **13**
zona *w* ['θona] Viertel, Gebiet **8**
zumo de naranja *m* ['θumo ðe na'raŋxa]
Orangensaft **3**